JANGO
A vida e a morte no exílio

Juremir Machado da Silva

JANGO
A vida e a morte no exílio

Como foram construídos, com ajuda da mídia, o imaginário favorável ao golpe e as narrativas sobre as suspeitas de assassinato do presidente deposto em 1964

4ª edição

L&PM EDITORES

Texto de acordo com a nova ortografia.

1ª edição: junho de 2013
4ª edição: outubro de 2013

Capa: Ivan Pinheiro Machado
Foto da capa: Jango e Maria Teresa Goulart no Comício da Central do Brasil, 13/03/1964. (Agência O Globo)
Preparação: Simone Diefenbach
Revisão: L&PM Editores

CIP-Brasil. Catalogação na Fonte
Sindicato Nacional dos Editores de Livros, RJ

S58j

Silva, Juremir Machado da, 1962-
Jango: a vida e a morte no exílio / Juremir Machado da Silva. – 4. ed. – Porto Alegre, RS: L&PM, 2013.
376 p. ; 21 cm

ISBN 978-85-254-2916-2

1. Goulart, João, 1918-1976. 2. Presidentes - Brasil - Biografia. 3. Brasil - Política e governo - 1961-1964. I. Título.

13-01324 CDD: 320.981
CDU: 32(81)

Rua Comendador Coruja, 314, loja 9 – Floresta – 90220-180
Porto Alegre – RS – Brasil / Fone: 51.3225.5777 – Fax: 51.3221.5380

Pedidos & Depto. comercial: vendas@lpm.com.br
Fale conosco: info@lpm.com.br
www.lpm.com.br

Impresso no Brasil
Primavera de 2013

1

Jango vai morrer.

Todos os dias, ele espera. Contempla um ponto no horizonte, que pode ser o Brasil, e espera pacientemente. Espera algo que o fará reviver, ressuscitar, explodir.

Talvez isso se reflita, sem que ninguém note, na sua maneira de contemplar as nuvens, como se no seu olhar uma sombra espessa tomasse o lugar de imagens movediças, ou na gota de suor que se imobiliza na sua testa ampla quando sai do sol e encosta a mão na casca rugosa de uma árvore de sombra generosa. Quem pode observar aquilo que não se dá a ver antes de não poder mais ser visto? Ou haverá coisas que só podem ser vistas depois que já se extinguiram, deixando rastros esparsos no ar pesado?

Em Bella Union, ele faz a sua última aterrissagem.

Como é ter a morte nas entranhas sem o saber? Como será carregar o fim num coração desassombrado de quem tem muito, teve muito mais, soube sonhar, entregar-se e perder? Como é viver um dia depois do outro com a sensação de ter sido abatido em pleno voo, não um voo de um pássaro qualquer, mas o voo altaneiro da "grande aventura", o voo que poderia ter feito milhões de homens também baterem asas? Jango não é de pieguices nem de grandes metáforas. Não é raro, porém, que contemple longamente as suas mãos e, em seguida, sem transição aparente, fite o horizonte da campanha como um animal na quietude mais pura e tensa da angústia farejando o sinuoso caminho de casa, o caminho por demais conhecido, como dizem os gaúchos da sua São Borja, da querência.

Jango vai morrer.

Ele é um herói.

Um herói que não se vê assim e morrerá no exílio.

Carrega a morte nos olhos sem dar na vista. Talvez saiba disso ou pressinta que a sua hora, a "mala hora", como dizem os camponeses com quem convive nas suas estâncias uruguaias e argentinas, chegou, essa hora de acertar as contas com o destino, esse nome dado ao desconhecido, ao arbitrário, esse tempo misterioso e gratuito chamado existência, essa passagem – não confundir com ponte – pelo mundo sem garantia de coisa alguma. Quem poderá desmentir essa possibilidade? Os amigos sabem que ele tem "memória de elefante", que jamais esquece um rosto, um nome, uma fisionomia, um olhar, uma pessoa, algo que transparece no brilho dos olhos iluminados quando se depara com alguém capaz de tirá-lo desse confinamento interior que disfarça tomando mate de manhã – quatro horas de sono lhe bastam –, lendo jornais, proseando, pescando, cavalgando, preparando um arroz carreteiro, trabalhando como se fosse um simples peão, fazendo negócios em profusão, contando e ouvindo histórias, entregando-se amavelmente à vida como se não lhe pesasse nas costas o fardo da deposição em 1964 e não sentisse na boca o amargor, misturado com uísque, das derrotas políticas nascidas das suas maiores vitórias.

– Quando eu voltar ao Brasil... – comenta vez ou outra.

Quem poderá desmentir que no seu último domingo ele tenha repassado rostos, frases, gestos, situações, imagens e fatos de tudo o que lhe aconteceu, pois aquilo que lhe aconteceu estava dentro dele como uma doença incurável alastrando-se silenciosa ou ardilosamente? Quem poderá negar que tenha pensado no essencial, naquilo que sempre soube, mais do que qualquer um, a verdade suprema da sua queda, a chave do golpe que o arrancou do poder porque passara a realmente o exercer? Quem poderá refutar que, antes de começar a sua última viagem, tenha dito para si – já sem raiva, mas com tristeza –, como certamente o fizera milhares de vezes em 12 anos de exílio, esse desterro do qual só se livraria morto:

– Fui derrubado com o apoio dos Estados Unidos.

Pode ter dito mais, ajudado pela morte já instalada nas suas tripas, numa súbita necessidade de confessar para si, pela última vez, a verdade tantas vezes remoída, a verdade que obrigará seus inimigos a trabalharem arduamente para negá-la, escondendo-se desde antes do crime que praticaram, mas também depois, atrás do suposto grande perigo, o monstro vermelho, a "ameaça comunista".

– Fui derrubado pelos Estados Unidos.

E, imediatamente, quase com violência, com indignação, franzindo o cenho, saindo da sua calma, cerrando o punho, sendo muito ele mesmo e talvez outro:

– Fui derrubado porque ia fazer a reforma agrária.

Talvez tenha, algum dia – na solidão das estâncias, onde chegava a passar o Natal longe da família, essa família que amava, mas da qual, às vezes, parecia tão distante –, confidenciado a Sinatra, seu cachorro, com o peito apertado diante das barras alaranjadas do crepúsculo, sua revolta contra os militares brasileiros, os milicos, sempre com a boca cheia de nacionalismo e a cabeça repleta de lama, que se mancomunaram com os Estados Unidos para apeá-lo do poder com medo de que, de fato, mudasse o Brasil, arrancando o país miserável, só não mais miserável graças ao esforço do seu mestre, seu guru, seu protetor, seu iniciador em política, Getúlio Vargas, que também experimentara o exílio, um autoexílio nas fazendas Santos Reis, em São Borja, e Itu, em Itaqui, antes de voltar ao poder nos braços do povo e de ser empurrado ao suicídio, em 1954, pelo lacerdismo raivoso, mentiroso, sinistro, canalha e sem qualquer escrúpulo:

– Fui derrubado por causa das Reformas de Base.

Não, ele, Jango, não se matará.

Será traído por seu coração combalido?

Ou sucumbirá assassinado pela Operação Condor, cuja existência já conhece, tendo sido advertido para tomar cuidado, e que o faz pensar em mudar-se para a Europa, embora tenha pedido ao amigo e homem de confiança, Percy Penalvo, administrador da sua fazenda "El Rincón", de Tacuarembó, para sondar a ditadura brasileira a respeito do seu retorno para casa? O mesmo caminho estava sendo pavimentado por outro colaborador, Juan Alonso Minteguy. Percy contata o coronel Azambuja, um dos ex-ajudantes de ordens de Jango, que conversa com o coronel Sólon Rodrigues, chefe da Polícia Federal no Rio Grande do Sul. A pergunta é direta, pois não há razão para rodeios:

– Se o senhor puder me responder, o senhor me responda; se o senhor não puder, eu entendo isso aí: o que o senhor acha da volta do João Goulart? – questiona Azambuja.

A resposta é diplomaticamente desoladora. O Uruguai é muito perto. Haverá correria de políticos até Jango:

– Os políticos vão dizer: Dr. Goulart disse isso, Dr. Goulart disse aquilo, e nós vamos ter que intervir e vai criar uma questão de constrangimento para nós e para o Dr. Goulart – desculpa-se o militar burocrata.

Cláudio Braga, ex-deputado pernambucano que faz as vezes de secretário de Jango em Montevidéu, fala, por sua vez, com o ex-ministro Almino Afonso sobre um possível retorno do ex-presidente: "Almino ficou muito feliz com a consulta e aprovou. Disse-me que faria contatos e falaria com os companheiros. Jango pediu-me que, depois da fala com Almino, eu fosse para Uruguaiana para convidar uns dois ou três estancieiros a participarem de um remate [venda de gado] em 7 de dezembro. Ele estaria lá no dia 6. Neste dia dormi na casa de um fazendeiro amigo, Carlos Piegas, em Uruguaiana, que, de madrugada, recebeu uma chamada telefônica informando da morte do Dr. João Goulart de um infarto cardíaco acontecido na fazenda".

Em carta a Braga, de Lyon, onde fora consultar o seu cardiologista, datada de 13 de setembro de 1976, Jango, depois de saudar o amigo e os seus familiares, comenta: "Soube aqui que no Brasil as coisas esquentaram c/a notícia do m/possível regresso. Creio que se estão somando muitos detonantes: eleições, situação econômico-social muito difícil, morte de J.K., c/repercussões de toda ordem, e da maior magnitude (inesperada completamente para o governo) (Graves denúncias no campo moral... etc. etc.)". Depois, fala de negócios e anuncia a chegada do neto para a primeira quinzena de outubro.

A linha dura brasileira reage a essas tentativas de retorno. O general Sylvio Frota solta comunicado interno determinando, em caso de entrada de Goulart no Brasil, que seja imediatamente preso e mantido incomunicável "sob qualquer circunstância, independentemente de seus processos terem acabado ou não". O inferno continua.

Estará a linha dura disposta a matá-lo para que não volte ao Brasil, para que Geisel não possa ceder?

Percy o adverte para não ir à Argentina:

– O senhor vai, o senhor morre.

É estranho, muito estranho, morrer assim, dois dias depois de uma noite de muita sorte no Casino Nogaró – na Calle Gorlero – em Punta del Este: 850 mil dólares embolsados. Maria Thereza, bela e altiva como sempre, embora isso nada acrescente à capacidade de ganhar ou perder dinheiro em cassinos, jogara, no último segundo, a placa que ele lhe passara sem qualquer emoção. Um sorriso esplendoroso iluminara o rosto dela ao ouvir:

– Colorado 32.

O seu olhar logo é turvado por uma sombra, essas nuvens que costumam fazer dela uma mulher ainda mais desejável acrescentando-lhe um tom de mistério ou desamparo. A alegria converte-se em angústia. A aposta não teria valor por atraso na execução. Mas Jango é um cliente especial, um "habitué", um jogador que aposta em várias mesas – até cinco – ao mesmo tempo, arrisca muito e quase sempre ganha mais do que perde, o que, por certo ângulo, deveria ser uma má recomendação. Enrique Foch Diaz, o homem que lhe vendeu a estância "El Milagro", a oito quilômetros de Punta del Este, escreverá, possivelmente com exagero – tudo em torno de Jango prestando-se à hipérbole, embora ele se mostre suave, sedutor, cordato, envolvente, conciliador, paradoxalmente sem arroubos, salvo esses arroubos tranquilos, como lindas mulheres vindas de Buenos Aires e até de Paris, se não for mais um exagero plantado na sua mitologia sem entraves nem suficientes excessos, para driblar o tédio, a saudade do Brasil, a melancolia de expatriado e a lenta passagem do tempo, esse tempo perdido –, que era capaz de apostar até 4 milhões de dólares por noite.

Dinheiro não é problema para ele. Uma avaliação por baixo, feita por esse Foch Diaz, o uruguaio que entrará na justiça mais tarde pedindo esclarecimentos sobre a sua morte, suspeitando de desvios da sua herança, estima em 70 milhões de dólares a sua fortuna pessoal. Em que pensa um homem rico e poderoso, mesmo apeado do poder, no seu último dia de vida? Pensa provavelmente na falta que sente de um bom uísque, seu companheiro mais constante de exílio – parou de beber um pouco para dar fôlego à saúde –, pensa no calor que fará à tarde, pensa em Eva, sua amante, a sua "gordita", que se foi batendo a porta – "não me ligues mais" – por causa de uma coisa à toa, um carro que tanto deseja. Por que não lhe deu o presente? Segue de "El Milagro" para "El Rincón" no Cessna 180 pilotado por Pinocho Perossio. Em vez de Eva de Léon, é Maria Thereza quem o acompanha, ela que chegou de repente e com o mesmo ímpeto decidiu acompanhá-lo. Será que ela, com sua intuição feminina, pressente? Não. E ele? O corpo fala? Ou, na ignorância mais cândida, como não pode deixar de ser, apenas sente o aperto cotidiano das suas velhas obsessões, essas mágoas que lhe arrancam, quando menos se espera, frases lacônicas, cruas e doloridas:

– Só posso acreditar nas coisas do campo.

2

Está acostumado com certas dificuldades desde a morte do pai, Vicente, a quem sucedeu nos negócios, mostrando rapidamente um faro espetacular para sentir as oportunidades de ganhar dinheiro comprando e vendendo gado sem temer os riscos ou até mesmo se divertindo com eles. Não pode prever o futuro. Conhece, no entanto, o passado, esse passado que é o seu, em que foi protagonista, esse passado que o aproximou e separou de Leonel, seu cunhado, casado com sua irmã Neusa, também exilado no Uruguai, Leonel Brizola, intrépido, irrequieto, espírito de fogo, que não o perdoa por não ter resistido pela força ao golpe militar de 1º de abril de 1964. Não pode prever que Foch Diaz terminará, aos 81 anos de idade, no ano 2000, essa marca simbólica do fim do mundo que não o abala, um livro maldito e condenável, "El crimen perfecto", que será tirado judicialmente de circulação, no qual acusará seus amigos e colaboradores mais próximos – Cláudio Braga, Ivo Magalhães e até sua querida Maria Thereza – de tramarem sua morte. Nesse livro de muitas especulações e certamente mentiras, constará um dos seus desabafos mais frequentes.

– Às vezes, eu me detesto por aparentar permanecer passivo, calado, afastado das coisas que estão acontecendo no meu país. Mas... que posso fazer? Tenho, por acaso, as soluções? Não, não as tenho. E as que acredito possuir são para longo prazo, não casam com a impaciência. A solução de uma violência pacífica, pois de alguma maneira se deve chamá-la, ao estilo de Gandhi ou inclusive de um Martin Luther King. É só nisso que tenho fé. O colonialismo, a dor da América Latina, da África, do mundo subdesenvolvido, não encontrará saída do lado dos norte-americanos nem do lado dos comunistas.

Terá, de fato, dito isso? Quem poderá negar? E mais, sempre mais, repentinamente, aos arrancos, aos jorros, antes do silêncio quase infinito, do mutismo vazando pelos olhos, do retorno ao interminável exílio interior, tudo isso que Foch não diz, não quer dizer, não sabe dizer, não lhe interessa, afundado nas suas mesquinharias e maquinações, embora possa ser captado nas entrelinhas:

– Se detesto a violência, não poderia jamais apoiar guerrilha em meu país ou em qualquer outra parte do mundo porque, na minha opinião, ela não leva a nada, faz piorar o doente em vez de curá-lo. A primeira grande violência do mundo é a injustiça da qual nascem o terrorismo e a guerrilha, que, em seguida, trazem a repressão...

Um silêncio – diante, por que não, da fotografia autografada de John Kennedy, o Kennedy ambíguo, sedutor, simpático, quase tão sedutor e simpático quanto ele, Jango, que, contudo, não se furtou a ajudar a derrubá-lo, como os documentos comprovarão – e mais uma estocada:

– No meu país, por exemplo, a Igreja católica durante duzentos anos não viu mal na existência de escravos negros. Agora que os padres querem remediar essas coisas, são metidos na cadeia... Que sentido tem isso?

Por fim, num jato, sentindo certamente a amargura do tempo na boca seca, o ressentimento mais profundo, talvez pensando na reunião, em Porto Alegre, em que Brizola, defendendo a resistência ao golpe militar desencadeado pelo general Olympio Mourão Filho, que partira com suas tropas em 31 de março de Juiz de Fora rumo ao Rio de Janeiro, pedira-lhe para ser designado ministro da Justiça e sugerira que nomeasse o general Ladário, recém-empossado comandante do III Exército, ministro da Guerra:

– Em 1964, como presidente do Brasil, poderia ter levado o país a um banho de sangue. Talvez, hoje, não estivesse aqui no Uruguai. Teria sido justa a minha decisão? O poder não me dava direito de fazer uma coisa dessas. Não..., eu não podia usar esse direito para enfrentar os meus irmãos e provocar feridas incuráveis. Meu cunhado Brizola disse que fui fraco, não acredito. A história me dará razão. Sei que muitos anos se passarão até que o Brasil tenha um presidente constitucional. Queria que tivesse sido diferente, nunca, porém, ao custo das vidas dos que não têm culpa pelas decisões de quem manda (...) Algum dia, graças à decisão de muitos, voltarei. Voltarei por decisão da maioria, mas sem sangue.

Jango vai voltar em breve.

Morto.

Terá seu sangue derramado?

Ele sabe, como todos saberão décadas depois, quando os documentos secretos norte-americanos vierem à tona, revolvendo lodo, fedendo a merda, enxovalhando reputações, sem qualquer pedido de desculpas, que sua queda começou em 1962 quando o embaixador dos Estados Unidos no Brasil, Lincoln Gordon, enviou este comunicado ao presidente John Kennedy: "Goulart está fomentando um perigoso movimento de esquerda, estimulando o nacionalismo. Duas companhias americanas, a ITT e a Amforp, foram recentemente desapropriadas pelo governador Leonel Brizola. Tais ações representam uma ameaça aos interesses econômicos dos Estados Unidos". Sabe que sua queda começou antes disso, antes mesmo de ter assumido o poder como presidente, quando, em 13 de maio de 1959, Brizola, na condição de governador do Rio Grande do Sul, encampou a companhia de energia elétrica, subsidiária da Bond and Share, pagando aos americanos e canadenses a simbólica, sugestiva e provocativa soma de um cruzeiro.

– Maravilhoso filho da puta esse Leonel!

Foch também não registrou essa exclamação. Não escreveu para enfatizar a dor desse presidente exilado, chamado por seus inimigos e, depois, por historiadores reacionários de poltrão, de covarde, de medroso, de incompetente, tudo o que nunca foi, salvo para os que precisavam reinventar a sua personalidade de maneira a justificar o injustificável, a ditadura implantada contra as suas reformas de base sob o disfarce mal-enjambrado da luta contra o comunismo, álibi disseminado pelos americanos e prontamente comprado pelos líderes civis do golpe e incutido na mente das antas fardadas apavoradas com o "perigo vermelho" ampliado pelo clero conservador.

Queriam que resistisse? Como fazê-lo se sabia mais do que os outros, muito mais do que aqueles que o incitavam a promover a guerra civil. Sabia dos telegramas enviados da Embaixada dos Estados Unidos no Rio de Janeiro ao Departamento de Estado pouco antes do fim: "As seguintes decisões foram tomadas de modo a dar apoio militar e logístico às forças anti-Goulart. Navios petroleiros darão apoio à esquadra partindo da base de Aruba. Força naval de combate foi ativada para exercícios na costa sul do Brasil, destino inicial é o porto de Santos. Força naval composta por um porta-aviões, quatro destróieres e cruzadores de apoio. De Porto Rico serão embarcados 110 toneladas de munição, armas leves e gás lacrimogêneo para contenção e controle de massas".

Soube da Operação Brother Sam, que os americanos negariam cinicamente durante muitos anos, antes que lhe dessem um nome. Soube daquilo que os americanos sabiam e soube que o fato de eles saberem provava que nada lhe restava a fazer, criando um terrível paradoxo: os militares brasileiros nacionalistas estavam traindo a pátria e agindo a serviço dos interesses dos Estados Unidos. Soube deste devastador telegrama da CIA: "João Goulart deve ser removido com urgência. Os governadores de São Paulo e Minas Gerais finalmente chegaram a um acordo. A revolução será iniciada pelas tropas de Mourão Filho". Tudo ficaria documentado. Não soube de detalhes. Por exemplo, desta conversa que certamente lhe poria a morte na alma um pouco mais cedo, ainda que nela a vida se impusesse.

– Há uma mensagem que queremos mandar para Castelo Branco por ocasião da sua posse. Existe uma diferença entre Gordon, que quer ser bem entusiasta, e nosso ponto de vista na Casa Branca, de que o senhor deve ser cauteloso enquanto esse cara estiver botando gente em cana – diz, zeloso, o assessor da Casa Branca McGeorge Bundy.

– Acho que tem gente que precisa ir em cana aqui e lá também – debocha o presidente americano Lyndon Johnson.

Não soube que Bundy alertara que a mensagem desavergonhada seria publicada nem que Johnson respondera com a grosseria e o cinismo dos cretinos satisfeitos:

– Estou me lixando.

Tudo isso Jango ignorava. Tinha imaginação suficiente para construir, nas mateadas solitárias em Maldonado ou Tacuarembó, diálogos equivalentes. Dificilmente, contudo, terá concebido o que Robert Bentley, assessor de Lincoln Gordon no Brasil, encontrou como excelente justificativa para a resposta de Johnson:

– Ele era do Texas. Prendem gente no Texas.

Também não deve ter imaginado o balbucio constrangedor de Bentley diante dos dados sobre tortura no documentário impiedoso *O dia que durou 21 anos*:

– Lamento, lamento, de qualquer maneira.

Jango vai morrer.

A ditadura teme a sua volta.

É terrível o que carrega no corpo já alquebrado. Dói-lhe, quando pensa em cada detalhe da sua queda, o que sabe e talvez até o que não sabe. Teria reagido mal a esses telegramas e diálogos de Lincoln Gordon e John Kennedy, o afável Kennedy, o inovador Kennedy, o admirado Kennedy, o sedutor, tanto quanto ele, de mulheres interessantes e belas – pegou Marilyn Monroe, mas não a Maria Thereza, mais bela do que Jacqueline. Como teria digerido este telegrama de Gordon a Kennedy: "O fundamental é organizar as forças políticas e militares para reduzir o seu poder e, em caso extremo, afastá-lo"?

Esta conversa pragmática, gravada e disponível, vencido o tempo do sigilo e dos segredos de Estado, para qualquer um, certamente o teria feito sorrir e beber.

– Temos uma organização chamada IPES, que é progressista e precisa de alguma ajuda financeira. Acho que temos de ajudá-los – observa o intenso e vibrante Lincoln Gordon.

– Quanto vamos colocar nisso? – pergunta o idealista Kennedy, calculando mentalmente os benefícios do golpe.

– Isso é coisa de poucos milhões de dólares.

– Isso é muito dinheiro. Afinal, você sabe, para uma campanha presidencial aqui você gasta em torno de 12.

– Mas não podemos correr certos riscos – fixa Gordon.

Kennedy cede. Lincoln Gordon, em seu livro *Uma segunda chance para o Brasil*, admite: "Essa preocupação me levou a endossar a sugestão da CIA de que se fornecesse dinheiro a candidatos amigáveis". Era apenas a continuação do conselho dado pelo embaixador William Draper em 1962: "Enquanto Goulart permanecer no poder, os Estados Unidos devem persistir nos seus esforços para fazê-lo sentir a gravidade da situação econômica e financeira do Brasil e continuar insistindo na adoção de medidas corretivas adequadas que justifiquem nossa assistência financeira em larga escala. Ao mesmo tempo, devemos tentar influenciar a sua orientação política nos sentidos mais bem calculados para servir aos interesses dos Estados Unidos (...) Os Estados Unidos devem também intensificar sua inteligência e manter contato, discretamente, com quaisquer elementos militares e políticos de um possível regime alternativo potencial para agir pronta e efetivamente em apoio de um tal regime, na hipótese de que a crise iminente financeira ou alguma outra resulte no afastamento de Goulart".

Na hora decisiva, um comunicado ao Departamento de Estado americano dá o serviço: "Estamos adotando medidas para favorecer a resistência a Goulart. Ações secretas estão em curso para organizar passeatas a fim de criar um sentimento anticomunista no Congresso, nas Forças Armadas, na imprensa e nos grupos católicos". Nascem as espontâneas Marchas da Família com Deus pela Liberdade.

Lyndon Johnson sucede ao assassinado Kennedy. O seu estilo, ao telefone, é mais contundente e instrutivo:

– Devemos tomar todas as medidas possíveis, estar prontos para agir. Vamos ficar em cima de Goulart e nos expor se for preciso. Nós não podemos engolir esse cara.

Johnson só perde em entusiasmo para Gordon, o homem que ficará na parede da memória dos brasileiros como um personagem numa imagem fria: o fanfarrão de vasta cabeleira branca segurando, com ar blasé, um cachimbo.

– A eliminação de Goulart representa uma grande vitória para o mundo livre – declara solene o artífice do golpe.

Evidentemente, o presidente não pode ser mais bem informado sobre o Brasil que o seu embaixador. Gordon trata de legitimar e indicar o sucessor de Jango.

– O general Castelo Branco, chefe das Forças Armadas, é um oficial altamente respeitado.

Com um acréscimo importante para a época:

– Católico devoto, ele admira o papel dos Estados Unidos como defensor da liberdade.

– Americanos filhos da puta – terá dito Jango.

Quem não diria o mesmo?

3

Na tarde escaldante do domingo 5 de dezembro de 1976, o exilado João Goulart atravessa de lancha de Bella Union, no Uruguai, para Monte Caseros, na Argentina.

É a sua última travessia.

Está protegido pelos seus remédios para o coração, os vasodilatadores Isordil, Persantin e Adelfan.

Como, porém, proteger-se dos homens que o vigiam permanentemente, enviando relatórios minuciosos para a ditadura brasileira ou tramando a sua morte com métodos sofisticados e improváveis? Como se proteger daquilo que parece ou é uma série de eliminações? Em 22 de agosto, o ex-presidente Juscelino Kubitschek, de quem ele, Jango, fora vice, morrera num estranho acidente de carro na Via Dutra, entre o Rio de Janeiro e São Paulo. Em maio, os seus amigos uruguaios, o senador Zelmar Michelini e o deputado Gutierrez Ruiz, foram executados em Buenos Aires, arrancados do Hotel Liberty, na Corrientes, a poucos metros da Florida, sua base na capital argentina. O carro e o motorista de Jango estavam à disposição de Michelini. Em 21 de setembro, o ex-chanceler chileno Orlando Letelier fora dinamitado em Washington, sangrando, sem as duas pernas, tão perto da Casa Branca, tão longe da civilização e da democracia, no coração violado da América, junto com a assessora, vítimas da Operação Colombo. O ex-presidente boliviano Juan José Torres fora eliminado, em junho, em Buenos Aires, com a mesma eficiência e desenvoltura. Como se proteger daquilo que não tem rosto, nome ou existência, mas ceifa vidas como uma máquina? Como se proteger dos homens que integram uma tal Operação Escorpião, enquanto no Brasil vicejam outras, Operação Bandeirantes, Operação Jacarta? Claro que ele não sabe disso. Desconfia? Teme o pior. Sabe, sim, que está na hora de partir, de ir para o Velho Mundo ou de voltar para o seu Brasil. Vai morrer na cama, na sua estância La Villa, em Mercedes, em Corrientes, na estremecida Argentina. Um quarto de século depois, um uruguaio, cumprindo pena no Rio Grande do Sul por crimes comuns, afirmará que ajudou a matá-lo.

Jango será assassinado?

O futuro provaria que Letelier foi vítima da DINA, o serviço secreto chileno da ditadura de Augusto Pinochet. A justiça uruguaia imputaria ao ditador Juan María Bordaberry e ao seu chanceler Juan Carlos Blanco a autoria intelectual dos assassinatos de Michelini e Gutierrez. O acidente que matou JK ainda suscita dúvidas. Todos esses dados, porém, só podiam ser fantasmas no nevoeiro da cabeça de Jango quando, antes de seguir para a Argentina, visita um leilão (remate) de gado na divisa de Tacuarembó com Salto. Está no seu mundo. No seu chão.

– Quero voltar para o Brasil – talvez pense, enquanto gira nas mãos um copo de uísque que não beberá, na sua decisão de retornar de qualquer modo ao seu país.

Tem muitos inimigos ardilosos. Adversários que tramam diariamente contra ele: a ala dura da ditadura brasileira, ligada ao general Sylvio Frota, que se opõe à abertura gradual do general de plantão na presidência da República, Ernesto Geisel; seu coração doente; e a tal Operação Escorpião. Qual deles é o mais perigoso? O único, em princípio, que conhece e controla é o seu coração infartado. Espalha os medicamentos por suas estâncias. Perde-os, deixa frascos pela metade, segue em frente. O primeiro alerta dado pelo seu coração acontecera em 1962 quando visitava o México depois de ter olhado Kennedy no fundo dos olhos, nos Estados Unidos, provocando um choque com sua firmeza. A insuficiência cardíaca manifestara-se levando-o a desmaiar num teatro.

Sedentário, fumante, adorador das carnes gordas, acossado pelas preocupações, não cansa de dar razões para o seu coração entrar em pane. É isso que ocorrerá?

Ou seu coração receberá ajuda para se apagar?

Jango não é homem de assustar-se facilmente nem de brigar com espectros por suspeitas e boatos. Afasta os exageros e as fantasias com um gesto suave de mão. O que diria, contudo, se chegasse a ele cópia de uma carta endereçada a João Baptista Figueiredo, chefe do SNI, principal organismo de arapongagem do Brasil, depois publicada pelo jornalista norte-americano Jack Anderson, assinada pelo chefe da DINA, Manuel Contreras Sepúlveda?

> Senhor General: Recebi o seu despacho de 21 de agosto de 1975 e ao agradecer-lhe por suas informações oportunas e valiosas tenho o prazer de expressar minha satisfação por essa colaboração, que devemos estreitar ainda mais. Em resposta, cumpre-me dizer o seguinte: 1) Concordo com a sua preocupação com a possível vitória do Partido Democrata nas próximas eleições presidenciais nos EUA. Também estamos cientes do reiterado apoio dos democratas a Kubitschek e Letelier, o que no futuro poderá influenciar seriamente a estabilidade do Cone Sul do nosso hemisfério. 2) O plano proposto pelo senhor para coordenar nossa ação contra certas autoridades eclesiásticas e conhecidos políticos democrata-cristãos e social-democratas na América Latina e na Europa tem o nosso total apoio. 3) Suas informações sobre a Guiana e a Jamaica são indiscutivelmente importantes para nós.
>
> Por acreditar que seja do seu interesse, informo que o Governo do Chile recentemente decidiu libertar um grupo de prisioneiros, que serão deportados para países europeus. Transmitiremos, na medida em que as formos recebendo, as informações sobre as atividades políticas dos libertados e seus possíveis contatos com a emigração brasileira.
>
> Respeitosos cumprimentos. A) Manuel Contreras Sepúlveda, Coronel, Diretor de Inteligência Nacional. AA.

Ainda se discute a autenticidade dessa carta. As mortes não precisaram de autenticação. Aconteceram.

Jango também vai morrer.

O que sabe, de fato, nessas últimas horas que lhe restam do que preparam contra ele – se é que preparam? É certo que mudou alguns hábitos. Já não segue sempre de avião do Uruguai para a Argentina. Vai até a fronteira e troca de meio de locomoção. Demora mais. É mais seguro. Isso lhe evita ter de comunicar às autoridades locais, com 48 horas de antecedência, seu plano de voo, pedindo autorização para sair ou entrar num país. Desconfia.

A questão certa talvez seja: por que Jango morrerá? Como muitos sempre farão a pergunta: por que Jango caiu? A sua vida é uma sucessão de golpes, saltos, equilíbrios instáveis: jovem ministro do Trabalho de Getúlio Vargas, aos 34 anos de idade, perdeu o cargo por ter convencido o presidente da República a dar um aumento de cem por cento no salário mínimo. Os coronéis lançaram manifesto contra ele, os empresários enfureceram-se, a imprensa o atacou impiedosamente. Getúlio teve de demiti-lo, mas garantiu o aumento aos trabalhadores. Enfrentou a acusação durante o último governo de Vargas de ser o elo com o argentino Perón para a instalação de uma república sindicalista no Brasil. Poucos políticos foram tão caluniados. Morto Getúlio, foi candidato à vice-presidência do país. Fez mais votos que o presidente eleito, o mineiro JK. Novamente candidato a vice-presidente, elegeu-se para formar par com o adversário, o enigmático Jânio Quadros. Histórias conhecidas, histórias que não cansa de remontar na sua cabeça. Jânio renunciou em 25 de agosto de 1961, depois de mandar Jango para um comprometedor passeio na China comunista. Os ministros militares resolveram derrubá-lo antes de subir ao poder. Seu cunhado, o governador do Rio Grande do Sul, Leonel Brizola, comandou a resistência que ficou conhecida como Cadeia de Legalidade, uma rede de emissoras de rádio para inflamar o povo e garantir o respeito à Constituição. Ganharam ou empataram o jogo? Para debelar a crise, aceitou a solução parlamentarista. Assumiu em 7 de setembro de 1961 com poderes amputados. Um passo atrás para dar dois à frente. Leonel enfurecera-se. Não fora à posse. Nem poderia ter ido. Os militares não o queriam lá. Não dissera o seu nome no discurso de posse. Um erro?

Quantas vezes, nos 12 anos de exílio, pensara em tudo isso? Não, não se arrepende. Fez o que era possível para não derramar sangue, para avançar, para evitar uma guerra civil, para conciliar, pois esse é o seu espírito.

Sempre sabe onde está pisando. Talvez por isso aos mais próximos tenha dito mais de uma vez em poucos dias:

– Parece que querem me pelar a coruja.

Minteguy será o primeiro a dizer.

– Mataram o Doutor.

Foch Diaz narra o episódio da carta enviada por Percy Pernalvo meses antes, levada com urgência pelo piloto Pinocho

Perossio, que aterrissa na estância "La Villa", em Mercedes, no meio da noite, sob a iluminação de tochas. Ao receber a correspondência, Jango exclama:

– Percy está louco te fazendo vir aqui a uma hora destas. Dá para ver que está num cagaço bárbaro.

Por fim, num quase ganido:

– Acha que vão me matar aqui.

Parece não se assustar. No seu íntimo, registra cada sinal, computa cada informação, digere, como pode, o horror que se desenha no seu cotidiano. Quer viver tranquilamente, fazendo negócios para enganar o tempo que não passa, embora para ele esteja cada vez mais restrito, quer voltar para a pátria, pois é homem de patriotismo, quer ver no horizonte as marcas do fim de uma época que não podia ter acontecido, quer parar de remoer seus erros, acertos, suas contas, suas hesitações e atitudes.

Pensa, às vezes, que tudo está dentro dele. Quantas vezes esteve no ponto mais alto de Santo Tomé para vislumbrar, do outro lado do portentoso rio Uruguai, a sua São Borja? Quantas vezes chorou de saudades de casa, essa casa tão próxima e tão distante, tão sua e tão fora do seu alcance? Luta para controlar os seus sentimentos. Teme apenas os desatinos e derrapagens do seu coração.

O que ele pode saber, contudo, de um jovem de extrema direita supostamente integrante do Grupo de Ações Militares Antissubversivas (GAMMA) que anda pelo Uruguai e pela Argentina no seu encalço como um cão ideologicamente raivoso? Toda a sua vida é espionada, detalhada, descrita, catalogada, controlada, seguida, esmiuçada e transmitida aos organismos repressores e de inteligência das ditaduras uruguaia e brasileira. Um documento do Ministério Interior do Uruguai mostra que uma empregada doméstica chamada Margarita Suarez passa informações sobre o seu cotidiano. Em outubro de 1973, ela informa que Jango, seu patrão, viajou para Buenos Aires, no seu avião particular, de onde seguiria para a França a fim de se consultar com cardiologistas.

Fotos do seu penúltimo aniversário – 56 anos de idade, festejados em 1º de março de 1975, na fazenda "El Milagro" – e detalhes da comemoração revelam o quanto o denominado "agente b" vivia o dia a dia do seu alvo. O infiltrado descreve uma altercação entre Jango e seu filho João Vicente por causa de uma briga entre o cozinheiro Tito e o funcionário Manuel dos Santos. Ao não ser atendido por Tito, Santos saca uma faca e provoca um grande tumulto. Jango se exaspera e o expulsa. Outro espião é Alberto Conrado Avegna – escondido sob os codinomes de Altair, Johnson, Mário, Carlos Silveira e Zuleica. Terminadas as ditaduras, ele sairá do armário e assumirá ter trabalhado para o embaixador brasileiro em Montevidéu, o ultrarreacionário Manoel Pio Correa, responsável pela montagem do Centro de Informações do Exterior (CIEX), cujos arquivos, mais de 20 mil páginas de espionagem, mofavam numa sala-cofre do Itamaraty. Em 23 de julho de 2007, o *Correio Braziliense* revelou o tesouro diplomático. Jango foi um dos seus "observados".

Neira, o jovem de extrema direita que espiona Jango, contará ter escrito vários livros, o primeiro deles, *Sobrevivente*, não passará de uma citação esparsa num oceano de memórias, extraviado nas prisões da vida, e uma série de obras sobre a morte do presidente brasileiro derrubado pelo golpe de 1964. Todos os originais, se de fato existiram, desaparecerão sem ser publicados, entre eles *Morte premeditada* e *Operação Escorpião*, devorados pelo "sistema". Várias versões do último original, porém, fazem parte do processo da investigação conduzida pelo Ministério Público Federal em Porto Alegre. O texto final, de 2004, estampa na página de rosto o título "Entrevista com um réu confesso – todas as respostas sobre o assassinato de João Goulart". Leva duas assinaturas só conhecidas no mundo das prisões gaúchas: "Prof. Volnei Correia – Eng. Mario N. Barreiro".

4

Jango e Maria Thereza saem do porto de Monte Caseros, segundo Foch Diaz, num Ford Falcon azul, placa argentina, dirigido por Robert Ulrich, "el Peruano", 20 anos de idade, um agregado da família Goulart desde criança, amigo de João Vicente (outros dirão que Jango toma o volante nos primeiros quilômetros, o Peruano dirá que o carro era um Opel alemão com placa uruguaia, Maria Thereza acha que o marido não está bem e oferece-se para guiar, ele responde com firmeza inesperada: "Não, minha filha, estou bem", parece cansado, exausto mesmo, traz muitos pontos de vista em conflito). Acompanha-os o menino Alfredo Pérez Pérez, engraxate, 12 anos de idade, protegido de Jango, recolhido de alguma rua. Faz muito calor. O azul do céu assume uma tonalidade anil que parece abrir um túnel infinito no firmamento interrompido inexplicavelmente apenas por alguma nuvem extraviada como uma ovelha, feito um algodão no verde intenso do pampa.

Por que Jango, estando decidido a deixar o Uruguai e a Argentina em busca de segurança ou de reencontro com o passado interrompido pelos coturnos dos militares conservadores, em delírio cívico anticomunista, não pensaria em como começara o seu exílio uruguaio? Pode ter pensado em tudo: nas conversas com Getúlio em longos passeios a cavalo em Santos Reis, na primeira vez em que viu Maria Thereza – ela só tinha 14 anos de idade –, no casamento por procuração, no dia 14 de maio de 1955, seu irmão Ivan, falecido precocemente, fora seu representante, um temporal tendo impedido sua viagem de avião para São Borja; na sua vida de estudante no Colégio Marista Sant'Ana de Uruguaiana; na transferência para o Colégio Anchieta de Porto Alegre; na sua temporada de lateral dos juvenis do Internacional, seu clube do coração; na doença venérea que lhe afetou o joelho esquerdo e o deixou – não havia linguagem politicamente correta no seu tempo – manco. Pode ter pensado na sua longa viagem de volta da Ásia ao Brasil, pela rota do Pacífico, depois da renúncia de Jânio, ou na sua paciência para esperar o plebiscito de 6 de janeiro de 1963, que lhe devolveu os poderes presidenciais. Pode ter pensado no exílio, os primeiros tempos na casinha, emprestada por Minteguy, no balneário de Solymar. Maria Thereza chegara primeiro com os filhos, João Vicente e Denize, perdida. Faltava tudo. Os vizinhos ajudaram levando comida para as crianças. Depois, viriam os tempos no Hotel Columbia, com uma balbúrdia de gente entrando e saindo, querendo vê-lo; da mansão na rua Canning, 2395; do apartamento na Leyenda Pátria; das suas fazendas; do Columbia novamente, vendida a bela casa da rua Canning.

Tudo isso, contudo, é posterior, tudo isso marca esse depois na sua vida entre o poder e o abismo da queda, esse depois e esse antes que o deixam tantas vezes sorumbático, entregue a rememorações intermináveis na companhia de um mate, de uma garrafa de uísque ou de um prato de "carne na plancha con papas fritas", essa existência trivial e extraordinária que lhe fora reservada, condenado ao degredo perpétuo, sendo recebido pelo papa no Vaticano ou pelos Kennedy nos Estados Unidos, empilhando dinheiro de negócios bem-sucedidos sem nunca ter precisado corromper-se, apesar de um Inquérito Policial Militar conduzido por Mauro Costa Rodrigues e das acusações feitas pela revista *Time-Life*, numa campanha de ódio e de justificação do golpe, depois da sua deposição, e das cantilenas de Carlos Lacerda e dos jornais de Assis Chateaubriand ecoando a retórica dos golpistas, ecoando os interesses dos americanos, as lições da Escola Superior de Guerra para seus oficiais ideologizados e o imaginário – essa palavra não pertence ao vocabulário da época – da Aliança para o Progresso, organismo criado pelos Estados Unidos para semear a Guerra Fria na América Latina, comprando consciências, apoios e vidas, vendendo cartilhas, conceitos, ideologia e métodos de repressão.

E essa voz repleta de ecos repetindo o bordão das reformas:

– Manda brasa, presidente.

Nas suas estâncias uruguaias recebe muitas visitas. Contam-lhe, desde o começo, sobre a repressão. Sabe o que lhe contam os amigos – seu biógrafo Moniz Bandeira e tantos outros – e o que saberão os jornalistas e os historiadores do futuro – seu biógrafo Jorge Ferreira e outros estudiosos esparsos. Moniz esteve exilado no Uruguai entre 1964 e 1965. Instalado na Argentina, visitava

Jango com frequência em busca de material para os estudos. Informado por Celina Vargas do Amaral Peixoto sobre as descobertas da americana Phyllis Parker sobre a Operação Brother Sam, colocou Jango a par de tudo. O presidente queria saber mais e pretendia enviá-lo aos Estados Unidos. Jango sabe que a repressão não esperou o AI-5, defecado em 1968, para dizimar as últimas resistências como se os resistentes não soubessem multiplicar suas couraças. Sabe ou imagina o que Jorge Ferreira relembrará: "Entre 1964 e 1966, cálculos apontam para 5 mil detidos, 2 mil funcionários públicos demitidos ou aposentados compulsoriamente; 386 pessoas perderam o mandato parlamentar e/ou tiveram os direitos políticos suspensos por dez anos, enquanto 421 oficiais militares foram punidos com a passagem compulsória para a reserva – sem contar os suboficiais. Os maus-tratos tornaram-se prática comum nos quartéis. Gregório Bezerra, por exemplo, foi arrastado por um jipe pelas ruas do Recife e, depois, surrado com uma barra de ferro. O almirante Aragão foi brutalmente espancado". É o fardo.

É o fardo que carrega por ter tentado arrancar o Brasil do passado, esse passado que o atormenta e atormentará até o último instante, esse passado que é o seu verdadeiro presente, o seu futuro, mesmo morto, a sua canga. O americano Thomas Skidmore poderia ter-lhe servido de memória ajudando-o a ceifar as mentiras que se tornariam "verdades", a mais profunda, a mais insidiosa, a mais sórdida, a de que a ditadura, de fato, com repressão, só viria depois de 1968: "Quais foram as dimensões globais da repressão? Talvez em sua maior parte tenha ocorrido nos dez dias entre a deposição de Goulart e a eleição de Castelo Branco, embora no Nordeste tenha continuado até junho". Nada além de 10 mil a 50 mil presos, essa cifra impressionante apagada das memórias, mais as mortes, os expurgos, as cassações, as humilhações, as vidas destruídas. Jango não precisa de americanos para lembrar dos primeiros 441 cassados, dos três ex-presidentes da República destituídos dos seus direitos políticos, sendo ele o primeiro, dos seis governadores, dos 55 deputados federais, dos intelectuais, dos líderes sindicais, dos homens comuns repentinamente vitimados por um Estado separado do direito e dominado pela direita, não precisa de John Fuster Dulles para saber que até 9 de outubro de

1964, com Castelo Branco ainda se ajeitando na cadeira que lhe roubara, sobrevieram 4.454 aposentadorias forçadas, 1.408 demissões do serviço público, 2.985 punidos, o horror.

O Ford azul avança refletindo o sol intenso na sua lataria. O motorista enxuga o suor com a mão direita.

Jango vai morrer.

Vai morrer sabendo que a Operação Limpeza castigou o Nordeste como se naquela parte mais miserável do Brasil as penas devessem ser imediatas e colossais. Diante do advogado Décio Freitas, também exilado em Montevidéu, no restaurante O Cangaceiro, que ajudara a montar, à beira da praia de Pocitos, para ajudar seu amigo e ministro do Trabalho, Amauri Silva, desabafara numa noite amarga de nostalgia:

– Não tinha guerrilha instalada e atuando em 1964.

– E Dianópolis? – balbuciara Décio.

– Não era uma guerrilha, Décio. Eu não sabia de nada. Tratamos de desmantelar tudo aquilo. Não sobrou nada.

Sim, ele também lera, em 4 de dezembro de 1962, a reportagem publicada no jornal *O Estado de S.Paulo* sobre a prisão de integrantes das Ligas Camponesas de Francisco Julião. Estavam num campo de treinamento militar, em Dianópolis, no estado de Goiás, com apoio de Cuba. O seu amigo Moniz Bandeira destacaria que o campo foi descoberto pelo exército fiel ao presidente da República e desmontado, com todas as armas recolhidas.

– Eu fiquei realmente indignado, furioso, consternado. Chamei o embaixador cubano e pedi-lhe uma explicação.

Por que não lhe deram crédito? Porque não era conveniente. A imprensa faz de conta que acredita que um presidente sempre sabe de tudo o que ocorre no seu governo, especialmente daquilo que pode comprometê-lo. Moniz Bandeira diria em livros o que muitas vezes conversaram sobre esse antes que se tornaria para ele um sem depois: "Os grupos dos onze, ainda embrionários, não dispunham de armas e não chegavam sequer a constituir uma organização política e militar com um programa de revolução social. As Ligas Camponesas tampouco".

Jango vai morrer sabendo, como Moniz Bandeira mostrará e ele sempre estivera a par, que, se havia guerrilha, eram os grupos armados de direita, homens aparelhados para semear o medo e desestabilizar o país: "A direita, sim, formava organizações paramilitares, dentro de uma estratégia de guerra civil, a fim de fomentar arruaças, dissolver comícios, promover sabotagens e até desencadear guerrilhas, caso as Forças Armadas se dispusessem a sustentar a implantação de uma república sindicalista no Brasil, propósito este que se atribuía a Goulart. Elementos vinculados ao marechal Odylio Denys armavam os fazendeiros, no sul do país, e o mesmo o almirante Silvio Heck fazia no estado do Rio de Janeiro e em Minas Gerais, distribuindo petrechos bélicos, conseguidos por intermédio do governador de São Paulo, Adhemar de Barros, e do jornalista Júlio de Mesquita Filho, diretor de *O Estado de S.Paulo*. Em vários pontos do território nacional havia campos de treinamento para guerrilha, montados, clandestinamente, pelos militares que conspiravam contra Goulart desde 1961". Terá Jango ouvido Maria Thereza perguntar-lhe:

– Em que está pensando?

Poderia estar pensando, se tivesse o dom de prever o futuro, no que Moniz escreveria refletindo os dados terríveis que os assessores de Jango despejavam sobre a sua mesa de trabalho nos idos de março: "Em Alagoas comerciantes e latifundiários mobilizaram um exército particular de 10 mil homens". Poderia pensar nos "5 mil norte-americanos 'fantasiados de civis' que desenvolviam, no Nordeste, intenso trabalho de espionagem e desagregação do Brasil, para dividir o território". Poderia pensar na resposta que dava a alguns e a si mesmo e que se cristalizaria numa página da obra do seu principal historiador, aquele que foi vê-lo na solidão do exílio: Jango "estendeu aos trabalhadores do campo os benefícios da previdência social, assistência médica, auxílio-doença e aposentadoria tanto por invalidez como por idade, assinou decreto obrigando as empresas industriais, comerciais e agrícolas com mais de cem empregados a proporcionar-lhes ensino elementar gratuito e enviou ao Congresso mensagem que concedia ao funcionalismo público o 13º salário e instituía a escala móvel para o reajuste dos seus rendimentos". Essa é a origem do seu abismo. Essa é a chave do seu exílio.

O fundo desse abismo sob medida que o tragaria, primeiro de um golpe e, depois, lentamente, durante 12 anos, seria o combate à especulação e a regulamentação da remessa de lucros para o estrangeiro. A reforma agrária seria o seu epitáfio. Os 12,5% do orçamento nacional para a Educação não fariam a sua glória. O diretor da Associação Comercial do Rio de Janeiro, Jorge Behring de Mattos, tratou de redigi-lo: "Armai-vos uns aos outros, porque nós já estamos armados". "Contra o que, Moniz?", teria Jango perguntado num dos seus arroubos. Contra a "reforma agrária, com emenda do artigo da Constituição que previa a indenização prévia em dinheiro; reforma política, com extensão do direito de voto aos analfabetos e praças de pré, segundo a doutrina de que 'os alistáveis devem ser elegíveis'; reforma universitária, assegurando plena liberdade de ensino e abolindo a vitaliciedade de cátedra; reforma da Constituição para delegação de poderes legislativos ao presidente da República; consulta à vontade popular, através de plebiscitos, para referendo das reformas de base". O seu balanço pesa-lhe no corpo. Esse balanço dói como um reumatismo em dias de chuva.

– O que era o Brasil na época, Décio?

A resposta está nos relatórios do IBGE, nos jornais, mesmo nos conservadores, e nos livros de historiadores como Moniz Bandeira: "O Brasil, numa população de 70 milhões de habitantes, tinha apenas 3,350 milhões de proprietários de terra, sendo que 2,2%, i. e., 73.737 proprietários, ocupavam 58% da área total de hectares".

– Meu crime, Décio, foi ter condicionado o uso da propriedade, o uso da terra, ao bem-estar social do povo.

– Foi, presidente. Foi.

– Foi também, Décio, ter pretendido, eu, um estancieiro, ter ousado desconcentrar a propriedade da terra.

– Como se fosse um...

– Traidor, Décio, como se eu fosse um traidor da classe.

Ao cair, conforme uma pesquisa do IBOPE, Jango tinha aprovação de 76% da população consultada. Em sete das capitais pesquisadas, ele tinha mais apoio do que rejeição. Oito meses antes do golpe, só 19% dos consultados achavam o seu governo mau ou péssimo. Por que a imprensa o odiava? Talvez justamente por ser popular.

– Eram absurdas as reivindicações dos marinheiros, Décio?

– Não, claro que não eram.

Jorge Ferreira entrou na mente de Jango e na clareza possível do passado para responder aquilo que se impõe: "A situação na Marinha de Guerra era explosiva, sobretudo devido às péssimas condições profissionais dos marinheiros: além dos salários miseráveis, regulamentos absurdos impediam os subalternos de se casarem, impossibilitando-os de, legalmente, constituir família".

– Aqueles homens, Décio, queriam poder casar-se. Quando eu falo disso para amigos na Europa, eles me olham como se eu tivesse enlouquecido. Eles queriam poder amar.

– João Cândido e seus companheiros enfrentaram a chibata, mais de meio século antes, em parte pela mesma razão.

O presidente silencia, um desses seus silêncios que dizem tudo e aturdem seus interlocutores, um silêncio carregado de mágoas, de verdades que parecem bolas batendo num muro e voltando, e desse seu profundo sentimento de solidariedade com os perdedores. Como teria reagido se tivesse vivido para ler *Como eles agiam*, do historiador Carlos Fico, síntese dantesca dos bastidores da tortura no Brasil, essa tortura descrita, mapeada e, ao mesmo tempo, escamoteada, justificada e negada, essa tortura que produziu cicatrizes insanáveis, mortos, ressentidos e nenhum torturador condenado? Na apresentação, o historiador Jacob Gorender condensa o que Jango carrega até como culpa: "Com os dados hoje disponíveis, pode-se estimar que cerca de 50 mil pessoas tiveram, no período ditatorial, a experiência traumática da passagem pelos 'porões' e, destas, não menos de 20 mil foram submetidas à violência da tortura. Nos cerca de oitocentos processos por crimes contra a segurança nacional, e encaminhados à Justiça Militar, figuraram 11 mil indiciados e 8 mil acusados, resultando em alguns milhares de condenações".

O motor do Ford ronrona sob o sol da tarde. A temperatura chega aos 36 graus. A sensação térmica passa dos 40. Um vento quente segura o carro.

Param em Paso de los Libres para almoçar no restaurante do Hotel Alejandro I. Alfredo fica um pouco no carro. Jango pede frango e água mineral. Fazendeiros conhecidos entram e saem do restaurante. Alguém dirá, mas isso será décadas depois, que um deles, um negociante de gado, almoça com eles. Não há provas. Alfredo chega.

– Vi o Cláudio Braga lá fora.

Jango parece ausente.

À Comissão Externa da Câmara de Deputados, quase 25 anos depois dos fatos, Ulrich dirá: "Esses dias, estava pensando e pensando, e sempre tive a imagem de que, de repente, alguma pessoa – uma terceira, uma quarta pessoa – chegou para conversar com ele, mas não consigo descrevê-la. Vi que havia mais uma pessoa. Lembro-me vagamente de que havia mais uma pessoa, além do garçom".

O sol escaldante cria uma bruma.

5

Este autor, em 2012, tentando alcançar o distanciamento científico e montar o que se revela um quebra-cabeça, cercado por 10 mil páginas de documentos sobre o exílio e a morte de Jango, suspira em terceira pessoa, ainda que isso pareça ligeiramente engraçado.

– A reforma agrária o derrubou – repete.

Por alguns minutos, reflete dolorosamente.

– O medo que os militares sentiam da sua volta o matou?

O Ford (se não for um Opel) perde-se na campanha como uma miragem tremeluzindo, faiscando. De repente, um sinal. O motorista olha o relógio: 14h50. Encosta.

– Documentos do automóvel e dos passageiros, por favor, senhor – pede polidamente o agente da Policía Caminera.

Pérez Pérez passa ao patrão a sua maleta. Jango retira os papéis. O empregado vê blocos de dólares.

Liberados, seguem para Mercedes.

Jango tenta se reclinar um pouco mais. Lembra-se dos avisos recebidos para que se cuide, alguns inacreditavelmente curiosos. O médico Alberto Benevenuto viajando a Santana do Livramento para pedir a Brizola, em Rivera, para adverti-lo de que a ditadura brasileira trama a sua morte. O militante do PCB Amândio Amaral, convertido em espião do serviço secreto Itinerante, do SNI, em São Borja, teria captado mensagens cifradas do general Ernesto Geisel no programa *A Voz do Brasil*.

– Geisel, em código, me pedia para avisar Jango.

– Que códigos? – pergunta o autor deste livro, ainda apostando nessa terceira pessoa acadêmica, dois meses antes da morte de Amândio, ocorrida no final de 2012.

– Códigos que eu havia aprendido como colaborador do Sigma, o serviço secreto diretamente ligado a Geisel.

– Lembra desses códigos?

– Eu tinha um livro que me ajudava a decifrá-los. Destruí para não me comprometer. Tinha muita gente atrás de mim.

– Por que o senhor?

– Eu conhecia o Jango.

– O que Geisel dizia na *Voz do Brasil* e como?

– No meio dos discursos, misturava avisos para mim. Mandava eu avisar ao Jango que tomasse cuidado com os remédios e com a alimentação, pois ele seria morto dessa forma, sutil, não pelos métodos tradicionais das armas.

– É difícil acreditar nessa história.

– Só os ignorantes em códigos secretos não acreditam.

– O que aconteceu com o Dr. Benevenuto?

– Morreu num misterioso acidente de trânsito por ter avisado o Jango e o Brizola de que sofreriam atentados.

– Como o senhor entrou no Sigma?

– Fui contatado por militares que serviam em São Borja. Bebíamos no bar de um hotel e acabamos por nos conhecer.

– Em função da interceptação dessa mensagem do Geisel, o senhor sofreu algum tipo de represália ou atentado?

– Em abril de 1976, o uruguaio Mario Neira Barreiro e o tenente Ciro vieram a São Borja para me matar e quase conseguiram. Estavam num Opala bordô. Atiraram cinco vezes contra mim. Quem atirou foi o tenente, ruim de pontaria. O Neira tinha matado um capitão do serviço secreto uruguaio e fugido para Livramento. Como era amigo do Percy Penalvo, acabou em São Borja, onde tinha até um parente, um lutador de boxe conhecido como Burro Branco. Ele me conhecia e sabia das minhas ligações com o Sigma.

– O Percy deu abrigo ao espião de Jango?

– Por que o espanto? Percy era o "agente b". Sempre espionou Jango. Foi ele quem forneceu informações para relatórios sobre uma briga de Jango com Maria Thereza no apartamento da Leyenda Patria em que até tiro saiu.

– Estou pasmo!

– É só conferir com o Neira. Ele me ligava da penitenciária de Charqueadas com certa frequência. Parei de atender depois de algum tempo. Não ia ficar de conversa fiada com um homem que tentou me matar.

– Quando Neira declarou novamente à imprensa ter participado da operação para matar Jango, deflagrando, em 2008, uma nova CPI na Assembleia Legislativa do Rio Grande do Sul, o senhor escreveu uma carta ao relator, deputado Adroaldo Loureiro, dando respaldo e credibilidade às denúncias dele. Quem pegou carona na história do outro? O senhor ou, pela mídia, ele?

– O senhor está me insultando. Estou velho e doente para continuar ouvindo desaforos desse tipo. Vou desligar.

– Por favor...

– Só tenho a dizer o seguinte: Getúlio, Jango e Brizola foram assassinados. Passar bem. Não ligue mais para mim.

– Brizola também?

– Por sua secretária particular.

A carta de Amândio a Adroaldo Loureiro, citada no relatório final do relator, não foi encontrada nos arquivos da Assembleia Legislativa do Rio Grande do Sul.

Jango tem memória de elefante. Lembra-se de tantas outras coisas que talvez devesse esquecer para aplacar seu coração maltratado. Lembra-se, por exemplo, das manchetes e dos editoriais pusilânimes dos principais jornais brasileiros nos dias que antecederam o golpe e nos dias que o seguiram. Sente nojo. A imprensa que, depois de 1968, construiria para si uma imagem de resistência, frustrada com a censura, e que tentaria convencer e se convencer de que a ditadura só começara, de fato, com o AI-5, como se derrubar um presidente, cassar parlamentares, extinguir partidos, fechar o Congresso, ainda que temporariamente, acabar com as eleições diretas para governos e para a presidência da República não bastassem para constituir uma ditadura. Lembra-se de cada manchete, de cada editorial, de cada linha escrita para denegri-lo. Lembra-se do editorial "Basta" do *Correio da Manhã* de 31 de março de 1964: "O Brasil já sofreu demasiado com o governo atual. Agora, basta!" O mesmo jornal comemorou no dia seguinte com o editorial "Fora": "Só há uma coisa a dizer ao Sr. João Goulart: Saia!" Lembra-se do *Jornal do Brasil* cometendo a heresia de jogar com a palavra legalidade, que o levara ao poder em 1961: "Desde ontem se instalou no País a verdadeira legalidade – Legalidade que o caudilho não quis preservar, violando-a no que de mais fundamental ela tem: a disciplina e a hierarquia militares. A legalidade está conosco e não com o caudilho aliado dos comunistas".

Caudilho, ele? Quase bate no braço de Maria Thereza. Caudilho, ele, por querer pôr fim aos interesses dos coronéis e dos latifundiários? O *Jornal do Brasil*, no dia dos bobos, enxovalhando-se para sempre: "Golpe? É crime só punível pela deposição pura e simples do Presidente. Atentar contra a Federação é crime de lesa-pátria. Aqui acusamos o Sr. João Goulart de crime de lesa-pátria. Jogou-nos na luta fratricida, desordem social e corrupção generalizada". Pensa em Getúlio. Carlos Lacerda, o Corvo – como Corbo se chama o seu capataz em "El Milagro" –, empurrara Getúlio para o suicídio com as suas calúnias. A *Tribuna da Imprensa* entrou para a história como um pedaço de papel sujo a serviço dos interesses americanos. O mesmo Lacerda, sempre presente nos golpes fracassados, mancomunara-se com os militares para afastá-lo do poder. Em 1961, Lacerda tramara a queda de Jânio e tentara impedir que ele, Jango, assumisse o cargo que a Constituição lhe assegurava. Em 1964, a *Tribuna da Imprensa* exultava: "Escorraçado, amordaçado e acovardado, deixou o poder como imperativo de legítima vontade popular o Sr. João Belchior Marques Goulart, infame líder dos comuno-carreiristas-negocistas-sindicalistas". O *Correio da Manhã* ia a reboque cometendo o irreparável: "Lacerda anuncia volta do país à democracia". A tradicional imprensa golpista dava o passo sem retorno. *O Globo*, em 2 de abril, apressava-se em emporcalhá-lo: "Fugiu Goulart e a democracia está sendo restaurada (...) atendendo aos anseios nacionais de paz, tranquilidade e progresso... as Forças Armadas chamaram a si a tarefa de restaurar a Nação na integridade de seus direitos, livrando-a do amargo fim que lhe estava reservado pelos vermelhos que haviam envolvido o Executivo Federal". Como esquecer? Ele, que anotava tudo, passando dias inteiros a escrever, chegando a fazer isso no verso de cartas de homens ilustres (Foch Diaz fala de uma anotação sobre linguiças atrás de uma carta de Kennedy e de caixotes de cadernos anotados retirados de "El Milagro" depois da morte de Jango), nunca esqueceria. Como esquecer de *O Globo* louvando o heroísmo dos militares e cantando em prosa: "ressurge a Democracia! Vive a Nação dias gloriosos", chegando a admitir o seu apoio ao arbítrio, "em nome da legalidade não seria legítimo admitir o assassínio das instituições, como se vinha fazendo, diante da Nação horrorizada", mentindo escandalosamente em letras de forma, "a Revolução Democrática antecedeu em um mês a Revolução Comunista". A *Folha de S.Paulo*, graças aos bons serviços aos ditadores, não sofreria censura nem perseguições, mas emprestaria de boa vontade as suas Chevrolet Veraneio, de entrega de jornais, para transportar torturados ou aqueles que viriam a sê-lo.

O Ford azul é uma bola amarela sob o sol da campanha. Em que pensa Jango? Pensa na baixeza de um jurista renomado rastejando ideologicamente, para júbilo do *Jornal do Brasil*, num elogio ao estupro: "Pontes de Miranda diz que Forças Armadas violaram a Constituição para poder salvá-la!"? Pensa na traição do Congresso autorizando o ato institucional de 9 de abril? Pensa no *Estado de Minas*, porta-voz do golpe urdido pelo governador mineiro Magalhães Pinto, vomitando contentamento, "feliz a nação que pode contar com corporações militares de tão altos índices cívicos", convertendo os traidores em traídos, "os militares não deverão ensarilhar suas armas antes que emudeçam as vozes da corrupção e da traição à pátria"? Pensa em *O Estado de S.Paulo* dizendo que a população não se vergará às imposições do caudilho? Pensa nessa imprensa que manipulou a classe média e depois saudou as suas manifestações como se fossem espontâneas: "Multidões em júbilo na Praça da Liberdade. Ovacionados o governador do estado e chefes militares", segundo *Estado de Minas*. "A população de Copacabana saiu às ruas, em verdadeiro carnaval, saudando as tropas do Exército. Chuvas de papéis picados caíam das janelas dos edifícios enquanto o povo dava vazão, nas ruas, ao seu contentamento", conforme *O Dia*? Pensa no *Correio Braziliense* chafurdando na bajulação ao ditador: "O ato de posse do presidente Castelo Branco revestiu-se do mais alto sentido democrático, tal o apoio que obteve"? O horror!

É impossível que se lembre literalmente de tudo isso? Provavelmente. Talvez não pense nisso enquanto se aproxima da cidadezinha de Mercedes. Seria triste se lembrar de editoriais exumados, décadas depois, pela jornalista Cristiane Costa. Lembrar que, se a *Tribuna da Imprensa* passou logo para a oposição e o *Correio da Manhã* pereceu na resistência, o *Jornal do Brasil*, em 31 de março de 1973, continuava exultando: "Vive o País, há nove anos, um desses períodos férteis em programas e inspirações, graças à transposição do desejo para a vontade de crescer e afirmar-se. Negue-se tudo a essa revolução brasileira, menos que ela não moveu o país, com o apoio de todas as classes representativas, numa direção que já a destaca entre as nações com parcela maior de responsabilidades". O jornal *O Globo*, em 7 de outubro de 1984, mantinha-se coerente e desavergonhado, fazendo seu "julgamento da revolução" com assinatura de Roberto Marinho, o homem que mais ganhou com o golpe militar: "Participamos da Revolução de 1964 identificados com os anseios nacionais de preservação das instituições democráticas, ameaçadas pela radicalização ideológica, greves, desordem social e corrupção generalizada".

Terá Jango prestado atenção a um livro publicado ainda em 1964, *Os idos de março e a queda em abril*, no qual o jornalista Alberto Dines, que depois seria visto como um ícone da luta contra a ditadura no resistente *Jornal do Brasil*, chafurdava em elogios aos golpistas? "Golpe ou contragolpe? Minas marcha contra Goulart. Enfim, apareceu um homem para dar o primeiro passo. Este homem é o mais tranquilo, o mais sereno de todos os que estão na cena política. Magalhães Pinto, sem muitos arroubos, redimiu os brasileiros da pecha de impotentes."

– A maior mentira da imprensa, Décio, é dizer que a ditadura, de verdade, só começou em 1968.

– É uma mentira dita em causa própria, presidente.

6

Em 1976, Mario Neira Barreiro está com 21 anos de idade, tem conhecimentos técnicos de radiotransmissão e uma curta existência repleta de aventuras rocambolescas e tão nebulosas quanto o seu futuro. O submundo de Montevidéu é a sua especialidade. A vida de João Goulart cruza com a sua para sempre. Tendo militado numa organização de extrema direita chamada "Juventude Uruguaia de Pé", interessa-se pela "caça aos comunistas" e pelos mais de 200 exilados políticos brasileiros no Uruguai. A "guerra fria" fervilha na sua mente. Em 2000, hóspede da Penitenciária de Alta Segurança de Charqueadas (a temível PASC), no Rio Grande do Sul, e do Presídio Central de Porto Alegre, num revezamento frenético pontuado por passagens pelo regime semiaberto, acompanha pelos jornais os trabalhos da subcomissão da Assembleia Legislativa instalada em 24 de maio, tendo como relator o deputado João Luiz Vargas e como presidente a deputada Maria do Rosário, para "analisar as circunstâncias da morte do ex-presidente João Goulart". Desde 23 de maio, também a Câmara de Deputados, tendo por relator o pedetista Miro Teixeira, pilota uma Comissão Externa para "esclarecer em que circunstâncias ocorreu a morte do ex-presidente João Goulart". O presidiário Neira estremece.

Transferido da PASC, em 16 de junho, para "permanecer à disposição da Superintendência Regional da Polícia Federal" por ter tido sua extradição decretada pelo Supremo Tribunal Federal, resolve que é hora de abrir o jogo. No dia 21 de junho de 2000, o jornal *Zero Hora* titula: "Preso denuncia complô para matar Jango". E explica: "Um ex-tenente da polícia uruguaia que cumpre pena em Porto Alegre enviou carta à Comissão Externa da Câmara". Neira apresenta-se como engenheiro especializado em armamentos, explosivos e comunicações. Faz revelações impressionantes e promete muito mais. Jango, codinome Gaivota ou Volfo 1 para o serviço secreto uruguaio, era vigiado 24 horas por dia com microfones instalados até no seu banheiro de "El Milagro". Ele dispara seu petardo:

– Jango foi envenenado.

Acrescenta detalhes. Três especialistas – um médico-legista mestre em mortes por envenenamento, um perito balístico e um fotógrafo da polícia – teriam seguido o ex-presidente até Mercedes para "completar o trabalho".

Miro Teixeira dirá que nunca recebeu a tal carta. As declarações de Neira repercutem na subcomissão da Assembleia gaúcha. É um homem de currículo impressionante: condenado por falsidade ideológica, porte ilegal de armas, receptação e formação de quadrilha. No Uruguai, é acusado de assassinato, roubo e algo mais. Nada tem a perder. Isso lhe dá alguma credibilidade. Aparece no momento exato para esquentar um quadro morno.

As suas revelações impressionam. Em São Borja, ouvidos por integrantes da Comissão Externa da Câmara, amigos de Jango, querendo ou não, aumentam as suspeitas. O médico Odil Rubim Pereira afirma que não viu sinais de envenenamento no cadáver, mas teve de "estancar secreções" que lhe saíam da boca e do nariz. Secreções num morto de infarto do miocárdio? Ao abrir o caixão, conta que teve a surpresa mais desconcertante da vida:

– Estava de pés descalços e com as calças desabotoadas.

Por quê?

Ex-contador de Jango, Lutero Fagundes garante:

– O presidente João Goulart estava proibido de entrar na Argentina, sob pena de ser morto. Ele sabia disso.

As investigações do ano 2000 surgem empurradas por reportagens da imprensa. Há um desejo de descoberta que se acumula como pegadas de gaivotas nas areias menos atraentes de praias geladas. O relatório da Comissão Externa da Câmara de Deputados reconhece a sua dívida:

> As reportagens publicadas no *Jornal do Brasil*, sobre a Operação Condor, entre 25 de abril e 31 de maio de 2000, merecem ser especialmente referidas neste relatório. O motivo é simples: temporalmente, elas se situam no início de nossa investigação, tanto por terem disseminado na imprensa e na opinião pública o interesse por conhecer melhor a operação repressiva no continente, como por terem sido cuidadosamente analisadas para nelas obtermos indicações sobre linhas de investigação a serem seguidas posteriormente. Não é por outra razão, aliás, que essas reportagens foram

citadas no próprio requerimento de constituição desta Comissão. O *Jornal do Brasil* informou, no fim de abril de 2000, com destaque, que o presidente do Supremo Tribunal Federal, ministro Carlos Velloso, concedeu "autorização para o cumprimento de carta rogatória da Justiça argentina, pedindo aos órgãos brasileiros de segurança informações e documentos sobre três cidadãos argentinos que teriam sido detidos no Brasil, em 1980, e que depois desapareceram" (JB, 25/04/2000). A partir desse fato, o jornal publicou uma série de reportagens sobre a cooperação entre os órgãos de segurança dos países do cone sul da América Latina e dos Estados Unidos em operações de monitoramento, captura, tortura e morte de militantes políticos de oposição aos regimes de força que se iam impondo ao continente ao longo das décadas de 60 e 70. As reportagens trazem indícios abundantes da existência de tal "cooperação": desde depoimentos de pessoas torturadas por agentes de segurança dos vários países até documentos encontrados, principalmente, em arquivos da polícia recuperados e organizados por juízes paraguaios – o chamado "arquivo do terror".

Neira estava atento.

O relatório do deputado Miro Teixeira traça o itinerário das dúvidas e dos cruzamentos inquietantes e, para muitos, improváveis:

Já na edição de 26 de abril, o ex-governador Leonel Brizola aparece reivindicando a investigação das mortes de João Goulart e Juscelino Kubitschek, sugerindo, inclusive, que "o governo brasileiro deveria pedir à Argentina a abertura de investigação sobre as circunstâncias da morte de Jango". A partir de então, entre as notícias do *Jornal do Brasil* sobre a Operação Condor estarão presentes os casos Jango e JK. Vale a pena assinalar que as mortes dos ex-presidentes apresentam duas diferenças em relação à maioria dos casos investigados a partir do arquivo do terror e de fontes semelhantes: 1) os mortos encontravam-se, todo o tempo, em local conhecido; 2) se houve assassinatos, eles foram feitos de maneira a passarem por mortes por doença ou acidente. O primeiro ponto indica a possibilidade de se conseguir uma recapitulação bastante completa da vida dos personagens até o momento do falecimento. O segundo ponto dificulta sobremaneira a comprovação de ter ou não havido assassinato.

Um relatório pode ter a incrível estrutura de um romance policial. Depois do golpe no Uruguai, em 1973, a vida de Jango, traduzida pelo olhar de Miro Teixeira, leitor do redimido *Jornal do Brasil*, é uma escalada:

i) artigo de João Vicente Goulart no JB sobre tentativa de sequestro do ex-presidente, em Buenos Aires, dois meses antes da morte (JB, 09/05); referência a Orfeu Santos Salles, responsável pelo escritório onde teve lugar a suposta tentativa (JB, 19/05);
ii) negociações frustradas com João Baptista Figueiredo para volta ao Brasil, supostamente obstada pela linha dura – referências ao coronel Azambuja e a Percy Penalvo como intermediários (JB, 15/05);
iii) referências a pessoas que avistaram o corpo (JB, 19/05, 20/05, 27/05), inclusive o médico Odil Rubim Pereira (JB, 30/05);
iv) Abel Sema e Roberto Ulrich (Peruano) teriam providenciado atestado de óbito e funerária (JB, 20/05).

O destino de um homem parece caber numa série de manchetes que, paradoxalmente, turvam o passado, esse passado tingido de negro por homens vestidos de verde, esse passado que adia o futuro num eterno presente:

i) preparação do retorno ao Brasil (entrar pela porta da frente); Cláudio Braga encarregado (JB, 20/05);
ii) reconstituição dos preparativos por Almino Affonso ("em viagem à Argentina na época da morte de Jango") (JB, 23/05);
iii) referência a documentos "do prontuário de Jango, hoje guardados no Arquivo Público do Estado do Rio" – inclusive ordem de prisão assim que pisasse no Brasil (JB, 23/05).

No retrovisor da história, tudo faz sentido, tudo se interliga, tudo se conecta, tudo se fixa e, por fim, se embaça como o vidro de um carro tornando-se um minúsculo ponto numa estrada do pampa sob o sol inclemente:

i) segundo o cineasta Sílvio Tendler, a viúva de Orlando Letelier contou "que tinha avisado a Goulart que ele estava entre os nomes listados pela Operação Condor" (JB, 25/04);

ii) Miguel Arraes teria avisado a Leonel Brizola que o serviço secreto argelino tomou conhecimento de que haveria uma série de assassinatos políticos na América Latina;
iii) carta (de agosto de 1975) de Contreras (DINA-Chile) a Figueiredo (SNI-Brasil), publicada por Jack Anderson no *Washington Post* em 2 de agosto de 1979, aponta risco de apoio dos democratas (EUA) a líderes como Letelier e Juscelino Kubitschek (JB, 30/04);
iv) JB, 07/05: longa reportagem de Márcio Bueno mostra vários indícios do assassinato de JK e a íntegra da carta de Contreras a Figueiredo (...) Márcio Bueno refere-se, também, a artigo de Richard Gott, publicado no jornal *The Guardian* em 4 de julho de 1976 que dizia: "baseado em especialistas em América Latina, que estava em curso no nosso continente algo semelhante à Operação Fênix – programa de assassinatos de lideranças financiado pela CIA (...), durante a Guerra do Vietnã";
v) segundo Marival Chaves (ex-agente da repressão?), desde 1969 (antes, portanto, dos golpes no Chile e no Uruguai – e do recrudescimento autoritário na Argentina), brasileiros treinavam argentinos, uruguaios, paraguaios e chilenos (JB, 09/05);
vi) artigo da historiadora Cláudia Furiat: "A conexão CIA-Dina" (JB, 14/05).

Em tempos de repressão, a vida é como um jogo de amarelinha com o inferno por última e decisiva casa:

i) vários números do JB mostram que a ditadura argentina foi a que matou maior número de adversários políticos e de inocentes;
ii) quando do retorno de Perón, todos os países ao redor da Argentina estavam sob ditaduras de direita; muitos líderes políticos de oposição acorreram à Argentina;
iii) vários líderes latino-americanos morreram na Argentina em um curto período: general Juan José Torres (boliviano), senador Michelini e deputado Gutierrez (uruguaios), general Prats (chileno) (JB, 25/04);
iv) Leonel Brizola declara que o governo uruguaio, possivelmente, o expulsou para salvar sua vida (JB, 26/04).

O redemoinho avança. Jango está decidido a partir. O seu ofício ao Ministério das Relações Exteriores do Uruguai, datado de 9 de novembro de 1976, renunciando ao status de asilado é uma prova. Pretende pedir a condição de residente, o que lhe permitirá viajar sem qualquer autorização. Insere-se, com esse gesto, na longa cadeia de especulações e articulações sobre o seu próximo passo.

Quase todos os envolvidos depõem na Comissão Externa da Câmara de Deputados. Todos revivem, viajam no tempo, especulam, confundem-se. Quase todos são ouvidos. Menos Maria Thereza, que se recusa a comparecer ao pântano, e o presidiário Mario Neira Barreiro, nascido em 9 de setembro de 1955, na capital uruguaia, filho de Hector Neira e Carmen Celia Barreiro. Ele, porém, logo se desvela como Tenente Tamuz, integrante do GAMMA, que caracteriza como "a elite da repressão ideológica", ex-militante do Grupo Antirrevolucionário Armado (GARRA 33), cooptado antes ainda pela Aliança para o Progresso para fazer pesquisas sobre "tendências ideológicas" da população uruguaia. Revela-se um operador clandestino treinado nas piores (ou melhores) escolas do crime no Panamá, no Chile, no Brasil, no Paraguai, na Argentina e até nos Estados Unidos. Assume espontaneamente ter sido "implantado" no Serviço de Eletrônica da Marinha de Guerra do Uruguai e também na Divisão de Comunicação da Capitania dos Portos, no Departamento de Códigos e Comunicações da Chefatura de Polícia de Montevidéu, na Seção de Eletricidade e Manutenção da Gráfica Nacional, no Departamento de Sinais e Comunicações Elétricas da Administração de Ferrocarris do Estado e na Seção de Telefonia do Estado-Maior Conjunto. Tudo isso como minibiografia, o autor por ele mesmo, para a orelha do livro ainda inédito *Entrevista com um réu confesso.*

Nas suas polivalentes atividades laborais no Brasil, ostenta nos crachás, ou melhor, nos fichários policiais os nomes de Gaston Omar Paulino Duarte, nascido em 22 de setembro de 1954, filho de Julio Paulino e Carmela Duarte Martinez; Omar Gaston Paulino Duarte, Mario Ronaldo Neyra Barreto, Mario Ronaldi Barreiro Neira, Mario Ronald Neyra Barreiro, Ronald Mario Neira Barreto e Antônio Meireles Duarte. Parece ter um fraco por análise combinatória.

Graham Greene não faria melhor.

Nem Borges.

De entrada de jogo, um canhonaço no melhor estilo castelhano, com força, convicção, nomes, siglas e conhecimento de causa: "O Plano Condor deu cobertura para a parte final dessa operação que foi denominada Operação Escorpião. Ela foi solicitada pelo serviço secreto brasileiro ao GAMMA, do Uruguai, e consistiu, no princípio, numa vigilância a exilados brasileiros. Com o tempo tornou-se permanente e exclusiva sobre a pessoa do ex-mandatário João Goulart. Culminou, depois de alguns anos, com o envenenamento dele, para o qual foi utilizado um composto químico com efeito similar a veneno".

Como prova?

– De todo tipo, desde foto até gravações – sustenta.

É o não inocente útil.

7

Por que não viria à cabeça de Jango – enquanto o Ford azul se achata contra o solo argentino, zumbindo como um besouro machucado – aquela sexta-feira 13? Maria Thereza estava linda como sempre, como nunca, como ele preferia. Não era o seu primeiro comício ao lado dele, mas era especial. Um dia inesquecível. Tragicamente inesquecível. O começo do fim, o fim de um começo, o grande salto e depois o vazio. Dizem que se deixara manipular por Leonel, o Brizola tão odiado por uns e amado por outros, dizem que aceitara a pressão dos extremistas, dos radicais, dos sindicalistas, dizem que perdera o controle, que saltara no abismo por falta de firmeza e de projetos. Sabe, na solidão do seu íntimo, que dera o salto para tentar tirar o Brasil do seu atoleiro secular: numa população de cerca de 70 milhões de habitantes, 40% de analfabetos entre 15 e 69 anos, esquálidos 6 milhões (8,5%) matriculados na rede de ensino primário, míseros 900 mil (1,2%) no ensino médio e vergonhosos 93 mil (0,13%) no ensino superior, apenas 2 mil alunos de pós-graduação. Um país medieval.

Sexta-feira, 13 de março de 1964, comício da Central do Brasil, um dia de glória para ele, certamente do seu melhor e mais portentoso discurso. Dia de repassar vertiginosamente o seu governo, os seus propósitos e de encontrar-se com o povo, 200 mil pessoas espremidas vibrando com as suas palavras. Abelardo Jurema, seu último ministro da Justiça, paraibano cauteloso, raposa serena do PSD, resumiria, no exílio peruano, a queda do seu governo, em livro que sairia ainda em 1964, *Sexta-feira, 13 – os últimos dias do governo João Goulart*. Poucos, Jango pode pensar nisso, entenderam tão bem a sua solidão no poder, essa solidão povoada de audiências, de visitas, de viagens, de falações, de encontros e de traições. Se tivesse de designar um traidor quem seria?

– Amaury Kruel?

O comandante do poderoso II Exército, baseado em São Paulo, o militar a quem dera carona de avião de Porto Alegre a Brasília, em 1961, quando fora assumir a presidência da República, o homem que ganhara a sua confiança a ponto de desembarcar na capital federal como chefe da Casa Militar, o traíra. Falara com ele, por telefone, várias vezes depois que as tropas de Mourão Filho começaram a marchar de Juiz de Fora para o Rio de Janeiro. Guardara para si a decepção com o que ouvira.

– Amaury está do outro lado.

Jurema acompanhara os seus derradeiros esforços. Era anticomunista e democrata, tolerante e firme nas suas convicções. Abrira-se com ele muitas vezes. Dissera-lhe:

– Seu Jurema, se me deixo ficar em Brasília, esvaziam-me inteiramente no Rio, o que significa o esvaziamento em todo o país, e, se me deixo ficar no Rio para refazer o tempo perdido, acusam-me de estar esvaziando Brasília.

É o resumo dos seus dilemas num tempo de comunicações difíceis, de governadores rebeldes, de estados dispostos a ignorar decisões federais. Jurema viu a sua luta em defesa dos mais pobres. Quando criou o CODEP, o Comissariado de Defesa da Economia Popular, para proteger os mais pobres da inflação, dos preços abusivos, da especulação, foi ridicularizado pela imprensa, que o acusou de inventar "soviets". Determinou a fiscalização dos preços, recebeu apoio da maioria e dispôs-se a mandar para a Ilha das Flores os inimigos da economia popular. Também essas iniciativas seriam vistas como protocomunistas. Poderia ler passagens inteiras do insuspeito Abelardo Jurema para os seus detratores.

– Durante todo o governo João Goulart a tônica predominante foi a reforma agrária. O tema tomou conta de todos os conselhos do Governo. Até quem não entendia nada e muito menos de reforma agrária passou a discutir, nos corredores dos palácios presidenciais, sobre reformas de base e, principalmente, sobre a agrária.

Mas Jango, tão próximo de "La Villa" e do fim, dificilmente pensa nisso. Por que pensaria em Jurema escrevendo que era impossível continuar "esse negócio de trabalhador rural trabalhar dois ou três dias de graça para os proprietários, no sistema do 'cambão'"? Poderia lembrar-se da sua decisão, para horror da imprensa e da classe média conservadora, de tabelar os aluguéis e de, em nome do bem-estar social, "intervir no domínio econômico para assegurar serviços essenciais ao uso do povo", por exemplo, requisitando prédios submetidos a ações de despejo por ganância dos seus donos? Jurema, escrevendo logo depois dos fatos, certamente afogueado pela mágoa, soubera render-lhe as devidas homenagens, falando dos seus decretos criando "os sapatos populares, os tecidos populares e os que fixavam preços de remédios nos rótulos" e mais a regulamentação do uso dos livros escolares, tudo o que fizera de melhor e que seria reduzido pela mídia lacerdista a sinais do comunismo.

Abelardo Jurema o via como uma esfinge, um enigmático espremido entre a Ação Democrática Parlamentar, uma associação contra a natureza entre o PSD e a UDN, a Frente Parlamentar Nacional e a Frente de Mobilização Popular controlada por Leonel Brizola, esse Leonel ao mesmo tempo amigo e inimigo, próximo e distante, sempre o fustigando nas páginas do seu jornal *O Panfleto*, sempre exigindo mais, algumas vezes só sendo acalmado por Dona Tinoca, mãe de Jango, recebendo o filho e o genro na moradia do Leblon para sessões de conciliação. Tudo o que fez, contudo, está além das disputas com Leonel. Fez o que precisava ser feito.

E se pensa, nos últimos quilômetros, numa tirada de Abelardo Jurema, homem de fina psicologia e observador?

– À vista dos clichês que se espalham por toda a imprensa, o presidente João Goulart, hoje, no exílio, há de estar em busca do tempo perdido...

Terá lido Marcel Proust em tradução de Mario Quintana? Não importa. O tempo está irremediavelmente perdido. Vai morrer dentro de poucas horas. Quantos anos perdidos no exílio tentando amarrar as pontas, tentando entender os seus erros, tentando manter-se vivo para voltar e, agarrado à vida, bebendo, comendo e trepando! Pensa na sua gordita Eva batendo a porta e gritando?

– Não me ligues mais!

Pensa no que pensa Maria Thereza durante a viagem? Pensa nos filhos que cresceram em Montevidéu e em Punta del Este quase como uruguaios, fazendo festa, namorando, estudando, só não se esquecendo de um passado tão recente e tão distante por vê-lo todos os dias nos seus olhos memoriosos? Pensa em João

Vicente, que agora mora em Londres, onde embala o filho ao som de Pink Floyd? Pensa no netinho Christopher, que conheceu na recente viagem à Europa e quer ver de novo? Ou, mas não pode ser, por que seria?, pensa em outra reflexão de Abelardo Jurema:

– Todo o Governo Jango foi uma tremenda luta entre o ser e o não ser, uma luta entre o fazer e o não fazer.

Ser ou não ser? Como ser contra o Império? Sabe que pertence a um tempo revoluto, que ainda estertora, uma época de contradições e abismos – "Todas as épocas não o são?", pergunta-se e pergunta aos mais próximos –, um período em que poucos devoram tudo e muitos recolhem as migalhas que o vento carrega. Sabe que faz parte de uma estranha estirpe de homens, um fazendeiro com sensibilidade social – não se gaba, não usa essa expressão, não tem esses arroubos nem essa vaidade –, um latifundiário que perdeu o poder por ter querido dividir a terra. Sabe que herdou essa sensibilidade de Getúlio Vargas, mas a velha raposa, por astúcia ou desinteresse, não dera esse passo, o seu passo, o salto no precipício, o pulo no escuro, o passo fatal, a reforma agrária. Se os seus inimigos não fossem tão vis, o veriam como um cavalheiro que se dispusera a superar os seus interesses de classe sem levantar a voz e sem derramar sangue. Nas brigas com Leonel, é verdade, mandara, umas duas vezes, fechar a rádio Mayrink Veiga – onde Brizola vomitava as suas catilinárias contra o governo, contra a espoliação das riquezas nacionais pelo capital estrangeiro, contra o entreguismo, contra os tubarões das finanças, contra os gorilas fardados, contra os ianques –, mas desistira.

Ser ou não ser? Jurema via-o como um contido, incapaz de extravasar "as suas mágoas, as suas indisposições e os seus ressentimentos", ao contrário do voluntarioso Leonel, com seu "olhar místico" nos momentos de transbordamentos e com suas explosões de fúria convertidas em insultos definitivos criadores de constrangimentos e inimigos: "O deputado João Calmon é um picareta e um vigarista". Jurema dera-lhe uma dimensão shakespeariana. Realçara as suas desavenças com Leonel, que se ressentia por não poder, sendo cunhado do presidente da República, aspirar legalmente a sucedê-lo, a ser ministro, a ser governador da Guanabara. Não, não era uma luta de titãs. Era só um enfrentamento pontual entre a cautela e a pressa, o ar e o fogo, o autocontrole e o ímpeto, a introspecção e o arroubo, a determinação contida e a convicção explosiva, duas personalidades complementares e antagônicas ligadas pelo afeto e separadas pelos mesmos anseios de grandes mudanças.

– Tantos anos, no mesmo exílio, sem falar com Leonel!

Tinha as suas leituras. Terá lido Corneille? Está mais para Corneille do que para Shakespeare. Sabe que os governantes não estão acima das leis nem dos interesses dos homens. Foi essa percepção que o levou a não resistir em 1964. Renunciar é mais difícil do que exercer o poder em benefício próprio. Jurema sabe que muitas vezes pensou em desistir, em largar tudo, em sair em viagem, em ir atrás da sua felicidade, em livrar-se do calvário do poder – "Não sei, seu Jurema, como o Juscelino ainda quer voltar para isto aqui" –, um poder que quis e amou, embora também o entediasse e sufocasse, sentia-se tendo que decidir tudo, até o menos importante, mas um poder que nunca se rebaixou a usar com repressão, ordenando que o exército não servisse de guarda pretoriana das classes abastadas, coibindo o encarceramento de sindicalistas, de operários, de gente do povo em busca de melhorias.

– Seu sonho era passar à História como o Grande Reformador e toda a sua inquietação era ver o tempo passar sem nada de positivo para apresentar – escreve Jurema, acrescentado: – Queria que se conseguisse introduzir reformas nas velhas estruturas econômicas.

Ser ou não ser? Renunciar ou exercer? Foi estudar administração para reformar o país. Jurema entusiasma-se:

– Lançou em pauta o aproveitamento das Sete Quedas do Iguaçu; planejou hidrelétricas do extremo norte ao sul; investiu no setor da agricultura, adquirindo numerosos tratores e máquinas agrícolas; agitou o campo educacional com um programa intensivo de alfabetização popular; traçou, na Viação, largo programa rodoviário que subia a centenas de bilhões de cruzeiros; avançou sobre as refinarias particulares de petróleo; ampliou a assistência médica aos estados através de convênios pelo Ministério da Saúde; abriu frentes de luta contra a exploração e a carestia; convocou técnicos da melhor categoria para o acerto das nossas dívidas externas, imprimindo novos rumos econômicos e financeiros à nossa política externa. Não saíam da sua cabeça, contudo, as reformas. Especialmente a agrária.

Afável, sedutor, simpático, amigo dos amigos, avesso a julgá-los, mas firme nos seus projetos sociais, fez a sua escolha e pagou caro, muito caro, por ela:

– O preço das reformas seria o seu afastamento da presidência – sentencia o moderado Abelardo Jurema.

É só a opinião de um dos seus homens de confiança? É a narrativa de quem, concordando e discordando do chefe, estava no barco quando ele começou a afundar, esse naufrágio preparado meticulosamente, como mostra René Armand Dreyfus em *1964: a conquista do Estado*, por organismos civis associados aos Estados Unidos – o IBAD e o IPES – e organismos militares como a Escola Superior de Guerra com seu grupo dito da Sorbonne, os intelectuais, os pensadores, os mentores, os articuladores do golpe, Golbery do Couto e Silva e Castelo Branco. Depois do fracasso de 1961, quando Brizola os derrotou com uma rede de rádios e apoio do III Exército, os golpistas prepararam-se e esperaram o momento certo para agir. A imprensa e a oposição udenista, comandada por Carlos Lacerda, polemista, jornalista e governador da Guanabara, trabalharam para construir uma imagem negativa de Jango.

– Procuravam os oposicionistas impingir a ideia de que o Chefe da Nação era incapaz, primário, preguiçoso e até analfabeto. Subestimaram uma figura de homem público que não era nada daquilo. Inteligente, astuto, vivo, com imensa capacidade de audiência e outra enorme de falar e de expor, o Sr. João Goulart pregou, realmente, vários sustos aos seus inúmeros adversários. Sustos de verdade, com jogadas imprevisíveis, que pecavam apenas pela sua falta de complementação, pela sua improvisação e falta de continuidade – desmitifica friamente Abelardo Jurema.

Reencontraria, junto com seu amigo uruguaio Jorge Otero, o colaborador fiel, no exílio, em Paris, num bar noturno da luxuosa Avenida Montaigne. Um "leitor de mentes" adivinhava os nomes das carteiras de identidade dos clientes pegas pela sua auxiliar. Foi aí que ouvira:

– Abe-lar-do Ju-re-ma.

O carro diminui a marcha. Um bafo quente pressiona os vidros do Ford Falcon azul (ou seria um Opel?). Jango vê campos a perder de vista, como sempre viu, como sempre vê, esse tapete verde que se espicha numa sonolência que parece, às vezes, espreguiçar-se roçando o horizonte, tocando o céu, essa campanha que é o seu habitat, o seu lugar, o seu ecossistema; o campo o fez, o campo o perdeu, o campo o refez. Sabe, sempre soube que as classes abastadas, especialmente os latifundiários, nunca o perdoariam, nunca o perdoarão, pelo que consideram uma traição, a pior, talvez, das traições, a ruptura.

– Onde se viu um estancieiro fazer reforma agrária!

Sabe que Darcy Ribeiro, seu ministro barroco e amigo cheio de relâmpagos, frases definitivas e iluminações, tem razão: caiu por seus acertos, não pelos seus erros.

A sexta-feira, 13, dorme na sua memória. Leonel abrira o comício na Praça da República. Coubera-lhe encerrá-lo. Nunca falara tão bem, tão forte, tão claro.

O carro avança.

Falta pouco.

8

A doença acompanha Jango desde o longínquo mal-estar no México como uma mosca no olho de um vendaval. Um exilado, teria ele dito, vive mesmo com o coração na mão. Anda em zigue-zague, driblando os sinais emitidos pelo corpo, fingindo, certos dias, uma desenvoltura que se esgarça a cada movimento. Olha para a frente com a convicção de um condenado que aumenta a sensação de liberdade na medida em que não para de avançar. Sabe que corre contra o tempo, contra a melancolia, contra a saudade, contra os seus inimigos externos e internos. O Uruguai deixou de ser uma democracia, o Brasil, com sua abertura lenta, gradual e restrita, está longe de voltar a ser uma; a Argentina, sem Perón, está quase à deriva. E o seu corpo, esse corpo jamais alheio aos prazeres da cama e da mesa, exibe sinais de cansaço, de avaria, entrando num estado de pane silenciosa, mas corrosiva.

A partir de 1969, quando teve um infarto coronariano, sentindo a presença da morte como uma visita acintosa, aconselhado pelo Dr. Dighiero, cardiologista uruguaio, encontra-se com especialistas e faz checkup anualmente. Levou do Brasil a Montevidéu o Doutor Zerbini, sumidade em cardiologia, para examiná-lo e para instalar a primeira máquina de cineangiocoronariografia do país, doada ao Hospital Italiano. Vai à França todo ano, para se consultar, em Lyon, com o Doutor Froment, na primeira vez, maltratado constrangedoramente pela burocracia uruguaia, com um passaporte paraguaio gentilmente enviado pelo ditador Alfredo Stroessner, cuja generosidade não esquecerá, silenciando sobre o resto, tendo aprendido que certos silêncios dizem mais do que tudo e que certas declarações não eliminam o mal. Não pode carregar nos ombros todos os dilemas morais do mundo. Contenta-se em sobreviver para voltar a viver.

Em setembro de 1976, acompanhado por sua gordita, segundo ela mesma, na época, magra, ele vai à França. Precisa tratar duplamente o seu coração. Encontra o amigo Jorge Otero em Paris. À CPI da Câmara de Deputados, Eva de León Gimenéz dará um depoimento candidamente sincero sobre aquele outono romântico sob os plátanos sem folhas.

– Nós, um mês antes, estivemos na Europa. O Doutor costumava viajar à Europa para exames quase todos os anos, e nos últimos seis anos de sua vida o acompanhei algumas vezes. Justamente nesse ano, o acompanhei. Fomos a Lyon, onde ele fazia seus checkups, e a clínica disse que ele estava muito bem, isso levando em conta os problemas cardíacos que ele sempre teve. Eles mandaram que ele emagrecesse e nos deram ali um amigo circunstancial, uma dieta. Eu era muito magra, não precisava, mas ele começou a fazê-la. Nessa dieta havia muito colesterol, era a famosa dieta do Dr. Atkins, que é só gordura. Se pode comer toda a gordura que se queira, café com adoçante, e se emagrece uma barbaridade. Essa era a dieta dos carboidratos sem proteína. Bem, ele emagreceu bastante, mas, obviamente, o colesterol disparou de uma maneira impressionante. Eu creio que essa foi a razão de sua morte, o ataque massivo a suas coronárias, e todas as suas coronárias estavam mal. Tanto é assim que, no dia 12 de outubro, no Hotel Columbia aqui perto, não sei se os senhores conhecem, que tem apenas uma pequena rampa e ele não pôde subir, subia com dificuldade essa rampa, e havia emagrecido uns dez quilos em um mês. Estava sensacional fisicamente. Não sou médica para dizer se, realmente, isso acelerou o processo de sua doença. Creio que essa dieta aumenta o colesterol, qualquer um percebe isso. Hoje essa dieta está proibida.

Por que não foi com Jango para Mercedes? Por ter, como dirá Foch Diaz, brigado com o amante, esse amante rico e mais velho, por um presente não recebido?

– Ele foi porque tinha seus compromissos. Dois dias ou um dia antes, ele me ligou quatro vezes para que eu fosse com ele. Não pude ir porque estava justamente inaugurando uma butique e lhe disse que, por favor, fosse sem mim. Parece que foi com a Sra. Maria Thereza, que lhe pediu que a levasse, enfim... Não posso falar do que não ouvi nem do que não vi. Bem, aí ele foi para Tacuarembó, assim que pode perfeitamente ter ido à feira de gado, e dali foi para Corrientes direto, creio. Tudo isso sempre entre aspas, porque não estava presente – tenta explicar Eva.

Um homem no exílio precisa consumir-se.

Sexo revigora.

Com Décio Freitas, depois do segundo uísque, Jango desabafara, soltando uma tirada no melhor estilo gaúcho.

– Só fodendo muito para aguentar este exílio, chê!

A revista *Veja*, em 2001, descreverá o encontro romântico entre o exilado e a estudante uruguaia em tons deliciosamente pastel: "Não é segredo que o ex-presidente João Goulart, morto há 25 anos, sempre se aplicou em fazer novas conquistas amorosas. Poucos sabiam, porém, que um desses relacionamentos paralelos ao casamento com Maria Thereza durou vários anos e só acabou com a morte do presidente deposto, no exílio, em dezembro de 1976. Jango morava havia seis anos no Uruguai quando conheceu a jovem futura amante. Ela tinha cabulado aula e pedia carona na estrada, para ir de Maldonado, onde estavam, a Punta del Este, a vinte minutos de viagem. Nesse curto percurso, ele soube que aquela bonita colegial, um pouquinho acima do peso, tinha 17 anos, chamava-se Eva Deleón Gimenéz e era apaixonada por cavalos. Logo ele a convidava para visitar suas fazendas naquele país. Aos poucos foi seduzindo a estudante. O ex-presidente tinha 52 anos e dois filhos com a ex-primeira-dama – João Vicente e Denize. A família vivia em Montevidéu e raramente o acompanhava nas temporadas nas estâncias". Um retrato em branco e preto, com moderados tons de cinza, da situação familiar de Jango no exílio.

– O Jango não usava essa coisa de amor, não.

É a voz experiente do fiel servidor Deoclécio Barros Motta, pau para quase toda obra, inclusive, por que não, algumas farras, ouvido pela revista. Eva, que preferia a Europa a "contar ovelhinhas" nas fazendas do amante, seria uma ingênua mocinha apaixonada ou precoce arrivista, uma maria-fazendeira? Ao leitor de *Veja*, a conclusão: "Quando o ex-presidente morreu, Eva estava com 23 anos. Tinha abandonado os estudos desde que o conhecera. 'Os três anos seguintes foram de terror, de um luto sofrido', ela conta, chorando. Passado esse período, conheceu outro homem e se casou. Antes, visitou o túmulo do ex-amante em São Borja, no interior do Rio Grande do Sul. Eva vive hoje em um apartamento no décimo andar da Avenida Doutor Horacio Abadie Santos, a duas quadras do mar, quase no centro de Montevidéu. Mora com o marido, um comerciante de materiais elétricos, de quem incorporou o sobrenome Puig, e com as duas filhas gêmeas, de 19 anos. Tem fotos de Jango espalhadas no interior do apartamento e guarda cartas românticas que recebeu dele. Esse apartamento era do ex-presidente. Depois que ele morreu, Eva se estabeleceu na residência e não saiu mais".

– Tentamos, sem sucesso, recuperar o imóvel na justiça – diz Maria Thereza, apimentando o realismo do relato.

Décio Freitas praticava o naturalismo em suas descrições e caracterizações dos homens do seu tempo.

– Jango, como todos nós daquela época, adorava uma putaria. Sabia que, depois de certa idade, só pagando.

Jango vive intensamente o seu exílio doloroso. Dinheiro e propriedades não lhe faltam. É quase mágica a sua capacidade de multiplicar as riquezas. A documentação do seu inventário forma uma montanha de papéis em Porto Alegre. Moniz Bandeira precisou de uma longa nota de rodapé, em *O governo João Goulart, as lutas sociais no Brasil – 1961-1964*, para listar os seus bens: "Em São Borja (Rio Grande do Sul) possuía a estância Rancho Grande, de 8.000 hectares, com um rebanho de 7.000 cabeças de gado vacum. Era a maior e a melhor de todas as estâncias, tinha uma pista de aviação, mas a casa era simples, porque Goulart não gostava de luxo. Também em São Borja, possuía a estância Santa Luiza, com 6.000 hectares e cerca de 6.000 cabeças; a estância Cinamomo, com 4.000 hectares e outros campos menores (...) Em Mato Grosso, a estância Três Marias, com uma extensão da ordem de 48.000 hectares, arrendada a Orpheu dos Santos Salles". Em São Borja, possuía também a Granja São Vicente. No Rio de Janeiro, tinha o sítio Capim Melado, em Jacarepaguá, cheio de obras de arte. No Uruguai, "El Rincón" chegava a 6.000 hectares, seis mil reses e seis mil ovelhas. "El Milagro" era pequena: 1.200 hectares quase em Punta del Este com um moinho para beneficiar arroz e um frigorífico. Ele passou a controlar a distribuição de arroz em Maldonado. Na Argentina, eram 3 campos: "La Villa", "Suzy" e "El Aperia", os 2 primeiros totalizando 3 mil hectares, duas mil ovelhas e três mil cabeças de gado. No Paraguai, possuía a "Sun Corporation S.A.", com 25 mil hectares, em "sociedade" com Ivo Magalhães, ex-prefeito de Brasília. Chegou a ter cinco aviões, casas, apartamentos, carros, contas em banco, ações... Uma usina de produzir capital que ajudou o pequeno Uruguai, desde quando Jango era presidente, a crescer. Amigo de Muamar Kadafi, comprou petróleo barato para a Argentina do Perón. Ofereceu o mesmo benefício aos uruguaios, que tiveram de declinar por já estarem comprometidos. O que poderia sair por seis custou nove.

Para administrar esse império internacional agropastoril, contava, na linha de frente, com os seus amigos, parceiros, funcionários sócios ou protegidos Percy Penalvo, Ivo Magalhães, Cláudio Braga, Deoclécio Barros Motta, o Bijuja, e Orpheu dos Santos Sales, o homem que montou o seu quartel-general em Buenos Aires. Para se deslocar freneticamente de avião, sempre tinha um piloto de confiança: de Maneco Leães, que o levou para o exílio, passando por Ruben Rivero, preso por vinculações com os tupamaros, a Hugo Wilkie e Pinocho Perossio.

A fortuna de Jango faz dele um alvo, um ponto minúsculo, que se agiganta quando focado, na mira de interesses contraditórios e de narrativas cruzadas numa colagem que se fragmenta como os estilhaços de fogos de artifício coalhando o céu em noites quentes, esses fogos que o fazem apertar os olhos e sorrir. A direita brasileira tentou fazer dele um corrupto como sempre faz a direita quando lhe faltam argumentos e sobra-lhe ódio contra governos reformistas. Um oportunista tentará transformá-lo em vítima dos seus amigos e familiares. Enrique Foch Diaz, o aventureiro – piloto de avião voluntário na Segunda Guerra Mundial a serviço dos Aliados – que comprou a estância de "El Milagro" por 6 milhões de pesos, em 1966, tendo quitado apenas um sexto do devido, e a revendeu para João Goulart por 18 milhões de pesos pouco tempo depois, tornando-se amigo do comprador, concluiu, em 1982, que havia motivações econômicas capazes de explicar o falecimento de Jango.

O afável Jango vive e morre numa espiral de intrigas. Razões que o seu coração doente desconhece são levantadas para justificar a sua morte repentina.

Em 1982, Foch Diaz entra na justiça de Curuzú Cuatiá, na Argentina, com um documento devastador: "Venho formular a presente denúncia pelo suposto crime de morte duvidosa do ex--presidente da República Federativa do Brasil, Doutor João Belchior Marques Goulart, falecido em 16 de dezembro de 1976, na sua estância 'La Villa', de Mercedes", assim como "pelos supostos crimes de furtos, roubos e fraudes praticados contra os bens" do falecido. Maria Thereza, impressionada pelas suspeitas de Foch, chegara a dar-lhe, em 31 de janeiro de 1982, uma procuração para averiguar as condições de transferências do patrimônio do marido. Diante do mordomo Tito e de Percy Penalvo, em Punta del Este, Foch conta que fora direto como um mastodonte mordido de afeição:

– Tenho motivos suficientes para duvidar da morte do seu marido. Nestas alturas, penso que o mataram – dispara.

A procuração é cassada por ela, em 19 de março do mesmo ano, sem maiores explicações. Foch passa a odiá-la e a atacá-la em todas as oportunidades que cria. Transforma-se num vulcão em chamas contra a mulher cujos interesses, em princípio, propusera--se a defender. Na CPI da Câmara dos Deputados, volta contra ela seus canhões:

– O senhor sabia, tinha conhecimento da vida do Dr. Goulart com sua esposa, Maria Thereza? Havia, por parte deles, de um lado ou de outro, infidelidades? – questiona o presidente da Comissão, deputado Reginaldo Germano.

– Sim, claro. Ela era famosa já no Brasil. Quando chegou aqui...

– Quem?

– Maria Thereza.

– Era famosa? Por quê?

– No Brasil era famosa. Dizem que no Carnaval cantavam músicas sobre ela no Brasil. Aqui, era público e notório.

A voz quase desaparece, torna-se inaudível, volta:

– Não, no Carnaval lá no Brasil cantavam canções sobre Maria Thereza. Isso me contava, por exemplo, o piloto deles, um rapaz brasileiro – explica Foch Diaz.

– Mas aqui, ou na Argentina, a esposa do presidente João Goulart continuava com a infidelidade?

– Sim. Indiscriminadamente.

– E ele sabia? Era público?

– Era público. Em Punta del Este, por exemplo, isso era público.

– Em Punta del Este?

– Sim, era público.

– Vou lhe fazer uma pergunta direta: o senhor acredita que, influenciada por algumas pessoas, ela poderia ter facilitado a morte do presidente?

– Sim. Quem tinha influência sobre ela era Cláudio Braga (...) Quando Maria Thereza chega do Brasil, traz com ela as joias da casa (...) Vou lhes dizer uma coisa: sou uma pessoa que conhece muito sobre joias. Tive uma joalheria e vendia joias a Eva Duarte de Perón. (...) Quando vi as joias que tinha Maria Thereza Fontella Goulart, fiquei de boca aberta. Umas joias muito valiosas. A pureza de um brilhante, de uma esmeralda, se vê no corte da pedra. De modo que vi essas joias que ela usava. Porque era uma mulher muito elegante, que gostava de vestidos, de perfumes, de joias (...) Não sei se os senhores conhecem... Se diz que o sobrenome de Cláudio Braga é "plata robada". A informação que me deram as testemunhas é de que (...) tinha as chaves, tira as joias de Maria Thereza do apartamento da Libertador, em Buenos Aires (...) Cláudio Braga as pegou para admirar sua beleza. Como estava muito apressado...

– A beleza das joias?

– Sim.

– Ele tirou de onde?

Uma voz não consegue se fazer ouvir.

– Em Buenos Aires, na Avenida Libertador. Ele tirou as joias para admirá-las e, como estava muito apressado (...) à noite que veio um ladrão e as levou. Essa é a história... – conclui Foch para espanto dos deputados.

– Então, daí o senhor começa a suspeitar de Maria Thereza e Cláudio Braga, a partir das joias...

– Não, de antes...

Uma CPI tem seus momentos de perplexidade.

9

Nada na vida de Jango escapa aos olhos e aos ouvidos dos arapongas. O dossiê nº 5001/55, tendo na folha de rosto as designações Polícia de Montevidéu e Direção Nacional de Informação de Inteligência, fornece o relatório completo da festa de aniversário de Jango, em "El Milagro", em 1º de março de 1975. O arquivo contém fotos, listas de nomes e sínteses de discursos. No item "vindos do Brasil", entre outros, Orpheu dos Santos Salles, Raul Ryff, José Gomes Talarico, Lutero Fagundes e Henrique Piegas e família. E, do Rio de Janeiro, duas moças, Eleodora e Mary. Entre os residentes no Uruguai, Ivo Magalhães, Cláudio Braga, Percy Penalvo, Juan Alonso Minteguy e Manoel Pedro dos Santos. Autoridades presentes: o ministro da Defesa do Uruguai, o embaixador da Iugoslávia no Uruguai e o cônsul da Argentina em Montevidéu. Outros amigos: o cardiologista Dighiero e o jornalista Jorge Otero. Familiares: "Dona Maria Thereza e a filha Denize chegaram por volta das 17 horas, fazendo apenas ato de presença a distância, não participando do ágape. Foi preparada uma mesa em local afastado do churrasco para elas e algumas amigas". A descrição é minuciosa: mais ou menos cem pessoas servidas entre 15 e 20 horas. Jango sentou-se numa mesa com as autoridades, Orpheu, Ivo, Cláudio e Ryff. João Vicente revelaria a sua inconformidade com a "discurseira" e a bajulação, "inclusive com a inclusão do nome de Orpheu dos Santos Salles. Não é possível – dizia – misturar o aniversário do pai com negócios". Aí é que acontece o barraco de fim de festa: Manoel dos Santos saca uma faca contra Tito (caracterizado no informe como "invertido sexual"). "João Vicente tomando o 'partido' do Manoel dos Santos agrediu Tito. Jango ao intervir determinou a saída de Manoel dos Santos da estância, provocando isso uma divergência entre Jango-João Vicente. Um espetáculo deplorável. Felizmente as principais personalidades que ali estavam (...) já haviam se retirado. Jango no final da festa estava estirado num banco de repouso inconsciente. João Vicente idem. A mulher e a filha retiraram-se para a casa de Punta del Este face à presença de

Eleodora. E a estância entregue aos empregados bêbados, com um aspecto de baderna, garrafas, pratos, copos, restos de comida espalhados por todos os cantos e proximidades da casa". Um anoitecer no exílio.

O informe analisa os negócios de Jango. Anota que Salles participa de "audacioso empreendimento, o projeto de construção da represa de Palmares, no Uruguai (...) obra da ordem dos 340 milhões de dólares". Analisa os pronunciamentos de Jango em relação ao governo brasileiro. Descreve a sua postura quanto ao ditador Ernesto Geisel como determinada pela sua "obsessão" pelo retorno ao Brasil. Garante que ele não está com perspectivas de volta a curto prazo, mas que continua "nutrindo esperanças". Um ano depois tudo mudaria. Por ora, Jango quer saber até quando a posição brasileira continuará "indefinida" quanto à volta dos exilados. Pede informações sobre o posicionamento de homens como o general Sylvio Frota. É informado de divisões nas Forças Armadas, de inconformados reunidos em torno do general Médici, de turbulência no regime. O informante não se impressiona com o carisma do presidente deposto: "o Dr. João Goulart, é preciso esclarecer, todos os seus companheiros e amigos o sabem, é um cínico e impudente nas declarações que faz, um loroteiro que diz coisas de conformidade com as suas conveniências". Tudo está ali. Cada reunião ocorrida em "El Milagro" nos dias 1º e 2 de março de 1975 está radiografada, com seus participantes, falas, hesitações, sugestões, estratégias e argumentos. Cópias interceptadas da correspondência de Jango com Ivo Magalhães e muitos outros e o rascunho de uma entrevista do ex-presidente à imprensa estão listados entre os papéis esclarecedores sobre o cotidiano do inimigo número 1 da ditadura brasileira. Tudo ali, da discussão sobre a criação de um terceiro partido no Brasil aos limites do MDB, passando por contatos de Orpheu dos Santos Salles com o general Golbery sobre um possível retorno de Jango.

Nas fotos, tiradas com foco e bom enquadramento, Jango aparece com a serenidade de sempre. Emana das imagens o bom gosto e a tranquilidade de uma recepção nos jardins de uma propriedade robusta e muito bem cuidada. Quase se sente a brisa que sopra de vez em quando.

Um espião dorme no ninho do exilado.

É o "agente b".

Cada passo de Jango é monitorado.

As operações Escorpião e Condor pairam sobre ele?

O presidiário Mario Neira Barreiro dirá ter pertencido à equipe Centauro, encarregada de vigiar Jango dia e noite. Outra equipe, a Antares, seria responsável por monitorar Brizola. Neira, em livro e depoimentos para a comissão de investigação instalada na Assembleia Legislativa do Rio Grande do Sul em 2008, afirmará ter monitorado a vida de Jango de 1973 até o último dia.

– Eu entrei na fazenda três ou quatro vezes, coloquei dentro de uma caixa de força uma estação repetidora que se autoalimentava com energia da própria fazenda. A família pode dizer. Tinha um transformador lá na fazenda que alimentava toda a fazenda e lá nós colocamos um transmissor para nós podermos monitorar a distância. Nós estávamos no hipódromo. Desde o hipódromo nós podíamos escutar as conversas de Jango através do rádio, coisa que antes não era possível porque os microfones tinham pouca autonomia, pouca durabilidade das baterias. E os que eram alimentados da rede, que estavam nas tomadas, esses tinham pouco alcance, pouca área de cobertura. Então, nós colocamos uns transmissores, um retransmissor dentro da caixa de força da fazenda "El Milagro". Eu entrei na fazenda, eu participei da monitorização do princípio ao fim, eu fiz a transcrição dos textos, eu fiz, nos últimos tempos, a hermenêutica da inteligência, ou seja, fiz a avaliação política do que ele falava... – garante.

E Neira, prolífico, caudaloso, multiplica os detalhes, as escutas podendo ser feitas a 12 quilômetros da fazenda, tudo sendo captado, microfones instalados na casa da rua Canning, Maria Thereza sendo escutada, a família sendo seguida, cada detalhe da vida de João Vicente e Denize sendo catalogados, um Big Brother implacável e absoluto, até o desfecho, a morte determinada por Ernesto Geisel, sim, o ditador brasileiro.

– O que levou à morte foram interpretações erradas, exageradas do que ele falava. Fleury foi quem deu a palavra final. Em uma reunião no Uruguai, disse que Jango era um conspirador e que falaria com Geisel para dar um ponto final no assunto. Depois, em outra reunião, disse – não para mim, mas para um major e um general – que tinha conversado com Geisel dizendo que Jango estava complicando e que ele sabia o que deveria ser feito. E ele, Geisel, disse: "Faça e não me diga mais nada sobre Goulart". A morte não foi decidida pelo governo uruguaio, mas pelo governo do Brasil influenciado pela CIA.

O Tenente Tamuz exibe-se como um arquivo vivo queimando, como diria o poeta, feito um círio numa catedral em ruínas, as ruínas de um homem e da história.

– Foi morto como resultado de uma troca proposital de medicamentos. Ele tomava Isordil, Adelfan e Nifedin, que eram para o coração. Havia um médico cardiologista que se chamava Carlos Milles. Ele era médico e capitão do serviço secreto. O primeiro ingrediente químico veio da CIA e foi testado com cachorros e doentes terminais. O doutor deu os remédios e eles morreram. Ele desidratava os compostos, tinha cloreto de potássio. Não posso dizer a fórmula química, pois não sei. Ele colocava dentro de um comprimido – repete Neira como um mantra envenenado.

O resto ainda é mistério.

10

O passado galopa no coração de Jango como se ele se perguntasse, de repente, com ingenuidade e melancolia:

– Por que caí?

E, tão subitamente quanto no instante da primeira pergunta, com os olhos escurecendo, concluísse baixinho:

– Comecei a realmente cair naquela sexta-feira, 13 de março, quando dei o melhor de mim e estive no alto.

A queda começa com a revolta dos sargentos, em setembro de 1963, em Brasília, e avança com a entrevista de Carlos Lacerda ao jornal *Los Angeles Times* atacando os militares fiéis a Jango, afirmando que em certos setores das Forças Armadas já se discutia a data para a deposição do presidente precipitando o envio da sua mensagem ao Congresso Nacional propondo o "Estado de Sítio". Como esquecer aquele 12 de setembro de 1963, em que, estando ele, Jango, em Pelotas, no Rio Grande do Sul, cabos, sargentos e suboficiais do exército, da marinha e da aeronáutica tomaram prédios públicos da capital federal, inclusive do Ministério da Marinha e da Rádio Nacional, e retiveram autoridades como o ministro do Supremo Tribunal Federal Vitor Nunes Leal e até Clovis Malta, presidente em exercício da Câmara dos Deputados? Tudo porque o STF, de acordo com a Constituição de 1946, confirmara a impossibilidade de os sargentos eleitos exercerem mandatos legislativos. Como esquecer que os deputados Sérgio Magalhães, Neiva Moreira, Lamartine Távora, Marco Antônio Coelho, Henrique Oest e Emanuel Waissman apoiaram os rebeldes liderados pelo sargento da aeronáutica Antônio de Prestes Paula? Como esquecer a pressão, a aceleração dos fatos, o subtenente Gelci Correia dizendo, em maio daquele ano, que ele e seus colegas não se comprometiam a defender uma ordem que servia a poucos privilegiados, sendo punido pelo ministro da Guerra, Amaury Kruel, com 30 dias de prisão, por ter dito que poderiam "lançar mão de seus instrumentos de trabalho... para exigir as reformas de base do governo federal"? Como esquecer que mesmo com a prisão de

536 rebelados e a condenação a quatro anos de prisão, em 19 de março de 1964, de 19 militares indiciados nada aplacou a fúria dos seus inimigos? A medida do STF atingia o sargento Antônio Garcia, que se elegera pelo PTB da Guanabara, um homem deslizando da serenidade para a ruptura, poderia ter pensando Jango. Ou, quem sabe, poderia ter pensado no absurdo da situação, aquilo que Moniz Bandeira sintetizou: "Quando os rebeldes se apoderaram da Rádio Nacional de Brasília não sabiam, entretanto, que mensagem transmitiriam à nação. Nada disseram. E a sublevação circunscreveu-se a Brasília, onde o governo a abafou em poucas horas, com um saldo de apenas duas mortes, um civil e um militar"? Que homens eram aqueles que tomavam uma rádio e nada encontravam para dizer aos seus ouvintes?

Eram homens exaltados pelos fatos da época. Roberto Campos já tinha saltado do barco, demitindo-se do cargo de embaixador do Brasil nos Estados Unidos. Carvalho Pinto comandava o Ministério da Fazenda em situação de penúria conversando sobre empréstimos até com a União Soviética, o que só levava água para o moinho dos adversários, os que denunciavam o avanço do comunismo. Esses adversários tinham nome, sobrenome e endereço, entre eles o governador Carlos Lacerda e a Ação de Vigilantes do Brasil, em cuja sede, no centro do Rio de Janeiro, foram apreendidas, em 18 de setembro daquele mesmo ano, caixas de armas e munições. Moniz Bandeira relata essa sequência de aceleração armamentista: três homens presos com 44 carabinas, outras 30 carabinas descobertas, em 28 de setembro, no Educandário Nossa Senhora de Fátima, em Niterói, de propriedade da mesma Ação de Vigilantes do Brasil, mas tudo se invertendo e a propaganda contra o governo disseminando a ideia de que havia camponeses e trabalhadores armados na Refinaria Duque de Caxias e em outros pontos estratégicos.

Até a fatídica entrevista de Lacerda, o Corvo, o fanático, o inescrupuloso, o algoz de Getúlio, o jornalista precursor no Brasil da teoria do domínio do fato, sempre pronto a culpar os presidentes por tudo – "A visão de Rubens Vaz, na rua, impede-me de analisar a frio, neste momento, a hedionda emboscada desta noite. Mas, perante Deus, acuso um só homem como responsável por esse crime. É o protetor dos ladrões, cuja impunidade lhes dá audácia para atos como os desta noite. Este homem chama-se Getúlio Vargas" –, Lacerda, o eterno conspirador, o golpista de 1954, de 1955, o ex-comunista convertido em fundamentalista de direita, o pretenso caçador de corruptos, o ídolo da imprensa sensacionalista e golpista, o protagonista da fatídica entrevista, no começo de outubro, para o jornal *Los Angeles Times* acabando de vez com a ordem e com o que restava de equilíbrio, anunciando para os americanos – 5 mil deles atuavam ideologicamente no Nordeste, desde 1961, sob a cobertura de atividades sociais – que Jango poderia cair até o final do ano. E a estocada decisiva captada por Bandeira: os militares debatiam se era "melhor tutelá-lo, patrociná-lo, colocá-lo sob controle até o término do seu mandato ou destruí-lo agora mesmo". Não havia saída. Era saltar ou ser assaltado.

Complicou. Os ministros militares indignaram-se e exigiram medidas contra Lacerda. Jair Dantas Ribeiro, ministro da Guerra, teria saído para prender Lacerda no Palácio Guanabara ou, de manhã, no Hospital Miguel Couto. Jango foi na onda, chamou Brizola para conversar, entendeu-se com ele, decidiu pedir ao Congresso Nacional a decretação do Estado de Sítio, que permitiria botar a mão legalmente em cima do Corvo. Não passou. O parecer do relator, deputado petebista Roland Corbusier, foi rejeitado pela Comissão de Justiça da Câmara dos Deputados. Jango, segundo Bandeira, disse ao amigo Doutel de Andrade ao desembarcar no aeroporto de Brasília:

– Hoje começou a minha deposição.

Retira a mensagem. Desiste do Estado de Sítio. Aceita a derrota, a primeira de uma série mortal. A deposição viria em março de 1964, esse março vertiginoso e violento, dividido em cinco dias e em cinco acontecimentos inesquecíveis e entrelaçados:

> – 13 de março, comício da Central do Brasil;
> – 19 de março, 500 mil pessoas em São Paulo assustadas pela imprensa com o espectro do comunismo na Marcha da Família com Deus pela Liberdade;
> – 25 de março, comemoração tão fatídica quanto a entrevista de Carlos Lacerda ao *Los Angeles Times*, na sede do Sindicato dos Metalúrgicos no Rio de Janeiro, do segundo aniversário da Associação dos Marinheiros e Fuzileiros Navais;

– 30 de março, discurso de Jango no Automóvel Clube;
– 31 de março, as tropas do general Olympio Mourão Filho marcham de Juiz de Fora para o Rio de Janeiro.

Não, Jango certamente não encadeia tudo, não se preocupa com lacunas, não pode tudo explicar. Pode apenas lembrar no seu último dia de vida, se é que o faz. Pode lembrar que no comício da Central do Brasil anuncia reforma agrária com emenda da Constituição para que os proprietários não tenham de ser pagos previamente e com dinheiro, mas possam ser indenizados com papéis públicos. Já havia assinado a lei da limitação da remessa de lucros ao estrangeiro, agora se compromete com tudo o que falta. De vestido azul, cabelo em forma de bolo de noiva, Maria Thereza está no palanque com ele tensa, linda, assustada, tendo ao lado Darcy Ribeiro, tenso, assustado, suando; faz muito calor, Jango começa a falar às 20h46. Jorge Ferreira, na biografia de João Goulart, faz uma descrição perfeita do comício ao qual Maria Thereza não queria que o marido comparecesse, temendo um atentado, e ele tampouco a queria lá pelas mesmas razões, tendo o cardiologista Zerbini alertado que o coração de Jango poderia não suportar tamanha emoção. Maria Thereza finca o pé e vai. Jango vai e triunfa. Fala durante 65 minutos, toma só dois copos de água e passa, segundo Ferreira, o lenço 35 vezes no rosto. Diz muito, diz tudo:

– Reforma agrária com pagamento prévio do latifúndio improdutivo, à vista e em dinheiro, não é reforma agrária. É negócio agrário, que interessa apenas ao latifundiário, radicalmente oposto aos interesses do povo brasileiro. Por isso o decreto da SUPRA não é a reforma agrária. Sem reforma constitucional, trabalhadores, não há reforma agrária. Sem emendar a Constituição, que tem acima dela o povo e os interesses da Nação, que a ela cabe assegurar, poderemos ter leis agrárias honestas e bem-intencionadas, mas nenhuma delas capaz de modificações estruturais profundas.

Cutuca a onça com vara muito curta enquanto seus olhos vagueiam sobre a massa acendendo grandes esperanças e apagando, em alguns, velhas e carcomidas desilusões:

– Na Índia foram promulgadas leis que determinam a abolição da grande propriedade mal aproveitada, transferindo as terras para os camponeses. Essas leis abrangem cerca de 68 milhões de hectares, ou seja, a metade da área cultivada da Índia. Todas as nações do mundo, independentemente de seus regimes políticos, lutam contra a praga do latifúndio improdutivo. Nações capitalistas, nações socialistas, nações do Ocidente, ou do Oriente, chegaram à conclusão de que não é possível progredir e conviver com o latifúndio.

"A reforma agrária não é capricho de um governo ou programa de um partido. É produto da inadiável necessidade de todos os povos do mundo. Aqui no Brasil, constitui a legenda mais viva da reivindicação do nosso povo, sobretudo daqueles que lutaram no campo.

"A reforma agrária é também uma imposição progressista do mercado interno, que necessita aumentar a sua produção para sobreviver. Os tecidos e os sapatos sobram nas prateleiras das lojas e as nossas fábricas estão produzindo muito abaixo de sua capacidade. Ao mesmo tempo em que isso acontece, as nossas populações mais pobres vestem farrapos e andam descalças, porque não têm dinheiro para comprar. Assim, a reforma agrária é indispensável não só para aumentar o nível de vida do homem do campo, mas também para dar mais trabalho às indústrias e melhor remuneração ao trabalhador urbano.

"Interessa, por isso, também a todos os industriais e aos comerciantes. A reforma agrária é necessária, enfim, à nossa vida social e econômica, para que o país possa progredir, em sua indústria e no bem-estar do seu povo. Como garantir o direito de propriedade autêntico, quando dos 15 milhões de brasileiros que trabalham a terra, no Brasil, apenas 2 milhões e meio são proprietários?

"O que estamos pretendendo fazer no Brasil, pelo caminho da reforma agrária, não é diferente, pois, do que se fez em todos os países desenvolvidos do mundo. É uma etapa de progresso que precisamos conquistar e que haveremos de conquistar. Esta manifestação deslumbrante que presenciamos é um testemunho vivo de que a reforma agrária será conquistada para o povo brasileiro.

O próprio custo da produção, trabalhadores, o próprio custo dos gêneros alimentícios está diretamente subordinado às relações entre o homem e a terra. Num país em que se paga aluguéis da terra que sobem a mais de 50% da produção obtida daquela terra, não pode haver gêneros baratos, não pode haver tranquilidade social. No meu estado, por exemplo, o estado do deputado Leonel Brizola, 65% da produção de arroz é obtida em terras alugadas e o arrendamento ascende a mais de 55% do valor da produção. O que ocorre no Rio Grande é que um arrendatário de terras para plantio de arroz paga, em cada ano, o valor total da terra que ele trabalhou para o proprietário. Esse inquilinato rural desumano e medieval é o grande responsável pela produção insuficiente e cara que torna insuportável o custo de vida para as classes populares em nosso país. A reforma agrária só prejudica uma minoria de insensíveis, que deseja manter o povo escravo e a Nação submetida a um miserável padrão de vida.

"E é claro, trabalhadores, que só se pode iniciar uma reforma agrária em terras economicamente aproveitáveis. E é claro que não poderíamos começar a reforma agrária, para atender aos anseios do povo, nos Estados do Amazonas ou do Pará. A reforma agrária deve ser iniciada nas terras mais valorizadas e ao lado dos grandes centros de consumo, com transporte fácil para o seu escoamento."

Reverencia o seu mestre e inspirador:

– O imortal e grande patriota Getúlio Vargas tombou, mas o povo continua a caminhada guiado pelos seus ideais. E eu, particularmente, vivo hoje momento de profunda emoção ao poder dizer que, com este ato, soube interpretar o sentimento do povo brasileiro.

Dá o último passo, o salto no abismo, o grande voo, diante da multidão suada, triunfante, incrédula, delirante e do olhar apaixonado da linda Maria Thereza:

– Dentro de poucas horas, outro decreto será dado ao conhecimento da Nação. É o que vai regulamentar o preço extorsivo dos apartamentos e residências desocupados, preços que chegam a afrontar o povo e o Brasil, oferecidos até mediante o pagamento em dólares. Apartamento no Brasil só pode e só deve ser alugado em cruzeiros, que é o dinheiro do povo e a moeda deste país. Estejam tranquilos que dentro em breve esse decreto será uma realidade. E realidade há de ser também a rigorosa e implacável fiscalização para que seja cumprido. O governo, apesar dos ataques que tem sofrido, apesar dos insultos, não recuará um centímetro sequer na fiscalização que vem exercendo contra a exploração do povo. E faço um apelo ao povo para que ajude o governo na fiscalização dos exploradores do povo, que são também exploradores do Brasil. Aqueles que desrespeitarem a lei, explorando o povo – não interessa o tamanho de sua fortuna, nem o tamanho de seu poder, esteja ele em Olaria ou na Rua do Acre – hão de responder perante a lei pelo seu crime.

Sai exausto. Quase desmaia no carro, para desespero de Maria Thereza. Ao chegar ao palácio, amassado e sem os botões da camisa, o velho Braguinha, segundo a biografia impecável do historiador Jorge Ferreira, pergunta-lhe:

– Que foi que aconteceu presidente, o senhor parece que está vindo de uma guerra?

Está mesmo.

Chega vitorioso. Acaba de travar a sua mais franca batalha, de peito aberto, corpo exposto aos inimigos. Essa vitória terá o seu preço. A conta chegará logo.

Abelardo Jurema estava lá, viu tudo, viu a massa carente de tudo, sofrendo com o "feijão caro, com a carne cara, com o leite caro, com o arroz caro, com o pão caro, com tudo caro", até o sonho caro, emocionar-se, sem um incidente, "uma mole humana ordeira, pacífica, ao som das bandas de música", diante dos governadores Miguel Arraes, Seixas Dória e do deputado Leonel Brizola, sem arroubos comunistas, tudo sob a batuta de Jango transfigurado, paradoxalmente radiante e estafado, nas nuvens e na lona, no pódio e na terra, ao rés do chão, junto ao povo.

– Sexta-feira, 13, marcou a caminhada do presidente para o poder. Levou-o ao delírio de uma glória efêmera, ao mesmo tempo em que o jogou no ostracismo de um exílio, ele que, por sua vez, subestimou os seus adversários e julgou invencíveis os sentimentos populares – escreveu Jurema.

Sexta-feira da glória suprema de Jango.

E da paixão.

A paixão brilhando nos olhos de Maria Thereza.

Paixão e orgulho.

11

Será que, nesse último dia ao lado da mulher, enquanto o carro corre na estrada argentina escaldante, pensa no quanto estiveram juntos, ele e Maria Thereza, quase fundidos, sem que pudessem se falar ou olhar, naquela sexta-feira bendita e maldita, 13 de março do ano do fim, ano do começo do exílio, ela servindo de anteparo a algum tiro contra ele? Será que pensa na grandeza do gesto que fez no dia 14 de março, antes de sair para passear com a família, assinando o decreto de congelamento dos aluguéis e mandando preparar a papelada para desapropriar, de acordo com a sua lei, duas de suas fazendas, Uruaçu, em Goiás, e Maragata, em São Borja?

Os seus decretos reformistas brilham como luminosos revolucionários nos olhos dos simpatizantes encantados e como luzes assustadoras nas mentes da direita em fúria.

Decreto 53.700, datado da fatídica sexta-feira 13: "Declara de interesse social para fins de desapropriação as áreas rurais que ladeiam os eixos rodoviários federais, os leitos das ferrovias nacionais, e as terras beneficiadas ou recuperadas por investimentos exclusivos da União em obras de irrigação, drenagem e açudagem, atualmente inexploradas ou exploradas contrariamente à função social da propriedade, e dá outras providências".

Decreto 53.701: "Declara de utilidade pública, para fins de desapropriação em favor da Petróleo Brasileiro S.A. - PETROBRAS, em caráter de urgência, as ações das companhias permissionárias do refino de petróleo".

Depois do comício da Central do Brasil, a imprensa enlouquece ainda mais contra a corrupção, a baderna, a desordem, a ameaça vermelha; os americanos articulam freneticamente, o adido militar dos Estados Unidos, Vernon Walters, joga o seu jogo sinuosamente, os governadores Carlos Lacerda, da Guanabara, Magalhães Pinto, de Minas Gerais, e Adhemar de Barros, de São Paulo, intensificam as ligações, as famílias ganham as ruas para marchar pelos interesses americanos e os marinheiros decidem festejar o aniversário da associação que integram à luz do dia há esquálidos dois anos. Esse resto é o que se sabe, o que não podia ter sido, o que seria um desastre antevisto, previsto, mas não revisto. No Palácio das Laranjeiras, em cochichos com Darcy Ribeiro e com o general Assis Brasil, Jango pede a Abelardo Jurema que o represente na festa dos marinheiros, 15 mil ou mais, pois não quer comparecer por estar o seu ministro da Marinha, Sílvio Motta, batendo de frente com a "moçada", termo usado pelo fiel janguista almirante Aragão, cada vez mais decidida a mudar as coisas, visto que as coisas estavam pela hora da morte e a moçada tinha fogo nas entranhas, ânsia de vida e energia de sobra para incendiar o coreto, sacudir a praça, semear a guerra, uma guerra particular por soldos melhores, pelo direito de os subalternos casarem, por dignidade, pelo direito de não usar uniforme fora de serviço, por existência, essas coisas que até ali não contavam na hierarquia dos rígidos comandantes da desgraça alheia, mesmo com o almirante Aragão concordando com Jurema sobre a impropriedade da reunião, da festa, do encontro, da provocação, aquilo que tinha de ser seria... Sílvio Motta não pode ceder, precisa fazer valer a disciplina, mas de regras os marinheiros estão cheios e todo o esforço de Jurema para desmontar a bomba não surte efeito, o que tem de ser, claro, será... A Semana Santa ganha a sua maldição, a festa vira barraco, os estilhaços atingem alvos imprevisíveis, o rescaldo é assustador. Jango não sabe que fez sua penúltima viagem a São Borja.

– Pela manhã cedo de Quinta-Feira Maior, já coisas mais graves se juntavam aos acontecimentos do Sindicato dos Metalúrgicos. Um médico, responsável e muito meu amigo, procurava-me para dar-me notícias intranquilizadoras para a segurança do país. O ministro da Guerra, que se havia internado na segunda-feira da Semana Santa, na presunção de voltar para casa e ao despacho normal no fim de semana, tinha sofrido incidentes operatórios, em função do que os prognósticos mais otimistas davam-lhe trinta dias de pós-operatório se não ocorressem novos imprevistos – escreveria Abelardo Jurema no exílio tendo ouvido de Raul Ryff um comentário terrível:

– Seu Jurema, estamos fritos, o presidente fora (São Borja), o chefe da Casa Militar (general Assis Brasil) em Porto Alegre, o ministro da Marinha demissionário e, ainda por cima, sem ministro da Guerra.

O que houve no Sindicato dos Metalúrgicos?

Dois mil marinheiros, sob os olhos de Brizola e do lendário João Cândido, o líder da Revolta da Chibata de 1910, discursam freneticamente, pedem alteração do regulamento da Marinha, clamam por tratamento mais humano, exigem o reconhecimento da associação cujo aniversário festejam, repetem suas demandas, embalam seus sonhos num ritual coletivo de autorreconhecimento, demandam que ninguém seja punido por ali estar, vibram em comum calorosamente juntos, comungam com um vinho tinto de mágoas, de humilhações, de misérias e de vergonhas, defendem, na voz do cabo Anselmo, jovem líder e organizador do evento, as "reformas de base, que libertarão da miséria os explorados do campo e da cidade, dos navios e dos quartéis", esse Anselmo, José Anselmo dos Santos, que entra naquela noite para a história do Brasil, aparentemente pela porta da frente, na verdade, como confirmaria o torturador Cecil Bohrer, pela porta dos fundos, agente provocador infiltrado entre os marinheiros para levá-los a cometer o que estão cometendo, o mergulho no abismo da armadilha da direita, direto para o ventre do monstro bulboso. O ministro Motta, que proibira a manifestação, manda uma tropa de fuzileiros navais prender os insubordinados, que se sentem livres como nunca foram, como não são, e resistem, ainda mais que os atacantes, respaldados pelo próprio comandante, o intrépido janguista almirante Aragão, trocam de lado, desobedecem, juntam-se aos companheiros que devem prender, comemoram juntos, racham, sem possibilidade de retorno, a sagrada camada da disciplina, levando o ministro Sílvio Motta, inconformado com a atitude de Aragão e com a ordem de Jango para que o Sindicato não seja violentado, não seja estuprado, não seja violado, a pedir demissão em caráter irrevogável, sendo substituído por Paulo Mário Rodrigues, tardiamente, pois, mesmo com a negociação na manhã seguinte conduzida pelo ministro do Trabalho, Amauri Silva, o mesmo Amauri que estará no exílio com Jango, mesmo com a prisão dos marinheiros, levados para São Cristóvão, o mal está feito e pode piorar: Jango anistia os rebelados, que saem em festa pelas ruas da chocada ex-capital da República. A anistia era comum no Brasil. Jurema lembraria que JK anistiara os "sublevados de Jacareacanga logo no dia seguinte às últimas prisões, sem que, ao menos, tivesse sido aberto inquérito". A festa dos marinheiros, em marcha na direção do Ministério da Guerra, com os almirantes Aragão e Suzano de mestre-sala e porta-bandeira, transforma-se, porém, em banquete da imprensa, o festim dos chacais, a comilança dos corvos e abutres.

Jango diz a Jurema que mandará prender os almirantes Aragão e Suzano, mas o novo ministro da Marinha justifica a ação dos altos galardões como uma forma de evitar que os marujos cheguem ao Ministério da Guerra. Detalhes de uma escalada que se transformará em História. Coronéis começam a mudar de lado. Lino Teixeira, janguista juramentado, encontra Abelardo Jurema e conta-lhe que brigara com o irmão, brigadeiro Francisco Teixeira, por causa da anistia aos marinheiros e declara-se, diante da situação, disposto, pela disciplina, a combater ao lado de Carlos Lacerda, até ali o inimigo a ser neutralizado.

E se acabou?

Ainda não.

Jango quer dar o troco, mostrar a sua força, talvez para sentir-se forte, ungir-se de legitimidade, pretende ir à reunião de cabos e sargentos no Automóvel Clube, em 30 de março. O relato de Jurema é devastadoramente colorido: as tropas de Mourão Filho, Carlos Luís Guedes e Magalhães Pinto preparam-se para marchar de Juiz de Fora, Jango, no seu quarto no Palácio das Laranjeiras, discute com o jornalista Samuel Wainer, dono da *Última Hora*, seu único apoio na imprensa, com o porta-voz Raul Ryff, com o chefe da Casa Militar, general Assis Brasil, com Jorge Serpa, Jurema e Tancredo Neves, o líder do governo na Câmara dos Deputados e que fora o primeiro primeiro-ministro de Jango, em 1961, depois da crise da Legalidade. Tancredo, sempre cauteloso, quer convencer o presidente a não ir ao Automóvel Clube. Abelardo Jurema não esqueceria as palavras de mineiro de bom faro:

– Deus faça com que eu esteja errado, mas creio ser este o passo do presidente que irá provocar o inevitável, a motivação final para a luta armada.

Jango não cede, prefere afastar-se de Tancredo, quer ir ao encontro dos cabos e sargentos que o apoiam, busca uma nova energia, confia no seu dispositivo militar, aposta na capacidade do general Assis Brasil, estará ao lado de todos os seus ministros, sente que é a sua hora, quer comungar com o povo e com as Forças Armadas, caminha para a consagração, que, como destacará Jurema, tem uma ovação sem precedentes, "grande massa, à entrada, nos aplaudia a todos", um frenesi, "havia mesmo delírio nos aplausos", mesmo não sendo, em lugar dos 20 mil anunciados, mais do que 2 mil militares, "só o Almirante Aragão me vencera nos aplausos", sente-se a ausência de oficiais-generais, de graduados amigos. Aquilo tudo era, ao mesmo tempo, vibrante e melancólico.

– E que Semana Santa tranquila havíamos passado! Sublevação de marinheiros, regresso inopinado de Jango, do Rio Grande, reuniões sucessivas até de madrugada, trabalho sem cessar durante o dia e a noite, a semana inteira! Não obstante, algumas guarnições do Sul estavam sem seus comandantes, que passavam a Páscoa na Guanabara – escreve o insuspeito e desolado Abelardo Jurema.

O último ato de Jango em público como presidente do Brasil é um velório vivido como uma festa de arromba, "tudo num ambiente de contagiante entusiasmo", em que o próprio ministro da Justiça, embora desconfiado daquela espuma de emoção, discursa tomado de confiança. Os discursos sucedem-se. Aquele que será depois o famigerado cabo Anselmo leva a massa, como se diz na época, ao sétimo céu. E Jango fala, arrebata a multidão, "como um chefe que dispõe de tropas invencíveis", um gigante.

– A crise que se manifesta no país foi provocada pela minoria de privilegiados que vive de olhos voltados para o passado e teme enfrentar o luminoso futuro que se abrirá à democracia pela integração de milhões de patrícios nossos... – começa um já inflamado Jango.

– Manda brasa, presidente, manda brasa – grita a massa.

– Jan-go, Jan-go, Jan-go... – escandem os militares.

– Se os sargentos me perguntassem, estas são as minhas últimas palavras, donde surgiram tantos recursos para campanha tão poderosa, para mobilização tão violenta contra o governo, eu diria, simplesmente, que tudo isto vem do dinheiro dos profissionais da remessa ilícita de lucros que recentemente regulamentei através de uma lei. É do dinheiro maculado pelo interesse enorme do petróleo internacional...

E Jango reafirma ser cristão, detona o IBAD, fulmina os fariseus de 1961 e 1964, defende a Constituição e o direito de emendá-la, trucida os especuladores donos dos apartamentos que faltam ao povo, zomba dos corruptos que fingem combater a corrupção, diz a verdade, nada mais que a verdade, comporta-se como um presidente reformista e esclarecido anunciando a Boa-Nova para quem dela precisa, critica ações dos católicos conservadores, cita João XXIII, Dom Hélder Câmara e Pio XI, condenando a Igreja por ter-se tornado "escudo de privilégios injustificáveis" e ter "perdido o contato com a classe operária", vai ao máximo da sua verve contra o poder desenfreado do dinheiro, denuncia a geração de falsas crises para desestabilizar o governo, garante que a disciplina militar não está e não será abalada, tenta tirar o país do atraso, do atoleiro, da ignorância, da espoliação.

– Jan-go, Jan-go, Jan-go...

Passados 30 anos, em 1994, o jornalista Jânio de Freitas resumirá os acontecimentos desses dias fatídicos:

– Na noite de 30 de março todo o país estava ligado no discurso que Jango faria para um auditório superlotado de cabos e sargentos, no Automóvel Clube do Rio. Dois dos seus amigos pessoais, Samuel Wainer e João Etcheverry, foram ao encontro dele no Palácio das Laranjeiras, para repassar o discurso preparado e acompanhá-lo ao clube. Encontraram um Jango inesperado. Abatido, muito nervoso, relutava em ir ao encontro de um pessoal que andava exaltadíssimo e vinha tomando atitudes de audácia crescente. Jango temia sofrer provocações e estava convencido de que aconteceria. Fracassados os argumentos em contrário, Samuel Wainer deu a Jango um produto estimulante, uma das chamadas bolinhas, de que era consumidor habitual na sua vida agitada. O remédio funcionou. Foi um Jango mais do que animado que saiu do Laranjeiras para o clube. O Jango que se viu e ouviu, naquela noite, era desconhecido. De ar sempre plácido, fala pausada, gestos comedidos e todo o aspecto de forte timidez, este era o Jango conhecido. O que se mostrou na noite de 30 de março de 64 era um homem exaltado, de fisionomia alterada pela ira – os gestos endurecidos, as veias das têmporas intumescidas. O discurso escrito era abandonado para a inclusão de frases cada vez mais fortes. Resultou em discurso de incitação. Foi ovacionado pelos cabos e sargentos já em francas e sucessivas atitudes de demolição da hierarquia militar. Mas eles não sabiam que Jango não estava em seu estado normal. O efeito animador da primeira bolinha levou à ingestão de mais uma, no carro, já a caminho do clube. E Jango, dotado de boa intimidade com os efeitos do uísque, não tinha o menor preparo para a mistura de álcool e bolinha, aliás, duas (quando, bem depois do golpe, Etcheverry contou esse episódio a José e Maria Yedda Linhares e a mim, disse haver desaconselhado a primeira bolinha e protestado contra a segunda e, tendo-o conhecido bem, acredito que tenha dito a verdade). Na noite do dia 30, estava generalizada a convicção de que o discurso indicara faltar pouco para alguma iniciativa extremada de Jango. Duas personagens puseram-se imediatamente de acordo na ideia de antecipar-se, precipitando o levante, já no dia seguinte, 31: Magalhães Pinto, governador de Minas e aspirante à sucessão de Jango, e o marechal Odylio Denys, que nove anos antes conduzira as derrubadas dos presidentes Café Filho e Carlos Luz. A decisão consolidou-se com a adesão do ramal motriz da conspiração: o general Vernon Walters, cabeça da CIA no Brasil, garantia a intervenção militar americana se o êxito da rebelião fosse ameaçado pelo "dispositivo militar". Iniciado o levante em Minas, San Thiago Dantas foi a Jango comunicar-lhe que uma frota americana estava a caminho da costa do Espírito Santo, para o possível apoio ao golpe. O aviso apenas apressou a fuga de Jango do Rio: o "dispositivo militar" não apareceria e Jango não quis acionar o que lhe restava, nem mesmo quando a tropa gaúcha, ao menos esta, propôs-se a resistir.

Jango cai ao chegar ao topo.

Paga por ter, enfim, dado o seu melhor passo.

Abelardo Jurema não conseguiu compreender essa metamorfose tão inevitável quanto a transformação da larva em borboleta. As anedotas, como essa das bolinhas tomadas antes do discurso do Automóvel Clube, que até pode ser verdadeira, apenas particularizam um salto contido no imaginário do homem desde o seu encontro com Getúlio.

A borboleta, de vida curta, seria abatida no voo.

12

A trama descrita por Mario Neira é uma vasta teia feita de nomes, situações, elementos de legitimação, ênfases, demonstrações de verossimilhança e saltos num abismo. Em *Entrevista com um réu confesso*, falando ao seu astuto entrevistador, o colega de prisão Volnei Correia, Neira tenta ser o mais didático possível. Explica cada aspecto, mastiga todos os fatos, surpreende com seu pensamento organizado e com linguagem culta:

– Pertenci ao GAMMA por mais de quinze anos e fiz parte de operações realizadas dentro de "convênios" de ajuda recíproca entre os governos militares da época, que tinham como objetivo eliminar dissidentes e opositores políticos. O mais comentado foi comumente chamado de Operação Condor, mas o termo adequado seria Plano Condor, um esquema de suporte que possibilitou inúmeras operações com objetivos direcionados a um mesmo fim.

Debulha cada elemento turvo. Encadeia os dados.

– O GAMMA, esse grupo de elite da Inteligência de seu país que você integrava, a que se assemelhava mais: ao DOPS, ao DOI-Codi, ao CIEX, ao SNI ou à atual Abin?

– Esses que você citou eram serviços de Inteligência que atuaram na repressão no passado, e a Abin é a atual Agência Brasileira de Inteligência. Todos são semelhantes entre si, mas não exatamente iguais. A Abin é um órgão que trabalha dentro da legalidade "em termos"; os outros eram quase ilegais e uns agiam com mais sutileza que outros. Todos "serviam" ao governo, mas não eram a Inteligência do governo, que é o que poderia se chamar de serviço secreto propriamente dito. O que mais se assemelhava com o GAMMA você não citou: era o SIGMA, que foi criado no Brasil com o assessoramento da CIA.

O SIGMA, que teria sido criado pelo general Golbery do Couto e Silva, é apresentado como o verdadeiro serviço secreto brasileiro, dirigido pelo próprio Ernesto Geisel, o general de plantão na chefia do Estado. Neira procura mostrar que nada da vida de Jango no exílio lhe escapa. Fala de uma conversa em que Jango diz a Maria Thereza:

– Tu serás sempre a minha primeira-dama.

Desfia conhecimentos sobre a situação sociológica da época. Disserta sobre os vários organismos de espionagem dos regimes autoritários da América do Sul. Conta que, das conversas de Jango, estava orientado a selecionar tudo o que dissesse respeito à conjuntura política no Brasil e aos seus planos. Gaba-se de estar a par de muitos segredos. Volnei tenta pegá-lo em contradição, joga no contrapé, lembra que um jornal já o chamara de exibicionista, pede-lhe que seja franco, pede provas.

– Há alguns diálogos que foram transcritos por você de uma fita magnética na qual aparece a voz de Jango e de outras pessoas. Ela existe? Quem a tem? A voz pode ser reconhecida por familiares? Onde está?

– Por enquanto está num cofre particular de um amigo. São umas 40 horas aproximadamente, um rolo de umas 12 polegadas mais ou menos e poderá ser ouvida no Museu Memorial de Porto Alegre, onde ficará como prova da história e de meu livro. Já a ofereci em doação para o Arquivo Histórico – informa prontamente o entrevistado.

– Por que ainda não está disponível no museu?

– É necessária uma autorização dos parentes de Jango, pois há muitos diálogos familiares. Talvez eles desejem eliminar alguma parte da fita. Preciso entrar em contato primeiro com eles, para que reconheçam a voz de Jango e, segundo, para saber se concordam em que seja exposta ao público. Acho que eles vão aceitar.

– Quem era o dono da fita e como chegou às suas mãos?

– Era do serviço secreto. Nós gravávamos tudo o que ele falava e algumas partes que achava "interessantes" eu pegava para mim. Eu a roubei e guardei por quase 30 anos. Acho que é minha! Até porque eles negam ser os donos ou responsáveis de que foram realizadas. Seria um egoísmo ficar com elas e não compartilhá-las com a sociedade.

– Você se acha culpado ou inocente com relação ao assassinato de João Goulart?

– Bom, eu não coloquei o veneno na boca dele; eu sou culpado por ter participado dos atos preparatórios do crime, por não ter feito nada para evitá-lo e também por tê-lo acobertado durante tantos anos. Pelo medo de contrariar o "Sistema", optei por ser cúmplice de um esquema asqueroso que acabou virando-se contra mim.

Assume o pior com certa naturalidade.

– Pelas suas palavras interpreto que você já matou, torturou e fez coisas terríveis?

– Quem lhe disser que pertenceu ao serviço secreto e não fez nada disso está mentindo. Eu não conheci um só agente que haja pertencido e não tenha torturado ou matado sequer alguma vez. Um agente que não tenha feito "o básico nesse âmbito" não é digno de confiança; uns matavam mais, outros menos, mas todo o pessoal estava comprometido, ninguém poderia atirar a primeira pedra, entende?

Procura proteger supostos envolvidos no caso.

– Vocês tinham alguém infiltrado dentro do círculo do ex-presidente exilado, digamos um agente disfarçado, ou algo similar a um informante, que passava os planos de Jango, ou somente contavam com a escuta das conversações, vigilância visual, grampo telefônico e seguimentos?

– A princípio não houve nada disso e pelo menos até o ano de 1973 tenho absoluta certeza, pois nos informes ao delegado Fleury constava estrita e unicamente o que se obtinha através de nossa equipe. Não se dispunha de outros elementos que acrescentassem ao nosso informe, pois eu era quem elaborava o relatório final. Quando me refiro às "informações contraditórias", isso ocorre a partir de 1973 e vem atrapalhar um pouco as conclusões da investigação. Para mim essa "fonte" poderia ser um agente duplo que jogava nas duas pontas ou interpretava as coisas de modo errado – diz Neira, esquecendo-se de que Philip Agee fala em monitoramento desde abril de 1964.

– Como era o nome desse agente ou informante que, a partir de 1973, vocês tinham infiltrado no grupo de amigos de Jango? Era o mesmo que tinha o codinome de "João de Barro" ou ainda "Engenheiro"? – provoca Volnei.

– Não tínhamos infiltrado ninguém dentro do grupo de amigos dele; esse personagem já estava há anos com ele e foi forçado a nos fornecer informações, para não ser prejudicado por irregularidades que cometera. Nunca entrei em contato com ele. Outro agente era seu "control" e os nomes eu vou me resguardar de dizer, pois são pessoas ainda vivas e poderosas hoje em dia.

– O que significa para um agente ser o "control"?

– Bem, quando se trabalha com informações, deve-se respeitar certas normas de segurança e a principal delas é a "compartimentação", e a seguinte em importância é a hierarquia. Por exemplo, um agente pode relacionar-se em colunas verticais e nesse caso sempre terá um "control" e um "contato". O "control" é de quem ele depende e o "contato", o que depende dele. "João de Barro" não poderia conhecer mais do que um integrante do serviço secreto, entende? – ensina o conhecedor do riscado.

Interpreta a psicologia de João Goulart.

– Você disse que o sentimento o levou à morte e que o Brasil o matou: quer dizer as preocupações? Não ficamos em que foi "aquele composto químico" que o vitimou?

– O que o matou foi o composto químico, mas o que o trouxe de volta da Europa foi o apego a sua terra. Ele, sabendo dos perigos que corria na América Latina, bem que poderia ter ficado por lá e mandado buscar Maria Thereza e algum de seus mais achegados. João Vicente e Denize já estavam na Inglaterra e ele era bem recebido não só no Reino Unido, mas na França, na Espanha e em tantos outros lugares onde poderia viver tranquilamente, com conforto e sem riscos. Ele não necessitava de seus negócios agropecuários para se sustentar, pois tinha um patrimônio para manter-se sem apertos até seus últimos dias de vida. Foi o seu amor pelo Brasil que o conduziu a uma morte mais que antecipada – pondera com boa chance de acerto.

Aborda todos os grandes problemas vividos por Jango no exílio: a prisão do piloto Ruben Rivero, a doença, a insegurança, as viagens e a relação conturbada com Maria Thereza. Detalha os planos concebidos para matá-lo.

– Algumas pessoas morreram nessas tentativas anteriores de assassinato referidas por você e que não foram bem executadas? – as perguntas nunca erram o generoso alvo.

– Sim, soube que em 1968 morreu um político que visitava Jango, em Montevidéu. Morreu na casa de um outro correligionário, como consequência de ter ingerido um composto químico que era destinado a Jango. O dono da casa onde isso aconteceu chamava-se Darcy Ribeiro e o visitante, que resultaria em vítima fatal, chamava-se Waldir Borges. Outra morte com veneno no uísque aconteceu em San Rafael, com um "bebum" muito abusado, que entrou de "penetra" numa reunião entre Jango e outros amigos. Os amigos de Jango queriam expulsá-lo e ele o deixou permanecer, isso lhe salvou a vida, pois o uísque que era para Goulart terminou sendo ingerido por aquele oportunista, aparecido morto nas ruas da cidade de San Rafael. Acho que foi no ano de 1971 ou 1972.

– Entre esses outros planos que você disse que existiam para eliminar Jango, quais foram as opções que não chegaram a ser postas em prática ou não se concretizaram com sucesso? – o horizonte vai ficando sempre mais claro para Volnei, embora envolva lugares de países diferentes.

– Pensou-se em um "latrocínio" [roubo seguido de morte], onde ele seria vitimado na saída do Casino Nogaró, em Punta del Este. Um envenenamento em uma bebedeira que aconteceu na casa de San Rafael. Um sequestro em uma empresa que tinha escritório no prédio da Montes Coopers Business, em Buenos Aires. Um sequestro dos filhos em Mar del Plata. Um acidente aeronáutico por uma sabotagem no seu avião particular. Um crime passional seguido de suicídio. Uma troca proposital de medicamento e efeito antagônico. Um atentado com franco-atirador no pesqueiro de São Borja. Um atentado com explosivos em seu automóvel e até uma carta-bomba. Houve muitos planos que não foram postos em prática ou não deram certo – informa Neira.

Dá explicações plausíveis para cada ponto obscuro.

– Por que decidiram sequestrar João Vicente, e não Denize, em Mar del Plata? Não seria mais simples render uma mulher? – a pergunta parece fazer algum sentido.

– É, às vezes, a mulher é mais dócil e não reage à prisão ou a um sequestro, mas nem sempre é assim: elas também são imprevisíveis... – filosofa Neira Barreiro.

Tem respostas precisas para cada pergunta de Volnei.

– O ex-presidente foi alertado em três ocasiões por alguém ligado aos serviços de Inteligência e vocês chegaram a saber disso? Identificaram a fonte? Qual a medida que foi tomada como consequência?

– Uma vez foi alertado, por telefone, de um possível sequestro e morte. Efetivamente, o plano que, a princípio, seria executado no Uruguai foi adiado e tentou-se na Argentina, sendo que foi malsucedido. Nesse, se incluía até o sequestro dos filhos em Mar del Plata. Em outra ocasião, foi um aviso que saiu da prisão de um elemento do MLN - Tupamaro, que estava na base Boiso Lanza, da Aeronáutica, enviado por seu querido ex-piloto El Bayano, Ruben Rivero; a terceira, veio por um ex-correligionário ou amigo de São Borja, que era amigo por sua vez de um araponga ou agente de campo do SNI, agente duplo. Um deles, de nome Alberto Rocha, foi acidentado e morto pelo SIGMA; o outro, de nome Amôdio Amaral, não foi assassinado só porque era tido por fantasioso e não foi levado a sério.

Amôdio, claro, é Amândio. O espanhol de Neira sempre deturpará alguns nomes brasileiros. Ele faz tudo para deixar claro que conhece todos os detalhes da vida da família de João Goulart em seus anos de exílio.

– A família de Jango [filhos e esposa] sofreu perseguição política também ou apenas as consequências de serem os mais próximos do ex-presidente?

– Não foi só a família, foram seus amigos e até seus empregados. João Vicente e Maria Thereza até foram presos, o piloto foi enviado por quase oito anos à prisão e as suas amizades eram permanentemente policiadas.

– O filho e a esposa foram presos pelo serviço secreto?

– Não por nós, por outras dependências da repressão... O João Vicente era ainda um rapaz e foi preso no Liceu Departamental de Maldonado, numa ação conjunta do exército, e rasparam seu cabelo. Maria Thereza chegou a ser detida por transportar uns 10kg de carne em tempo de proibição e esteve por quatro dias numa delegacia, já pensou... uma ex-primeira-dama? E o piloto mais de sete anos no Penal de Libertad...

Trata naturalmente de temas muito polêmicos.

– Qual de todos os exilados brasileiros no Uruguai era considerado pelo regime como "o mais perigoso"?

– Leonel Brizola, sem sombra de dúvida. Ele, nos primeiros tempos do exílio, foi mais vigiado que o próprio Goulart. Era um ódio misturado com terror que sentiam por ele. Chegaram a tanto exagero que, além da vigilância discreta realizada por agentes à paisana, ainda tinham colocado no térreo do edifício onde morava, em Atlântida, um policial fardado e até com um velho mosquetão e um sabre. Uma situação ridícula.

– Você diz nos primeiros tempos e depois...?

– Depois... vieram os anos de, digamos, distensão. Houve um certo distanciamento político [entre os cunhados] e o regime pôde respirar mais calmo por anos, até que aconteceu a indesejável reunião que voltaria a criar algum caos.

– A que reunião se refere e onde aconteceu?

– Entre Jango e Brizola... estava presente também o Percy Penalvo, que, além de correligionário, era amigo de ambos. Foi pouco antes da viagem para Buenos Aires e daí para a Europa... Finalmente Jango aceitou os posicionamentos de Brizola e reconheceu seus acertos e virtudes. Era algo previsível por inúmeras razões e aconteceu a reconciliação que viria a ser transcendental para o Brasil num futuro, só que esse futuro foi truncado com o homicídio de Goulart. A reunião foi no Hotel Columbia, em Montevidéu – responde Neira, contrariando os amigos de Jango e Brizola que garantem ter presenciado a tão esperada reconciliação na casa do ex-governador gaúcho.

Esmera-se na apresentação de fatos diversos e nomes.

– O ex-senador Zelmar Michelini teria sido torturado antes de ser morto. As razões dessa tortura teriam sido obter informações? – fustiga o incansável entrevistador.

– A tortura era um "procedimento padrão", ninguém era morto sem antes ser torturado. Antes de eliminar alguém, tentava-se, mediante brutais tormentos, obter alguma confissão útil, dados sobre outros envolvidos ou procurados. Porém, esse seria um dos motivos. Outro era também infundir o terror sobre outros dissidentes exilados. Foi uma amostra do poder ilimitado e doentio numa situação de impunidade total – diz o entrevistado.

– Michelini sabia que algo assim lhe poderia acontecer?

– Evidente que ele sabia desse risco! Ele era muito inteligente e tinha conhecimento de que fazia parte da "lista dos condenados". Além disso, meses antes tinham circulado boatos sobre sua morte, inclusive existiu até uma foto dele morto e torturado antes de que isso acontecesse. Ele tinha uma filha presa no presídio de Punta de Rieles, e essas montagens fotográficas forjadas lhe teriam sido exibidas para atormentá-la. Também existiram umas fotos da filha, também forjadas, onde esta aparecia torturada e morta e que seriam distribuídas em Buenos Aires para atormentar seu pai. Soube que umas fotos dessas, em preto e branco, foram remetidas pelo correio ao endereço de um jornal argentino onde Michelini trabalhava. Esse tipo de tortura psicológica fora feito por uma equipe da Inteligência uruguaia que também tinha fotos do seu filho Rafael e de sua mãe.

– Você viu essas fotos ou escutou falar quanto tempo antes? – pede precisão àquele que deve compreender bem.

– Dois ou três meses antes de sua morte, eu vi as fotos forjadas mostrando-o morto e a filha possivelmente também as viu, quando estava presa. Não sei se ela chegou a descobrir, no momento, que eram montagens fotográficas forjadas, mostrando-o com o corpo totalmente dilacerado por torturas... – diz quem está no papel de narrador.

– Ele chegou a saber das fotos?

– Claro que ele soube através de seus familiares da tortura psicológica de que foi vítima a sua filha! Ele já havia passado a mesma angústia ao receber as fotos da filha morta, enviadas para a redação do jornal onde trabalhava. Não sei se ele comentou com seus familiares sobre as fotos que recebera de sua filha torturada e morta para não preocupá-los, mas contou esse fato para vários de seus amigos. Também sabia que conhecíamos o seu endereço, no Hotel Liberty, mas ele não se mudou. Mais que uma ousadia, uma loucura dele! Não se pode ser tão idealista e arriscar-se a tal extremo assim.

– Você disse que, nos últimos tempos, Jango parecia desconfiado: ele mudou seus itinerários, deixou de frequentar alguns locais, horários ou outros costumes?

– Ele não tinha um horário fixo para isto ou aquilo: sua movimentação era imprevisível. Só que ele começou a mudar de caminhos para chegar a um mesmo lugar; não ia pelos caminhos mais curtos ou habituais. Quanto aos lugares, ele continuou normalmente indo até o Hotel Liberty depois do que aconteceu com Michelini.

– João Goulart continuou a frequentar o hotel depois que mataram Michelini?

– Sim! Depois que o sequestraram do pequeno apartamento onde morava, continuou a frequentá-lo, várias vezes ficou no living da entrada do hotel, onde pouco tempo antes trocava ideias com seu amigo... Ficava ali sozinho e pensativo, como querendo achar uma explicação para tudo aquilo.

– Ele tinha necessidade ou alguma razão em especial para ir até aquele lugar? Não era arriscado demais?

– Nada do que ele não pudesse prescindir. Ele tinha já o apartamento na Av. Libertador e sabia que o Liberty era visado pela repressão como local frequentado por exilados, inclusive ele já tinha sofrido uma tentativa de sequestro por um comando que não o encontrou na ocasião. O risco era iminente.

Fornece informações sobre a origem do GAMMA.

– Estive pesquisando sobre a existência do GAMMA, ou serviço secreto do regime militar uruguaio ao qual você disse ter pertencido, e achei poucas informações a respeito. Apenas um autor uruguaio, ex-agente da Inteligência, se refere a ele num livro, assegurando que estava integrado unicamente por policiais, o que não coincide com o que você disse. Afinal: eram somente policiais ou estava integrado por civis e militares também? – provoca Volnei no seu papel de questionador.

– Esse grupo GAMMA ao qual se refere o ex-agente policial da Inteligência uruguaia, José Calace, efetivamente estava somente integrado por policiais; não existiu por muito tempo; não teve sucesso e não é o mesmo grupo ao que eu pertencia. Foi criado com 14 escolhidos da Polícia e tinha uma base clandestina situada na rua Amado Nervo, no bairro Capurro, em Montevidéu. A ideia foi substituir o primitivo GAMMA por outro legitimamente constituído. Eis que o velho GAMMA era um acúmulo de irregularidades. Pretendia-se expulsar os integrantes que tinham passagens pela Polícia e os de conduta duvidosa; quase todos ficaram fora e o grupo foi desintegrado momentaneamente. Como o novo GAMMA foi um fracasso primeiramente, foi necessário recorrer ao mesmo pessoal de antes, pois, ainda que de péssima reputação e viciados costumes, agia de modo eficiente.

Anda em círculos enfatizando sua narrativa.

– Podemos dizer que a Operação Escorpião, em sua fase final, contou com o suporte do Plano Condor, que permitia a cooperação entre os regimes militares do Cone Sul. Mas na fase inicial e intermediária, na qual este ainda não existia, houve algum convênio de ajuda desconhecida entre os Serviços Secretos do Uruguai e do Brasil que permitiu sua execução?

– Como hoje se sabe, pois há documentos que o confirmam, o Plano Condor se oficializou em junho de 1975, entre Chile e Brasil. É óbvio que essa ajuda "recíproca" vinha acontecendo há muito tempo, ainda que não exista uma prova documental. Contudo, nos primórdios da Operação Escorpião, o Brasil desenvolvia a Operação Bandeirantes de eliminação seletiva de dissidentes dentro do território brasileiro e as Forças Armadas uruguaias tinham certa dependência logística quanto a material bélico, caminhões e outros apetrechos de uso militar. O governo democrático também tinha uma dívida econômica considerável, circunstâncias estas que o forçavam a cooperar com seu poderoso país vizinho. Depois, em meados de 1973, se implementou a Operação Jacarta, que iria desenvolver-se em meados de 1974 e seria mais seletiva do que a anterior e ainda não se limitaria ao território brasileiro. Era preferível que o serviço secreto uruguaio tivesse a gentileza de executar uma missão para a ditadura brasileira e assim evitar que esta enviasse seu serviço secreto para executá-la em nosso território "com ou sem" o consentimento do governo uruguaio.

– Quer dizer: o Uruguai foi forçado a executar essa operação contra o ex-presidente João Goulart?

– Não diria forçado: foi induzido, não teve muita escolha. A operação não foi exclusivamente para Jango; a princípio, incluía Leonel Brizola e outros exilados. Só que no decorrer da vigilância, decidiu-se pela eliminação do principal líder político.

Esmiúça acontecimentos graves e secretos surpreendendo especialistas e legitimando o seu relato.

– Naquele episódio de triste desenlace, protagonizado pela professora Elena Quinteros, que culmina com a incineração do seu corpo num forno da Base Arenal, você relata que, na recaptura da mesma, participaram três oficiais e cinco agentes policiais e na cremação do corpo só três oficiais. Foram esses três oficiais os mesmos nas duas ações? – resume Volnei em busca de uma boa resposta.

– Não. A professora foi presa pela Inteligência policial e quando interrogada disse que tinha um contato importante com outro dirigente da organização subversiva. Acreditaram nela e pensando em capturar um "peixe grande" levaram-na ao lugar do encontro marcado e a deixaram solta, mantendo-a sob estrita vigilância. No momento da reunião, iriam prendê-la e seu parceiro. Só que ela entrou correndo e pedindo auxílio na Embaixada da Venezuela e deu a maior confusão: vários diplomatas foram espancados e ela, retirada com violência e levada a uma dependência da Inteligência policial. Esse pessoal era da Polícia, não do GAMMA; os oficiais que participaram da recaptura não foram os mesmos que participaram na cremação.

– Que tinha a ver o GAMMA em tudo isso? Como é que o corpo vai parar na base de vocês?

– A confusão foi criada por uma equipe da Inteligência policial que, à paisana, invadiu a sede diplomática da Venezuela, mediante violência, e a sequestrou, violando assim a soberania daquele país. Quando o embaixador denunciou o fato às autoridades uruguaias, ninguém queria assumir a autoria da bárbara ação e a atribuíram a grupos paramilitares. O problema era que a polícia não sabia o que fazer com ela: ninguém queria tê-la, entende? Era um grande compromisso: não podiam liberá-la nem mantê-la presa. Afinal decidiram matá-la e sobrou para nós. Refiro-me ao cadáver. O major o trouxe no porta-malas para queimá-lo em nosso forno, mas ela ainda respirava, não estava morta! Uma cena terrível e constrangedora... Algo espantoso, pois a moça ainda tinha alguns sinais vitais!

– Quer dizer então que o GAMMA cooperava com a Inteligência policial com relação à cremação de cadáveres somente ou existia outro tipo de assistência e era algo recíproco? Mantinham uma boa relação?

– Não existia reciprocidade nem essa boa relação a que você se refere, até porque a Inteligência policial ignorava a nossa existência. Como poderia haver intercâmbio de ajuda com alguém que é totalmente desconhecido? Isso não acontecia com frequência: era um auxílio esporádico e veio a acontecer porque um dos nossos chefes era ao mesmo tempo subcomissário da Inteligência policial. O major Herodes, perante a grave situação, propôs desfazer-se do cadáver num poço, manancial muito profundo, e resolver o problema deles. Ninguém ficou sabendo onde o corpo seria jogado nem imaginou que terminaria em cinzas em poucas horas.

– Quais motivações levaram Goulart a intervir na situação diplomática entre o Uruguai e a Venezuela com relação ao sequestro da professora Elena Quinteros? Ele a conhecia e tinha algum envolvimento nesse assunto?

– Ele não a conhecia nem tinha envolvimento algum nesse conflito; o vínculo de Goulart era apenas com o pessoal diplomático da Embaixada venezuelana no Uruguai, de onde a polícia à paisana retirou a professora. Jango tinha amizade em especial com um diplomata que morava numa residência da rua Canning, bem próximo de onde ele vivera um tempo atrás. Goulart tinha contatos com ambos os governos e, perante a gravidade dos fatos, tentou sem sucesso evitar a ruptura de relações entre os dois países – apressa-se em esclarecer o ex-tenente Tamuz.

– A Venezuela rompeu relações com o Uruguai por causa dessa invasão a sua sede e do desaparecimento da professora? – persiste o teimoso entrevistador.

– Eles exigiam a devolução da professora e pretendiam um pedido de desculpas do governo militar uruguaio sob a ameaça de romper relações diplomáticas. Só que o Uruguai, antes de cumprido o prazo de horas para devolver a professora, declarou persona non grata o embaixador venezuelano e o auxiliar, intimando-os a sair do país. Perante essa última ofensa, os diplomatas abandonaram o país e aconteceu a ruptura de relações. Lamentavelmente, devo reconhecer que a prepotência e o desrespeito estavam do lado uruguaio e a razão e a educação, do lado dos venezuelanos. Foi um vexame para a imagem do povo uruguaio no exterior – lamenta o ex-agente secreto.

Entrega os codinomes dados aos espionados:

– Foch Diaz era uruguaio e tinha codinome de pássaro, Andorinha, Amaury Silva tinha o codinome Coringa, Leonel Brizola era Capicua, o Piloto Rivero era chamado de Cigarra e o piloto García de Corvo; não tinha muita lógica. Inclusive existiam pessoas com dois codinomes; por exemplo: dona Maria Thereza para o serviço secreto brasileiro era chamada Cacatua e por nós era chamada de Cinderela [Cenicienta].

Cita uma série de nomes de operações conhecidas ou não: Operação Azulão, Plano Trabis, Operação Fênix, Operação Telêmaco, Operação Albânia, Operação Alcazar, Operação Albatroz, Operação Reconquista, Operação Pajussara, Operação Albânia, Operação Almodovar, Operação Orion, Operação Neon, Operação Colombo, Operação Sapatos Limpos, Operação Coturnos Vermelhos, Ação Zênite, Operação Gêminis, Operação Tapuro... A Operação Jacarta, substituta da Operação Bandeirantes, "tem origem do nome da capital da Indonésia, onde na década anterior tinham sido mortas quase um milhão e quinhentas mil pessoas, por integrarem ou serem suspeitas de integrarem o PKI, Partido Comunista Indonésio (Partai Kominis Indonesia). Os ideólogos da Operação Jacarta, no Brasil, se inspiraram naquele massacre, para adotar o nome do que, sem dúvida alguma, seria a maior devassa seletiva de dissidentes políticos, tanto no país, como em países vizinhos. A Operação Pajussara tem a ver com um fruto homônimo que é comum no Araguaia, o qual possui um parasita em seu interior". A Ação Zênite, segundo nota do suposto editor do ainda inédito *Entrevista com um réu confesso*, Cláudio Tadeu da Assunção, "matou 85 militares simpatizantes do general Sylvio Frota, em acidente aeronáutico nos céus de Mato Grosso. A Operação Fênix eliminou os mais importantes repressores do regime, como Sérgio Paranhos Fleury, Mariel Mariscot de Matos e tantos outros, para assegurar um sigilo total desse ignominioso passado na memória viva da nação brasileira".

Neira fornece explicações lógicas para o ilógico.

– Durante a Época de Chumbo, era comum que os inimigos do regime fossem envenenados de modo semelhante ao que fora feito, segundo você, no caso de João Goulart?

– Eu não utilizaria o termo "envenenamento" no caso de Jango. Como já lhe disse antes, foi um "produto químico" o que provocou a morte. Não sou químico nem médico-legista, mas não foi utilizada estricnina, cianureto nem outro veneno dos conhecidos... Nem sequer foram usadas toxinas de peixe ou outras causadoras de morte que podem ser consideradas venenos, entende? Foi uma substância ou composto muito bem elaborado, segundo o que me falou o Doutor Carlos Milles; foi fornecida pela CIA que já a vinha utilizando há muitos anos com ótimos resultados. Talvez o efeito causado fosse intoxicação, alergia ou qualquer outro descontrole funcional do organismo que provocaria a morte como consequência secundária, certo? No outro sentido da pergunta, lhe direi que esta prática não foi muito comum. Eu soube de poucos casos, mas não descarto que tenham existido outros, dos quais eu não tive conhecimento. Eliminar pessoas utilizando esse tipo de compostos não é uma tarefa fácil: sempre existe a possibilidade de matar outra pessoa por engano. Isso aconteceu no caso em que se pretendia matar um político importante e se lhe enviou uma garrafa de vinho envenenado; o homem deu o vinho de presente para sua empregada doméstica e esta acabou sendo uma vítima inesperada. Sempre se escolhiam outros métodos mais simples (e eficazes) para matar. A tortura e o tiro na nuca eram a marca registrada daquela época.

– Por que então teriam escolhido um modo tão complexo para assassiná-lo, sendo que tinham outras opções mais simples?

– Houve vários planos e tentativas malsucedidas para matá-lo e a decisão pelo plano mais complexo deveu-se ao fato de que o "produto químico" assegurava uma total impunidade, pois afastava qualquer suspeita ou especulação de homicídio. Matar João Goulart não era a mesma coisa que matar um ninguém ou uma persona non grata de menor quilate. Ele era uma personalidade reconhecida além de fronteiras e influente, ainda que estivesse exilado. Qualquer falha poderia provocar grande repercussão internacional e isso devia ser evitado ao máximo.

Conhece os móveis da casa de "El Milagro" e descreve com humor e cinismo o uso de potentes microfones.

– Você disse que implantaram microfones em vários cômodos da casa da estância "El Milagro", em Maldonado, para escutar as conversações de Goulart. Um deles na sala onde estava a escrivaninha com anotações e um quadro de John Kennedy. Outros microfones na ampla cozinha, no dormitório onde havia uma cama de casal com marco dourado, outro debaixo de uma telha vermelha direcionado ao pátio exterior... Só que não compreendo a necessidade de instalar um no banheiro e outro na subestação elétrica – sintetiza numa pergunta Volnei Correia.

– Na subestação de eletricidade onde existia um transformador, nós não colocamos nenhum microfone; o que instalamos ali foi um aparelho eletrônico que retransmitia os débeis sinais dos microfones que estavam na residência. Esse dispositivo nos permitia escutar sem necessidade de estar muito perto da fazenda; as conversas eram recebidas perfeitamente em toda a redondeza, desde o hipódromo até a cidade de Maldonado. O aparelho ficou perto do transformador e se alimentava com a energia da rede, se ativava automaticamente com o sinal dos microfones e não necessitava de manutenção. Deu um resultado maravilhoso – exulta o minucioso entrevistado.

– E no banheiro... não foi um pouco de exagero?

– A princípio não estava previsto instalar nesse lugar, só que estava muito difícil de instalar na chaminé da lareira e se optou por um local menos complicado. Foi ótimo: o que se instalou na escrivaninha captava o que se falava na sala, e o do banheiro registrava o que falava quando se barbeava, e, claro, também outros sons próprios de um banheiro, o que não ajudava na investigação, mas que eram para nós motivo de muitas risadas. A captação era tão nítida que dava nojo e o barulho da descarga, tão alto que arrebentava nossos ouvidos.

Há algo de verdade na narrativa de Neira Barreiro? Há algo de real nessa profusão de elementos que incluem até uma espiã de 17 anos ninfomaníaca, Rosemary, nome de guerra de Rosa Maria, na cama de Jango? O jornalista uruguaio Roger Rodrigues, no seu depoimento à Comissão da Assembleia Legislativa do Rio Grande do Sul, cotejou cada afirmação do presidiário com fatos. Exemplo inquietante:

– Cecília Fontana de Heber faleceu em 5 de setembro de 1978, quando abriu uma garrafa de vinho que haviam dado de presente a seu marido e morreu envenenada. Essa garrafa de vinho não era a única, seu esposo era Mário Heber, um dos principais líderes do Partido Nacional Uruguaio, o Partido Blanco, que era a oposição ante a ditadura uruguaia, dentro do território nacional, porque os grupos de esquerda estavam no exílio ou presos. O certo é que Mário Heber e outros três integrantes da direção do Partido Nacional da época receberam essas garrafas de vinho, um vinho branco, e todas essas garrafas estavam envenenadas. Somente Cecília Fontana bebeu da garrafa e caiu morta imediatamente.

Neira escreve e fala como um arquivo vivo.

13

Mercedes é apenas um lugarejo do pampa argentino.

A estância "La Villa", com sua casa grande e melancolicamente acolhedora, por austera, não passa de uma propriedade rústica na periferia desse lugarejo sonolento quase parado no tempo, um tempo que se alterou com o tempo, na maior parte deste oscilando entre relâmpagos de democracia e temporais de ditadura. Nesse jogo de amarelinha vertiginoso – os gaúchos dizem sapata –, Jango salta uma casa em busca da liberdade e da segurança, as ditaduras o alcançam duas casas depois com métodos próprios. Após a virada uruguaia em 1973 e da morte de Perón em 1974, a Argentina também mergulha no terror, só que o terror embalado pelo tango será cruelmente insuperável, como tudo que tentam fazer os argentinos, uma temporada no inferno dos infernos que irá de 1976 a 1983 sem iluminações nem uma idade da razão. Jango não se apresenta como um homem revoltado, mas, se carrega interminavelmente a pedra dos seus pesadelos, tenta fazer isso aparentando alguma insustentável leveza.

Ele e Maria Thereza, a mulher da sua vida desde que ela tinha apenas 14 anos de idade, vivem praticamente separados, paradoxalmente juntos e separados, unidos pelo exílio e por uma forma de amor que poucos conseguem captar, separados por dias, casas e outras relações mais ou menos passageiras. Na linguagem daqueles tempos de existencialismo em Paris, talvez fosse possível arriscar que vivem intuitivamente aquilo que Jean-Paul Sartre e Simone de Beauvoir querem praticar conceitualmente, um amor necessário circundado por amores contingentes. Quem poderia afirmar isso com certeza? Foch Diaz citará um testemunho anônimo para caracterizá-la como volúvel.

– Quanto mais se conhece Maria Thereza, mais imprevisível ela parece – resume o inominado com suposta filosofia.

Há certamente inveja desse casal charmoso, rico e, no entender dos seus inimigos, com mais biografia do que currículo. Maria Thereza é a mulher dos sonhos e dos pesadelos de qualquer homem: linda, espontânea, sedutora, sensual, sinuosa, intensa e cada vez mais livre. Uma mulher do seu tempo em busca do prazer e da felicidade.

Na sua cruzada contra ela, Foch recolherá ou inventará declarações para denunciá-la como a maior pedra carregada por Jango na dureza do seu eterno desterro. Traz à baila o piloto Ruben Rivero, jogando a sua pedra.

– Para Maria Thereza, empenhar as joias era coisa de todos os dias depois que o Doutor lhe retirou as contas bancárias. Numa dessas vezes, empenhou com um senhor de sobrenome Russo, que desapareceu em seguida do mapa.

A fúria de Foch Diaz por ter perdido a sua influência leva-o a intensificar os golpes, a multiplicar as acusações, a elevar o tom de voz para jogar no ventilador da história suspeitas sempre mais baixas. Numa página, apresenta Maria Thereza como uma mulher ardilosa, desvairada por dinheiro, voraz, insaciável, doentiamente consumista, que acusa uma empregada de roubo de um relógio para, no momento seguinte, ir ela mesma vender o dito relógio. Algumas linhas depois sugere que ela simulava acontecimentos graves, "como aquelas estranhas ocasiões em que foi assaltada à mão armada, na sua loja de roupas do Bairro Norte de Buenos Aires, 'sem que a polícia nunca encontrasse o assaltante'". E já vem a perfídia mais contundente, a gota de água inchando até se transformar numa nauseabunda poça de lama fedorenta.

– Outra vez, em Porto Alegre, quando o piloto Pinocho Perossio pede-lhe emprestados 10 mil cruzeiros e recebe, em troca, um cheque em branco com uma frase: "Vai ao banco, vê quanto tenho na conta e o preenche com a quantia que quiseres". A nostalgia desse homem de olhos azuis e jeito vigoroso, que não esconde tê-la amado, é eloquente: "Se tivesse querido, teria saqueado a sua conta bancária". Me perguntou quantos teriam feito o que ele havia recusado. O orgulho de dominar os homens deveria ser para ela algo secundário. E certamente Goulart também compreendeu isso, pois os afastamentos eram cada vez mais prolongados, as ausências mais pungentes e, o mais lamentável, as aparições e fugazes reconciliações sempre marcadas pela incontornável busca de fundos.

Seria ela esse monstro de frieza e cupidez? Ou o machismo da época a diabolizava por levar o imaginário masculino ao desespero com sua beleza e autonomia? Jango, num instante de fragilidade, teria dito algo assim:

– Não há dor maior do que amar uma mulher que nos oferece o corpo, mas é incapaz de nos dar seu verdadeiro ser porque não sabe onde ele está...

E aí pode ter estado o problema. Maria Thereza talvez não estivesse no ponto fixo onde os machos daqueles tempos de ditadura gostariam que estivesse, assim como todas as mulheres, esse ponto fixo da submissão do corpo e do ser que se esboroou na razão inversa à consolidação dos regimes de força na América Latina. E já Foch Diaz aumenta a munição, carrega as suas armas, afina os seus instrumentos de tortura, convoca homens, sempre homens, para analisá-la, dissecá-la. Surge o piloto Hugo Wilkie assegurando que precisam mentir para Jango, dizendo que estava no cinema, quando pediam que ligasse para ela em Montevidéu e não a encontravam. E já vem o mordomo, o cozinheiro Tito, língua viperina, espião de sala e alcova, contar de uma briga no apartamento da rua Leyenda Patria, um pugilato em que "houve inclusive um disparo de arma de fogo que não passou em branco, falando-se depois em divórcio, as coisas sempre depois dando em nada". E Tito concluindo em tom resignado:

– Ele tinha loucura de paixão por ela, que lhe guardava rancor por muito tempo.

Outros depoimentos pontuam essa radiografia impossível de uma personalidade perdida no tempo e própria de um tempo que talvez seja intemporal. Percy Penalvo, entre condescendente e severo, "uma mulher muito especial, mas ele a amava". Pechito, massagista, soltando suspiros por uma paixão de folhetim com as suas dores:

– Ai, ai, que triste... No fundo, ele morria por ela.

Por fim, nessa caracterização a posteriori de uma vilã que provavelmente foi apenas protagonista de uma história intensa, sofrida, particular, um amor no exílio, duas estocadas fulminantes abaixo da linha da cintura.

– Maria Thereza não era nenhuma boba. Mesmo que casada com separação de bens, o divórcio não lhe convinha – teria sintetizado, como quem sabe muito, Perossio.

E novamente o mordomo Tito, com seus possíveis ou prováveis segredos de cozinha, copa e até mesmo alcova.

– Maria Thereza sempre odiou o Doutor e seguiu o odiando depois da sua morte.

Quem poderá arrancar de Maria Thereza mais do que um sorriso desdenhoso em face dessa podridão inominável? Por que odiaria o homem que morreu ao seu lado na cama?

Em 1962, Maria Thereza – a Teca de Jango – constava entre as dez mulheres mais lindas do mundo, admirava Frank Sinatra e parecia uma menina nos palácios da República. O cantor da voz mais poderosa do planeta, ao tomar conhecimento da admiração da primeira-dama brasileira, enviou-lhe um disco com uma dedicatória à "beleza selvagem". Conta a lenda, disseminada na imprensa, que ela abriu a porta do gabinete do marido e, diante do conselho de ministros reunido, disparou:

– Acabei de receber uma carta de Frank Sinatra.

Formavam, ela e Jango, um casal sedutor. Quinze anos depois da morte dele, Teca resumiria com certo orgulho:

– Não houve uma vedete do Carlos Machado que ele não tivesse comido.

O fascínio exercido por ela atingiria até mesmo os seus algozes, entre eles o agente Neira Barreiro, o espião saído dos subterrâneos policiais para vigiá-la.

– Até dona Maria Thereza está na gravação. Sabe o que está fazendo? Está cantando uma canção de um tal Leonardo Fabio. Nós monitoramos dona Maria Thereza. É horrível como canta dona Maria Thereza. Mas eu, quando conheci a Maria Thereza, meu queixo caiu. Na rua Gorlero, eu conheci Maria Thereza... Meu Deus do céu! Aí que eu compreendi por que Goulart tomava tantas (...) ele era muito ciumento. Era uma mulher tão linda, tão linda! Ela ia caminhando pela Gorlero e eu fiquei, assim, me babando, puxa, uma mulher bem mais velha do que eu, mas era linda. Eu escutava Maria Thereza e dava risada. Eu dava risada. E o João Goulart gostava de tudo o que eu gosto. O João Goulart gostava de uísque, gostava de ver umas mulheres dançando na noite. Ele era um craque. O João Goulart era várias pessoas, ficavam todas dentro de uma mesma pessoa. Então eu via um João

Goulart que era um, era uma pessoa diferente depois – filosofa Neira.

Em *Entrevista com um réu confesso*, ele toma a defesa de Maria Thereza como a "maior vítima" dos acontecimentos.

> Para atingir Jango, a UDN e a imprensa – a serviço de outros interesses – levantavam boatos denegrindo a imagem de Maria Thereza. Isso já acontecia quando Jango era vice-presidente. Em uma ocasião, publicaram que ela tinha sido espancada por Jango ao descobrir que estaria tendo um romance com um piloto. Histórias como essa foram comuns e repetidas. Também se falava de envolvimentos de Jango com mulheres da noite e atrizes, confusões e beberagens. Isso que aconteceu no Brasil não terminou por ocasião do exílio, só que foi de modo mais sutil. Jango, ainda exilado, tinha seus amigos e suas diversões, enquanto Maria Thereza passava presa no apartamento da rua Leyenda Patria, ou pior ainda, no meio do mato, num buraco. Já pensou o que passou essa mulher para acompanhar seu esposo até os últimos momentos? Uma pessoa acostumada ao luxo, sumamente delicada e de boa cultura, isolada de todo o mundo, sem ter sequer com quem falar? Que assuntos poderia falar com os empregados da fazenda? De moda, de poesia, de nada. Só não enlouqueceu porque lia muito. E não o abandonou porque o amava o bastante.

Um defensor assim é um escaravelho no outono.

14

Morrer em dezembro com a mente repleta de informações sobre o horror no país – o seu país – que nunca mais verá. Eis o destino de João Goulart. Na sua correspondência com o general Serafim Vargas, cujos originais, jamais transcritos, encontravam-se zelosamente guardados por João Luís Vargas, inéditos, virgens, só agora, aqui, publicamente citados, Jango revela o seu conhecimento da tortura praticada pelos militares que o derrubaram em nome da ética e da moral. O primeiro a fazer o inventário da infâmia seria o jornalista Márcio Moreira Alves, no *Correio da Manhã*, numa série de reportagens que se transformou no livro *Torturas e torturados*, lançado em 1967 e prontamente tirado de circulação por ofender a "dignidade das Forças Armadas", por não fazer referência à "oficina em que foi impresso" e apresentar-se "eivado de inverdades". Márcio não se intimidou por ter cometido falhas tão graves como não indicar a gráfica de impressão do seu libelo contra os métodos infames dos melhoradores fardados da pátria: "Provem onde estão as mentiras!", desafiou. "Os que acobertam um punhado de torturadores limitam-se a dizer que as torturas são mentiras", agrediu. Nesse tom, revelou o horror das torturas e dos "suicidados" de abril de 1964, o que os adeptos da indignidade tentarão em vão desmentir, justificar ou situar no quadro da Guerra Fria.

Márcio cravou fundo a sua pena fazendo jorrar sangue de onde o sangue havia sido covardemente vertido: "A revelação de que membros do Exército nacional, que se gabava de ser o 'povo fardado', e da Marinha de Guerra, com sua tradição de cavalheirismo aristocrático, estavam torturando e promovendo a tortura de prisioneiros quebrou um preconceito, matou uma ilusão profundamente brasileira e acendeu uma geral indignação (...) Ao descobrir que alguns desses cidadãos exemplares, vizinhos tranquilos, se entregavam à flagelação de presos políticos e tinham sua abjeção acobertada e fortalecida por alguns dos seus chefes, a consciência brasileira levou uma bofetada". Entre os torturadores, orgulhosos das suas patrióticas façanhas, no Nordeste, estavam os militares, imediatamente inscritos no catálogo nacional das iniquidades, Darcy Villocq Viana, Hélio Ibiapina – que tinha por lema "nós torturamos para não fuzilar" – e Antônio Bandeiras. Márcio Moreira Alves vasculhou o Nordeste em convulsão e mapeou o terror obrigando o ditador Castelo Branco a mandar um emissário, Ernesto Geisel, conferir a situação. O futuro ditador cumpriu a missão com a devida cegueira: nada viu, nada constatou.

O pior, praticado com esmero no Rio de Janeiro de Carlos Lacerda, era a inutilidade da violência, "as torturas não buscavam informações urgentes", o prazer alcançado pelos torturadores como orgasmos de violadores de cadáveres, um "sadismo absolutamente gratuito", as razões da iniquidade mergulhando na perversidade de mentes doentias, "vingança pessoal, ou desrecalque das frustrações de carcereiros", a prática da "tortura pela tortura", tudo isso encobrindo uma verdade que não parecia torturar os "moralizadores" da nação, "os crimes praticados em nome da Democracia, de Deus e da Família não podem ser acobertados". Tudo se cometeu com criatividade, inventando-se modalidades de tortura e designações sugestivas para elas, como se a infâmia pudesse ser embalada em rótulos concebidos por agências de marketing: "corcovado (o torturado fica em cima de um muro, de costas para o abismo e de frente para baionetas ou metralhadoras), ginástica, algemas, pau de arara, banho chinês, telefone, choques elétricos, tenazes, churrasquinho (colocar uma mecha de papel no ânus de alguém e acendê-la), sabão em pó nos olhos e geladeira (enfiar num refrigerador de carnes, com temperatura de 30 graus negativos, um prisioneiro por até três minutos)".

E vieram os suicídios assistidos. O primeiro, em 18 de abril de 1964, pouco mais de 15 dias depois da instauração do regime glorioso saudado pela imprensa. José de Souza, operário, sonhador, portador de algumas ideias e de poucos recursos, atirou-se de um terceiro andar para fugir às "averiguações do DOPS". Astrogildo Pascal Viana, em Manaus, "se matou" ajudado por policiais. Carlos Schirner, comerciante, ofereceu à polícia uma saraivada de balas como saudação: "Suicidou-se após ferir dois policiais". Bernardino Saraiva, sargento, dado a certas leituras, quase inconsequente de tão corajoso, reagiu, na cidade gaúcha de São Leopoldo, a uma ordem de prisão ferindo quatro militares. Diante do sucesso da sua reação, achou melhor disparar uma bala na própria cabeça. Estranhos homens, esses, não? Os hospícios ganharam hóspedes possuídos por uma doença terrível, uma demência precoce, a utopia de um Brasil melhor. Do coronel Hélio Ibiapina, em Recife, descobriu-se uma competência inesperada em psiquiatria: mandava internar e receitava o tratamento de choque conveniente. Ibiapiana, Villocq e Bandeiras foram homens de confiança do general Justino Bastos, comandante do IV Exército.

Um médico de verdade teve a coragem de diagnosticar com um mórbido senso de humor: "Aprendi o que sei na Faculdade de Medicina e preconizado pela Organização Mundial da Saúde. Não tive oportunidade de cursar a Escola Superior de Guerra". A imaginação perversa libertou-se do superego da democracia permitindo cenas capazes de transformar filmes surrealistas em pobres tentativas de arranhar a realidade. Villocq Viana inventou o passeio de homem pela coleira: saiu com o comunista Gregório Bezerra, depois de dar-lhe algumas libertadoras pancadas na cabeça, com uma corda no pescoço pelas ruas atormentadas de Recife. No Rio, "perigosos amarelos" acabaram presos e torturados, pois "colocariam bombas em papagaios de papel que, com o auxílio da suave brisa carioca, içariam sobre o palácio do governador. Quando os engenhos estivessem na desejada posição, algum dispositivo secreto seria desmontado, as bombas cairiam sobre o palácio e o Brasil perderia o grande defensor da sua democracia", o corvo Lacerda, visto pelos getulistas fervorosos e por parte da esquerda como o mais infame dos infames, o retórico dos golpes sempre golpeado.

Em Porto Alegre, em 1966, aparece boiando nas águas do rio Jacuí, com as mãos amarradas, o sargento Manuel Raimundo dos Santos, um nacionalista que participara do movimento da Legalidade, em 1961, ajudando Jango a chegar ao poder que era seu por direito constitucional. Mais um suicídio, o mais estranho de todos, o mais imaginativo, o suicida amarrando as próprias mãos às costas antes de usá-las para se matar? Manuel Raimundo fugira dos torturadores cariocas, mergulhara na clandestinidade no Rio

Grande do Sul, continuara sua luta até ser preso, em 11 de março de 1966, panfletando na frente do Auditório Araújo Vianna, no coração do bairro Bom Fim, quase no centro da cidade, contra a visita de Castelo Branco à capital gaúcha, sendo logo agraciado com a tortura no DOPS, a transferência para a Ilha do Presídio, uma pedra no rio Guaíba, de frente para a Zona Sul da cidade, em companhia de tantos outros "subversivos", voltando a ser recebido no DOPS para nova sessão de terapia de choque, por fim o "descanso" providencial nas águas turvas do Jacuí, o corpo sendo encontrado em 24 de agosto, exatos doze anos depois do suicídio de Getúlio Vargas.

A história do "caso das mãos amarradas" continua despertando interesse pela sua sordidez. Uma podridão capaz de espalhar seus miasmas através do tempo, contaminando o imaginário dos homens com o cheiro de merda vindo das profundezas da ordem mutilada, a ordem hedionda dos cemitérios clandestinos cultivados com mortos produzidos como poções venenosas. Luiz Renato Pires de Almeida conviveu com Manuel Raimundo nos porões da ditadura. Numa carta, na época, ele soltou as feras:

> Os filhos da puta desses traidores da Pátria mataram afogado e com as mãos amarradas atrás o sargento Soares, que tanto tempo esteve preso comigo e ao qual deixei roupas, aparelho de barba e outras coisas. O assassinato foi aí em Porto Alegre e mais ou menos sei quem deu essa ordem. Esses são os homens bons que estão no governo, que vão à missa aos domingos e que durante as madrugadas torturam seus semelhantes como se fossem animais, para depois matar da maneira mais covarde possível. Quanto mais sacrifício passarem os companheiros, mais disposição nós temos para enfrentar os traidores fascistas.

Renato manda correspondência ao jornal *Última Hora.* A Assembleia Legislativa do Rio Grande do Sul instala uma CPI uma semana depois da descoberta do corpo. Na margem de liberdade existente, os jornais mancheteiam a terrível notícia, o comércio fecha as portas em sinal de luto à passagem do cortejo fúnebre. A carta que explicita o horror é lida na CPI em 12 de abril de 1967. Jango tudo acompanha do exílio. Uma frase dita a Renato por um

Manuel Raimundo só de cuecas, quando se conheceram numa cela imunda do DOPS, soa como um epitáfio, o epitáfio das mentiras da ditadura sobre si mesma:

– Sou o sargento Soares. Para minha honra, fui expurgado do Exército.

As cartas de Manuel Raimundo à mulher, Betinha, narram as torturas sofridas com o realismo das cicatrizes e o espanto diante da imaginação perversa dos torturadores: "Em meu corpo ficaram gravadas algumas das medalhas com que me agraciaram". Tudo vem à tona. A CPI chega ao fim em 19 de junho de 1967. Os responsáveis pelo crime são apontados sem a menor margem de dúvida: o major Luiz Carlos Mena Barreto e os delegados Itamar Fernandes de Souza e José Morsch, homens do famigerado e temido DOPS, apoiados pelo secretário de Segurança Pública, Washington Bermudez, e pelo superintendente dos Serviços Policiais, tenente-coronel Lauro Melchiades Rieth.

Ninguém foi punido.

As CPIs, na época, terminavam em pizza.

A imprensa achava que isso, esse terrorismo de Estado, ainda não era a ditadura, não era o arbítrio, não era o horror, mas tão somente o necessário para salvar o país do comunismo, o perigo vermelho usado como álibi.

Jango, às vezes, sente-se culpado:

– Tudo isso por minha causa? – pergunta-se.

Sabe como ninguém que a ditadura começou com seu cortejo de horrores e brutalidades – prisões, torturas, mortes, cassações, expurgos e humilhações –, em abril de 1964. Nenhum dia depois. Nenhuma hora depois.

O resto não é silêncio.

É apenas mentira.

O jornal *O Globo*, em editorial de 2 de setembro de 1964, depois das revelações de Márcio Moreira Alves sobre a tortura, exultava com os novos tempos brasileiros:

> Vive a Nação dias gloriosos. Porque souberam unir-se todos os patriotas, independentemente de vinculações políticas, simpatias ou opinião sobre problemas isolados, para salvar o que é essencial:

> a democracia, a lei e a ordem. Graças à decisão e ao heroísmo das Forças Armadas, que obedientes aos seus chefes demonstraram a falta de visão dos que tentavam destruir a hierarquia e a disciplina, o Brasil livrou-se do Governo irresponsável, que insistia em arrastá-lo para rumos contrários a sua vocação e tradições (...) Mais uma vez, o povo brasileiro foi socorrido pela Providência Divina, que lhe permitiu superar a grave crise, sem maiores sofrimentos e luto. Sejamos dignos de tão grande favor.

Oh, o cinismo! Oh, a cegueira ideológica!

Das origens do Partido da Imprensa Golpista (PIG).

A guerrilha e a resistência violenta à ditadura são respostas à tortura praticada desde o começo do regime.

A primeira reação terrível da esquerda marxista só aconteceria em 25 de julho de 1966, com o atentado do aeroporto de Guararapes, em Recife: a explosão de uma bomba no dia da visita do futuro ditador Costa e Silva, em campanha pela sua entronização. Saldo: dois mortos.

O principal responsável pela operação concebida pelo padre Alípio de Freitas, da Ação Popular (AP), o militante Raimundo Gonçalves Figueiredo, membro da VAR-Palmares, seria "punido", em abril de 1971, com a execução sumária. A esposa dele, Maria Regina Lobo Leite, receberia punição equivalente, segundo o código penal do regime de 1964, eliminada em 29 de março de 1972 na chamada "Chacina do Quintino", nome de um bairro do Rio de Janeiro onde ela e alguns companheiros de resistência foram dizimados por eficazes agentes do DOI-Codi.

Uma pane impediu a decolagem do avião do marechal em João Pessoa. Ele se deslocou de carro para Recife.

Escapou.

(...)!

O interminável inventário do terrorismo oficial perpetuado pelos militares que tomaram o poder no Brasil em 1964 passa pelo "Relatório da IV Reunião Anual do Comitê de Solidariedade aos Revolucionários do Brasil", de fevereiro de 1976, encontrado no acervo pessoal de Luiz Carlos Prestes: seis capítulos, seis histórias infames, quatro instantâneos do inferno, "Mais desaparecidos", "Novamente a farsa dos suicídios", "O braço clandestino da repressão", "Identificação dos torturadores", 233 militares e policiais chafurdando no lodo da tortura com nome, sobrenome e façanhas. O mais famoso suicídio da ditadura seria o do jornalista Vladimir Herzog, no DOI-Codi paulistano, na para sempre marcada Rua Tutoia, em 25 de outubro de 1975, enforcado com o próprio cinto com as pernas curvadas afundadas no chão, desafiando, na foto, todas as leis da natureza.

Vlado tornou-se mais subversivo que Galileu.

O relato de Fernando Pacheco Jordão em *Dossiê Herzog – Prisão, Tortura e Morte* abre um sulco nas sepulturas do terrorismo dos anos escuros de Geisel:

"Depois que entrou no DOI, Vlado trocou de roupa e vestiu o macacão dos presos. Ainda pela manhã, foi acareado com dois presos. Com as cabeças cobertas por capuzes de feltro preto, eles não podiam se ver. Mas um deles, Leandro, reconheceu o amigo: 'Empurrei a borda do pano e vi o preso que chegava. Eu o reconheci pelos sapatos: eram os mocassins pretos que Vlado usava'. Nessa hora, Vlado negou que pertencesse ao PCB e Konder e o outro preso foram retirados para um corredor, de onde ouviram os gritos de Vlado e a ordem para que fosse trazida a máquina de choques elétricos. 'Os gritos duraram até o fim da manhã. Os choques eram tão violentos que faziam Vlado urrar de dor' (...) Um rádio foi ligado em alto volume para abafar os sons. Meia hora depois, por volta das 11h, Vlado foi para a sala de interrogatórios. 'Mais ou menos uma hora depois, me levaram a outra sala onde pude retirar o capuz e ver o Vlado. O interrogador, um homem de uns 35 anos, magro, musculoso, com uma tatuagem de âncora no braço, mandou que eu dissesse a ele que não adiantava resistir' (...) 'Fui obrigado a ajudá-lo a redigir uma confissão que dizia que ele tinha sido aliciado por mim para entrar no PCB e listava outras pessoas que integrariam o partido' (...) Essa foi a última vez que Vlado foi visto e ouvido."

O amigo que identificou Vlado era Leandro Konder.

Jango carrega tudo isso no coração.

Só em 2012 a justiça de São Paulo determinaria a alteração do atestado de óbito de Herzog, trocando "asfixia mecânica" – suicídio – por "lesões e maus-tratos sofridos em dependência do II Exército – SP (DOI-Codi)".

A elite dos torturadores, cuja lista se encontra no mais completo catálogo – "Brasil: Nunca Mais" – do terrorismo estatal instituído no país pelos donos do poder a partir de 1964, contava com 70% de oficiais das Forças Armadas: 64% do Exército, 6% da Aeronáutica, 8% da Marinha e 15% das polícias militares. Raras vezes a ilustração militar serviu tão bem ao obscurantismo.

Como a história é escrita pelos vencedores, o último ato consistiria em construir uma narrativa adequada aos propósitos dos terroristas cívicos fardados: transformar Jango num covarde. Fazer da razão uma racionalização.

Jango sente na carne o peso dessa obra. A sua terrível culpa foi ter tentado tirar o Brasil do passado.

15

Passam por Mercedes sem parar. Jango quer chegar logo para descansar, quer consumir a estrada como engole as milhas no ar, não necessariamente em alta velocidade, mas sempre em movimento, "adelante", "arriba", em frente, em marcha, devorando quilômetros, tragando léguas, nessa fuga, como dizem seus amigos franceses, para a frente, essa corrida contra o tempo num tempo que se pretende imóvel, uma imobilidade recoberta de sangue, lágrimas, mágoas e cadáveres nos armários da ditadura. Por que não se sentiria exausto com tantas pressões, o Uruguai e a Argentina afundando no pior, seu chão desaparecendo, tudo se desmanchando aos poucos, a segurança liquefazendo-se, os amigos emitindo sinais de alerta, luzes piscando, o cerco fechando-se, a Condor capturando seus camaradas e conhecidos a serviço de cinco países, chegando a consumir 35 mil vidas, as aves de rapina fardando-se nos países que ainda há pouco eram céus tranquilos na placidez dos campos? A sua vida é dicotomia, uma permanente divisão entre o político, que nunca deixará de ser, o homem do poder, o fazendeiro rico, o negociante bem-sucedido, o empresário e o sujeito simples que gosta de ouvir uma anedota, de preparar uma carne de ovelha e de "empulhar", como ainda dizem os gaúchos, um amigo desatento.

– Pegando firme, Décio?

– O mais firme que posso, presidente.

– E te agrada pegar firme, chê?

Surpreende alguns com tiradas desbocadas:

– Estou aqui, chê, só com esse puto do Tito.

A risada cristalina encobre qualquer reclamação, desmonta resistências, desamarra trombas, vence obstáculos, abre o tempo, salvo o tempo dos ditadores, que não sorriem, não brincam em serviço, pisam firmes com seus coturnos, machucam o solo com suas marcas, adubam as terras com seus mortos, não, claro que não, com os mortos dos outros, os mortos que fazem, os mortos que semeiam. Iberê Teixeira, que se tornaria advogado em São

Borja e adjacências, foi visitá-lo no exílio em companhia de Carlos Banderó e Júlio Madeira, dois clientes do Banco do Brasil, onde era caixa. Guarda uma lembrança colorida:

– Ele gostava de simplicidade, dava risada, andava de chinelo, era um interiorano bonachão. Comemos um ensopado com espinhaço de ovelha e, depois, levantou, rengueando da sinistra, reuniu todos os ossos numa bandeja e foi lá num canto da varanda jogar tudo para o cachorro dele.

Sobre ele correm boatos, lendas, histórias, fábulas, "causos", mitos. Uns cochicham, outros se divertem.

– Esse Jango tem um baita pau!

Quem poderia confirmar ou refutar o que se diz sobre um homem cuja sombra se espicha até ganhar autonomia? Jango é ele e as projeções dos outros, todos esses outros que o cercam ou o avistam, esses homens e mulheres que vivem à sua sombra frondosa. Tudo nele chama a atenção: conta de avião o gado das suas estâncias, não pode ver rabo de saia sem jogar uma cartada, aposta milhões nos cassinos, bebe uísque como água, fode como um bode:

– Com o Jango não tem puta triste!

A simplicidade não lhe tira a agudeza de espírito. Mesmo nos piores momentos da crise que o arrancaria do poder, mantivera-se arguto e atento aos detalhes. Tampouco a euforia fora capaz de turvar a sua mente. Quantas vezes terá pensado, na eternidade do exílio, nas palavras formais, mas fiéis ao que desejava, da sua mensagem de 15 de março de 1964 ao Congresso Nacional?

– Estou certo de que os nobres parlamentares do Brasil deste ano de 1964 guardam fidelidade às honrosas tradições dos nossos antepassados, que, em conjunturas semelhantes da vida nacional, como a Independência, a Abolição da Escravatura, a Proclamação da República e a Promulgação da Legislação Trabalhista, tiveram a sabedoria e a grandeza de renovar instituições básicas da Nação, que se haviam tornado obsoletas, assim salvaguardando o desenvolvimento pacífico do povo brasileiro. O desafio histórico repete-se outra vez. Agora, nossa geração é que está convocada para cumprir a alta missão de ampliar as estruturas socioeconômicas e renovar as instituições jurídicas, a fim de preservar a paz da família brasileira e abrir à Nação novas perspectivas de progresso e de integração de milhões de patrícios nossos numa vida mais compatível com a dignidade humana.

Muitos cretinos não guardavam fidelidade alguma a qualquer tradição e cagavam e andavam para a História. Assim! Não, ele não pode se lembrar de cada palavra. Não pode, talvez, esconder que tentara tudo guardar e que chegara a saber de cor o trecho que lhe selou o destino.

Olha para trás. Vê a sua grande obra, aquela da qual se orgulha mais, aquela que o crucificaria, o Decreto 53.700, de 13 de março de 1964, cuja epígrafe, essa sim, não teria como apagar da memória e pode repetir como um mantra: "Declara de interesse social para fins de desapropriação as áreas rurais que ladeiam os eixos rodoviários federais, os leitos das ferrovias nacionais, e as terras beneficiadas ou recuperadas por investimentos exclusivos da União em obras de irrigação, drenagem e açudagem, atualmente inexploradas ou exploradas contrariamente à função social da propriedade, e dá outras providências". Como esquecer o glorioso Art. 3º: "A Superintendência de Política Agrária (SUPRA) fica autorizada a promover, gradativamente, para execução de seus planos e projetos, as desapropriações das áreas situadas nas faixas caracterizadas neste decreto, tendo por fim realizar a justa distribuição da propriedade, condicionando seu uso ao bem-estar social...".

– Aí foi que eu caí – poderia ter dito.

Aí e um pouco mais: na decisão de exigir uma reforma constitucional para que as desapropriações fossem pagas com títulos da dívida pública em lugar da indenização prévia em dinheiro fixada pela Carta de 1946. Como era lindo ler esse decreto, cravar os olhos em linhas como estas: "terão prioridade as famílias camponesas mais numerosas, radicadas na região e com maior experiência de trabalhos agrícolas ou pecuário, e que não sejam proprietárias ou possuidoras de outro imóvel", contemplar a aridez do texto como um quadro, um poema, um corpo de mulher, uma paisagem do pampa, uma visão do futuro.

– O decreto da SUPRA foi o Guernica de Jango.

– Como assim, Décio?

– A sua obra-prima. E a sua catástrofe.

Com o decreto da SUPRA, tornou-se judas, converteu-se definitivamente no traidor da classe, no incompetente, no sem convicção, no Maria vai com as outras, na marionete de Brizola, no presunto entre o pão dos radicais e o pão dos reformistas, no oportunista, no desatinado, no político de araque inventado por Getúlio Vargas para dar continuidade ao seu populismo, toda uma tralha de qualificativos, uma sarabanda de impropérios, uma arte safada do insulto, um projeto narrativo que se estenderia no tempo com o objetivo de transformá-lo num idiota, utilizando a verve de historiadores, de cientistas políticos, de memorialistas, de jornalistas e de toda uma tropa de vendedores de análises prontas entregues como pizzas frias. Toda a sua história, a história da sua queda, do seu exílio, da sua tragédia pessoal e política, cabe numa linha, esta frase, este enunciado, esta síntese, este monumento ao povo, aos pobres, aos camponeses, esta fórmula que lhe custou a vida e que lhe dará a morte: "Tendo por fim realizar a justa distribuição da propriedade, condicionando seu uso ao bem-estar social".

A sua deposição foi longamente preparada pelo IPES, pelo IBAD e pela ESG. A derrota dos golpistas em 1961, no episódio da Legalidade, ensinou-os a preparar a vingança como um prato gelado. Nunca mais pararam de conspirar. O elemento que faltava, contudo, foi fornecido por esta meia frase, apenas meia frase, nada mais que um complemento de oração, uma prece, na verdade, pelos miseráveis secularmente mantidos na merda por seus ardilosos senhores modernos: "Justa distribuição da propriedade, condicionando seu uso ao bem-estar social". A sagrada propriedade, urraram seus donos, não podia ser submetida a qualquer condicionamento, muito menos ao bem-estar social. As famílias que marcharam com Deus pela liberdade, tendo Carlos Lacerda, Adhemar de Barros e Magalhães Pinto como porta-vozes, seguindo a cartilha dos Estados Unidos em defesa dos seus interesses, temiam o comunismo, os marxistas comedores de criancinhas, o perigo vermelho, os barbudos cubanos, as Ligas Camponesas de Francisco Julião, a reforma urbana de Jango, temiam tudo o que os americanos mandavam Lacerda temer e tudo o que Lacerda, com sua retórica que, no ápice dos seus discursos, fazia a alguns o rotularem de psicopata ideológico, dizia que deviam temer. Enquanto isso, as ditas classes dominantes, no popular, os donos dos latifúndios, os proprietários de campos sem fim, temiam uma coisa só: a reforma agrária pelo bem-estar social.

Nas suas cartas do exílio, cartas a Serafim, nenhuma mágoa transparece. Uma paz interior recobre cada linha.

16

O golpe chega como um encontro desde sempre marcado. Obedece a todas as lógicas entrelaçadas ao longo de três anos, uma rede de nexos e de confluências volumosa como um rio caudaloso, como diria o poeta Eliot, um poderoso deus castanho, um demônio taciturno, rabugento e devastador, da encampação das empresas da Bond and Share e da ITT por Leonel Brizola ao decreto da SUPRA, passando pelos interesses e influências dos Estados Unidos e pelo cotidiano trabalho de sapa realizado pela imprensa contra o governo, essa imprensa que, como sempre, toma a defesa dos poderosos mais retrógrados imaginando encarnar os valores mais modernos do universalismo abstrato. Poucas vezes, a imprensa brasileira, tão acostumada ao erro, engana-se tanto: Jango é a modernidade. As suas reformas de base são, como ele mesmo sugeriu na sua mensagem ao Congresso, um plano de emancipação, uma carta de alforria, uma nova Lei Áurea, ele poderia ter dito, um corte abrupto na carne podre do passado tão vivo e feroz.

– Não vou deixar que derramem sangue – repete Jango.

Repete, certamente, para si, mas também para quem pode ouvi-lo. As cartas estão mais do que lançadas.

– Manhã cedo de terça-feira, 31 de março. Os jornais não deram tempo para uma melhor reflexão. Páginas inteiras ampliavam a seu modo, de acordo com a linha política de cada um, os acontecimentos do Automóvel Clube, juntando-os aos da Marinha. Era muito barulho de uma só vez sobre a frente governista. De Minas continuava a soprar o vento da revolta. As notícias se amiudavam, em nada favoráveis para a situação governista – registra Abelardo Jurema em tom de lamento fúnebre no momento em que os sinos já dobram lugubremente pelo governo popular de Jango.

Nada mais se pode fazer? Sim, pensam alguns, tudo ainda se pode evitar desde que as armas falem. Em 1961, porém, Jango discursara em Porto Alegre contra o confronto armado. Não está disposto a mudar uma vírgula.

– Que Deus me ilumine, que o povo me ajude e que as armas não falem – dissera em nome da "paz e da esperança".

É o mesmo homem. O poder não conseguiu deformar seus princípios. Vive novos tempos sombrios. Reage da mesma maneira, com os mesmos reflexos, negaceia, aguarda, compromete-se, mas não compromete inocentes. A cidade do Rio de Janeiro exala os miasmas do golpe anunciado, antecipa a atmosfera do fim, prepara-se para a última cena, essa imagem lentamente construída do pior como encarnação do melhor. O clima é de convulsão social.

– Notícias me chegavam da interdição, pela polícia estadual, das ruas de acesso ao Palácio Guanabara. Falavam até em cerco do Palácio das Laranjeiras, onde se achava o presidente João Goulart. O noticiário radiofônico, aqui e ali, deixava escapar notícias intranquilizadoras e mesmo alarmantes, juntando-se estas àquelas que eram ouvidas das emissoras de São Paulo e de Minas Gerais – anota o desesperado ministro da Justiça.

O relato de Abelardo Jurema é um entre tantos, a descrição da cena do crime, a revelação do interior do cenário, como outros, de diferentes pontos de vista, farão, uma síntese dos últimos suspiros, os derradeiros sons do labirinto com ou sem o general, quer dizer, antes da entrada dos generais, com ou sem o presidente. O ministro da Justiça acompanha os gestos finais, vê o general Assis Brasil, depois do meio-dia, "sugerindo que se mandasse observadores a Juiz de Fora e Belo Horizonte". O ministro Jurema angustiando-se: "Quem daria ordens para os quatro exércitos, que tinham à sua frente generais de tradição como Amaury Kruel, Justino Alves Bastos, Benjamim Galhardo e Moraes Âncora?". O ministro Jurema deixando cair os braços: "Na ausência do ministro da Guerra, como era o caso, o que se via era a confusão no barco situacionista até mesmo com relação à extensão dos acontecimentos". Generais entram e saem do Palácio das Laranjeiras, entre os quais Moraes Âncora e Milton Barbosa, mas nada decidem, nada dizem, nada esclarecem.

Atônito, Abelardo Jurema vê o presidente falar várias vezes com o general Amaury Kruel, comandante do II Exército, peça-chave do dispositivo militar. Pressente a traição, sente-a nas palavras de Jango quando interpelado pelos amigos Samuel Wainer, Raul Ryff ou Jorge Serpa...

– Kruel vai bem... é meu amigo, mas... sempre falando nesse negócio de comunismo, na infiltração do CGT, no PUA, nessas bobagens que eu liquido em dois tempos.

A traição consuma-se. O ministro da Guerra encontra-se convenientemente hospitalizado. Ninguém fala ao presidente de Humberto de Alencar Castelo Branco, tranquilo no seu expediente no Ministério da Guerra, ninguém pode revelar a extensão da traição ou ela, obviamente, não se consumaria. É tudo tão simples, conclui Jurema: a Escola do Estado-Maior fornece o líder da conspiração, o plano do golpe e a sua filosofia. Jango ouve, conferencia, consulta, espera, assusta Jurema, enquanto as tropas de Cunha Mello, Mourão Filho e do grande traidor Kruel marcham para o Rio de Janeiro sem encontrar resistência, convergindo para o passado com a certeza de abrir caminho ao futuro. No Palácio das Laranjeiras, nesta quarta-feira, 1º de abril de 1964, ainda há muita gente, Jango fala ao microfone da segunda Rádio da Legalidade, reinventada por Raul Ryff na esperança de repetir esse passado tão recente e já tão distante. Jurema, que em breve será preso, vê tudo se acabar como fogo de chão mermando sob o nevoeiro. Pelas 12h30, o telefone toca (num toque tudo se esboroa):

– Era Raul Ryff, que de casa me comunicava que o presidente havia voado para Brasília. Não soube ele acrescentar o que teria ido fazer o presidente em Brasília – desabafava o cronista do crepúsculo de Jango.

Jango sabe o que vai fazer em Brasília: ganhar tempo para não derramar sangue inocente. As tropas que dão segurança ao Palácio das Laranjeiras começam a debandar, o ritmo se acelera ainda que tudo, estranhamente, pareça congelado na memória, mas não só na memória futura, numa memória do olhar, do presente, da narrativa melancólica:

– Ficara o Palácio das Laranjeiras com uns oito ministros de Estado, com o chefe da Casa Militar, com o presidente da SUPRA e vários outros auxiliares do Governo, quase que inteiramente desguarnecidos. Só um choque da PE do cel. Ventura ainda dava sinal de existência no Parque Guinle!

É outono no Rio de Janeiro.

– Das varandas do Palácio das Laranjeiras, mostrei ao ministro Oliveira Britto as forças do governador Lacerda andando pela Rua das Laranjeiras – observa Jurema.

O festim do Corvo está servido.

Ele não sabe que vai durar tão pouco!

Pedro de Castro, "serviçal do presidente, modesto e humilde", chama Abelardo Jurema de volta à realidade:

– Ministro, o patrão, de Brasília, deve ir para Porto Alegre, pois ouvi quando, por telefone, acertava ele a ida de um "coronado" da Varig para Brasília a fim de ficar à disposição da presidência da República. Fale com o Berta para arranjar outro avião e vá embora com os outros ministros para Brasília ou Porto Alegre.

A última cena é pateticamente assombrosa. A Legalidade fora o último movimento da era do rádio. O episódio de 1964 inaugura a era dos golpes com imagens:

– Já a televisão do Palácio mostrava que tudo havia acabado. Achava-se, no vídeo, o governador Carlos Lacerda, e as câmaras mostravam, com muita nitidez, vários tanques, daqueles que, há alguns minutos, pareciam nos garantir no Palácio das Laranjeiras, com as suas guarnições se apresentando ao governador guanabarino.

O presidente desembarcará na madrugada de 2 de abril em Porto Alegre, onde analisará, antes do nascer do dia, as últimas possibilidades de resistência. Examinará as cartas que tem nas mãos. Está fodido e mal pago. Não quer e não vai derramar sangue. Só lhe resta entregar os pontos. Depois, seguirá para São Borja. Por fim, irá para o exílio no Uruguai. Só voltará num caixão. Acabou-se.

Abelardo Jurema separa-se de outros ministros no aeroporto Santos Dumont. Entrega-se à patrulha armada de metralhadora de um certo coronel Hiram. Recebe ordem formal de prisão. Seu crime: ser ministro de João Goulart, o homem a ser abatido. Ranieri Mazzilli, presidente da Câmara dos Deputados, velho golpista dissimulado, raposa cínica do cínico PSD, assume, como fizera prontamente em 1961, a presidência da República, com Jango ainda em território nacional.

Filho da mãe!

17

Quantas vezes o filme desses dias de abril passa na cabeça de Jango? Pensa nisso ao chegar, pelas 16h30 deste 5 de dezembro de 1976, à estância "La Villa", onde o capataz Julio Vieira, sonolento, acordando da sesta, recebe-o? Pensa nisso enquanto percorre os campos, ao final da tarde, contemplando o gado ora com indiferença ora com entusiasmo? Pensa nisso ou em algo similar ao pedir a Vieira que vá a Mercedes comprar-lhe cigarros?

Pensa nos 17 atos institucionais decretados pela ditadura, entre 1964 e 1969, como uma fileira de bois num brete para o abatedouro? Uma sequência infame de medidas arbitrárias, a primeira, o AI-1, redigido na surdina e revelado já na tarde de 9 de abril de 1964, abrindo a porteira para qualquer estupro à Constituição, permitindo cassar mandatos, demitir funcionários públicos, aposentar, suspender direitos políticos por uma década. E passa boi, passa boiada, passa preso, passa torturado, passa morto, passa cassado, passa o AI-2, de 27 de outubro de 1965, dissolvendo todos os partidos, inventando por ato complementar a ARENA e o MDB, aumentando o número de ministros do STF de 11 para 16, reabrindo a temporada de cassações, dando à ditadura a liberdade de decretar Estado de Sítio por seis meses sem consultar o Congresso, que pode ser fechado, posto em recesso a bel-prazer dos generais, fixando a eleição indireta para a presidência da República, tudo isso, todos os contrabandos, todas as violações, toda a boiada disparando, berrando, morrendo na travessia, passa o AI-3, de 5 de fevereiro de 1966, sangrando os Estados, fixando eleições indiretas para governador e fabricando interventores nomeados por governadores não eleitos pelo povo para as prefeituras das capitais, essa lama toda.

E assim vai, lama depois de lama, o horror dentro do horror, até o AI-17, passando pelo famigerado e tristemente célebre AI-5, de 13 de dezembro de 1968, com sua fileira de artigos hediondos sacramentando o que vigia desde 1º de abril de 1964:

> Art. 2º - O Presidente da República poderá decretar o recesso do Congresso Nacional, das Assembleias Legislativas e das Câmaras de Vereadores, por Ato Complementar, em estado de sítio ou fora dele, só voltando os mesmos a funcionar quando convocados pelo Presidente da República. § 1º - Decretado o recesso parlamentar, o Poder Executivo correspondente fica autorizado a legislar em todas as matérias e exercer as atribuições previstas nas Constituições ou na Lei Orgânica dos Municípios (...) Art. 6º - Ficam suspensas as garantias constitucionais ou legais de: vitaliciedade, inamovibilidade e estabilidade, bem como a de exercício em funções por prazo certo (...) Art. 10º - Fica suspensa a garantia de habeas corpus, nos casos de crimes políticos, contra a segurança nacional, a ordem econômica e social e a economia popular.

Sangue podre no pasto.

Ao jornalista uruguaio Jorge Otero, amigo até o último instante no exílio, Jango confessou o que sentia:

– Não nos esqueçamos que me acusavam de querer violar a Constituição, de ter vontade de fazer isso, o que era falso, não a denúncia de uma situação. Foram eles que, efetivamente, jogaram a Constituição pela janela.

Quantas vezes tem repetido essa afirmação? Nas suas casas sempre abertas às visitas de brasileiros exilados ou não, volta e meia reafirma a sua visão da queda. É tanta gente, tantos amigos, tantos homens à espera de uma palavra de conforto, de uma luz, de dinheiro, de um alento, todos parecendo querer ouvir algo que não será:

– Vai dar tudo certo. Já vamos voltar.

Ele voltará num caixão.

Henrique Foch Diaz acusará Cláudio Braga pela sua morte e espalhará suspeitas até em relação a Maria Thereza. Mario Neira Barreiro falará de crime político. Tudo isso virá depois, ao longo dos anos, numa sucessão de mistérios, acusações e ressentimentos que tudo explicam e nada esclarecem. Agora, nessa madrugada de 6 de dezembro de 1976, é a hora e a vez do escorpião?

Jango vai morrer nessa noite do escorpião sabendo muito e, ainda assim, muito pouco do que virá. Nada saberá de Albernaz, o homem que quebrará os dentes de Dilma Rousseff, militante da

VAR-Palmares, ora Vanda, ora Estela, nos seus 23 anos de idade, ela que se tornará a primeira mulher presidente da República, esse Albernaz, perdido nos porões mais sujos da história, tendo recebido a bagatela por seus massacres de 58 elogios formais dos seus chefes terroristas pelos mui dignos e valorosos "serviços prestados ao Exército" em tempos de guerra suja, condecorado por Abreu Sodré, interventor zeloso de São Paulo, com o relevante e conspurcado diploma da Cruz do Mérito Policial, visto como "oficial capaz, disciplinado e leal, que sempre demonstrou perfeito sincronismo com a filosofia que rege o funcionamento do Comando do Exército: honestidade, trabalho e respeito ao homem". Ionesco não teria imaginado algo mais absurdo ou patético. Jango não lerá um depoimento contundente de Dilma: "Quem mandava era o Albernaz, quem interrogava era o Albernaz. O Albernaz batia e dava soco. Começava a te interrogar; se não gostasse das respostas, ele te dava soco. Depois da palmatória, eu fui pro pau de arara".

Jango vai morrer sabendo que muitos arquivos serão queimados (será ele um deles?). Um dia o jornal *Folha de S.Paulo* revelará parte do óbvio: "Ditadura destruiu mais de 19 mil documentos secretos". Jango, tão injustamente acusado de corrupção, não saberia que no período do último ditador, o mais tosco de todos, o que preferia cheiro de cavalo ao de gente, tomando certamente as gentes pelo seu cheiro, João Baptista Figueiredo, queimavam-se provas da corrupção na ditadura autointitulada redentora: "Alguns papéis podiam causar incômodo aos militares, como um relatório intitulado Tráfico de Influência de Parente do Presidente da República". O dossiê era lama na vida de Emílio Garrastazu Médici, que bateu seus coturnos no poder de 1969 a 1974, consagrando-se como o chefe do período mais negro do regime, o auge da tortura e dos slogans filhos da puta, "Brasil, ame-o ou deixe-o", morto, exilado, torturado, "noventa milhões em ação", salve a seleção tricampeã de futebol no México e pau na resistência ao paraíso do milagre econômico inflacionário em que o bolo deveria crescer antes de ser repartido achatando o poder aquisitivo dos mais pobres e dando fartura para os ricos, tudo sob a proteção tentacular de um Big Brother diversificado, sinistro e encaixado em siglas esdrúxulas, aparelhos de informação, vigilância e repressão:

SNI, SISSEGIN, SISNI, CONDI, CODI, DOI, ADI, SADI, OBAN, CIEX, CENIMAR, CIE, CISA e ZDI – Zona de Defesa Interna?

Uma máquina de mentir para os próprios mentirosos, um relatório de onze volumes, forjado por uma dessas siglas, em 1970, vomitando fantasia: "Jamais foi presa ou processada no Brasil qualquer pessoa que tenha manifestado ideias políticas contrárias ao governo". Jango vai morrer sabendo daquilo que Thomas Skidmore, em *Brasil, de Castelo a Tancredo*, contará? Costa e Silva acusado pelo general Moniz Aragão "de obter favores para seus parentes", sobrando a raiva do ditador para seu ministro Lira Tavares por não ter sabido manter a disciplina da tropa. Aragão, chefe do Departamento de Provisão Geral do Exército, perdeu o posto. Teria sido curioso ver Jango ler, na velhice que não conhecerá, *Como eles agiam*, do historiador Carlos Fico. Seria delicioso espiá-lo lendo a afirmativa do ministro Armando Falcão, comprometido até as tripas com o regime: "O problema mais grave no Brasil não é a subversão. É a corrupção, muito mais difícil de caracterizar, punir e erradicar". O AI-5, atestado da estupidez da ditadura, dotou o governo de mecanismo para confiscar bens de corruptos. A Comissão Geral de Investigações, criada em 17 de dezembro de 1968, propunha-se a "promover investigações sumárias para o confisco de bens de todos quanto tenham enriquecido ilicitamente, no exercício do cargo ou função pública". A roubalheira grassou, espraiou-se, não se intimidou, tudo contaminou. Entre 1968 e 1973, quando a ditadura vivia seu apogeu tenebroso, com sua glória macabra, a CGI debulhou 1.153 processos de corrupção. Aprovou 41 confiscos de um total de 58 pedidos. Entre os investigados ou condenados, "mais de 41% dos atingidos eram políticos (prefeitos e parlamentares) e aproximadamente 36% eram funcionários públicos. Num único ato, em 1973, chegaram ao Sistema CGI cerca de 400 representações ou denúncias". Nunca se roubou tanto como em 1973? Nunca se silenciou tanto.

Carlos Fico, depois de examinar todos os processos de confisco do Arquivo Nacional, ousou: "Por que, então, fracassou a iniciativa de 'combate à corrupção' do regime militar pós-AI-5?". E atreveu-se: "Em primeiro lugar, a impossibilidade de manter os militares num compartimento estanque, imunes à corrupção, notadamente quando já ocupavam tantos cargos importantes da estrutura administrativa federal. Não terão sido poucos os casos de processos interrompidos por causa da identificação de envolvimento de afiliados ao regime". Da podridão sabem mais os podres. O torturador Cláudio Guerra, em *Memórias de uma guerra suja*, apareceria, em 2012, 36 anos depois da morte de Jango, para dizer que o regime bancou a repressão, na etapa derradeira, com dinheiro podre do jogo do bicho, tendo distribuído favores para empresários, como o dono da viação Itapemirim, vantagens oficiais aos amigos pelos bons serviços à repressão.

O escorpião já está no coração de Jango. Uma resolução do Ministério da Justiça crava seu veneno noutro coração, o da imprensa, enfim, acordada: "É vedada a descrição minuciosa do modo de cometimento de delitos". A ditadura gosta de agenda positiva: censura a divulgação da descoberta de uma carga de drogas no quartel da Barra Mansa. O gaúcho Arnaldo Pietro, ministro do Trabalho, bloqueia, em 1974, as notícias sobre sua fracassada política salarial. Até "gravuras eróticas de Picasso" caem na malha fina do obscurantismo dos censores por obscenas. O consumo de drogas é visto como parte do "variado arsenal do movimento comunista internacional". A juventude pós-68 atola-se nas drogas, vermelha de desejo de libertar-se de todas as repressões, rubra de vontade de abrir as portas das prisões, da percepção e dos quartéis. Só os milicos não sabem disso. Jango tem filhos jovens. Morre conhecendo certas novas realidades e desconhecendo ironias dos fatos? O deputado de Minas Gerais Francelino Pereira, eleito pela ARENA, comenta as eleições de 1966: "Foi uma vergonha o que ocorreu no último pleito. Nunca se teve notícia de tanta corrupção eleitoral no Estado. A compra de votos foi feita ostensiva e desavergonhadamente". A porcaria de sempre.

A Constituição de 1967 Jango leu e releu. Pode-se chamar de Constituição uma carta imposta? Sabe que ela pariu um dos seus artigos mais ironicamente iluminados, a luz do obscurantismo, o lusco-fusco da estupidez: reduziu a idade mínima legal de trabalho para 12 anos. Converteu em princípio constitucional a vil exploração do trabalho infantil. Mas Jango, claro, não leu a avaliação do advogado trabalhista José Martins Catharino sobre a instituição do FGTS como um instrumento para "eliminar a segurança no emprego, acumular capital e tornar o Brasil um país mais atraente para o investimento multinacional". Não leu a explicação de Maria Helena Moreira Alves: graças ao FGTS, "os empregadores viram-se liberados para aumentar a rotatividade da mão de obra, mantendo mais baixos os níveis salariais gerais". Jango também não leu "O milagre econômico", capítulo do livro *Estado e oposição no Brasil*, também de Maria Helena Moreira Alves, irmã de Márcio Moreira Alves, algozes das narrativas farsescas da ditadura: uma lista acachapante de dados, modesta inflação do período militar, em torno de 20% ao mês; a dívida externa salta de 3,9 bilhões de dólares, em 1968, para 12,5 bilhões em 1973; Mário Henrique Simonsen, pensador do regime, vomita: "A partir de 1964, logramos alcançar razoável estabilidade política"; Maria Helena desmascara: "A política governamental elevou acentuadamente a participação dos membros mais ricos da população na renda global diminuindo a dos 80% mais pobres"; resumo dos êxitos: em 1970, 50,2% dos brasileiros ganhavam menos de um salário mínimo. Em 1972, já eram 52,5%, e 78,8% dos trabalhadores ganhavam até dois salários mínimos. O trabalhador saltou de 12 para 14 horas de trabalho diário para poder comer. Em 1959, precisava-se de 65 horas e cinco minutos de trabalho para comprar a cesta básica fixada pelo decreto de 1938. Em 1963, eram 88 horas. Em 1974, 163 horas e 32 minutos. Evoluímos para 25 milhões de crianças passando fome; uma pesquisa revelava que 60% das crianças entrevistadas trabalhavam mais de 40 horas por semana; a educação pelo trabalho: 18,5% da população entre 10 e 14 anos no batente; efeito pedagógico: 63% das crianças entre 5 e 9 anos de idade, em 1976, fora das escolas.

A ditadura revê os orçamentos: o da Saúde passa de 4,29% do total, em 1966, para 0,99% em 1974; o da Educação, despenca de 11,07% para 4,95% no mesmo período. Em contrapartida, os três ministérios militares, ocupados com a Segurança Nacional, abocanham 17,96% dos recursos. A nova ordem é revolucionária: fixa pena de morte, prisão perpétua, banimento, fecha o Congresso, controla os meios de comunicação, prende e arrebenta, não se tolhe jamais, chega ao cume, conforme o general Viana Moog, com o combate a guerrilheiros, "a maior mobilização de tropas do Exército", 20 mil homens para caçar 69 guerrilheiros do PCdoB no Araguaia. Entre 1977 e 1981, 45 líderes sindicais rurais mortos, 12 mil presos políticos entre 1969 e 1974. Jango teve sorte: nunca escutou certamente a expressão "ditabranda". Nem a viu em editorial da *Folha de S.Paulo*. Seria um grande desgosto, se tivesse vivido, ler tamanha asneira em pleno século XXI!

Procedimentos literários não faziam parte das preocupações de Jango. O que pensaria desta narrativa? Como enquadrá-la? História, literatura, jornalismo, ensaio, tudo, nada? O que diria disso? Nada. Talvez:

– Está pesado?

– Foda-se!

O que pensa, nesta noite quente argentina, sobre o passado, o seu passado, tão perto, tão longe, quase extinto? Para que pensar ainda na Operação Limpeza com seus arrastões e pentes-finos? Para que saber o que Maria Helena Alves reunirá? A revista *Times* citando 10 mil presos em apenas uma semana pós-golpe, 4 mil no Rio de Janeiro; o *Correio da Manhã*, rapidamente despertado do seu torpor golpista, publicando diariamente listas de presos e reportagens sobre tortura no Rio de Janeiro, Pernambuco, Rio Grande do Sul, Minas Gerais, São Paulo e Goiás; a Comissão Internacional de Juristas denunciando em Genebra a manutenção arbitrária de oito prisioneiros; o estádio Maracanã e os navios Custódio de Melo e Raul Soares servindo de prisão; 49 juízes sendo expurgados; os governadores Miguel Arraes e Mauro Borges, que apoiou o golpe, pegos no olho do furacão, as cassações só poupando a UDN; a Faculdade de Filosofia da Universidade de São Paulo destruída pela repressão; o Congresso Nacional fechado, em 20 de outubro de 1966, por um mês em represália à resistência do presidente da Câmara dos Deputados, Adauto Lúcio Cardoso, da ARENA, a cassar seis colegas rebelados contra a impossibilidade de discutir o texto da Constituição em elaboração; o AI-5 ceifando 113 deputados federais e senadores, 190 deputados estaduais, 38 vereadores e 30 prefeitos; o esgoto a céu aberto.

Pensa, com certeza, em Maria Thereza dizendo:

– Faz alguma coisa para a gente comer, Jango?

18

Todos os passos de Jango são espionados. A família passa por situações constrangedoras. No seu depoimento aos parlamentares do Rio Grande do Sul, João Vicente recordou os momentos, talvez, mais assustadores.

– Eu fui preso no Uruguai, com 16 anos. A minha mãe foi presa, no Uruguai, por transporte de carne. Isso após 1973. Eu e mais uns trinta estudávamos no Ginásio, no Liceu Departamental de Maldonado, e fomos presos por um comando do exército, militar, e não pela polícia. Ficamos uns três dias encapuzados no Batalhão de Engenheiros nº 4, comandado pelo comandante Bianchi e pelo capitão Stoco, que faziam a Operação 26 de Março. Era um movimento estudantil que apoiaria o MLN, no futuro. Minha mãe foi presa (...) Os militares entendiam que, para que o Uruguai exportasse mais carne, a população deveria ficar, semana sim e semana não sem comer carne. Ou seja, não podiam vender carne, para que pudessem exportar mais carne e ter mais divisas. E o meu pai tinha um frigorífico, uma fábrica de produtos porcinos. Era uma fábrica de embutidos, vamos dizer assim. Então, minha mãe pegou uns quatro ou cinco quilos de carne dessa fábrica e viajou de Maldonado para Montevidéu. Foi presa, processada e por três dias ficou numa cela de uma delegacia por haver transportado quatro quilos de carne, justamente na semana que estava proibida a venda.

O autodenominado agente Mario Neira Barreiro garante que nada lhe escapava. No seu depoimento aos deputados gaúchos, ele se esforçou para dar detalhes convincentes.

– Eu tenho até o número da filha do Arraes que o Jango falava, o número de telefone da Argélia. O número de telefone do Tito Riff, que estudava com o João Vicente, o número de onde ligava a Dona Maria Thereza (...) O Boris Torres foi lá no dia do casamento da Stela Zulma Katz – a mãe desse senhor, o Christopher –, no dia do casamento, lá por janeiro – dezembro ou janeiro, não me lembro agora, se era dezembro de 75 ou janeiro de 76. Aquele dia, eles foram tirar fotos do casamento. No aniversário de 75 – em 76, o Jango não comemorou o aniversário –, em 75 também estava lá, tirando foto da fazenda, de quem entrava, de quem saía. Chegaram até a colocar um agente infiltrado como empregado do Goulart no Milagro, e nós tivemos que dar um jeito porque eles eram ladrões. Senhores desta comissão, os agentes desse órgão que está hoje dizendo que eu quis extorquir os Estados Unidos, que pedi 50 mil dólares para ficar calado, esse órgão roubou um anel ou um relógio da Dona Maria Thereza. E Dona Maria Thereza dispensou uma empregada inocente. Claro, não porque ela fosse uma pessoa ruim, é que ela se sentiu roubada. Ninguém tinha entrado na casa e aí? Quem havia entrado? Os senhores da Inteligência tinham entrado e roubado um anel ou um relógio que a tia Oraides tinha dado de presente para a Dona Maria Thereza (...) Dona Maria Thereza se sentiu roubada, dispensou do serviço aquela coitada, era uma chilena, e nós tivemos que ir lá e encarar aqueles agentes para que terminassem de atrapalhar a nossa investigação.

A referência à demissão da empregada por Maria Thereza coincide com a observação feita por Foch Diaz.

João Vicente, devolvido à adolescência, impressionou-se com as minúcias da narrativa de Neira, que deu entrevista à TV Senado sob o codinome de Antônio:

– Casos que só mesmo com monitoração ele poderia saber completamente. Como ele poderia saber de uma batida que eu dei num carro em Montevidéu, que não teve nem boletim de ocorrência? Quando ele me viu, disse: "Te recorda, Vicente?". E o telefone que eu não me lembrava mais, 73321? Então é uma série de circunstâncias de que o monitoramento realmente existiu.

É esse Neira, conhecedor de detalhes do cotidiano dos Goulart no Uruguai, que descreve a produção de uma substância, por um certo Dr. Carlos Milles, a partir de um composto fornecido pela CIA, para eliminar inimigos.

– Consistia em desidratar um líquido. Eram dois tipos de ampolas de injeção que continham um líquido transparente semelhante à água, no rótulo estava impresso "uso exclusivo hospitalar", com letras vermelhas; eram duas ampolas grandes, oito das pequenas. Esse líquido era colocado num recipiente de vidro especial e introduzido numa espécie de forno de micro-ondas chamado autoclave; quando ligado acendia uma luz azul no seu interior. Eu não me lembro com exatidão, mas o processo demorava mais ou menos alguns minutos para a desidratação do líquido de dez ampolas e só ficava uma camada sólida no interior do vidro que era raspada com uma lâmina de bisturi, transformando-a em pó de cor branca que não chegava a pesar meio grama. Segundo o doutor, essa quantia era suficiente para matar um cavalo.

Ao filho e ao neto de Jango, Neira responde:

– O veneno foi, em primeira instância, trazido pelo Papa Doc, pelo Frederick Latrash. Ele trouxe o veneno. Ele que entregou para o Milles, e, quando aquele veneno, nos testes de efetividade, acabou, o próprio Milles, seguindo diretrizes que foram emanadas da sede diplomática através do Latrash, ele fez mais...

– Quem fez? Quem fez? O Latrash ou o Milles? Quem elaborou? – insiste Christopher, neto de Jango.

– Mas é simples. O que trouxe o primeiro veneno foi o agente da CIA. Depois que terminou... Chegou um momento em que nós pensávamos que aquele veneno era ineficiente, que o Jango tinha trocado de remédio, já não estava mais tomando aquele remédio do Liberty. Então, ficou aquela dúvida, né? Por quê? Os remédios foram trocados.

– Os detalhes que tu colocaste em relação a que não seria um veneno, que seria um composto químico, tu me falaste outro dia... – persiste, incansável, Christopher.

– É, não é um veneno, não é um veneno.

– Eu queria que tu explicasses, com o maior número possível de exatidão, se tu sabes mais alguma coisa em relação aos efeitos, em relação à maneira como se faz esse veneno, que não é um veneno, mas uma composição química. Gostaria que tu focasses só isto, porque isto nos interessa: a composição, como se fez. Se tu tens mais informação ou não. Se tu não tiveres mais informação, tu dizes: "Olha, não tenho mais informação". Se tu tiveres, te pediria que falasses um pouquinho para a gente.

Neira parece jogar com prazer para o inquiridor.

– Tu me falaste outro dia: foi com uma autoclave, com uma espécie de forno micro-ondas, cloreto, digitalina, algum componente que afetava o músculo cardíaco e aumentava a velocidade do sangue. Tens mais dados além desses?

– Doutor, isso aconteceu há 32 anos, você sabe. Era um componente químico. Aumentava a pressão do músculo cardíaco, aumentava a força do músculo cardíaco. O outro era um anticoagulante, uma digitalina, uma coisa que variava a densidade do sangue. Então, se você aumenta... O outro componente aumentava o ritmo cardíaco. Então, um aumenta o ritmo, o outro aumenta a pressão. Logicamente, se ele tomava um Adelfan – era um hipotensor – e... Uma pessoa com o histórico do João Goulart, já com todo aquele problema médico, ia tomar uma coisa que era um hipotensor e um ativador do músculo cardíaco, lógico que ia morrer. Eu tomei por engano e...

– E quais foram as reações quando tu tomaste por engano? Quais foram as reações? – angustia-se o ouvinte.

– Por exemplo... Eu não morri... Nós tivemos uma reunião com o Carlos Milles na casa da Thomaz Tiago, 765. O Carlos Milles e o Hugo moravam na Thomaz Thiago, 765, aí onde ele supostamente caiu do 1º andar – mataram ele.

Os ouvintes exasperam-se. Neira concilia:

– Tá, tudo bem, vou ser concreto. Tivemos uma reunião...

– As reações que tu tiveste quando tu tomaste o... – quase se irrita o sempre polido Christopher Goulart.

– Tivemos uma reunião ali na casa do Milles com umas moças. A mãe dele, dona Rosa, tinha saído, e nós tivemos a reunião. Terminou o uísque, e eu vi uma garrafa de uísque Johnnie Walker e a primeira coisa que fiz – não esperei o Milles chegar: abri aquela garrafa e tomei dois ou três copos. Comecei a sentir uma coisa aqui no meu pescoço, uma coisa como uma coceira na cabeça. Fiquei meio avermelhado. Ficou meio dilatado o meu pescoço, mas eu não morri. Ele, quando veio, me encontrou e me disse: "Você tomou desta garrafa?". Ficou apavorado.

– Tá, essa seria a mesma composição química que se usou no Jango?

– O mesmo, o mesmo veneno. É o mesmo componente. Então quer dizer: eu não morri e tomei por engano, né...

– Tu poderias me dar mais detalhes sobre tudo o que tu sabes, tudo o que tu sabes sobre o Frederick Latrash, todos os detalhes que tu sabes? – insiste Christopher.

– Olha, o Frederick Latrash é uma pessoa das mais qualificadas dos Estados Unidos, uma pessoa inteligente. Ele também... – engrena Neira em mais uma digressão.

– A participação dele nisso tudo na época?

– Mas dependia dos Estados Unidos tudo, né, porque eles foram os que pressionaram, eles foram os que estiveram sempre atrás. Por exemplo, os Estados Unidos chegaram a comprar informações para saber o que falava João Goulart, para saber aonde ia, se ele estava com briga com a dona Maria Thereza por causa da Eva de León, se ele... Bom, todas as informações os Estados Unidos compravam. Davam, forneciam prêmios, presentes. Toda a infraestrutura do Uruguai foram eles que deram, e o Latrash era o homem. O homem número 1, no Uruguai, era ele. Ele é que sabia. Ele mandava mais que o comandante em chefe do Exército.

E já tudo se interliga, a CIA, a Guerra Fria, o embaixador brasileiro no Uruguai, o fascista Manoel Pio.

– Ele tinha uma ligação direta, então, em relação a essa questão do João Goulart? – pergunta Christopher.

– Ele... Ele terá recebido ordens, mas ele é o homem que esteve por trás de todo o crime, né? Ou seja: não participou, ele não colocou o comprimido na boca do Goulart, mas, se tudo aquilo aconteceu, foi pelas pressões que eles fizeram. Eles queriam o Brasil como um país aliado dos Estados Unidos. Havia a Guerra Fria, por aquelas coisas todas se disputavam os territórios, e, para eles, era mais confiável aquele regime ditatorial, aquele regime militar, porque era um regime de direita que nunca iria estar a favor dos russos. E o Latrash fazia seguramente o que o Henry Kissinger mandava, o que o governo norte-americano determinava. Então, lá, no Uruguai, fomos forçados a cooperar com o Brasil, e a prova disso é que, quando foi preso aquele delator do Tarzan de Castro, que era informante agente dúbio – sei lá como chamar aquela criatura –, quando ele foi preso, no Uruguai, o Tarzan de Castro estava com duas armas. E nós não sabíamos que havia uma operação secreta em nosso território. Isso é ilícito.

– Tu fazes uma ligação entre o Latrash e o Tarzan de Castro? Tu fazes esta ligação?

– Não há uma ligação entre Latrash e Tarzan de Castro, mas a equipe que estava monitorando João Goulart, clandestinamente, tinha vínculo com a embaixada dos Estados Unidos – não sei se com Latrash ou com quem, naquela época, porque, quando isso ocorreu, eu não pertencia ao serviço secreto. Agora, uma coisa é certa: o Brasil enviou agente a operar em um país vizinho, onde não tem jurisdição, amparado pela Operação Jacarta. O Tarzan de Castro já havia sido guerrilheiro, tinha sido cooptado por Fleury e estava lá armado e com uma farta informação do Partido Comunista e um monte de coisa.

– Mario, qual é o teu conhecimento sobre a participação do Pio Corrêa nessas questões todas? No outro dia, tu me falaste que terias ido à embaixada...

– Pio Corrêa forneceu informações que chegavam do DOPS, chegavam a Montevidéu, e nós retiramos lá, na Avenida Boulevard Espanha. O Pio Corrêa já tinha uma boa relação com o Latrash, tinha uma boa relação com o Peter, tinha relação com todos esses gringos. Ele se dava melhor com os Estados Unidos, era um agente deles, era um araponga, um assalariado. Sei lá o que ele era...

– Esse material do DOPS era material sobre o Jango? Esse material que o Pio Corrêa...

– Era muito material ali. Nós tínhamos informação de João Goulart, de tudo, de tudo o que aconteceu.

19

Jango vai morrer nesta noite de verão na Argentina. Ele ainda contempla um ponto no horizonte e espera. Trinta e dois anos depois, Mario Neira Barreiro prestará depoimento à Polícia Federal no Rio Grande do Sul. O seu "termo de declarante" é uma peça digna de um romance produzida "aos vinte e nove (29) dias do mês de janeiro (01) de 2008, nesta cidade de Charqueadas, no Presídio de Alta Segurança de Charqueadas-PASC". O depoente, nascido em 09/08/1955 em Montevidéu, dizendo-se engenheiro eletrônico,

> RESPONDEU QUE: compreende a língua portuguesa perfeitamente; QUE cumpre pena há aproximadamente 11 anos, já tendo sido preso em território uruguaio por crime de cunho político; QUE sobre os fatos relacionados à morte de JOÃO GOULART, o depoente declina que antes de completar a maioridade foi recrutado pelo governo uruguaio para fazer cursos de preparação para integrar um grupo de ações militares antissubversivas – GAMMA, sendo que passou por diversos cursos no Uruguai e também no exterior, onde aprendeu processamento de informações classificadas, processo de avaliação das fontes, grampos telefônicos, escutas ambientais, estes últimos ministrados por agentes da CIA e FBI; QUE chegou a fazer cursos no Brasil, agora já na maioridade, acreditando estar com 18 anos e alguns meses, especificadamente sobre inteligência, políticas reinsurgentes, ministrados na Escola Superior de Guerra - ESG, ministrado em São Paulo; QUE nesses cursos no Brasil tanto os instrutores quanto os participantes sempre se apresentavam encapuzados; QUE também fez um curso de interrogatório policial no Brasil, sendo que um dos palestrantes foi o Delegado SÉRGIO FERNANDO PARANHOS FLEURY no DOPS de São Paulo; QUE as técnicas de interrogatório policial eram utilizadas diretamente nos presos políticos, com demonstrações práticas de como se proceder em choques elétricos, paus de arara, submarino seco e úmido e outras técnicas de tortura; QUE outro palestrante que recorda foi o Capitão MAGALHÃES da 2ª Seção do Exército Brasileiro, lotado em São Paulo, não podendo precisar o

nome completo do mesmo pelo decurso do tempo e lapso de memória; QUE após ser arregimentado pelo serviço secreto uruguaio, passou o 1º ano unicamente fazendo cursos de inteligência policial, técnicas e táticas policiais, radiocomunicação, armamentos especiais, modus operandi dos grupos guerrilheiros que atuavam na América Latina e táticas para o combate a insurgência; QUE no andamento de sua preparação funcional, foi designado para fazer parte da equipe CENTAURO, que era uma unidade do grupo GAMMA, cujo objetivo era a monitoração eletrônica do ex-presidente JOÃO GOULART e sua família; QUE existia uma outra equipe de nome ANTARES, do mesmo grupo GAMMA, que tinha a atribuição precípua de vigiar LEONEL BRIZOLA e sua família; QUE também existia uma terceira equipe denominada ORION que tinha a função de vigiar outros exilados, porém, de importância secundária, que se aglomeravam no HOTEL ALHAMBRA em Montevidéu, que era de propriedade ou arrendado por JANGO e administrado pelo ex-deputado cassado CLAUDIO BRAGA, de Pernambuco; QUE trabalhou para o governo uruguaio por mais de 15 anos, sendo que especificamente por 3 anos ficou exclusivamente acompanhando os passos de JOÃO GOULART; QUE no desenvolvimento do trabalho foi efetuada a colocação de vários pontos de escuta ambiental e telefônica na FAZENDA EL MILAGRO, no Departamento de Maldonado/ROU, de propriedade de JANGO (sendo que usavam 5 pontos de VHF/FM e mais o grampo do telefone residencial da fazenda, de nº 22.030; QUE JANGO comprou a fazenda EL MILAGRO do uruguaio ENRIQUE FOCH DIAZ VASQUEZ por 16.000.000 de Pesos Uruguaios; QUE transcreveu inúmeras ligações de pessoas importantes, tais como GENERAL PERON, MIGUEL ARRAES, RAUL RYFF, ARMINIO ALFONSO (sic), GOMES TALARICO, DARCY RIBEIRO, WALDIR BORGES, CLAUDIO BRAGA, IVO DE MAGALHÃES, entre outros; QUE as transcrições das degravações eram repassadas ao superior hierárquico do depoente, que fazia chegar às mãos do DELEGADO SERGIO FERNANDO PARANHOS FLEURY em São Paulo, através sempre de uma única pessoa, de codinome LAERCIO, membro do SIGMA, órgão de inteligência brasileira ligado diretamente à presidência; QUE chamou atenção do depoente que JANGO, em certa oportunidade, não quis atender ligações do GENERAL PERON, MIGUEL ARRAES e nem de RAUL RYFF, o qual era ex-secretário de imprensa do governo de JANGO, então acompanharam na sequência quando JANGO saiu acompanhado de seu motorista, conhecido como PERUANO, de nome ROBERT ULRICH, até um pequeno posto telefônico de San Rafael, município próximo à fazenda; QUE após JANGO ter se utilizado do telefone, o depoente entrevistou o chefe do posto telefônico e constatou-se, aí, que tratava-se de um código utilizado para burlar o sistema de vigilância; QUE nesta ocasião foi feita uma ligação para MIGUEL ARRAES na Argélia; QUE a descoberta da tentativa de burlar a vigilância e falar assuntos desconhecidos causou ao serviço secreto uruguaio grande inquietação, em conta de que ARRAES tinha uma relação muito boa com o serviço secreto argelino, o qual não era visto com bons olhos pelo governo uruguaio pela orientação política da Argélia de acolher tantos asilados em seu território; QUE todas as cartas que JANGO remetia a seu filho JOÃO VICENTE, o qual estava morando em Londres, eram interceptadas pelo serviço secreto uruguaio, QUE após xerocopiar fazia as mesmas seguir seu destino normal; QUE as cartas enviadas por JANGO eram todas através do uruguaio CARLOS DE LEON, que era contador do mesmo em suas negociações rurais, sendo que as cartas recebidas de seu filho JOÃO VICENTE eram também remetidas para o endereço de CARLOS DE LEON, alcunha BOOK MAKER, mas de conhecimento do serviço secreto; QUE, à exceção de todas as demais, a última carta enviada por JANGO para seu filho foi retida em conta de seu conteúdo que deixava evidenciada a intenção de retornar a São Borja; QUE no mesmo espaço de tempo, JANGO mandou a Porto Alegre, na qualidade de emissário, PERCY PENALVO, que era empregado da estância EL RINCON em Tacuarembó/ROU, amigo pessoal, sócio em uma produção de arroz na região da CUCHILLA DEL OMBÚ e correligionário, para entrevistas com o Cel. AZAMBUJA, Gal. SERAFIM VARGAS, Cel. SOLON RODRIGUES DE AVILA, nas cidades de São Borja e Porto Alegre, a fim de saber como seria o clima na área militar para seu retorno ao Brasil; QUE outra medida para burlar a vigilância era a utilização de voos que pousavam em zonas fronteiriças, de onde atravessava a fronteira de carro, sem a necessidade de declarar o seu destino; QUE outro fato que foi motivo de inquietação ao serviço secreto do Uruguai e, na visão do depoente, acelerou a morte de JOÃO GOULART, foi o translado de um volumoso carregamento de ouro, via aérea, em um voo noturno, clandestino, não declarado a autoridade aeronáutica, com más condições meteorológicas, através de um avião Cessna 210, da fazenda EL MILAGRO, com escala em Tacuarembó e Mercedes e destino final em São Borja; QUE todos os indícios antes declinados deixaram evidenciado que o retorno de JANGO ao Brasil era iminente, sendo que tal informação foi passada de imediato para o

Delegado SERGIO FERNANDO PARANHOS FLEURY; QUE o piloto que efetuou o translado do ouro foi MANOEL SOARES LEAES, vulgo MANECO; QUE logo após FLEURY tomar conhecimento das informações relativas a JANGO, o mesmo rumou para Montevidéu juntamente com o Cel. Aviador FERDINANDO MUNIZ, que respondia pelo nome de guerra Comandante CALIXTO, sendo que o avião militar brasileiro pousou na Base Aeronaval Capitão Curvelo; QUE foi o declarante que foi buscar, na base aérea, o Delegado FLEURY em um automóvel Dodge Dart cedido pela Embaixada dos EUA, sendo que levou-o diretamente a uma reunião convocada em caráter de urgência pelo diretor do serviço secreto uruguaio Gal. LUIS VICENTE QUEIROLO; QUE o declarante assistiu à reunião na base do serviço secreto, de nome ARENAL, onde ouviu, expressamente, quando FLEURY disse que 'o presidente não quer mais saber do retorno do JANGO, a ordem era para pôr um fim nele'; QUE em seguida o diretor do serviço secreto questionou ao Delegado FLEURY 'o presidente GEISEL disse que era para nós matar o JANGO?', momento em que o Delegado FLEURY respondeu 'bem, ele não me disse com todas as palavras, ele me disse que eu sabia o que tinha que ser feito, que ele não queria saber do retorno de JANGO'; QUE na própria reunião foi decidido que a morte de JANGO seria feita pelo serviço secreto uruguaio através da troca de medicamentos de efeito antagônico, tendo em conta que JANGO tinha um histórico de problemas cardíacos; QUE foi nomeado CARLOS MILLES GOLUGOSS, de codinome CAPITÃO ADONES, o qual era médico legista e já havia feito curso com agentes da CIA para especialização de utilização de venenos, outras toxinas e elementos radioativos para morte lenta em seres humanos, para confeccionar o medicamento de efeito contrário e executar a troca pelo verdadeiro; QUE o declarante chegou a ver a confecção do veneno que era o composto de três princípios ativos diferentes; QUE um componente aumentava a força do músculo cardíaco, outro diminuía o tamanho dos vasos sanguíneos e o terceiro aumentava a densidade do sangue, segundo as explicações fornecidas pelo próprio médico; QUE para a troca do medicamento foi contratado um araponga argentino de nome HECTOR, acreditando se chamar HECTOR RODRIGUEZ; QUE o remédio que JANGO usava vinha da França e ia diretamente para o HOTEL LIBERTY de Buenos Aires, onde HECTOR pegou os frascos do remédio, os entregou para o serviço secreto uruguaio, o qual encaminhou ao Cap. ADONES, que colocou um comprimido adulterado em cada frasco, fazendo o caminho inverso para que se colocasse no mesmo lugar onde se encontrava; QUE da troca do medicamento até o resultado final se passaram vários meses, acreditando o depoente que a demora para a morte de JANGO se deu unicamente em virtude de o mesmo ser desorganizado, em razão de que ele abria vários frascos ao mesmo tempo e tomava sempre poucos comprimidos de cada frasco; QUE as trocas de medicamentos foram em número de 3, uma no Hotel Liberty, outra no carro e outra na fazenda; QUE após a morte de JANGO efetuaram a limpeza na fazenda, retirando todos os pontos de monitoramento, vigilância e os frascos com os remédios, permanecendo a vigilância ainda em torno de 90 dias para ver se tinha ficado alguma suspeita em relação à morte entre seus colaboradores mais próximos; QUE o depoente não participou, mas outros integrantes da equipe permaneceram na vigilância no cemitério onde JANGO foi enterrado, visando evitar qualquer tipo de tentativa de remoção do corpo, tendo permanecido na vigilância por 48 horas, prazo que o veneno poderia ser detectado no organismo, conforme os dizeres do Capitão ADONES; QUE no ano de 1984 o depoente resolveu escrever um livro contando os pormenores da morte de JOÃO GOULART, em conta da morte suspeita de vários colegas do serviço secreto, onde pode declinar o nome do Cap. ADONES, perito balístico MARIO ALVAREZ REGIS e seu irmão HUGO ALVARO REGIS, fotógrafo policial, além de outros agentes da sua equipe, numa flagrante demonstração de queima de arquivo; QUE da equipe da qual o declarante fazia parte, todos foram mortos, apenas se salvando o diretor do serviço secreto Gal. QUEROLO e o agente da CIA, de nome Frederick Latrash; QUE a operação que resultou na morte de JANGO foi denominada de ESCORPIÃO, sendo que se deu, pelo que entende o declarante, por determinação do governo brasileiro, através de seu presidente na época ERNESTO GEISEL, sendo que o planejamento coube ao Delegado FLEURY e a execução ao grupo GAMMA do serviço secreto uruguaio, mas, também, em virtude do patrocínio financeiro ilimitado da CIA, que tinha interesse de que nos países sul-americanos permanecessem governos de direita que seriam considerados aliados no período de Guerra Fria, sendo que o governo norte-americano tentava evitar, de todas as formas, governos e líderes socialistas e de esquerda na América Latina; QUE havia um agente da CIA que sempre levava presentes em dinheiro aos agentes do serviço secreto em troca de informações a respeito de JANGO e BRIZOLA; QUE, para finalizar, o declarante salienta que o serviço secreto uruguaio tomou conhecimento e fez parte da Operação Escorpião como consequência da prisão de um informante do DOPS, TARZAN DE CASTRO, o qual estava trabalhando clandestinamente em Montevidéu, a mando de FLEURY, tentando se infiltrar em um grupo liderado por BRIZOLA e outras pessoas do Partido Comunista do Brasil que estavam exiladas no Uruguai; QUE o depoente declina que tem amplo interesse de esclarecer todos os fatos aqui elencados, pormenorizando ainda mais sua participação no evento, do qual sempre foi contrário na morte de JANGO, mas nesta oportunidade espera uma manifestação da autoridade constituída brasileira para proteger sua integridade física, já que sofreu diversos atentados das mais diversas formas, sendo que as ameaças foram estendidas para seus familiares. Nada mais havendo, determinou a autoridade policial que fosse encerrado o presente termo, o qual é lido e vai assinado....

O resto é vento, torvelinho, repetições, ruínas circulares, redemoinhos, a história virando literatura, a narrativa devorando materiais impróprios, tudo se misturando, tudo se confundindo, conexões vertiginosas, um quebra-cabeça com muitas cabeças cortadas, a voz de João Vicente Goulart emergindo do fundo da CPI para contar algo terrível, lembrar algo sabido, mas terrível:

– Uma conversa do Ernesto Geisel em 1974, um mês antes de assumir a presidência da República, em conversa com Dale Coutinho, que veio a ser o seu ministro do Exército. Diz Geisel: "Bom, eu acho que a subversão continua. Esse negócio não se acabou. Isto é um vírus danado, que não há antibiótico que liquide com facilidade. Resta mais nada, está resolvido. Você vê. De vez em quando há uma desarticulação, morre gente ou gente é presa. Ele continua a se movimentar". Daí fala Dale Coutinho: "É, eu que fui para São Paulo, logo em 69, o que eu vi naquela época, para hoje, o negócio melhorou muito, agora melhorou, aqui entre nós, foi quando nós começamos a matar". Geisel: "Porque antigamente você prendia o sujeito, e o sujeito ia lá para fora. Ó Coutinho, esse troço de matar é uma barbaridade, mas eu acho que tem que ser". Dale Coutinho: "Eu fui obrigado a tratar desse problema, presidente, lá eu tive que matar". Geisel: "Sabe, agora pegaram aquele tal líder e liquidaram com ele. Não sei qual é o nome dele". Dale Coutinho: "Eu acho que é o Luizão, ou Chicão". Geisel: "Bom".

A ditadura tem suas (des)razões de Estado.

20

Numa noite, caminhando pelas ruas de Paris, o historiador, advogado e articulista Décio Freitas expande-se, romanceia. Faz frio, é dezembro, as vitrines de certas lojas exibem presépios impressionantes, há cheiro de castanhas assadas no ar, as pessoas caminham com pressa, soltando fumacinha pela boca, a cidade pisca incessantemente, carros buzinam. Décio, protegido por um grosso casaco com peles no pescoço e nas mangas, puxa ligeiramente de uma perna. Manquitola, falta-lhe fôlego, mesmo assim, ele fala, caminha, fuma, tosse e escarra:

– O Jango, às vezes, parecia um espectro andando por Montevidéu. Eu o encontrei uma vez, perto do Hotel Alhambra, com uma cara de fantasma. Tenho certeza de que ele pensava todos os dias no Brasil e quase todo dia em como o Getúlio teria enfrentado um exílio longe de casa. Chego a pensar que ele falava com o espectro do Getúlio.

Entra Jango.

– Até quando vou suportar este exílio infeliz?

– Até breve, Jango. Na vida, tudo é breve.

– Quem está aí?

– Sou eu, Getúlio.

Entra o espectro de Vargas.

– Que brincadeira é essa? Quem está aí?

– Não reconhece a minha voz, Jango?

– Não pode ser. Estou enlouquecendo.

– Sou eu mesmo, Jango. Sempre estive contigo. Acompanho todos os teus passos e sei o que sentes agora. Eu também sofri quando tive de me afastar e viver meio solito. No Itu, certas noites, eu repassava cada passo do meu calvário e aprendia com meus erros. Eu sabia que só a paciência e a canjica me levariam de volta ao poder. Era preciso socar cada grão como se dele dependesse a colheita. Tu me ajudaste a semear na minha solidão.

– Por que, Getúlio?

– Por que eu me matei?

– Sim. Por que nos deixaste naquela manhã?

– Para que não me matassem.

– Mesmo?

– E para ficar vivo.

– Sair da vida para entrar na história?

– Também isso, Jango, isso que o Maciel, com seu gosto pelas boas fórmulas, acrescentou na carta, que virou meu testamento, mas, acima de tudo, sair da vida para permanecer nela e na política. Eu sempre te disse que, em certas ocasiões, o melhor ataque é bater em retirada.

– A minha retirada não tem fim.

– Não, Jango, a minha é que se tornou eterna.

– A eternidade deve parecer menos longa que o exílio.

– Tudo tem o seu tempo, Jango, e as suas manhas eternas. Quando o Corvo do Lacerda se preparava para se banquetear com a minha queda, em carne viva eu me dei aquele tiro no coração e com sangue lhe tirei a carniça do bico.

– Um tiro no cérebro!

– Pela honra.

– Não tenho coração para tanta espera, Getúlio.

– A questão não é ter ou não ter coração, Jango.

– Qual é a questão agora?

– Voltar ou não voltar?

– Voltar vivo ou voltar morto?

– Voltar para o poder ou voltar para o exílio interior?

– Eu me lembro, Getúlio, quando disseste ao Samuel Wainer, que virou teu profeta, que tu voltarias...

– Como líder de massas...

– E assim foi, Getúlio.

– Tu também voltarás, Jango.

– Vivo?

– Conseguirias?

– Não. Totalmente, não. O exílio é uma meia morte, um aperto diário no coração. O meu exílio talvez seja o pior de todos, quase uma perversidade: posso ver todos os dias, se quiser, a terra que não posso pisar.

– Nunca foste a Rivera?

– Fui.

– Não puseste o pé em Santana do Livramento?

– O exílio iria comigo. Um presidiário me ensinou, certa vez, que um fugitivo leva a prisão dentro de si.

– Como o poder, Jango.

– Como o poder?

– A gente sai do poder, mas o poder não sai da gente. Quanto mais longe, mais ele se apodera de nós.

– O poder é como certos "apoderados".

– Como uma possessão.

– Por que caímos, Getúlio?

– Porque subimos muito. Eu comecei a cair quando, em 1930, não me contentei em servir ao meu grupo. Fiz a revolução com os conservadores contra os carcomidos. No poder, adotei o programa do tenentismo, que defendia tirar o Brasil do atraso e do obscurantismo. Aquilo foi uma iluminação para mim. Claro que fui considerado por muitos dos meus amigos revolucionários como um traidor. Alguns deles pegaram em armas contra mim em 1932. O João Neves se bandeou para o outro lado. Em 1945, meus amigos militares, conservadores empedernidos, transformados em liberais pela guerra, acharam conveniente me mandar para casa. Como não tiveram coragem de cassar meus direitos políticos, eu passei a viver como um fantasma no meio deles. O Dutra só se elegeu presidente quando eu disse que era para votar nele. Em 1954, eu não caí. Golpeei.

– Foi mesmo uma estratégia?

– Vamos deixar que pensem assim.

– Foi assim?

– É tarde para esclarecer.

– Eu também fui considerado um traidor.

– A reforma agrária te derrubou, Jango.

– Eu não deveria ter tentado?

– Sim, era a tua obrigação. Tinhas de continuar aquilo que eu não fiz ou não completei. Essa era a tua missão.

– Por que não a fizeste, Getúlio?

– Alguma coisa eu fiz. Mas não estava pronto.

– Tu?

– E o tempo.

– O tempo não estava pronto?

– O tempo, como eu te disse uma vez, lá no Itu, Jango – eu te chamava de Janguinho –, quase nunca está em sintonia com a época. Ou anda na frente ou, com mais frequência, anda atrás. Somos as parteiras do tempo.

– Como é a morte, Getúlio?

– Certamente menos dolorosa que o exílio.

– Vou te contar uma história, Getúlio. Um homem andava semanas a fio em busca do seu país. Quando se aproximava, a linha divisória se afastava. Tentava correr, mas caía, tropeçava em pedras surgidas como que do nada, se enroscava nas calças, perdia pé. De vez em quando, chegava muito perto da fronteira. Botava o pé no limite. Pontas de baionetas lhe beliscavam os dedos. Tinha de recuar. Assim por anos e anos. Disseram-lhe para consultar com um veterano tropeiro, um contrabandista, um guerrilheiro, um especialista em travessias, resgates e invasões. O homem marchava durante dias até se encontrar com o vaqueano. Esse lhe dizia para negociar e se manter à espreita, insistia nessa expressão, à espreita. O homem sentia o cerco se fechando, uma mão forte lhe apertando o pescoço, o coração em descompasso...

– É assim que te sentes, Jango?

– Não, não estava contando por mim...

– Quem ouve, como quem lê, é o dono das histórias.

– As pessoas inventam muito.

– Nós não nos pertencemos, Jango. Somos feitos pelos outros. Eu sou tantas coisas que me falta tempo, mesmo na eternidade, para me reconhecer por inteiro.

– Cansa, às vezes.

– Tem muita coisa boa nesse teu exílio, Jango. Tens as tuas "saídas alegres" que eu sei, tuas Evas e outras.

– Já foi melhor. Já fui mais ligeiro.

– Tudo muda.

– Menos o meu amor pela Maria Thereza.

– O monstro dos olhos verdes te preocupa?

– Achas?

– Shakespeare sempre faz sentido.

– Quem não sente ciúmes?

– Quem só pensa no poder.

O espectro de Getúlio aproxima-se de Jango. Parece que vai abraçá-lo. Estão muito próximos. Getúlio fala:

– Cuidado, Jango. Muito cuidado. A reforma agrária te derrubou. Mas tu venceste. Vai demorar algum tempo, mas ela será feita. Tentaste fazer um nascimento prematuro e arriscado. Procura não morrer antes do tempo. Há sempre tempo para entrar na eternidade, que não tem saída.

O espectro sai.

Décio Freitas não produziu esses diálogos. Inventava dois ou três e mudava de assunto. Repentinamente dizia:

– Tu precisas escrever isso. Não interessa o que digam. Getúlio e Jango precisam se encontrar. É como um jogo.

Completava, apressando o passo, claudicando:

– Eles são dois espectros na história brasileira.

Jango é um herói injustiçado que vai morrer na cama, ao lado da mulher, longe de casa, sonhando com a pátria.

21

Um homem revela muito da sua personalidade naquilo que escreve, especialmente quando escreve à mão correspondência no velho estilo, com, no alto, cidade, data, uma saudação do tipo "meu caro" e um texto sinuoso tentando acompanhar a velocidade do pensamento, oscilando, dando saltos, comprimindo-se. A letra parece ceder às pressões, esmagar-se em algumas linhas ou fluir conforme a gravidade ou leveza dos assuntos. As cartas de Jango no exílio trazem à tona, vagarosamente, um indivíduo às voltas com seus negócios, expectativas, temores, autocríticas, previsões, pedidos, recomendações e análises. A letra, às vezes, torna-se cerrada, apertada, turva, quase inacessível, deitada, tentando saltar da página. Em outros momentos, corre límpida como um riacho, sem arroubos, sem águas caudalosas, serena, carregando assuntos de família, esperanças políticas, números, suspiros, nomes, cenas passadas, confissões. Ao terminar, Jango, com frequência, desculpa-se alegando ter escrito "em cima da perna". O leitor percebe, contudo, que a ressalva não passa de uma figura de linguagem, de uma delicadeza, uma autoproteção?, pois cada linha exprime uma reflexão pausada, uma postura sem brechas.

Nas cartas a Serafim Vargas, manancial precioso de informações sobre o homem no seu desterro e até antes dele, Jango não remói mágoas nem destila ressentimentos. Move-se lentamente, quase tateando, sem, contudo, perder o rumo nem se precipitar. Dá para sentir a angústia da espera, a força do autocontrole, a dor fininha que se interna no seu coração, como um vento frio penetrando numa casa ainda sólida por frestas muito pequenas. As cartas dos primeiros anos carregam uma urgência tranquila. Depois, sem desespero, o tom fica mais cortante, mas sempre sem drama nem explosões ou ódio.

Numa rápida mensagem a Serafim de 7 de março de 1962, escrita em São Borja, ele se mostra por inteiro:

– A ideia de uma pacificação geral, em princípio, deve merecer nosso respeito e apoio. O difícil é a concretização; em todo caso, tudo o que se fizer nesse sentido só pode ter reflexos favoráveis. Vou conversar a respeito com Brizola e outras pessoas responsáveis.

Apenas menos de três meses depois do golpe, em 25 de junho de 1964, Jango, sem rancor, deseja "paz, tranquilidade e felicidade" ao "nosso sofrido país".

Diante da pesada campanha da imprensa, especialmente das revistas *O Cruzeiro* e *Time-Life*, atacando-o por corrupção, jamais comprovada, e de ter enriquecido na política, Jango defende-se em longa e argumentada carta, usando termos fortes como "já transtornado" e "brutalidade das injúrias e calúnias", chegando a afirmar que suportou quatro anos, mas está no limite: "Sinceramente, por maior que seja o meu esforço íntimo, já receio não poder mais viver tais humilhações". Apresenta dados: "Eles alegam que em 45-46 eu só dispunha da partilha recebida pela herança do meu pai". Contra-ataca, mostra que em 1945 já arrendava campos, comprava gado, tomava empréstimos e enriquecia, lista fazendas, fornece elementos comprováveis sobre seus negócios, indica onde podem ser obtidos os certificados, cita suas relações com o Banco do Brasil desde antes do poder. Torna-se ríspido, agressivo, enfático, colérico, firme: A premissa básica das acusações, de que em 45-46 eu só possuía mil e poucos hectares e 700 reses de cria é inteiramente falsa. Nos anos de 46 a 50, eu devo ter vendido a frigoríficos, açougues e abatedouros ou cooperativas de carne mais de 100 mil cabeças".

Em 31 de março de 1965, um ano depois do golpe, ele escreve, de Tacuarembó, uma carta de autocrítica serena:

– Desde logo observo que a análise que você faz da presente situação nacional se harmoniza, em muitos pontos, com outras informações que têm chegado nestes últimos dias. Confesso-lhe, Serafim, que hoje, ao longo deste exílio, que naturalmente amadurece reflexões sobre erros e acertos do passado, se fortaleceu em mim, cada vez mais, a convicção de que tudo devemos fazer para que se reabram as condições do processo pacífico da evolução brasileira sintonizada com as características da nossa gente, o profundo sentimento cristão do povo e a imensa necessidade de acelerar o progresso econômico e social da nação para salvá-la do caos.

Entendo, fiel à minha linha de pensamento, que o país precisa voltar o quanto antes à normalidade constitucional, devolvendo-se ao povo o direito de decidir sobre seu próprio destino.

Todo o seu espírito conciliador ganha corpo na expectativa de uma eleição à presidência que não sairá, ceifada pela ditadura em seu segundo ato de violação:

– É possível que, para isso, como você pondera, seja necessário surgir a candidatura capaz de inspirar confiança e respeito às áreas militares e a amplos setores da vida nacional e que se apresente diante do povo como fiadora da redemocratização do país. Não tenho condições, neste momento, para me deter em nomes. Há, no entanto, como você diz muito bem, nomes honrados e dignos que poderiam ser examinados. O fundamental para todos e para o êxito desejado seria que viesse a encarnar o espírito que hoje domina a opinião pública brasileira, ou seja, o retorno à plenitude das instituições democráticas.

O resto é um desprendimento quase melancólico:

– Digo-lhe tudo isso com a maior sinceridade. Não peço nada para mim. Não tenho nenhuma reivindicação ou exigência de ordem pessoal, não alimento ressentimentos ou amarguras. Hoje, como sabes e para isso muito colabora o prezado amigo, podendo dedicar-me estritamente ao convívio da minha família e à formação dos meus filhos, volto ao trabalho intenso na atividade do campo, que gosto e que iniciei aos 16 anos de idade.

O exílio não o distancia dos rumos da ditadura nem lhe tira das costas o comprometimento com o Brasil:

– Entretanto, Serafim, se a minha palavra puder influir, em qualquer momento, ela há de ser ouvida conclamando a todos para a obra comum da reconstrução nacional. Mas devo confessar também, por um dever de lealdade, que sou, hoje, um homem profundamente apreensivo diante do desdobramento da crise brasileira. A supressão das liberdades, a insegurança geral, o desrespeito às decisões da justiça, os atentados praticados contra a própria soberania do país, o desemprego, o custo de vida, o combate à inflação com a carga jogada somente sobre os ombros do povo ou sobre a iniciativa nacional... estão necessariamente criando, em grandes camadas populares e na juventude, um sentimento surdo e incoercível de revolta e de desespero. Se impedem os pronunciamentos das urnas, se fecham ao povo todas as portas da evolução democrática, que perspectivas de dramas e de comoções intermináveis, meu caro Serafim, se abrem para o destino da pátria?

Numa carta a Protásio, certamente o irmão de Getúlio, datada de 8 de fevereiro de 1966, Jango trata de negócios como quem espera um acontecimento decisivo:

– Pelo nosso Vavá envio-te meu abraço que peço estender aos demais amigos da velha São Borja. Continuo aguardando notícias a respeito das providências que ficaram a teu cargo referentes a pagamentos (...) Prorrogarei aqui mais uma vez compromissos de janeiro até março na convicção de que até lá já tenhas tudo resolvido em definitivo.

Serafim é seu grande informante, o que fica nítido na carta em que refuta ter conhecimento de qualquer projeto de resistência de parte de exilados no Uruguai:

– Realmente o teu último relatório vai aos poucos se configurando dentro das tuas previsões. Peço ao amigo, já que vem acertando quase com precisão absoluta, que continue, sempre que possível, enviando notícias, inclusive com tua opinião, com dados ou mesmo pessoal, sobre o desenvolvimento dos acontecimentos. Não esqueça, portanto, de em todas as oportunidades ir completando os relatórios anteriores com as previsões e perspectivas futuras. Quanto às notícias que me mandas a respeito de possíveis movimentos comandados por exilados mais extremados, confesso-te que não tenho nenhuma informação e pessoalmente não vejo nenhuma possibilidade de que possam ocorrer. Será que não se trata de planos (...) para manter certas camadas de opinião sempre [temerosas?] do perigo comunista (...) comportamento só justificando novas medidas de violência e de opressão?

A sua conclusão sobre articulações é categórica:

– Não acredito, Serafim, que os que por aqui se encontram tenham condições para concretizar nenhum tipo de operação como as que informas constarem das preocupações do III...

O fecho é uma declaração de apoio a todas as lideranças capazes de engrandecer o PTB, que logo deixará de existir, e uma pista sobre mal-entendidos e fofocas:

– As notícias que te mandaram, de boa ou má-fé, o amigo tem mais dados para julgar...

Como a carta não tem data, Jango ignora o que já aconteceu ou acontecerá em breve. Em janeiro de 1965, Leonel – o sempre intrépido Leonel da Legalidade, em 1961, e dos Grupos dos Onze, de 1963, formações de militantes inspiradas na dinâmica do futebol para empurrar as reformas de base – teria assinado o Pacto de Montevidéu, criando a Frente Popular de Libertação e um programa de luta armada. Em março de 1965, o militar Jefferson Cardim Osório, ligado a Brizola, toma um quartel e a Rádio Difusora de Três Passos, no Rio Grande do Sul, lança um manifesto contra o regime e prega a luta armada. A aventura, com certo tom quixotesco e muita coragem, desanda rapidamente. Jefferson Cardim é preso. Há mortos. Em 1966, instala-se a primeira guerrilha, na Serra do Caparaó, articulada em Montevidéu, com apoio de Leonel Brizola, dinheiro de Cuba e execução do Movimento Nacionalista Revolucionário, O MNR. Em 1967, uns vinte guerrilheiros extenuados, destruídos pela peste bubônica, são presos pela polícia militar mineira. A ditadura manda o Exército para o local, que só encontra rastros de um fracasso, vestígios úteis para intensificar a repressão.

As cartas comentam detalhadamente assuntos que incomodam o ex-presidente. Na correspondência de 16 de outubro de 1966, lamenta a prisão – a letra torna-se cerrada – de um certo Amálio, cuja notícia chegara-lhe, por telefone, de Rivera. Seria Amândio? Jango põe a mão no fogo: "É um homem incapaz de (...) prática de atos que o possam comprometer". No mesmo texto, Jango queixa-se de que a imprensa brasileira, "interessada em tocar lenha na fogueira", deturpou uma entrevista dada por ele ao jornal francês *L'Aurore*, "publicando apenas frases isoladas, separadas do corpo da entrevista e que se prestavam portanto aos seus objetivos de intriga e confusão". Afirma ter tratado em 90% de assuntos internacionais, sem ataques a pessoas, tendo-se negado a responder a perguntas sobre o Exército, usando linguagem "alta", no contexto brutal do momento, "quase angelical". Num bilhete de 20 de junho de 1965, Jango afirma estar "sem nenhum estímulo para negócios no Brasil", só vendendo, esperando no Uruguai viver do próprio trabalho e dar à família o "mesmo padrão de vida" que sempre procurou dar. As datas enfileiram-se, as notícias contradizem-se, os negócios avançam, o homem não muda.

– Recomendei-lhe em 1º plano unidade e entendimento partidário; em 2º realismo político sem jamais abdicar da dignidade partidária e dos nossos indeclináveis deveres com o povo e com o Brasil, bem como mobilização permanente na luta pela restauração das liberdades democráticas.

Vez ou outra, surge uma expressão mais pitoresca, cotidiana, espirituosa: uma colaboração brasileira "trazida pelo Protásio quase me matou de indigestão". Há, quase sempre, um toque familiar: "Sigo daqui a pouco para as praias, onde vou passar um mês com Maria Thereza e as crianças". Todos lhe procuram: responde a uma carta de Negrão de Lima, candidato ao governo da Guanabara contra a preferência dos milicos; observa que Ivete Vargas "como política deve estar vacinada contra intriga"; reafirma seu gosto pela verdade, embora dura; derrama-se, em carta de 29 de setembro de 1965, em queixas contra o general Justino Alves Bastos, comandante do IV Exército, em Recife, à época do golpe, cujo livro *Encontro com o tempo* caricatura Miguel Arraes e atribui a ele, Jango, posturas que não pode aceitar e que chegam a revoltá-lo: "Ao fazer a história da sua participação no golpe (revolução para outros) ele me envolve em conceitos e posições que nada têm a ver com os objetivos que ele se propõe historiar. Tenho do mesmo cartas a mim dirigidas e memorandos de outros presidentes ao tempo em que o general escritor foi embaixador e que, diante das suas baboseiras, vou ser obrigado a entregar a um brilhante jornalista chileno que está escrevendo livros sobre a América Latina e, especialmente, sobre o Brasil".

Jango eleva o tom com pesada ironia."Estranhei que o nosso Justino posando para a história fosse tão infeliz e vaidoso".

Acontece que Justino Alves Bastos, admirador de Getúlio Vargas, sempre detestou Jango. Só não assinou o manifesto dos coronéis, que o derrubou do Ministério do Trabalho, em 1954, porque já era general. No seu livro, o livro que aborrece Jango no exílio, Justino o ataca desde o primeiro ato de Getúlio em relação ao seu protegido: "Mas o erro maior, muito maior, seria ainda a escolha e nomeação, a 15 de julho de 1953, do Sr. João Belchior Marques Goulart, mais correntemente conhecido por 'Jango', para a pasta do Trabalho". Justino não hesita em caluniar: "Vai progredindo na política e tornando-se rapidamente um grande fazendeiro na área das nossas fronteiras com a Argentina". Não erra, porém, até pela contribuição que daria, na análise: "Tornou-se João Goulart suspeito a uma parte da nação e muito principalmente às Forças Armadas, que já o consideravam um verdadeiro filocomunista", colocando-lhe, quando cai, o "selo de uma incompatibilidade que naquela hora o derrubava de um ministério e dez anos depois o derrubaria do governo do país, lançando-o à dolorosa provação do exílio no estrangeiro e talvez eliminando-o para sempre da vida política do nosso país". O general é um poço artesiano de vaidade. Insinua que se Getúlio tivesse recorrido a ele o suicídio não teria acontecido. Rotula Jango de "fugitivo sem grandeza". Lembra que Amaury Kruel, ministro e compadre do presidente, padrinho de João Vicente, fora um dos primeiros a assinar o manifesto anti--Jango de 1954. As forças armadas brasileiras de então adoravam as pequenas e grandes traições, os golpes articulados nas horas mornas e as demonstrações vaidosas. Justino substituiu em Belém do Pará o general José Verissimo no comando da 8ª Região Militar, que caiu ao ser golpeado pela própria língua. Para ele, o voto de um general não poderia valer o mesmo que o de uma lavadeira.

O que mais poderia Jango sentir lendo, na melancolia do desterro, as memórias de um pavão fardado? Na Amazônia, navegando em meio à selva, Justino teve um pensamento que o traduz dos coturnos lustrosos ao quepe: "Teria gostado de ver de perto aqueles índios ferozes e atrevidos; chamá-los à razão, perguntar-lhes pelo Ten. Fernando, pô-los em forma, fazê-los conhecer a bandeira que tremulava na popa de nossa lancha; ensinar-lhes a primeira estrofe do Hino Nacional". Em Caiena, revela-se um pouco mais: "O povo, à exceção dos franceses da alta administração, constituído de negros broncos e retintos". Em 1961, quando está cursando a Escola Superior de Guerra, foco do golpismo, Justino é designado por Jânio Quadros embaixador do Brasil no Paraguai. Apaixona-se por Alfredo Stroessner, "figura admirável", "conhecido por sua serena energia", "dando ao seu país dias de paz e felicidade". Quando Jânio renuncia, o embaixador Justino Alves Bastos espera ser chamado para lutar contra os rebeldes gaúchos pró-Jango, pois a "solução conveniente", escreve, "seria a adoção do ponto de vista dos ministros militares". Ele é homem de confiança de Odylio Denys, o ministro da Guerra, o chefe da tentativa de golpe abortada pela campanha da Legalidade liderada por Leonel Brizola, o mesmo Denys com quem ele participara dos golpes contra Carlos Luz e Café Filho em novembro de 1955. Transferido, em agosto de 1963, do comando do III Exército, em Porto Alegre, para o comando do IV Exército, em Recife, vai trabalhar dia a dia pelo golpe, tornando-se praticamente inimigo do governador Miguel Arraes ainda quando devia conviver cotidianamente com ele. Mesmo promovido e bem tratado por Jango, com quem conversará várias vezes, sente repulsa pelo herdeiro de Getúlio: "Um presidente tímido diante dos trabalhadores e dos sindicatos, enamorado de reformas apressadas, algumas, como a reforma agrária, de fundo positivamente comunista". Aí é que dói. A reforma agrária é o problema.

O que pode Jango pensar, na dor do ostracismo, lendo as reminiscências de um homem no qual depositara confiança que vai chamar o tenente-coronel Darcy Villocq Viana, um dos principais torturadores da Operação Limpeza, no Nordeste, entre abril e junho de 1964, de "exemplar e destemido"? Como não querer responder a esse militar que o acusa de tê-lo autorizado a "novas ações de contenção à política de Arraes"? Como não contestar esse seu ex-subordinado que se jacta de tê-lo advertido para frear as reformas de base, as quais classifica como "alucinadas", e o acusa de ter "preferências demagógicas"? Como não se enfurecer com esse general que se pergunta sobre as "vivências" brasileiras: "Para que modificá-las?", e aconselha, em relação à reforma agrária, esperar que o "fatalismo" das sucessivas divisões por herança corrija as distorções? Como não se surpreender com o reacionarismo desse militar que condena os que ficam "sistematicamente a favor dos trabalhadores tumultuários contra os patrões" e vê nos defensores de reformas "comunistas, corruptos e subversivos"? Como não se indignar com esse estúpido que o insulta afirmando que ele, o fazendeiro visto como traidor pelos latifundiários, gostaria de transformar o Brasil numa das suas estâncias? Como não se espantar com o relato desse comandante que confessa ter conspirado desde 1963 e que, em fevereiro de 1964, estava tudo pronto para a eclosão do golpe? Como não se enojar ao ler que em 31 de março já havia, na área de comando do general Justino, um "plano de capturas" com aproximadamente "mais de mil prisioneiros, entre os quais Gregório Bezerra", "lugar-tenente de Arraes", "fortemente amarrado e escoltado", conduzido pelas ruas, o que o general não diz, como um animal? Se Jango surpreende-se, o que dizer de quem lê, nas memórias de Abelardo Jurema, esta confissão de desinformação? "Até a madrugada de terça-feira, nem no Palácio das Laranjeiras nem no Palácio da Guerra se sabia qualquer coisa positiva com relação ao general Amaury Kruel, nem muito menos sobre o ambiente militar em São Paulo. Igualmente nada se sabia com relação ao general Justino Alves Bastos, comandante do IV Exército". Havia muito Justino hostilizava Arraes e tramava com seus companheiros de farda, inclusive Kruel: "Ainda em fevereiro, vou rapidamente ao Rio. Ouço meus amigos mais chegados, entro em demorado contato com o Gen. Artur da Costa e Silva e tenho prolongado encontro secreto com o Mar. Denys, na residência do Cel. R1 Dario Gomes de Araújo. Ciente de que o movimento está prestes a eclodir, pude declarar a tais amigos que o IV Exército estava pronto para sair a qualquer momento". Tudo isso antes dos comícios da Central do Brasil e do Automóvel Clube, antes da insubordinação dos marinheiros e dos idos de março. Até a última página do seu livro, Justino Alves Bastos denunciará Jango e Brizola citando, novamente como comandante do III Exército, a prisão, no aeroporto Salgado Filho, embarcando para Montevidéu, do ex-capitão aviador Alfredo Ribeiro Daudt, homem decisivo na campanha da Legalidade, em 1961, agora como portador de "planos de um movimento subversivo denominado Operação Pintassilgo"; citando também a descoberta de outro "centro irradiador de instruções que continuavam a vir de Montevidéu, com a internação, em estado grave, ferido por uma mulher, do ex-sargento Araken Vaz Galvão, que dá o serviço; por fim, em 26 de março de 1965, o movimento de Jefferson Cardim de Alencar Osório, em Três Passos. Em toda essa narrativa, Justino é um herói da democracia.

Jango lê e relê as cartas que recebe dos amigos. Diante de uma crise de ânimo de Serafim, que pretende se afastar de suas funções em São Borja, Jango repete o discurso que é a sua marca de bonomia e conciliação. Pede união em nome dos ideais e das necessidades da luta pela redemocratização: "As pequenas diferenças, incompreensões, ressentimentos não podem prevalecer". Saca um velho ditado para sustentar sua maneira de ver naquilo que rotula de "encruzilhada" vivida por todos: "Atrevo-me a uma observação que muitas vezes ouvi do grande mestre e imortal presidente Vargas: 'Não se muda cavalo quando se cruza o banhado'."

Há vezes em que Jango se entrega ao texto com volúpia, burilando cada pensamento. Uma das cartas mais completas a Serafim tem data de 7 de maio de 1966. São seis páginas de um papel pequeno, mas com letra apertada. Jango declara-se tonto com a saída de Serafim das suas funções, diz temer pelo substituto no contexto do governo militar, receia que o ódio se instale na família são-borjense, analisa detidamente o conflito entre C.B. e C.S., Castelo Branco e Costa e Silva, em relação ao poder.

– A luta, até há pouco surda, entre C.B. e C.S., já vem assumindo contornos de luta aberta e sem quartel. Parece que os dois já não escondem mais suas diferenças e suas preocupações. Estou informado de que a assessoria técnica do C.S. está, e com razão, convencida de que não pode aguardar na geladeira os 10 longos meses que vão da proclamação (dia 26 de maio) até a posse do C.S. (março de 67). A espera seria o fim. Sendo também que C.B. ou evita o lançamento dia 26 (o que não considero viável) ou aparentemente se acomodará esperando a desincompatibilização do candidato para presidente.

Todas as hipóteses são examinadas.

– Parece que C.S. está preparado, e bem preparado, inclusive contando talvez com a revogação do domicílio, o que possibilitaria o atendimento das pretensões de K. e J. (...) Para quem C.S. representa mais do que C.B.

K é Juscelino Kubitschek. J é Jânio Quadros. Jango vê um jogo de escaramuças em que as peças principais são os donos do poder, o povo estando marginalizado. Mas percebe um desejo dos "nossos amigos americanos" de "revisar seus métodos na América

Latina", sendo que "o despejo de Tomas M. é o primeiro indício de quem deseja 'cambiar' para sobreviver". Daí a sua conclusão quanto ao papel do Exército na conjuntura vivida: uma atitude "pequena, mesquinha, internacionalmente péssima, nacionalmente desastrosa... que seria a ditadura sem máscara, com novos atos adicionais e o seu cortejo de opressões, violações, arrogância policial etc., o que nos levaria a curto ou longo prazo ao caos total, ou a saída democrática, com amplos acertos que poderiam recolocar o país no seu caminho democrático com a recuperação do prestígio e do conceito das forças armadas, indispensáveis ao equilíbrio democrático, e da posição do Brasil no plano internacional".

Num arroubo, Jango entrega-se a um exame impiedoso da situação econômica brasileira sob o comando militar.

– A crise econômica, ao que tudo indica, continua em plano inclinado. A indústria nacional se liquidando, os grupos estrangeiros se locupletando com a nossa miséria, e com a doutrina Roberto Campos hoje somos uma nação invadida... Chega uma empresa estrangeira (...) a 6%, que só nos empobrecem... e concorre com todos os privilégios com as nossas indústrias (que obtêm, quando obtêm, (...) a 30 e 36%), que aos poucos, por isso e pela diminuição brutal do poder de compra do nosso povo, vão se definhando até desaparecer completamente.

Os parênteses com reticências cobrem palavras ilegíveis. No caso, certamente, o termo juros. Noutra espécie de parêntese, Jango diz ter a impressão de que Cordeiro de Farias, velho militar de prestígio, é "carta fora do baralho" e brinca com Serafim Vargas:

– Quando possível... apareça para conversarmos... Como interventor federal (a palavra não soa bem) ou como cidadão, mas sempre como amigo, que é o que vale e conta.

Tudo está no texto, dúvidas e certezas, amizades e alianças, projeções e decepções, o futuro e o presente, mais notícias do Rio de Janeiro e de São Paulo, visitas.

– A possibilidade de eleições para o Congresso (ao menos isso) está despertando certos..., que só vivem de mandatos e de suas vantagens – porém, até em relação a essas eleições eu sou ou realista ou descrente... pois o nosso Congresso agora está se dando conta de que o povo, se for convocado, poderia lhe dar surpresas muito desagradáveis (e vai dar)... e por isso... sou forçado a dar curso às ideias prorrogacionistas de grande parte dos deputados e senadores, que já não mais escondem o pavor das eleições populares.

Cada fragmento desnuda um aspecto do negociante, do político, do amigo dos seus amigos e do pai amoroso.

Em 1º de setembro de 1975, tendo já vivido onze longos anos no exílio, ele escreve ao general, num papel timbrado do Magotel, demonstrando clareza e preocupação:

– Isto quer dizer que se passar a fronteira automaticamente perderei o asilo político, e sem documentação legal não poderei retornar ao Uruguai, a não ser através de um novo pedido de asilo, o que, evidentemente, criaria uma situação inconveniente, prestando-se a toda sorte de explorações negativas, aqui e no Brasil. Preciso pois de documentos hábeis para circular livremente entre os dois países. Conheces perfeitamente meu pensamento e o desejo que tenho de dirigir pessoalmente meus negócios, não só no Rio Grande do Sul, como em Goiás e Mato Grosso, onde as minhas coisas vão de mal a pior – explica, dono da situação.

Em seguida, aborda uma inquietação mais aguda:

– A minha maior preocupação, porém, é o problema da educação de meus filhos, ambos estão terminando o curso secundário e se preparam para ingressar na universidade. Não gostaria de vê-los cursando uma escola superior que não fosse brasileira – precisa, pai zeloso e atento.

No parágrafo seguinte, faz duas revelações: um pedido de contato com os militares para tratar do seu retorno e uma confissão de esperança em Ernesto Geisel:

– Peço que converses com o gal., em quem deposito absoluta confiança, sobre todos os aspectos destes problemas, para mim de fundamental importância, e também sobre a missão que, conforme tua carta, ele seria portador. Pelo que me é dado observar de longe, em torno do gal. Ernesto e do gen. Adalberto está se formando um clima de simpatia e esperança pela tradição militar de ambos e por seu comportamento e pelas funções que exerceram dentro e fora da tropa.

Por fim, recusa uma proposta de retorno imediato:

– Estou certo que compreenderás as razões aqui expostas com toda a sinceridade que me impedem de regressar em tua fraternal companhia nestes próximos dias. Bem podes imaginar como sinto não poder encontrar-me em nossa velha e querida S. Borja dia 5 como pedes em tua carta. Espero contudo que isso possa acontecer muito breve.

O tempo passa, o coração de Jango balança, estremece, reclama atenção. Em 20 de setembro de 1973, talvez se lembrando das comemorações da Revolução Farroupilha, o ex-presidente anuncia uma viagem.

– Estou pondo o pé no estribo rumo à França, onde, como sabes, e a conselho médico, devo submeter-me a novos exames cardiovasculares em clínicas especializadas na cidade de Lyon. De regresso, devo passar pela Argentina, onde alguns uruguaios e argentinos meus conhecidos estão estudando, já com o apoio de créditos internacionais, a possibilidade de implantar uma rede frigorífica moderna para exportação de produtos e carnes especiais destinados ao consumo mais exigente do mercado comum europeu.

Esse entusiasmo com os negócios no exílio, o interminável exílio, logo cede espaço à saudade de casa.

– Talvez, na oportunidade, e a convite dos mesmos, eu chegue até lá, ou seja, nas proximidades da fronteira (Santo Tomé), de onde procurarei entrar em contato com o amigo e quem sabe, se Deus quiser, aproveitarei o ensejo para rever os "velhos pagos" e abraçar amigos do outro lado do rio Uruguai.

Os projetos de retorno ao Brasil reaparecem, sempre sob uma cortina fina de aparente banalidade.

– Escrevi ao Umbelino pedindo-lhe, em carta pessoal, alguma notícia a respeito do assunto que conversamos aqui e da evolução do mesmo. Sei que me dirigindo a ele é o mesmo que me dirigir ao amigo, com a vantagem, neste caso, que a presença (...) no Rio e as suas amizades e contatos em muito podem facilitar a tarefa que tomei a liberdade de confiar-lhe.

Jango deixa vazar a enormidade da sua esperança, essa expectativa contida com uísque, negócios e sexo.

– Peço-te também, Serafim, que qualquer novidade me comuniques, pois desejo estar atento e informado para uma decisão definitiva após meu regresso da Europa.

Não será dessa vez.

Jango nunca mais verá o Rio de Janeiro.

Vai atravessar o rio Uruguai, onde nadava quando criança, e voltar aos "velhos pagos" num caixão simples.

Uma carta chama a atenção. Não é de Jango. Nem para ele. Mas para Serafim. Datada de 28 de maio de 1974, tem por assinatura um nome que parece uma molinha de caneta: Umbelino. É de Umbelino Vargas. Começa com um "compadre". É a resposta que Jango tanto espera e que não chegará.

– Sobre o assunto do Jango quero te informar o seguinte: o Adalberto me disse que uma pessoa que esteve em Montevidéu contou a ele que o Jango disse que o Adalberto havia pedido para ele voltar. O Adalberto ficou muito aborrecido com o assunto e me disse que não se metia mais no caso. Consultei o Golbery e ele me disse que achava que o Jango não devia vir agora. O SNI está a par de todos os passos do Jango no exterior, inclusive das ligações dele com o ERP da Argentina (...) O Golbery mandou te dizer que é para tu te afastares do assunto, pois podes te incomodar amanhã ou depois com isso. Eu sou mais amigo deles e não quero criar problemas. Assim, medita bem sobre isso. A nomeação do Viriato está no fim, pois o SNI já liberou. Agora é só a burocracia do Itamaraty e o Adalberto é que está ajudando, o negócio é fogo, mas não dou folga para eles (...) A fazenda que o Jango tem em Mato Grosso, o pessoal dele já vendeu quase todo o gado. Ele te disse que não quer vender. Pergunta se ele quer fazer uma sociedade comigo...

Muito da vida do exilado Jango está nessa correspondência. Num bilhete, ele se preocupa com o domínio das ações da Rádio Fronteira do Sul, de São Borja. Pretende que o "controle político da rádio fique sempre, em qualquer emergência, sob nosso controle". Noutro, fala de léguas e léguas de terra que lhe pertencem e que demandam a sua atenção. Em cada linha que escreve, com pressa ou reflexão, estampa-se o homem marcado pela sua circunstância, a sua cruz: o exílio.

Umbelino, filho de Viriato, o irmão mais velho do ex-presidente Getúlio, e Serafim têm suas movimentações acompanhadas pelo SNI como se vê pelo "Pedido de Busca nº 68/10/AC/75".

O informe dá conta de que "um grupo de generais da reserva no Rio Grande do Sul, sob a liderança do Gen. Serafim Vargas, vem mantendo contato com militares da reserva. No Rio de Janeiro, Umbelino Vargas parece que ainda é o Chefe de Segurança do Instituto do Açúcar e do Álcool, é o elemento de ligação de Jango com determinados militares da reserva que estão ligados aos grupos de negócios internacionais e apoiam uma 'Frente Civilista' que objetiva a revisão de todo o processo político brasileiro através de um forte esquema de eleições diretas para a sucessão do presidente GEISEL".

22

A morte está tão próxima. Um longo caminho foi percorrido por Jango desde o momento em que decidiu, em 4 de abril de 1964, voar para o Uruguai, dia em que escreveu um bilhete, que serve de prova de que ainda estava em território brasileiro, ao amigo Mintegui: "Desejo saber, embora tenha absoluta convicção de que jamais o bravo povo uruguaio e o digno governo do país irmão faltariam aos meus sentimentos e aos ideais do povo uruguaio e brasileiro, se o Presidente e o digno Colegiado da República estão em condições de assegurar-me o asilo que talvez venha a solicitar ao Uruguai pela grande confiança que sempre depositei na República Oriental do Uruguai e no seu povo. Nota P.S.: as notícias sob o controle da atual situação nos noticiários informando que o governo que se instalou em Brasília solicitaria que não conceda asilo ao presidente João Goulart e vão mais longe informando que seria degradante para o povo brasileiro amigo do povo uruguaio que exigiria o pagamento imediato da dívida do Uruguai para com o Brasil. Só por esse motivo o povo brasileiro jamais aceitaria como atentatório à nossa dignidade e à dignidade do Brasil é que formulo a consulta".

Para ele, contudo, a sensação é paradoxal: foi ontem, faz tanto tempo, foi agora mesmo, parecem séculos, tudo tão longe, tudo tão vivo na sua mente, nos seus olhos, no seu corpo. Se tivesse de pensar no passado, certamente não evitaria – ou não conseguiria evitar – lembrar dos seus últimos dias no Palácio das Laranjeiras, dias de morte lenta, de tristeza branda e de fogo cerrado da mídia, o editorial do *Correio da Manhã* tocando no ponto nevrálgico, confessando o que doía na classe dominante, "basta de farsa (...) Não contente de intranquilizar o campo, com o decreto da SUPRA, agitando igualmente os proprietários e os camponeses (...) agora estende a sua ação deformadora às Forças Armadas, destruindo de cima a baixo a hierarquia e a disciplina", essa quebra de disciplina – Jango sabe disso – servindo de pretexto para estancar a ferida que realmente sangra, a ferida da reforma agrária.

Jorge Ferreira, na sua competente biografia de Jango, reconstitui esses últimos suspiros com a precisão do ferro em brasa, essa brasa que restaria acesa ao longo do exílio como um farol numa praia deserta, o coração de Jango, esse coração baleado pela doença e devastado pela espera, essa agonia que terminará em descanso eterno. Cada passo da queda é uma pegada sem retorno numa areia que ele não quis manchar de sangue: Auro de Moura Andrade, velha raposa oportunista, cujas garras tinham aparecido, longas e sujas, também em 1961, lançando manifesto de ruptura com o governo; Castelo Branco, às cinco da manhã, sendo informado pelo deputado Armando Falcão, a quem o futuro trataria de dar um passado infame, do avanço das tropas de Mourão Filho rumo a Petrópolis; Amaury Kruel cometendo o seu ato de traição; Justino Alves Bastos, em Recife, não mais escondendo o jogo; Anísio Botelho, ministro da Aeronáutica, pedindo autorização para jogar napalm sobre a soldadama de Mourão; Jango, fiel a si mesmo, recusando: "Vai queimar gente? De jeito nenhum"; JK sendo avisado de que o golpe está em marcha; o inexperiente general Genaro Bomtempo assumindo interinamente o lugar do hospitalizado ministro da Guerra, Jair Dantas Ribeiro; uma greve geral nacional desesperada sendo decretada pelos sindicatos; a Associação dos Fuzileiros Navais aguardando ordens, que nunca chegarão, para resistir; Carlos Lacerda pregando histericamente o golpe no rádio e na televisão; o almirante Aragão aguardando o sinal de combate; o *Jornal do Brasil* chafurdando na preparação de uma edição especial de apoio ao golpe; Jango divulgando, à tarde, uma nota admitindo o levante de Mourão, mas tranquilizando, a quem?, com a afirmação de que haviam sido enviadas tropas do I Exército para conter os rebelados; Jair Dantas Ribeiro reassumindo, sem condições de saúde, débil, mas, como se verá, surpreendente, o Ministério da Guerra e dando ordens tardias, demitindo os generais Guedes e Mourão; o Regimento Sampaio, muito superior à tropa de Mourão, sendo enviado pelo general Nicolau Fico para esmagar os sediciosos; o I e III exércitos declarando fidelidade ao governo; o general Ladário Teles recebendo, no Palácio das Laranjeiras, ordens para assumir o comando do III Exército, em Porto Alegre; o *Jornal do Brasil* chafurdando na lama fétida em defesa de Mourão, "a legalidade está conosco", chamando Jango de caudilho; o governador Mauro Borges, que apoiara Jango em 1961, colocando-se ao lado dos golpistas, o que ele vai lamentar muito pouco tempo depois; Jair Dantas Ribeiro tendo uma recaída, voltando ao Hospital dos Servidores para uma segunda cirurgia de câncer da próstata; Jango nomeando Moraes Âncora, comandante do I Exército, para substituí-lo; o governador de São Paulo, Adhemar de Barros, pelas 22 horas, falando para rádios mineiras, "vocês contarão conosco"; Amaury Kruel tornando pública, pelos mesmos microfones, a sua traição: "O II Exército, sob o meu comando, coeso e disciplinado, unido em torno de seu chefe, acaba de assumir atitude de grave responsabilidade, com o objetivo de salvar a pátria, livrando-a do jugo vermelho"; Jango tendo a última conversa telefônica com Kruel, que, prepotente, tenta colocar o presidente contra a parede: "O senhor é capaz de prometer-me que vai se desligar dos comunistas...?", recebendo uma resposta altiva, "General, sou um homem político. Tenho compromisso com os partidos e não posso abandoná-los ante a pressão dos militares, não posso também deixar de lado as forças populares que me apoiam", e dando uma tréplica inaceitável, "então, presidente, nada podemos fazer, e isto é a opinião dos generais aqui presentes"; Jango tentando um último argumento, convidando Kruel a ir ao Rio de Janeiro conversar; Kruel impassível: "Tenho compromissos com a linha de conduta que tracei para mim, desde quando ministro da Guerra, contra o comunismo e em defesa do Exército, e não posso traí-la", mas pode trair Jango; o grosso da tropa do Regimento Sampaio, sob o comando do general Cunha Melo, convencido por outro velho golpista, o general Odylio Denys, unindo-se, em Três Rios, ao 1º Batalhão de Caçadores de Mourão Filho; Justino Alves Bastos mergulhando na lama da convicção cega, aderindo fervorosamente aos golpistas e mandando prender o governador de Pernambuco, Miguel Arraes ("Quem está com o presidente Goulart está contra nós. Portanto, o senhor está deposto"), que será brindado com um ano de prisão na ilha paradisíaca de Fernando de Noronha; o fim chegando melancolicamente, mas com festa; nas palavras de Jorge Ferreira, o Rio de Janeiro, naquele 1º de abril de 1964, "amanheceu sem transportes e com uma chuva fina"; a *Folha de S.Paulo*, e aí já não é Ferreira quem conta, mas as capas do jornal reunidas numa edição especial, estampando com falsa isenção numa das suas tiragens: "ADEMAR: 6 ESTADOS SUBLEVAM-SE PARA DERRUBAR GOULART". Essa mesma *Folha* que, em 24 de agosto de 1976, dia de lembrar o suicídio do mestre de Jango, o inesquecível Getúlio Vargas, terá de abrir sua capa com "JK sepultado em Brasília" e, em 10 de setembro de 1977, numa notinha modesta, falará de "revelações de Lincoln Gordon dez anos depois", o embaixador do golpe afirmando sua decepção com a ditadura, assegurando que tinha apostado num regime autoritário por no máximo um ano e meio; a *Folha* que, em 1968, terá de publicar "Congresso da UNE: todos presos" e, em 14 de dezembro do ano fatídico da ditadura dentro da ditadura, o dobrar tétrico dos sinos, "Governo baixa novo ato", o AI-5; em 2 de abril de 1977, sábado, "Geisel anuncia em pronunciamento à Nação - Congresso fechado, reformas políticas, reforma do judiciário, não haverá cassações"; em 22 de maio de 1977, "sepultado Carlos Lacerda – com emoção e sem honras oficiais", o artífice civil do golpe, o tribuno fervoroso com suas catilinárias e acessos de verborragia, golpeado, primeiro, pela sua ditadura, cassado, empurrado para a oposição, levado a buscar o apoio, em Montevidéu, para a sua Frente Ampla, daquele que chamara, na hora do seu pseudotriunfo, de "latifundiário ladrão", depois, por fim, golpeado por uma morte misteriosa e sem enterro pomposo; o resto é mistério, escolha, edição, omissão e censura, a coleção de capas da *Folha de S.Paulo* não selecionando a edição de 7 de dezembro de 1976, dia seguinte à morte de Jango, um dos dias mais tristes na longa tristeza dissimulada do regime, é uma falha clamorosa e garrafal.

Mas isso será depois, quando os restos de abril de 1964 forem tristes lembranças na memória de um presidente que vai morrer no exílio, quando os idos de março se transformarem em poeira na memória frágil dos brasileiros enraizados num eterno presente. Agora, neste agora do golpe em marcha, no Rio Grande do Sul, o deputado Leonel Brizola, com ajuda do general Ladário Teles, que requisita as emissoras de rádio, organiza uma segunda rede da Legalidade, insufla a massa contra os "gorilas", confiando na sua mística, ignorando que a segunda vez, segundo Karl Marx, só acontece como farsa, ou, menos cruelmente, como sombra de um passado revoluto; Brizola tenta, está na sua natureza indômita tentar, mas a Brigada Militar, não estando mais sob o seu comando, não adere, ficando ao lado do governador Ildo Meneghetti, favorável ao golpe e que sai da cidade para melhor golpear; o resto é impotência, nada podendo doer mais certamente que o editorial do *Correio da Manhã* intitulado "Fora!", que diz: "João Goulart iniciou a sedição no país"; o general Dantas Ribeiro, ligando do hospital para oferecer sua resistência condicional, voltaria se Jango rompesse com o Comando Geral dos Trabalhadores; o resto é estupor, o ministro operado ouvindo um altivo "não posso abrir mão de nenhuma força que esteja me apoiando, general". E respondendo: "Não sou mais seu ministro". Pode-se odiar um traidor hospitalizado? O resto é tristeza: Lacerda, do Palácio Guanabara por alto-falante e rádio, cuspindo injúrias: "Que fizeste de teus irmãos? De teus irmãos que eram roubados para que tu te transformasses no maior latifundiário e ladrão do Brasil?". Mentindo sobre um ataque inexistente ao Palácio Guanabara, por um "bando de desesperados" e conclamando freneticamente: "Fuzileiros, deixem suas armas, porque vocês estão sendo tocados por um oficial inescrupuloso. Aragão, covarde, assassino monstruoso, incestuoso miserável, deixe os soldados e venha decidir comigo essa parada. Quero matá-lo com o meu revólver". O resto é desencanto e nuvens sobre uma cidade chorada que não chora o horror por incompreensão.

Em Porto Alegre, a capa da edição de 1º de abril de 1964 do sisudo *Correio do Povo* parece deliciosamente dedicada mais ao comunismo do que aos seus oponentes: "Russos em busca de novo tratado comercial", "governo cambojano recua de sua aproximação com Pequim", "Kruschev na Hungria para coordenar uma definição da guerra ideológica com os comunistas chineses", "China nacionalista queixa-se contra um apelo de Fulbright", "CIAP coordenará plano de ajuda para a Aliança (para o Progresso)" e "Guevara comenta as ideias de Fulbright rejeitadas por Rusk". O mítico argentino, ministro da Economia cubana, reagia formalmente a uma proposta do presidente da Comissão de

Relações Exteriores do Senado americano, William Fulbright, que defendera uma semana antes que "os Estados Unidos revisassem sua maneira de pensar sobre Cuba e outros países comunistas", arrancando protestos do secretário de Estado, Dean Rusk. Guevara gostou: "O mais importante é que o senador Fulbright reconhece a estabilidade da revolução cubana".

Fulbright deve ter tido um apagão naqueles dias.

Jango deixa o Palácio das Laranjeiras para nunca mais voltar pelas 13 horas de 1º de abril de 1964; o Rio de Janeiro já festeja a sua queda com lençóis brancos nas janelas, papel picado e tiros de canhão no Forte de Copacabana; em seguida, haverá multidões nas ruas comemorando o que para muitos trará lágrimas, luto e cicatrizes na curva do golpe; o resto é oportunidade e oportunismo, Costa e Silva indo ao Ministério da Guerra, na ausência de Âncora, e se autonomeando ministro, guardião do "Comando Supremo da Revolução"; o resto é viagem, no Palácio do Planalto, recebido por Darcy Ribeiro, Jango conversando por telefone com o general Ladário Teles, que lhe dá garantias de resistência em Porto Alegre; o resto é sorte, dois jornalistas, como destaca Jorge Ferreira, conseguindo vê-lo no Planalto, Fernando Pedreira, do *Estadão*, e Flávio Tavares, da *Última Hora*; Jango avisando que vai instalar o governo na capital gaúcha; o resto é pressa, Jango, de helicóptero indo para a Granja do Torto, pedindo a Tancredo Neves, o homem de todas as crises, a Doutel de Andrade e Almino Afonso que escrevam um manifesto. Sai um balanço dolorosamente preciso da situação, fulminante em todos os pontos, pungente na voz de Jango: "Não acreditavam que eu fosse capaz de regulamentar a lei que disciplina a remessa de lucros. Fui ameaçado e intimidado. Não cedi e não cederei na sua rigorosa aplicação. Preguei a reforma agrária. Quando ela estava vitoriosa na consciência e no espírito do povo, negaram-me os meios legais para efetivá-la. Apelei, então, para as minhas atribuições constitucionais e o decreto da SUPRA que possibilitou acesso à terra a todos que dela carecem para a sua sobrevivência, embora não consubstanciasse uma reforma agrária verdadeira, embora não consubstanciasse a reforma agrária reclamada pelos princípios cristãos e de justiça social, determinou o recrudescimento de ódios e paixões". O resto é dor. Essa dor do sentimento de injustiça e incompreensão por ter-se oposto, sem o apoio da imprensa e das elites, à "ganância dos exploradores da economia popular" na questão dos preços dos gêneros alimentícios ou diante da "exploração do sentimento religioso", arrancando quase um ganido "como se meu governo não fosse daqueles que na história da República mais se empenharam em contar com o prestígio, consideração e respeito dos dignitários do episcopado, do clero da Igreja Católica e dos demais credos religiosos", resultando numa mistificação habilmente explorada "do perigo comunista" e num lamento ignorado "como se não fôssemos uma democracia plantada irremovivelmente no coração da nossa gente". Um gemido!

Depois, Jango trata da partida da família para Porto Alegre, de onde ela seguirá prontamente para a fazenda "Rancho Grande", em São Borja, lugar que a primeira-dama detesta pela sensação que lhe dá de solidão e desamparo. Quem pode se preocupar com isso na hora da queda? Com amigos fiéis, entre os quais o ministro da Saúde, Wilson Fadul, Jango vai para o aeroporto. Voa, às 21 horas, num Avro da FAB para o Rio Grande do Sul. O coronado da Varig sofre uma pane. Antes do tempo? Em Porto Alegre, já na madrugada do dia 2, Jango se reúne com Ladário, Assis Brasil, Leonel Brizola e mais dois generais. Postas as cartas na mesa – Ladário com mil homens, os golpistas com 50 mil em território gaúcho –, nada há a fazer quando não se tem vocação para atos heroicos fadados ao fracasso nem gosto pelo derramamento de sangue alheio. Brizola quer resistir. Discute com o general Floriano da Silva Machado. Quase vão às vias de fato. Jango ouve Floriano em separado. Este afirma que não há como resistir. Está tudo terminado. Brizola sai da residência oficial do comandante do III Exército pela rua Cristóvão Colombo, Jango pelo portão da garagem. Hernani Fittipaldi, antigo ajudante de ordens de Getúlio Vargas, estava lá. A ruptura será longa. Às 11h30, advertido de que tropas marcham de Curitiba para prendê-lo, o presidente, que já pode ser chamado de ex, parte de avião para São Borja em companhia do fiel Assis Brasil e de mais alguns colaboradores. De fato, já não é mais presidente, embora, pela Constituição, esteja no pleno exercício do poder. Nesse mesmo dia, os Estados Unidos reconhecerão o novo governo selando um pacto com a contradição: democracia em casa, ditadura no quintal do vizinho. Errante, Jango vaga por várias das suas estâncias, numa delas prepara um ensopado de charque com aipim, pesca, pensa, pensa muito, em quê?, sorri, dissimula a tristeza, finalmente chega à fazenda "Cinamomo". O piloto Maneco Leães, depois de levar Maria Thereza e seus filhos para Montevidéu, no dia 3 de abril, volta para tirá-lo dali e arrancá-lo do seu torpor, esse ensimesmamento que o mantém desesperadamente sereno. Partem para o Uruguai no dia 4, às 15h30, no aviãozinho Cessna. Um voo sem volta. Em carta a Doutel de Andrade, como assinala Ferreira, Jango define a sua saída como uma porta fechada: "Se houvesse um ponto onde resistir objetivamente, eu permaneceria na estacada para no mínimo, com o sacrifício, marcar o meu protesto. Isso nem como hipótese foi possível". Brasil, nunca mais!

O jornal *Correio do Povo*, de Porto Alegre, na edição de 2 de abril de 1964, dá em manchete garrafal: "JOÃO GOULART ABANDONOU BRASÍLIA ENQUANTO SE ANUNCIA VITÓRIA DO MOVIMENTO REBELDE". E mais: "IV Exército e III Distrito Naval solidarizam-se com a rebelião". O IV Exército é comandado pelo general Justino. Um pequeno texto anuncia: "Última Hora: João Goulart chegou às 3:15 horas de hoje", acompanhado pelos ministros Vilson Fadul, Amaury Silva e Osvaldo Lima Filho e pelo general Argemiro de Assis Brasil, recebido por Leonel Brizola, Sereno Chaise e pelo recém-empossado general Ladário Teles, que assumiu no lugar do general Benjamin Galhardo, enfileirado com os golpistas, o qual só não prendeu o sucessor por não ter conseguido o apoio da tropa. Mais de 200 pessoas gritavam, no aeroporto Salgado Filho, "viva o presidente do Brasil". Escoltado por tanques, Jango seguiu para a residência oficial do comandante do III Exército. A capa do *Correio do Povo* também destaca: "Abelardo Jurema e gov. Badger Silveira presos". Abelardo, explica o texto, foi preso por ordem do general Kruel. Silveira, governador do estado do Rio, foi detido depois de retornar a Niterói de viagem a Porto Alegre.

Dois outros títulos marcam essa edição histórica, por força dos fatos e das conspirações, do tradicional e poderoso *Correio do*

Povo: "Proclamação do general Ladário Teles", que chegara à capital gaúcha na madrugada anterior: "Estou seguro e confiante que a nossa causa é santa e que ninguém nos arrebatará essa vitória que já é nossa". Por fim, "Pronunciamento do Sr. João Goulart – "Não recuarei, não me intimidarei e reagirei".

Para ser mártir é preciso mais do que uma ocasião.

Pode-se, contudo, ser mártir no exílio.

Jango será um novo general Neto, herói da Revolução Farroupilha, desterrado no Uruguai. Se Neto foi um herói de muitas batalhas armadas, Jango é o herói forjado na coragem de não derramar sangue inocente inutilmente. O herói que perde o poder para não o manchar de vermelho.

23

O exílio é um mundo de silêncio, um universo sem música, um silêncio, mesmo ruidoso, no mundo antes do retorno ou da morte. Jango está na placidez da sua estância "La Villa", em Mercedes, numa Argentina bucólica. Depois de ver a tarde cair lentamente, recorrendo o campo ao lado do seu capataz, o às vezes sorumbático Julio Vieira, senta-se, já à noite, para fumar um cigarro do maço que o homem acaba de trazer, a seu pedido, da cidade. As preocupações ou devaneios, talvez lembranças, são interrompidos por Maria Thereza:

– Faz alguma coisa para a gente comer, Jango?

Como numa noite melancólica de abril de 1964, em São Borja, antes de partir para o exílio, ele preparara, numa casinha de madeira, o jantar, ensopado de charque com aipim, prepara agora o tradicional "carne a la plancha y papas fritas". Do início ao fim será um homem simples. Não há grandes conversações. Comem na cozinha. As horas passam vagarosas. Antes das dez, Maria Thereza retira-se para o quarto, mais por tédio, talvez, do que por cansaço. Tudo isso, a leitura desses fatos tão simples, ganhará outros contornos depois que o extraordinário, ainda que tão ordinário, a morte, manifestar-se, alterando a cena, como se diz, literal, irônica ou metaforicamente, do "crime", abrindo uma aura sobre a opacidade do ambiente. O olhar retrospectivo sobre a última noite de um homem, poderoso ou não, carrega de significados, enigmáticos ou demasiado claros, tudo aquilo que se consuma na singeleza trivial do cotidiano, como uma cena de Vermeer imortalizada num pequeno quadro simulando ou antecipando a irrealidade da fotografia.

– Vamos sair cedinho para ver os novilhos – diz Jango.

– Como queira, Doutor – responde o capataz.

A conversa estende-se, nesse tom pastoso, entremeando detalhes técnicos e expressões regionais, por duas horas e meia, intermináveis e definitivas duas horas e meia de articulações e projetos. Os negócios dominam a mente de Jango até o apagar das luzes, essas luzes que tanto brilharam por ele antes e durante o exílio, por exemplo, nos seus encontros com o papa, no Vaticano, na sua histórica conversa com John Kennedy, nos Estados Unidos, em 1962, também em abril, no seu encontro de reconciliação, tão recente, com Leonel Brizola, essas luzes que também se apagaram sobre ele tantas vezes. Está disposto a partir. Pensa no Brasil, mas ao amigo Jorge Otero, com quem desembarcara em Buenos Aires, voltando da Europa, em 12 de outubro, há menos de dois meses, confidenciara sua "decisão irreversível" de mudar-se para a França. Uruguai e Argentina tornaram-se perigosos.

Otero lembrar-se-á do último encontro com Jango, o ex-presidente, na casa do amigo uruguaio, pedindo uma cadeira para apoiar a perna esquerda, "carente de articulação", e, sobre essa perna, colocando Lucía, filha pequena do anfitrião, enquanto a outra menina, Mariana, corria em torno. Uma cena familiar como numa tela.

– Que linda família tens! É muito importante isso. Cuida dela, Jorge. A vida nos reserva muitas surpresas. Para muito pouco se está realmente preparado (...) É a família que te permite encontrar sempre uma saída. Os amigos, sobretudo na política, muitas vezes, vão e vêm. A família é o permanente. Tu és jovem para entender realmente o que estou te dizendo.

– Bom, nem tanto...

– E tua mulher é fantástica. Além de tudo, suporta as nossas conversas sobre política. Que podem lhe importar as especulações sobre o futuro brasileiro?

Tudo isso já é história.

Jango vai se deitar, segundo a cronologia de Foch Diaz, passados 45 minutos da meia-noite (é verdade que a cronologia do uruguaio espicha os dias, transforma o domingo 5 de dezembro de 1976 em sábado e faz o piloto Perossio, nesse mesmo dia 5, levar Jango e Maria Thereza ao leilão de gado, devolvê-los à estância em Tacuarembó para dormir e, no "dia seguinte, domingo 5", voltar para conduzi-los a Bella Unión). Pede ao capataz e faz-tudo que lhe leve um copo de água ao quarto. Estão longe os primeiros dias de exílio em Montevidéu, a casa de Solymar, em Canelones, cheia de gente, jornalistas surgindo de todas as partes, Maria Thereza meio perdida, reclamando suas coisas deixadas para trás, as crianças desambientadas, a curiosidade dos vizinhos, por fim, a entrevista coletiva improvisada, ansiedade e alívio, e as perguntas incontornáveis registradas por Jorge Otero em *João Goulart: recuerdos en su exilio uruguayo*:

– Por que não resistiu?

– Eu me senti isolado do resto do país, em Porto Alegre, e desolado diante da única perspectiva que tinha pela frente: uma guerra fratricida.

– O senhor foi repetidamente rotulado de comunista e...

– Não sou nem nunca fui comunista. Minha política foi eminentemente nacionalista. Foram os monopólios nacionais e estrangeiros que fomentaram a revolta, preocupados com as leis de nacionalização do petróleo e da reforma agrária...

Eis agora o homem na reta final, a última noite de um homem vergado pelas derrotas, mas também pelas vitórias, que dobram os ganhadores quando são portentosas ou incompreendidas, o homem arrastando os pés até o quarto, buscando a cama com o peso dos anos passados em constante refrega – encontrando o capataz, que põe o copo de água sobre a mesa e observa Maria Thereza deitada. Eis o homem na sua última fala, no penúltimo ato, dizendo ao empregado de maneira para sempre enigmática:

– Fica aí fora, no corredor, assim me cuidas...

O empregado sorri e se retira. Toma a observação como uma brincadeira inesperada. O "Doutor" não é de pedir segurança sob a sua janela, anda pelo mundo de peito aberto e coração tranquilo. De resto, o que poderia temer ali na tranquilidade da campanha argentina? Em compensação, ele gosta de uma boa "broma", o que faz Don Julío sorrir novamente, "Ah, esse Doutor!". Quarenta minutos depois, os gritos de Maria Thereza rasgam o silêncio da noite. O exílio de Jango chegou ao fim. O resto é reconstituição, narrativa, desespero e estupor: com uma espingarda na mão, achando se tratar de ladrões, o capataz sai atabalhoado do seu sono e do seu quarto, salta um muro e corre para a chamada casa principal. Encontra Jango desacordado, de barriga para cima, inerte:

– Ele não respira – grita.

E começa a fazer-lhe respiração boca a boca.

Tarde demais. A sequência de fatos organizada por Foch destoa, às vezes, de outros relatos: o jovem apelidado de Peruano pega o Falcon azul, acorda, no caminho, o vizinho Abel Semhan e, juntos, voam para Mercedes, onde, às 2h10 de 6 de dezembro de 1976, batem na porta do único médico que lhes ocorre, o pediatra Ricardo Ferrari, amigo de Abelito. Tiram o homem de casa em poucos minutos e o levam para a estância "La Villa". Quinze minutos depois, estão no quarto de Jango.

– Meu marido morreu – diz Maria Thereza.

À CPI da Câmara dos Deputados, Ricardo Rafael Ferrari relembraria essa noite como um momento diferente.

– Nunca me lembro a hora exata, mas era de noite, estava dormindo, deveria ser uma ou duas horas da manhã. Meu quarto era em cima, tocaram a campainha e me acordaram dizendo que fosse com urgência, porque alguém estava morrendo. Disseram que o Doutor estava morrendo. Eu não sabia quem era o Doutor. Desci, pedi que esperassem um pouco para que me vestisse e os acompanhei. Nem sabia aonde ia. Era a vários quilômetros daqui. No caminho me disseram que o Doutor era o Dr. Goulart, que estava muito mal. Não me explicaram muito porque a pessoa que foi me buscar também não sabia muito. Só lhe disseram para sair e procurar um médico. Quando cheguei, ele estava morto.

Rafael Ferrari foca no passado e lembra bem, tanto quanto pode lembrar a memória de um homem interrogado:

– Quando o toquei, ele ainda não estava frio, mas já estava morto, com rigidez cadavérica. Estava morto.

Lembra-se de Maria Thereza, ou da mulher que se apresentou como tal, e da conversa que tiveram na cena de uma morte fadada a entrar para a história como enigma.

– À senhora que estava lá, a única pessoa que estava lá e que me disse ser a esposa, disse: "Senhora, seu marido está morto. Não sou cardiologista. Se a senhora quiser, vamos chamar um especialista de coração que possa dizer se ele morreu por algum problema cardíaco". Ela me disse que ele era cardíaco, que estava sendo tratado por alguns médicos de Londres, que eles tinham um filho na Inglaterra. Eu lhe perguntei se ele tomava algum medicamento, e ela me trouxe um frasquinho que estava em inglês, mas a fórmula era similar, igual à dos comprimidos que receitamos para dilatar as coronárias, de maneira que pensei que, sim, ele era um doente cardíaco. Perguntei se ela queria que trouxesse um especialista do coração, a fim de que pudesse dizer de que seu marido morreu, pois sabia que era uma pessoa muito importante, que havia sido presidente do Brasil. A senhora me respondeu: "Para que, se ele está morto? Com que objetivo trazer outro médico, se ele está morto?". Depois conversamos, perguntei como aconteceu, e ela me disse que estava dormindo. Ele estava com a luz acesa, lendo alguma coisa. Ele estava lendo. Ela sentiu que a respiração dele se transformou, que fez mais ruído, não sei se seria um ronco, que a respiração se expandiu e ela acordou e, quando lhe falou, ele não respondeu. Ela gritou, o chofer saiu para me buscar, mas quando ele saía com o carro o seu marido estava morrendo e, num instante, estava morto.

O médico confunde nomes, busca luz nos desvãos da memória escura, provando que testemunhar olhando no retrovisor é como entrar em alta velocidade numa curva acentuada, mas, enfim, não perde o fio da narrativa.

– Eu não conhecia Goulart. Nunca o havia visto, nunca falei com ele. Como dizia a este jovem, conheci-o de forma acidental e acabei aparecendo na história, mas nunca tratei com ele, nem conhecia a pessoa que dirigia o carro. Depois de muitos anos, me disseram que quem dirigia o carro era esse Julio que foi buscar o Carlos. Ele diz que era ele quem dirigia. Na época, me pareceu um rapaz muito jovem. Agora é um homem já entrado em anos. Conheci o Julio depois, porque trabalhava como pedreiro. Conheci muito o Julio depois disso, mas não naquele momento. Bem, examinei o cadáver, pedi que me ajudassem a virá-lo porque, como era uma pessoa importante, queria ver se não havia sinais de violência. Não havia nenhum sinal de violência, nenhum ferimento, absolutamente nada. A posição em que ele estava correspondia a uma morte tranquila por parada cardíaca. Não havia nada que me fizesse suspeitar que ele tivesse tomado uma substância tóxica, algum veneno. Não havia contraturas, não havia secreções na boca, não havia nada. Então, pensei que ele tivesse morrido de parada cardíaca – conclui serenamente.

Uma morte natural para um médico experiente e sereno, tão natural a ponto de não exigir uma autópsia.

– Quando me levaram de volta, passei pela delegacia local, pela polícia, e deixei assentado que havia morrido um homem muito importante que havia sido presidente do Brasil. O senhor que estava de plantão na polícia não me entendia, não compreendia o que estava lhe dizendo. Certamente não havia ouvido falar dessa pessoa tão importante que havia morrido. Então lhe expliquei que um presidente da República do Brasil havia morrido aqui, em sua estância, que avisasse as autoridades para que, se fosse o caso, mandassem fazer um exame, uma autópsia. Eu não queria ficar com a responsabilidade de ser o único a atestar essa morte. O óbito foi assentado em um livro que não sei se alguma vez (...) Pude ver quando o homem escrevia o que eu lhe ditava. Não sei se ele avisou alguém, mas o fato é que, mais tarde, me pediram que eu assinasse o atestado de óbito de João Goulart. Perguntei por que não veio um médico forense, um médico da polícia que o examinasse para saber se era ou não (...) E eu assinei dizendo que ele morreu de uma parada cardíaca. Depois disseram que eu havia atestado que ele teria morrido de infarto. Eu não disse isso. Eu disse ter reconhecido o cadáver e que a causa provável da morte era parada cardíaca. A parada cardíaca pode ser causada por infarto, por choque num acidente. Esse documento serviu para enterrá-lo, para passar pela fronteira. Não sei, mas certamente algum médico da Polícia Federal argentina leu o papel antes de deixá-lo passar e, certamente, algum médico do Brasil também, e todos autorizaram o enterro. Continuo convencido de que ele era um doente cardíaco e teve uma parada cardíaca. Isso é o que penso e o que disse todas as vezes que me perguntaram. Estou convencido de que ele morreu do coração – esclarece como pode.

O deputado Jorge Pinheiro faz uma pergunta escabrosa. O velho médico nunca perde a serenidade.

– Uma pergunta um pouco complicada, mas importante para nós: qual a reação da mulher, da esposa do presidente? Muito agitada, calma, sensata, resolvendo as coisas? Como lhe pareceu a reação da esposa?

– Bem, tranquila não estava, mas não estava chorando. Notava-se que estava triste, que estava preocupada. Não achei que estivesse desesperada, como às vezes acontece, mas estava muito preocupada e muito triste.

– Abatida?

– Abatida, mas não estava chorando (...) Também não posso dizer que era a esposa. Ela me foi apresentada como a esposa. Depois soube que era, realmente, a esposa, mas naquele momento... Era uma senhora alta, mais ou menos de minha altura, uma senhora já de certa idade, não era uma moça jovem – comenta o médico numa ligeira digressão.

O presidente da CPI quer saber dos remédios, quer detalhes, quer o esclarecimento que o passado ensombrece.

– O senhor lembra de um frasco de remédio. Também havia um copo d'água?

– Não, não havia. Eu procurei, perguntei e não havia. O frasco de medicamento me foi trazido pela senhora quando lhe perguntei. Ele não estava sobre a mesa de cabeceira. Se ele tomou seus comprimidos certamente o fez muito antes, não no momento em que se deitou. Pedi o frasco para saber que remédio tomava, mas não havia copo d'água nem xícara de café sobre a mesa de cabeceira. O frasco com o remédio que tomava me foi trazido por ela de outro lugar – diz o médico tocando num ponto controvertido.

O resto são outras narrativas. Roberto Ulrich, vulgo Peruano, no seu depoimento aos mesmos deputados brasileiros, contou ter chegado junto com Vieira ao quarto de Jango, que estava "numa rouquidão" só. Contou também que o ex-presidente havia tomado um chá. Quem teria preparado esse chá? Em que momento? De quê?

– De repente, quem fez o chá pode ter sido até ele mesmo, porque chá se toma na hora, é quente, e pronto. Por costume, ele fazia, ele gostava de fazer chá.

A Foch Diaz, que foi a Mercedes, em 1982, fazer a sua própria investigação, o médico Ricardo Rafael Ferrari teria dado outra resposta, que consta nos anexos do livro *El crimen perfecto*, uma resposta perturbadora:

– Fomos em um Falcon de cor amarela clara, argentino, em alta velocidade porque o motorista estava desesperado (...)

A senhora me disse que ele havia tomado os medicamentos que costumava tomar, receitados pelo cardiologista de Londres, e me mostrou, sobre a mesinha de luz, esses medicamentos. Eram para melhorar a oxigenação do coração, ou seja, vasodilatadores coronarianos; não me recordo a marca, e não importava. Seria um produto inglês ou ele o comprava, de repente, no Brasil, mas era para dilatar as artérias coronárias.

O Falcon azul vira amarelo. Os remédios aparecem sobre a mesa de cabeceira. Quando estaria melhor a memória do médico: em 1982, seis anos depois da morte de Jango, ou em 2001, um quarto de século passado?

Mas isso tudo é depois, esse depois que pesará sobre o passado de Jango como uma proibição de descanso, uma maldição, um jogo maldoso ou uma dúvida devastadora.

Agora, na madrugada do fim do exílio de Jango, os fatos ganham uma sequência, estabelecida por Foch, com aparência de incontestável, a verossimilhança sendo, como se sabe, uma aparência: 3h10: Peruano telefona para Percy Penalvo, em Tacuarembó, e dá a notícia; 5h: Cláudio Braga chega à estância; 6h: Braga e Abel entram na funerária "Bollini Hnos"; 8h: o caixão é entregue na fazenda; 9h: Cláudio Braga recebe a autorização para translado do corpo até Porto Alegre (Foch apresenta cópia do documento); 14h: o cortejo parte de "La Villa".

Acabou-se.

24

— Sei mais sobre Goulart do que sobre minha vida. Com isso lhe digo tudo – pavoneia-se Enrique Foch Diaz aos deputados federais brasileiros determinados a tudo entender e, enfim, resolver o mistério de Mercedes.

Em seguida, Foch tenta ser claro na escuridão do passado, conseguindo apenas semear relâmpagos e sombras.

– Este é o primeiro livro, que tem vinte anos. Ele foi inscrito na Biblioteca Nacional, e deste livro saiu este outro, e vou lhes explicar por quê. (...) Eu procurava uma pessoa que escrevesse o livro, e Marta Viale disse que sim, que ela o escreveria. Então, com ela fizemos uma viagem à província de Corrientes, à estância "La Villa". Chegando a Mercedes, a polícia nos prendeu a todos. Depois de várias horas, nos soltaram e disseram que tínhamos que sair da cidade. Procuramos a estância, achamos e ali gravamos todas as conversas. O Doutor vimos em Mercedes, na província de Corrientes, e gravamos as declarações. Aí estão as declarações.

– Declaração de quem? – sobressalta-se Luiz Carlos Heinze, fazendeiro em São Borja – Do Dr. Goulart?

– Como? – surpreende-se Foch.

– Declaração de quem... Ah, do Dr. Ferrari.

Foch confirma. Quer ser luminoso em sua síntese.

– Bom, todas as conversas na estância foram gravadas. Todas as conversas com as pessoas que intervieram foram gravadas na estância "La Villa". Depois, as outras declarações foram gravadas em Punta del Este, as dos pilotos: Ulrich, Rivero, Perossio. Essas fitas foram levadas a Curuzú Cuatiá, ao tribunal de Curuzú Cuatiá, onde apresentei a denúncia da morte duvidosa naquele momento, porque havia grandes lacunas que não sabia se eram... Então, denunciei como morte duvidosa. Agora, passados todos esses anos, com tudo o que aconteceu, digo que não foi uma morte duvidosa, mas um crime perfeito.

– Nesse dia em que ele faleceu, o senhor pode imaginar que possam ter trocado o remédio, que possam ter colocado alguma coisa na água que ele tomou; o senhor achou estranha a atitude de Maria Thereza de ter ido à fazenda, se fazia tempo que eles estavam separados...? – pergunta o irrequieto deputado gaúcho Luiz Carlos Heinze.

– Sim, evidentemente. Primeiro, Maria Thereza Fontella Goulart terá que apresentar muitos elementos, porque creio que foi ela quem matou o Doutor. Tenho quase certeza disso – responde Enrique Foch Diaz Vazquez.

– Matou de que jeito? – surpreende-se Heinze.

– Matou o Doutor – confirma Foch.

– Como assim? O senhor tem alguma ideia?

– Penso que pode ter sido uma troca de remédios, mas me inclino pelo gás sarin. O gás sarin foi utilizado pelos chilenos. Tenho aqui... Há um livro que os senhores devem... Não sei se os senhores têm algum elemento que lhes permita algum conhecimento sobre o gás sarin.

– Já tivemos peritos brasileiros que nos deram depoimentos...

– Se os senhores forem a Montevidéu podem conseguir, pode ser que já esteja traduzido para o português...

– Já temos o documento – corta Heinze.

– ...Um livro que se chama *El Vientre del Condor*, escrito por um uruguaio, Samuel Blixen, diretor do semanário... Aqui está, nesta denúncia apresentada ao tribunal, que deixo com os senhores, o Plano Condor e Eugenio Berríos. Eugenio Berríos é o técnico que descobriu o gás sarin, morto pelo Exército por ordem de Pinochet. Aqui está tudo isso, na denúncia apresentada no tribunal. Essa denúncia tem data de 29 de janeiro de 2001 – continua Foch como se não tivesse sido interrompido.

Os deputados poderiam perguntar num arroubo lógico:

– Estaria Maria Thereza a serviço da Operação Condor?

Não o fazem. Limitam-se a seguir o roteiro.

– Este livro é o original? – quer saber Heinze.

– Este é o original. O que lhe pediria é fazer uma fotocópia, porque necessito... Os senhores levem assim como está, mas me deixem...

– Agora?

– Não.

– O senhor acha, então, que a pressa em sepultar o corpo, não se fazer autópsia, a pressa em enterrar o Dr. João Goulart, tudo isso seria para ocultar a utilização do gás? – questiona o ansioso deputado Jorge Pinheiro.

– O Dr. Goulart morre a uma, às duas da manhã, mais ou menos – pode haver uma diferença de meia hora –, e às seis da tarde sai com tudo pronto para o cemitério. Nunca se viu... – Foch instala, de vez, a dúvida nos ouvintes.

No seu livro, ele fala em 14 horas, mas é um detalhe, como detalhes parecem ser nomes e cores, um detalhe que não chama a atenção de ninguém, pois se está diante de um homem gasto pelo tempo puxando pela memória.

– Muito rápido – balbucia Pinheiro.

– Muito rápido – confirma Foch. – Mas quero lhes contar algo referente a Cláudio Braga e Ivo Magalhães. Em 6 de dezembro, às duas da tarde, o engenheiro Ivo Magalhães foi à estância "El Milagro" e retirou dela (...) Tito o recebeu. Ele levanta a cama do Doutor, Tito tira uns pacotes que estavam embaixo e ele lhe diz que coloque os pacotes no carro. Ele pega um cofre forte, o quebra, porque não tinha a chave, e depois esse cofre aparece vazio. Tito não tinha nenhuma autoridade frente ao secretário do Dr. Goulart (...) Ele obedeceu. Assim, em 6 de dezembro, o homem que deveria estar no velório do Dr. Goulart estava tirando, debaixo da cama e da cômoda... Nesse mesmo dia, 6 de dezembro de 1976, Cláudio Braga, quando estavam velando o Doutor na estância, mandou mover quinhentos novilhos. O capataz, Silvino Vieira (?), lhe...

Algo se perde. Ou Foch, perdido nos sendeiros da memória curtida pelos anos na dura lide, troca o nome do capataz ou sua pronúncia confunde a transcrição. Ninguém percebeu que ele vem de tratar Ivo Magalhães como secretário de Jango, quando esta função era de Braga.

– ...pergunta se é verdade ou mentira, e se opôs dizendo que ali não se mexia em nada sem uma ordem de Vicente Goulart. Ele teve que esperar uma permissão de Vicente Goulart, um dia ou dois depois, para mover esse gado. Assim, os dois sócios, a oitocentos quilômetros de distância um do outro, já se mobilizavam para roubar. Ivo Magalhães, por mais secretário que fosse, não tinha nenhum direito de tocar nada na estância. No momento em que morria Goulart, automaticamente estavam cancelados seus poderes. Em qualquer lugar do mundo acontece assim. O poder é só até a morte. Morreu, acabou o poder.

– Ele fez na França um exame médico, parece que em setembro, não é isso? O senhor tem conhecimento desses exames, se atestavam que ele estava bem de saúde? Qual era o estado dele, já que em dezembro, alguns meses depois, ele veio a falecer? O senhor tem alguma informação sobre esse exame que foi feito na França? – pergunta Jorge Pinheiro, mudando abruptamente o assunto.

– Ele fez várias viagens à França, e sempre fazia um teste completo – responde com segurança o uruguaio.

– Um checkup.

– Ele estava bem. Havia deixado de beber, que era o problema, e estava bem. Vou repetir: se o Dr. Goulart tivesse falecido de um infarto normal, não haveria nenhuma explicação para os fatos que rodearam todo esse tempo. Vou lhes explicar o seguinte. Marta Viale, minha sócia, me traiu. Havíamos escrito o livro. Ela foi comigo à estância, vimos tudo e escrevemos o livro. Estamos falando de 1982. O livro não estava terminado, estava como está aí, e ela me diz que não quer seguir adiante porque tem medo. Isso eu entendi. Era preciso ser um pouco louco para fazer o que fizemos. Assim, compreendi sua posição de não seguir adiante com o livro. Passam-se vinte anos, e o livro ficou aí – esse livro tem 22 anos. Há seis meses, descubro que Marta Viale havia vendido o livro e todas as fitas gravadas à *Manchete*, a revista brasileira, a Bloch, a Jack Bloch. Estou falando de vinte anos atrás, e descubro agora, há seis meses, que lhe ofereceram cerca de 100 mil dólares naquela época, que representam 250 mil dólares agora (...) faço a denúncia à sra. juíza de Maldonado sobre o roubo do livro com a entrega das fitas gravadas de todas as testemunhas. Acuso Marta Viale, minha ex--sócia, não pelo roubo, porque isso não é importante, mas porque ela, conhecendo todos esses fatos que possibilitavam deduzir que a morte do Dr. Goulart tivesse sido um crime, entregou essa documentação. Aí há um detalhe muito importante: pagaram 100 mil dólares, mas o livro nunca foi publicado. Por que pagaram 100 mil dólares por uma coisa que não iam publicar? Qual a importância disso?

– O senhor acha, já que afirmou que Maria Thereza teria matado o presidente, que ela tinha um caso com Cláudio Braga... – interrompe Pinheiro sem ouvir a pergunta.

– Pode ser.

– ...já que a fama dela não era muito boa e ele, depois, ficou como seu procurador, não é isso? O senhor acha que havia alguma coisa entre eles? Porque ela só o mataria por vingança, por interesse de ficar com alguma coisa ou algo parecido – completa, em tom de fofoca, Pinheiro.

– Dona Maria Thereza odiava o Doutor. A documentação, justamente nesse livro, mais que nesse menor... Bem, essa é a opinião de Percy Penalvo. Tito disse que Maria Thereza odiava o Doutor. É a opinião das pessoas sobre isso, não é a minha. Eu falo pelas testemunhas, vivas ou mortas. Em todos os casos, ou na maioria dos casos, os elementos comprovam o que digo – prossegue, obcecado, Foch Diaz, passando da denúncia à difamação sem escala.

As perguntas vão e vêm perdendo o foco. Há luz demais. Os inquiridores chocam-se com a opacidade do passado. Buscam se agarrar nas margens da escuridão.

– E os 100 mil dólares que foram pagos? O senhor tem uma comprovação de que essa sua sócia recebeu esse dinheiro do Grupo Bloch? – interessa-se Luiz Carlos Heinze.

– Quando fiz este livro, o pequeno, buscamos uma editora que o publicasse e distribuísse. Um amigo meu o levou ao Sr. Enrique Piquet, que tem uma das editoras mais importantes daqui, para ver se ele estava interessado. O Sr. Piquet disse então que há vinte anos tinha intermediado a venda desse livro a Bloch, e Marta Viale ainda ficou lhe devendo. Se os senhores... Não há nenhum inconveniente, porque inclusive essa denúncia está aqui.

O uruguaio lê a denúncia enviada à juíza de Maldonado na qual fala das mortes de Jango, do piloto Ruben Rivero e do cozinheiro Tito, todos mortos do coração, e relata a confissão do editor de que teria vendido os originais e as fitas gravadas em Mercedes a Bloch sem receber a comissão prometida. Depois de mais algumas intervenções, Foch diz como um fecho de ouro:

– O livro nunca foi publicado pelos que compraram. O livro foi comprado por Ivo Magalhães, que já era milionário naquele momento, para ocultar tudo, porque nele estavam contidas as gravações de todas as testemunhas, e eu não sabia nada. Marta Viale me enganou, dizendo que não queria ir em frente porque era perigoso. Tinha razão, era perigoso. Está claro ou não? Há alguma dúvida sobre isso, algum detalhe? Porque estamos mostrando documentos (...) Há ainda outra coisa (...).

Essa outra coisa, essa revelação final, é ainda mais estranha, tão ou mais estranha que toda a sua história, essa narrativa de um assassinato por interesse pelos bens do morto que se converte aos poucos em crime político.

– Na Biblioteca Nacional. A Biblioteca Nacional tem... É preciso deixar três livros depositados quando se faz uma apresentação de autor, e esse livro desapareceu da Biblioteca Nacional – sussurra ele, triunfante.

– As três cópias? – questiona alguém.

– As três cópias.

Quando Foch parece nada mais ter para usar como munição, ele encontra uma última bala, que dispara como um míssil sem, contudo, conseguir ampliar a sessão.

– Quero lhes dizer uma coisa, que é o mais importante de tudo. Aqui, o *Diário Catarinense* tem uma das coisas mais importantes para demonstrar algo sobre a morte do Doutor. São as declarações de Maria Thereza contradizendo totalmente as declarações tanto do peruano como de Pérez Pérez. Maria Thereza diz que, quando eles saem de Paso de los Libres, vão a um restaurante onde havia muitas pessoas que estavam esperando o Doutor, onde um garçom lhe serve uísque que poderia estar envenenado. Isso contradiz totalmente as declarações dos outros dois. Maria Thereza teria que explicar por que disse isso. Essa é uma das que mais mente – sentencia o velho falcão.

Peruano falara em água mineral com gás.

O passado é uma reconstrução do presente.

25

O cortejo, o velório e o enterro de Jango povoam muitas narrativas. Amigos, familiares, jornalistas e historiadores contradizem-se e complementam-se num caleidoscópio de imagens, sentimentos e impressões. Um relato inusitado é o da revista *Fatos e Fotos Gente*. A chamada de capa já é um misto de jornalismo e algo mais: "Em cores – Jango – O fim do exílio". Nas páginas internas, títulos melancólicos – "A triste volta de Jango" –, fotos expressivas de gaúchos "pilchados", dilacerados pelo abatimento, e textos carregados de emoção: "1962. Numa rápida pausa que lhe permitiram os agitados meses iniciais do seu período presidencial, o fazendeiro João Goulart foi descansar em São Vicente, no município de São Borja. Jango era um gaúcho dos mais autênticos, não só por suas origens e formação, como pelo amor às lides do campo. De temperamento calmo e silencioso, só se empolgava quando defendia o que ele acreditava serem os interesses do povo brasileiro. No campo, entre capatazes e peões, preparando churrascos e tomando chimarrão, era um homem feliz e de uma simplicidade total. Nos últimos anos, devido ao exílio político, ele rondava, entre o Uruguai, a Argentina e o Paraguai, a sua querência, a terra em que nasceu".

A reportagem principal, assinada por Sílvia Costa e Marina Wodtke, de Porto Alegre, e Heloísa Marra, do Rio de Janeiro, narra com singeleza as cenas de comoção em São Borja e, em meio a algumas imprecisões, dá até uma versão particular do último dia de Jango na Argentina.

"O corpo do ex-presidente João Goulart foi acompanhado por aproximadamente 30 mil pessoas na cidade gaúcha de São Borja, desde a Igreja São Francisco Borja, na Praça XV de Novembro (onde também fica a casa onde nasceu Getúlio Vargas), até o cemitério local. Desde cedo, a multidão começou a se concentrar na cidade, distante 634km de Porto Alegre. E logo que chegou a urna, transportada em carro fúnebre, os que aguardavam em frente à matriz resolveram carregá-la, a pé, pelos dois quilômetros que separam a igreja do cemitério. Mas a operação não foi fácil. A emoção invadira a cidade e muitas pessoas, humildemente trajadas, queriam tocar no esquife a todo custo. Diante da tentativa do motorista do carro fúnebre em abrir caminho à força, populares e familiares gritavam em coro: "Jango é nosso", "o povo carrega Jango". Durante todo o percurso pelas ruas, era grande o número de pessoas aguardando em suas casas a passagem do féretro. Mas logo aderiam ao cortejo, envolvidas pelo significado da última despedida ao ex-presidente. No cemitério de São Borja havia tanta gente que foi muito difícil carregar o esquife até o jazigo da família Goulart, distante 50 metros do túmulo onde está enterrado Getúlio Vargas, o pai político de Jango".

A narrativa encadeia, depois que o caixão é depositado sobre a tampa do túmulo, o discurso do deputado emedebista Pedro Simon, sua lembrança de que a Getúlio e Jango o destino determinara o retorno a São Borja em caixões, a fala de Tancredo Neves, primeiro primeiro-ministro, em 1961, que lamentou ter Jango morrido longe do calor da sua gente, e o último ato: às 16h30, "o corpo foi colocado no interior do nicho". Fim do fim, começo de uma dúvida sinuosa, tristeza: "Maria Thereza, os filhos, João Vicente e Denize, e a nora, Estela, deixaram o local, seguidos pelas irmãs de Jango. Ficou apenas a multidão cercando o jazigo e dificultando os movimentos dos que pretendiam abandonar o cemitério. Estendidas contra o céu nublado de São Borja, duas faixas permaneciam erguidas: "Jango continuará conosco" e "São Borja chora a perda de mais um filho ilustre".

Aí aparece um testemunho de Maria Thereza, resumido pelos jornalistas, que contradiz o itinerário traçado por Foch Diaz e acentua os abismos da reconstrução do passado: "Jango passou o domingo (5 de dezembro) tranquilo. Saiu de Mercedes – Norte da Argentina – e foi almoçar em Paso de los Libres, na fronteira com a cidade brasileira de Uruguaiana (RS). Depois da refeição, esteve na loja de um amigo, onde fez algumas compras com sua mulher. À tarde, voltou para a fazenda em Mercedes e ainda preparou um churrasco ficando até tarde a conversar com Dorneles, seu secretário particular. Jango estava feliz com os preparativos de sua viagem a Londres, onde pretendia passar o Natal com os filhos e o neto recém-nascido, Cristóvão. Às 23h30min, despediu-se de Dorneles e foi dormir. Três horas mais tarde, estava morto, vítima de um ataque cardíaco". Quem é esse Dorneles? Não era Vieira? Os horários também não batem. Foch diz que Jango foi direto a "La Villa", no domingo, parando para almoçar na estrada. Maria Thereza fala de um retorno de Mercedes para almoçar em Paso de los Libres? A entrevista dela é do dia do enterro. Não havia como confundir datas. Salvo se a confusão resulta da pressa na apuração, algo que, na época, só na época, acontecia no jornalismo.

A reportagem também comete seus erros sobre o estado de saúde do ex-presidente, acossado várias vezes por seu coração doente: "Nos últimos meses, Jango estava se submetendo a rigoroso tratamento observando dieta para perder alguns quilos em excesso. Ainda fumava bastante, mas deixara de beber por completo. Cuidava do coração embora só tivesse tido uma 'indisposição' há doze anos no México. A notícia da morte de Jango atingiu primeiro Porto Alegre, na manhã de segunda-feira. O noticiário pelo rádio movimentou as rodinhas de bate-papo e a Rádio Guaíba passou a noticiar da cidade de São Borja, enviando flashes para a capital. Nos telejornais da noite, em outras capitais, o fato foi comunicado com discrição, sem fotos ou imagens históricas da vida política do ex-presidente brasileiro. Logo após terem recebido a notícia da morte de Jango e a permissão do governo brasileiro para que ele fosse enterrado em São Borja, os familiares começaram a preparar o enterro. Pelo telefone, João Vicente pediu que aguardassem sua chegada de Londres com a irmã Denize e a família. O esquife onde estava o corpo do ex-presidente foi aberto em Uruguaiana e, na noite do velório em São Borja, fez-se nova aplicação de formol no cadáver para sua conservação. Mas apesar desses cuidados foi impossível manter o caixão aberto até que Denize e João Vicente chegassem à cidade gaúcha", escrevem os jornalistas de "*Fatos e Fatos Gente*" tentando colorir ao máximo as cenas do adeus ao morto no exílio. Muitos políticos compareceram ao enterro, mas "nenhum deles quis falar sobre o fato, nem sobre possíveis repercussões da morte de Jango, limitando-se a cumprimentar os familiares do ex-presidente no interior da igreja". A linha dura não queria o enterro no Brasil. O medo era uma constante.

"João Vicente e Denize, reunidos à mãe, conseguiram chegar ao Brasil na manhã de terça-feira, rumando de jatinho direto do Galeão para São Borja. João viajou com a mulher, Estela, uruguaia de nascimento, e o filho Cristóvão (sic), de quatro meses de idade. Denize Goulart os acompanhava no voo da Varig, que saíra de Frankfurt, com escala em Madrid. Cansados da viagem, esgotados pela emoção, João e Denize estavam inconsoláveis. O rapaz, agora com 20 anos, logo que entrou na igreja, atirou-se sobre o caixão, dizendo: 'Meu pai, meu pai'. Denize, um ano mais nova que o irmão, permaneceu abraçada à mãe. Às 14 horas, com a presença das irmãs de Jango – Iolanda, Tarcila, Maria e Neusa – realizou-se a missa oferecida pelos amigos da cidade. No final, o caixão foi coberto pela bandeira nacional, tendo Denize colocado também uma faixa branca com a palavra anistia em letras vermelhas."

O mais impressionante é a foto de Maria Thereza: cabelo curto, cara lavada, imagem devastada, a tristeza estampada em cada traço do seu rosto bonito e sofrido.

A imagem de uma mulher demolida pela perda.

Uma história é sempre uma infinidade de histórias, de fios, de linhas, de abordagens, algumas mais sofisticadas, outras mais empoladas, umas mais complexas, algumas singelamente verdadeiras. A foto do rosto de Maria Thereza no dia do enterro de Jango é uma história inteira, uma narrativa completa, conto, crônica e romance, o concentrado de todas as emoções e de todas as tramas. O poeta, se a visse naquele instante definitivo diria: eis aqui uma mulher se entregando por inteiro.

26

O que Jango deixa para trás? Um presente e um passado controvertidos. Uma situação de ruptura encontra muitos narradores, todos igualmente apaixonados, todos visceralmente objetivos. A revista *O Cruzeiro*, de Assis Chateaubriand, golpista, narrou, em sua "edição especial da revolução", de 10 de abril de 1964, o golpe "hora a hora" em Minas Gerais, São Paulo e Rio de Janeiro. Jango guardou durante anos um exemplar desse número devastador, a edição que serviu de lápide para o seu governo.

– A vida no exílio, Décio, é uma sucessão de lembranças fora de ordem. Um dia, a gente pensa a partir do fim, no outro, a partir do começo, assim vai, não há padrão.

– Não se para de lembrar?

– Nunca.

– Não dá para ordenar os pensamentos?

– Essa é a nossa grande ilusão, Décio, ilusão de cavalo velho com saudades da querência, ainda mais quando se tem tempo e obsessão, essa praga da memória das coisas mais antigas. Quanto mais a gente para com o intuito de colocar os pensamentos em ordem, mais eles se enrodilham como laços. Tem uma vantagem nisso: a gente pode começar por qualquer ponto e chega sempre aos demais.

– Lembra do que a imprensa dizia?

– Sou capaz de lembrar de tudo o que é melhor esquecer.

*

"MINAS HORA A HORA"

Reportagem de Fernando Richard e José Nicolau

Dia 30 de março, 20h30m. O General Carlos Luís Guedes, comandante da IV Infantaria Divisionária, sediada em Belo Horizonte, reúne todos os seus comandados e comunica que se rebelara contra o Presidente João Goulart. Reúne-se, depois, com o General João de Faria e o Coronel Emílio Montenegro Filho, da FAB, além do General José Lopes Bragança, no comando da ID-4.

Traçam um esquema.

Dia 31 de março. 3h30m. A reunião continua. O General Bragança é incumbido de fazer a convocação dos civis para a revolução. O Governador Magalhães Pinto, no Palácio da Liberdade, declara que apoia e comanda o movimento.

4 horas. Tem início a mobilização dos civis.

7h30m. O Comandante da Base Aérea de Belo Horizonte, Coronel Afrânio da Silva Aguiar, é chamado ao Palácio da Liberdade pelo Governador Magalhães Pinto. O Chefe do Executivo mineiro expõe ao oficial os seus planos. Fala a respeito dos motivos que o levaram a tomar a decisão. Após conferência de uma hora, a portas fechadas, o Coronel Afrânio dirige-se para a Base Aérea: tinha dado total apoio ao Governador.

8h30m. O General Bragança vai ao comando da ID-4 e comunica ao General Guedes o andamento da mobilização de civis. No Palácio da Liberdade, o Governador Magalhães Pinto toma todas as providências com o Coronel José Geraldo de Oliveira, comandante da Polícia Militar, para que fossem guarnecidos os pontos estratégicos do Estado. Tropas da PM se deslocam para as fronteiras.

9h30m. O General Olympio Mourão Filho, comandante da Quarta Região Militar, sediada em Juiz de Fora, telefona ao General Guedes. Conversam reservadamente. Nessa hora, o movimento revolucionário já é do conhecimento do povo. Uma violenta proclamação do General Guedes é lida em todas as rádios da capital mineira e de algumas cidades do Interior. Acusa Jango.

10 horas. O General Guedes comunica-se com o Governador Adhemar de Barros pelo telefone. É a primeira vez, desde a deflagração do movimento, que o General conversa com o Governador paulista. No QG da ID-4, estão sendo montadas as instalações telefônicas que iriam ligar, diretamente, o Palácio da Liberdade, o comando do 12º Regimento de Infantaria, a Polícia Militar, o Destacamento da Base Aérea, o CPOR e outras unidades militares.

13 horas. No Palácio da Liberdade, o movimento é intenso. O Governador, até o momento, não havia aparecido de público. Chegam o Senador Milton Campos, o ex-Chanceler Afonso Arinos, assessores do governo e o secretário da Fazenda, Deputado José Maria Alkmin. Trazem a notícia de que o Marechal Odylio Denys se encontrava em Juiz de Fora articulando o movimento com o General Olympio Mourão Filho. No Departamento de Instrução da Polícia Militar, mais de 500 jovens já se haviam alistado no chamado Exército Civil.

13h30m. O Coronel Emílio Montenegro Filho, da FAB, é mandado a Barbacena, de avião, para entrar em contato com o brigadeiro-comandante da Escola Preparatória de Cadetes do Ar. Em sua companhia, segue o jornalista Aloísio Cunha, que leva a gravação da proclamação do General Guedes.

14 horas. Os dois enviados chegam a Barbacena. Conversam com o comandante da escola. Um filho do Deputado José Bonifácio prende o juiz de direito de Barbacena. Em Belo Horizonte, o movimento de automóveis aumenta nos postos de gasolina. O combustível fora requisitado pelo governo.

14h30m. Chega a Belo Horizonte o Deputado José Bonifácio, primeiro secretário da Câmara de Deputados. Anuncia a disposição do Congresso de instalar-se na Capital mineira. E diz que todos os deputados por Minas Gerais já haviam sido chamados.

15 horas. Na Assembleia Legislativa, o deputado comunista Gomes Pimenta pede uma comissão para entender-se com as autoridades a fim de ser posto em liberdade o Deputado Sinval Bambirra, preso na madrugada. A comissão foi formada, mas Bambirra não foi solto.

16 horas. Aproximam-se de Juiz de Fora as tropas do 11º Regimento de Infantaria, de São João del Rey, que começara a deslocar-se para aquela cidade aos primeiros minutos da madrugada. O General Guedes retorna ao QG da ID-4 após conferenciar, mais uma vez, com o Governador Magalhães Pinto. Outra reunião contou com a presença dos dois chefes mineiros da revolução e do Coronel José Geraldo de Oliveira, secretários de Estado Oswaldo Pierucetti (Interior), Roberto Resende (Agricultura) e José Maria Alkmin (Fazenda) e os Srs. Milton Campos e Afonso Arinos.

17 horas. A Polícia Militar começa a ocupar a capital mineira. A Companhia Telefônica, o DCT, empresas de comunicações e redações de jornais e rádios foram tomadas pela PM.

19 horas. Aumenta o número de adesões de civis ao movimento revolucionário. As inscrições são feitas no Grupo Escolar Pandiá Calógeras. Todos usam no braço direito uma braçadeira verde-amarela com um triângulo no centro. É o símbolo mineiro do levante revolucionário.

19h30m. O General Guedes solicita a cooperação de companhias construtoras para que enviem carretas pesadas: transporte de material até Juiz de Fora. Quinze carretas são colocadas à disposição do comandante da ID-4.

20 horas. O Governador Magalhães Pinto fez seu pronunciamento à Nação. Estava formada a Cadeia da Liberdade, que levou a todo o Brasil a palavra do líder mineiro. Governadores de outros Estados, como São Paulo, Paraná, Santa Catarina, Espírito Santo, Guanabara, Goiás, Mato Grosso e Bahia, apenas esperavam a palavra do governador de Minas, para dar início ao movimento nas áreas de sua responsabilidade.

20h30m. Chega ao comando da ID-4 o Coronel Paulo Hildebrando de Campos Góes, comandante do 4º Regimento de Obuses, sediado em Pouso Alegre. Procedia do Rio de Janeiro. Após rápido contato com o General Guedes, põe-se à disposição do comandante da ID-4.

21 horas. Engenheiros se apresentam ao comando da ID-4 para as emergências que surgirem com o decorrer da crise militar. São especialistas em restauração de pontes e construções. Médicos dão conhecimento ao comando revolucionário de vários postos em Belo Horizonte.

22 horas. Com exclusividade, a reportagem de *O Cruzeiro* consegue entrar na Base Aérea de Belo Horizonte e fotografa os praças e oficiais revoltosos. O comandante da guarnição só havia dado conhecimento da revolução aos oficiais. Mais tarde falaria ao resto do contingente. Indagado a qual comando estava subordinado, disse o Coronel Afrânio Aguiar que "seu único comandante era o Governador Magalhães Pinto". Os oficiais mantinham-se calmos e aguardavam o desenrolar dos acontecimentos.

22h30m. Pelo telefone, o General Guedes é informado de que o Presidente João Goulart deseja um entendimento com o Governador Magalhães Pinto e os chefes militares de Minas Gerais. Afirma-se que o Sr. João Goulart chegou a propor uma mediação "para resolver o impasse surgido entre a administração federal e o governo mineiro". O General Guedes se recusa a manter conversação com o Chefe da Nação. Idêntica é a atitude do Governador Magalhães Pinto.

23 horas. Todo o dispositivo revolucionário se encontra em ação. O secretário da Agricultura de Minas, Sr. Roberto Resende, toma as providências necessárias a que não houvesse falta de gêneros nos dias seguintes. "Minas poderá resistir cem dias" – afirmou. Foi determinado o levantamento de todo o estoque de carne no Estado.

24 horas. As poucas pessoas que se mantinham próximas ao Palácio da Liberdade se mostravam apreensivas com as notícias de que tropas do I Exército estavam marchando contra Minas Gerais.

Entretanto, neste momento o Coronel José Guilherme anuncia que o Governador Magalhães Pinto havia recebido um comunicado do General Amaury Kruel, dizendo que estava à frente do II Exército marchando contra o Estado da Guanabara. A alegria foi geral.
Dia 1º de abril. 1h15m. O Comandante da Base Aérea de Belo Horizonte fala, pelo telefone, com o Brigadeiro Francisco Teixeira, comandante da 3ª Zona Aérea, e comunica a sua condição de rebelado. É imediatamente exonerado, juntamente com o subcomandante, Major Nelson Santiago. Não acata a decisão. Reúne a tropa, dá ciência de sua condição e liberdade de ação para os que não quiserem aderir. Toda a tropa se mantém com o comandante destituído. O Coronel Afrânio Aguiar, então, toma medidas de segurança.
8 horas. No QG da ID-4, a satisfação é geral. O General Guedes recebe dez pilotos civis que se colocam à disposição para qualquer eventualidade. Várias companhias de aviação põem suas aeronaves a serviço do Governador Magalhães Pinto.
8h30m. Pela primeira vez, desde o início do movimento, o Governador Magalhães Pinto deixa o Palácio da Liberdade. Visita várias unidades rebeladas. Vai ao Centro de Recrutamento, onde é recebido entusiasticamente. Depois, dirige-se ao Departamento de Instrução da Polícia Militar e ao 12º Regimento de Infantaria. Por último, visita a Base Aérea de Belo Horizonte.
12h30m. Num contato com os repórteres de *O Cruzeiro*, o Governador Magalhães Pinto declara que "foi diminuído o prazo que se esperava para a vitória final". O prazo inicial era de dez dias.
14 horas. No Palácio da Liberdade, o Governador Magalhães Pinto continua reunido com o seu secretariado. O Secretário do Interior, Oswaldo Pierucetti, articulador civil da revolução, faz vários contatos com São Paulo, Guanabara e outros pontos do País. As notícias continuam a chegar, sempre animadoras. Os chefes revolucionários aumentam a sua euforia. O prazo, de que falou o Governador Magalhães Pinto, encurta ainda mais. Para todos, a coisa mais certa é que as forças democráticas consigam dominar o País dentro de mais algumas horas. Os chefes militares conferenciam. De repente, as ligações telefônicas com Brasília são cortadas. Não se fala mais com a Capital do País. Há uma notícia, logo desmentida, que preocupa o chefe do Executivo mineiro: é a de que o Palácio Guanabara está cercado e de que havia sido cometido um atentado contra o Governador Carlos Lacerda.
15 horas. O Governador de Minas Gerais deixa o Palácio da Liberdade para passar em revista as tropas da Polícia Militar que, em oito

ônibus, deixam Belo Horizonte com destino a Juiz de Fora e várias outras cidades do interior do Estado. É aclamado pela multidão que se reúne em frente à sede do Executivo mineiro.

15h15m. Quando regressava ao Palácio, as rádios comunicam a adesão do I Exército. Aos gritos de "Terminou a revolução!" e "Vitória!" a multidão carrega em delírio o Governador Magalhães Pinto. Nas ruas centrais da cidade, a população lança papéis picados do alto dos edifícios. É a comemoração da vitória. Milhares de pessoas subiam a Avenida João Pinheiro com destino ao Palácio da Liberdade cantando "Minas Gerais" e o Hino Nacional. O Governador Magalhães Pinto, entretanto, preocupava-se ainda com as notícias de que havia resistência no Rio Grande do Sul, embora estivesse certo de que a sua luta pela democracia tinha sido coroada de êxitos e, praticamente, chegara ao fim.

20 horas. Através de uma cadeia de rádio e televisão, o Governador Magalhães Pinto, no Palácio da Liberdade, faz sua primeira proclamação como chefe da revolução de 72 horas que abalou o Brasil.

Um relato engajado de uma imprensa que se queria acima de qualquer suspeita e comprometida com a verdade.

Fábulas, mitos e narrativas...

*

– A imprensa me derrubou tanto quanto os militares, Décio, só que mais ardilosamente, como se estivesse apenas cobrindo os fatos ou ecoando os desejos do povo.

– O pior veio de Minas?

– Minas executou o que foi planejado pelos outros.

– Em São Paulo?

– Também.

– Não há como esquecer?

– Posso queimar os jornais, mas não a minha memória.

*

"S. PAULO HORA A HORA"

Uma narrativa trepidante na cadência do golpe. Cada linha da reportagem parece ecoar uma marcha militar.

31 de março – *De manhã* – São Paulo amanhece sob a repercussão da manifestação dos sargentos e do discurso do Presidente Goulart na Guanabara e a notícia de mobilização em Minas Gerais. No Palácio dos Campos Elísios o clima é de nervosismo. O Governador Adhemar de Barros nega-se a falar à imprensa e mantém reunião secreta com o Deputado Ranieri Mazzilli, presidente da Câmara Federal. De prontidão e com tanques em fila no Ibirapuera, o II Exército não revela seus objetivos. Muitas notícias continuam a chegar de Minas Gerais. A 4ª Região Militar teria deslocado suas tropas para a fronteira com o Estado do Rio. Anuncia-se manifesto do Governador Magalhães Pinto. *De tarde* – Comenta-se no Palácio dos Campos Elísios que o Governador passara a madrugada do dia 31 em Belo Horizonte, com o Sr. Magalhães Pinto. O Governador de Minas lança manifesto à Nação: "o Presidente da República subverteu a disciplina e Minas se levanta para garantir a normalidade constitucional", diz. Correm boatos de que Minas se proclamaria "território nacional livre", com Constituição própria, inclusive. O Governador Adhemar de Barros afirma que "não existe mais o regime federativo no país". Nas ruas há um evidente nervosismo. As calçadas estão cheias de gente agitada que corre aos bancos, os quais, sem cobertura do Banco do Brasil, vão pagando cheques enquanto têm dinheiro e depois fecham suas portas. Com exceção dos bancos mineiros que fecharam as portas antes e se negaram a pagar. Apurou-se que assim fizeram por recomendação do Governador Magalhães Pinto. Sabe-se que as tropas do Exército em Minas estão sublevadas. Chegam notícias dos deslocamentos de tropas da Guanabara para enfrentá-las. Teme-se o choque. O Governador paulista continua se recusando a falar. Igualmente o General Kruel, comandante do II Exército.

A marcha dos acontecimentos vai se acelerar, assim como o entusiasmo da narrativa jornalística sobre ela.

De noite – Às 19 horas o Governador ainda se recusava a falar, mas às 20:30 horas gravaria um videoteipe com uma declaração de apoio ao movimento de Minas. Antes, porém, de divulgado o documento de Adhemar, era Magalhães Pinto quem falava outra vez: "Temos certeza da ajuda de São Paulo. Com São Paulo ao lado de Minas, a vitória será rápida". Depois de incidentes com funcionários federais que queriam impedir a transmissão, a fala do Governador Adhemar de Barros foi, afinal, ao ar, por uma cadeia de rádio (mais tarde também de TV) às 22:30 horas. Os policiais afirmam que vão invadir o prédio da CTB. Preparam-se, isolam a área, afugentam os curiosos, começam a entrar por uma porta lateral, armadíssimos. A rua está escura por causa do racionamento, a noite é de garoa e há um grande silêncio. Dezenas de jornalistas esperam em silêncio do lado de fora. Os minutos passam e não há tiros. Os repórteres intercedem em favor do colega, fazem apelo ao Secretário de Segurança, o tempo passa, não há tiros, nem solução. Pouco antes da meia-noite é divulgada a posição do General Amaury Kruel, comandante do II Exército: apoia o movimento de Minas Gerais, contra o "jugo vermelho". Tendo-se o Exército mostrado aliado e não havendo nenhum outro incidente em todo o Estado, o Governador Adhemar de Barros tem agora um só ponto de resistência em seu território: 32 homens fechados dentro do prédio da CTB. As ordens de prisão a qualquer preço são renovadas. A adesão do Exército alivia evidentemente as expressões dos policiais. Como há elementos do Exército dentro do prédio, a Secretaria de Segurança pede ajuda ao Exército para resolver a questão. Um tenente-coronel não identificado pelos repórteres chega ao prédio logo depois. Entra e não volta mais. "Foi preso como refém", dizem os policiais. Um pelotão de soldados do Exército chega logo depois.

O nervosismo domina os golpistas. Eles têm pressa em enterrar o presente que os sufoca. Acreditam num futuro de liberdade que leram na mídia e ouviram dos superiores.

De madrugada – O tempo passa e a única notícia que se tem é de que o tenente-coronel não voltou mais ao andar térreo (o resto está tomado pelos que resistem). Anuncia-se a censura das estações de rádio, jornais e televisão. Baixada portaria a respeito, pelo Governo. Era 1:40 hora da madrugada quando a voz do Governador voltou ao ar. Informava que havia seis Estados sublevados para derrubar o Sr. João Goulart, a quem o Governador chama de "ex-Presidente". Os Estados sublevados são Minas, São Paulo, Paraná, Goiás, Mato Grosso e Rio Grande do Sul. Anuncia a união do governo de São Paulo com o II Exército. Notícias de Santos – mais tarde confirmadas pelo próprio Governador – davam conta, pela madrugada, de que vários líderes sindicais haviam sido presos, o Fórum Sindical de Debates invadido e posto fora de ação pela Polícia Estadual. Enquanto isso, mantinha-se o impasse na Telefônica. As luzes do prédio agora estão todas acesas, há boato de que os sitiados fugiram. O tenente-coronel ainda não voltou, ninguém sabe onde estará. Às 3:30 horas o jornal *Última Hora* é cercado pela Polícia Estadual e, posteriormente, invadido sem resistência. Sua edição é impedida de circular e o jornal passa a ficar sob controle do Governo do Estado. Às 5 horas – quase claro – o tenente-coronel desce e informa: "Nelson Gatto e seus homens fugiram. Presumo que fugiram pelo telhado. Não fui preso por eles. Perdi todo este tempo procurando-os pelo prédio sem os achar". O que os jornalistas concluíram, porém, é que o choque, que seria violento, foi contornado por conversações e dada a Gatto a oportunidade de evadir-se. A madrugada termina com a Polícia correndo para um prédio próximo, supondo que Gatto para lá tivesse passado e pretendendo ali cercá-lo novamente.

A vitória está próxima. Virá sem luta. As armas, porém, falarão em seguida. A repressão será implacável.

Manhã de 1º de abril – A chuva tantas vezes anunciada pelo Sr. Adhemar de Barros chegou de duas formas: uma, natural, garoa fininha, bem paulista, molhando o asfalto das ruas; outra – aquela a que se referia o Governador – simbolizada pelos carros de tropas que se movimentavam em todas as direções e pelas metralhadoras e fuzis embalados. Foi sob as duas chuvas que o povo saiu às ruas, como todos os dias, para as fábricas, para os escritórios, para as lojas. Nisto São Paulo não se alterou. Apesar da tensão, da expectativa e da apreensão estampadas em todos os rostos, o povo foi trabalhar. A primeira alteração notada na fisionomia da cidade foi congestionamento maior do tráfego nas imediações de quartéis, saídas para as rodovias, estações ferroviárias e outros pontos estratégicos, todos ocupados por soldados do Exército e da Força Pública. Quarteirões inteiros estavam isolados e, em alguns pontos, armadas barricadas com sacos de areia e arame farpado. O Palácio dos Campos Elísios estava isolado e protegido por um cinturão de segurança que abarcava quatro quarteirões em torno. O movimento

> de tropas do II Exército, iniciado às primeiras horas da madrugada, continuava. Pela manhã eram embarcados na Estação Roosevelt (Central do Brasil) duas dezenas de carros-tanques com destino ao Vale do Paraíba, já então sob o controle do II Exército. Apesar dessa intensa movimentação de tropas, a situação era de calma em todo o Estado. O Palácio dos Campos Elísios distribuiu comunicado do Governador Adhemar de Barros concitando o povo a manter-se em calma e, logo mais, por ordem do governo, eram requisitados todos os estoques de combustíveis. Enquanto isso o QG do II Exército distribuía comunicado dizendo "considerar muito boa a evolução dos acontecimentos, particularmente pelo número de adesões de Estados da Federação, com seus governos e tropas militares neles sediadas". O Governo do Estado e o II Exército dominavam inteiramente a situação. Além do episódio da noite anterior, quando o Gen. Puertas e o Jornalista Nelson Gatto tomaram o prédio da Companhia Telefônica, não se verificou nenhum outro movimento de resistência ostensiva. Em Santos, porém, amanheceu paralisado o porto. A COSIPA, as indústrias petroquímicas de Cubatão e a Estrada de Ferro Santos-Jundiaí foram igualmente paralisadas pelo movimento grevista em solidariedade ao Sr. João Goulart. Grandes contingentes do DOPS e da Força Pública ocupavam toda a Baixada Santista e, por volta das 9 horas, choques da Polícia Marítima invadiram a sede do Sindicato dos Estivadores. Foram efetuadas detenções de vários elementos ligados aos sindicatos. Durante todo o dia seriam detidos mais de duzentos comunistas. Alguns dos mais ativos líderes sindicais desapareceram. A Alfândega e demais repartições federais foram ocupadas pela Polícia.

Falta pouco para a comemoração. Os dados lançados já revelam seus resultados. Não há espaço para o acaso. Há, porém, espaço para certa ironia, uma ironia sintomática que revela o quanto a reforma agrária estava doendo.

> Ainda na parte da manhã foi aberto o voluntariado. Um no Ginásio do Departamento de Educação Física e Esportes, por um ex-comandante da Revolução de 32, Cel. Homero Silveira, e outro no local onde funcionava o escritório regional da SUPRA. Antes de ser transformado em posto para alistamento de voluntários, o escritório da SUPRA foi vistoriado por elementos do DOPS, que ali apreenderam material de propaganda da Reforma Agrária. No

fim do dia, só no primeiro posto haviam-se apresentado mais de quatro mil voluntários. A tarde começou com uma proclamação do Governador Adhemar de Barros. "Como um só corpo. Como uma só alma, ergue-se a gente paulista", dizia o Governador, em sua oração transmitida pelo rádio, logo depois do meio-dia. O povo paulista, acrescentava, "ergue-se mais uma vez na defesa dos ideais democráticos, na salvaguarda dos valores supremos de nossa civilização cristã". E mais adiante: "Com o Exército, a Marinha, a Aeronáutica e a Força Pública, com o apoio de todas as suas classes sociais, ressurge o São Paulo eterno para a eternidade do Brasil". As constantes notícias difundidas pela Rede da Democracia, que transmitia da Secretaria de Segurança Pública, informavam sobre as adesões recebidas em vários pontos do País pelas forças contrárias ao Governo do Sr. João Goulart. O noticiário do Rio, ainda confuso, sem determinar exatamente a posição do I Exército, ainda causava alguma apreensão, principalmente o cerco do Palácio Guanabara por Fuzileiros Navais. À medida que o tempo corria, porém, o otimismo aumentava entre as autoridades e transbordava para as ruas. O General Aldévio, em rápido encontro com a Imprensa, disse que "movimento dessa natureza estava previsto nos planos Alvorada, Eclipse e Boreal", referindo-se à crise político-militar. Tais planos foram elaborados por uma equipe de técnicos estrategistas quando o general assumiu, em 63, a Pasta da Segurança. Sua confiança em que as autoridades paulistas e o Exército dominavam inteiramente a situação foi demonstrada pelo fato de serem retirados os carros blindados da Força Pública, que haviam tomado posição em pontos estratégicos da cidade, pois a calma era "absoluta". Outro fato que justificava otimismo: a solicitação de conferência feita pelo General Morais Âncora ao General Kruel. Este já se dirigia a Resende, onde se realizaria o encontro para parlamentação.

São Paulo experimentava sua vingança contra Getúlio. Jango nada mais era do que a continuação de 1930.

Às 17 horas, havia intensa expectativa nas ruas. Logo, um boato lançado pela emissora que encabeçava a Rede da Democracia, sobre a "renúncia" do Sr. João Goulart, provocou uma explosão de contentamento, com a reunião imediata de várias autoridades no Palácio dos Campos Elísios, para "festejar o acontecimento". Nas ruas centrais começou a cair uma outra chuva, desta vez de papel picado que caía em grande quantidade dos edifícios dos escritórios. Estudantes da Universidade Mackenzie chegaram a organizar uma passeata que percorreu as ruas do centro. Essa manifestação quase gerou um incidente de graves consequências, quando o grupo de estudantes tentou manifestar o seu apoio ao General Kruel. Apareceram de repente na Rua Conselheiro Crispiniano, onde se localiza o edifício do QG do II Exército. Os soldados que mantinham guarda chegaram a apontar as suas armas, mas logo tudo se esclareceu. E os estudantes continuaram em sua passeata, dando vivas à democracia e à liberdade e aplaudindo os carros blindados da Força Pública que passavam de volta ao quartel. Nos jardins dos Campos Elísios, tomados pelo povo e por autoridades, o clima era de euforia. O Governador Adhemar de Barros saiu e, logo após, fazia uma proclamação conclamando o povo a não se exceder em manifestações, pois considerava cedo para se "festejar a vitória de uma luta que mal começou".

Adhemar de Barros mal continha a euforia, mesclando seus fantasmas com sua velha retórica manipuladora:

"A erva daninha da infiltração comunista" – disse – "continua entre nós. Só haverá vitória, realmente, quando vencermos a resistência dos que, da retaguarda, impulsionaram as autoridades federais". E mais adiante: "A vigília não pode terminar. É preciso evitar a guerra civil dos desesperados. Mantenhamos alerta permanente. Agentes de Pequim, Moscou e Cuba não se entregaram ainda, mas nós vamos caçá-los de agora em diante". A fala do Governador e, mais tarde, o desmentido da renúncia do Presidente, foram como água na fervura. E a noite desceu sobre São Paulo. Com uma constante e fria garoa. Os constantes comunicados das autoridades estaduais e do II Exército, dando conta da marcha dos acontecimentos em todo o País, deixavam claro às primeiras horas da noite que o movimento iniciado em Minas Gerais estava vitorioso. A única nota dissonante (e isto não era notificado) era a tomada de posição de Brizola no Rio Grande do Sul. Antes da meia-noite, o General Kruel voltava a São Paulo, vindo de Resende, onde fora triunfalmente recebido pelos cadetes de Agulhas Negras. A conferência com o General Morais Âncora não chegara a se realizar, pois o I Exército aderira quase totalmente ao Gen. Kruel. A madrugada chegou com a notícia da viagem do Presidente Goulart para Porto Alegre, onde "assumiria a resistência". E a madrugada trouxe mais uma notícia importante: o Sr. Ranieri Mazzilli é o novo Presidente do Brasil, por decisão do Congresso Nacional. E a garoa continuava a cair sobre a calma da cidade.

A pauliceia desvairada e sentindo-se vingada.

*

– O senhor não sentiu vontade de vomitar quando teve de receber Carlos Lacerda na sua casa, em 1967?

– Sempre tive estômago para a democracia, Décio.

– As lembranças do seu último dia no Rio nunca se apagam?

– Quando vacilam, releio alguns recortes.

– Posso vê-los?

*

"GUANABARA HORA A HORA"

A mesma cadência de Minas Gerais e de São Paulo. A clássica assinatura: "Reportagem da equipe de *O Cruzeiro*". O mesmo entusiasmo num momento fúnebre.

31 de março, na Guanabara. O Governador Carlos Lacerda prende líderes sindicais reunidos em assembleia permanente. Entre eles, Rafael Martineli, o que redundou na greve imediata da Leopoldina, como protesto. Dez vagões colocados numa passagem de nível, na Rua Francisco Bicalho, foram empurrados por choferes e passageiros de ônibus e lotações. (Mas os vagões voltaram a impedir o tráfego, até o fim da crise). Às 19 horas do dia de temor que era o 31 de março, a Rádio Jornal do Brasil é invadida por um grupo de fuzileiros. Armados de metralhadoras, equipados para uma batalha. Motivo alegado para a invasão: divulgação de uma nota em que se dizia que o General Humberto Castello Branco se reunira com diversos oficiais-generais no Ministério da Guerra. O Ministério, àquela altura, era tido e havido como reduto do Governo Federal. A Rádio, daí em diante, passou a transmitir apenas noticiários internacionais, em seus programas noticiosos. Pouco mais tarde,

naquela mesma noite, 200 soldados tomavam conta da Central do Brasil, que aderira à greve da Leopoldina. Na Avenida Presidente Vargas, o povo, que sem condução se concentrara em frente ao monumento ao Duque de Caxias, esperava ordeiramente os poucos caminhões que faziam o tráfego para o subúrbio.

O resto é um pontilhado de emoções reconstruídas.

Vila Militar, já no dia seguinte, 2h30min da madrugada. Preparo de tropas para serem enviadas a S. Paulo. Enquadrados, os oficiais negavam-se a prestar qualquer declaração.

Aspectos práticos convivem com a incerteza.

Cidade. Dia de cada um. 7 horas. Extensas filas se formam em frente às casas comerciais. Padarias, botequins, grandes mercearias e supermercados têm seus estoques esgotados. Lataria é o primeiro tipo de gênero que se acaba, entre o correr dos boatos nas filas. O saque não deixou de dar o ar de sua graça: a filial das Mercearias Nacionais, instalada nas proximidades do Parque Proletário da Penha, é assaltada por um grupo de favelados, quando os operários arrumavam (sem saber que estavam fazendo um gesto para entrar na história da sobrevivência) latas de conserva nas prateleiras. Um saqueador foi ferido pelas balas da guarnição da polícia estadual, que compareceu. Estamos em pleno 1º de abril, que desta vez não foi motivo de brincadeiras. 10 horas. Avenida Presidente Vargas e Rio Branco com muita gente em seu cruzamento, procurando apanhar carona para os seus bairros da Zona Norte, em face da greve geral dos transportes coletivos da cidade. Nas esquinas, piquetes nitidamente esquerdistas e antimilitares, que dominaram a Cinelândia até às 14 horas. A sede do Diretório Regional do PTB, na Cinelândia, ampliava, por seus alto-falantes, a pregação revolucionária, incitando os populares a invadirem o Clube Militar, na esquina da Rua Santa Luzia. Na verdade, populares tentaram, pouco depois, invadir a sede da entidade de classe dos oficiais do Exército, no que foram obstados pelos disparos dos tenentes, capitães, majores, coronéis e generais que lá se encontravam. Os oficiais dispararam de início para o ar e por fim para valer.

As horas andam aos solavancos. A cidade maravilhosa oscila entre o ritmo militar, a balada da imprensa e algumas desesperadas e tardias tentativas de resistência.

Às 15 horas, mais ou menos, um automóvel lançou volantes na Cinelândia, convocando o povo a participar de um comício de protesto contra o movimento revolucionário e que deveria realizar-se meia hora depois. 16 horas. É o sangue. A multidão tenta, mais uma vez, invadir e depredar o Clube Militar. Um carro de choque da PM posta-se diante do Clube. O povo presente vaia os soldados. Mais tarde, choques do Exército, chamados a pedido do Marechal Magessi, Presidente do Clube Militar, dispersam os agitadores. Que voltam na recarga, pouco depois (para sua infelicidade). Repelidos a bala, deixam em campo, feridos, vários manifestantes; entre eles Labib Carneiro Habibude e Ari Oliveira Mendes Cunha, que morreram às 22 horas, no Pronto-Socorro. 16 horas e 30 minutos. Fuzileiros navais que protegem o Palácio da Laranjeiras retiram-se em 4 caminhões. Um deles traz, como apêndice, um canhão. Mais atrás, um ônibus da Marinha. O restante da defesa era a guarda do Palácio por conta de alguns poucos soldados da Polícia do Exército, colocados na esquina da Gago Coutinho com Laranjeiras, e um pelotão de tanques do Regimento de Reconhecimento Mecanizado, formado por seis tanques, sob o comando de um primeiro-tenente. 16 horas e 45 min. Radiopatrulha do Estado, com três homens da Polícia de Vigilância, se aproxima e conversa com o tenente dos tanques da Rua Gago Coutinho. O povo, estupefato, não entende de nada. Mais tarde, porém, se sobressalta. O oficial-comandante ordena que avancem ao Palácio Guanabara. Sobre as barricadas. O povo pensa que se trata do assalto ao Guanabara. Muitos correm, muitos se atiram ao chão. Mas, para pouco depois, quando entendem a manobra, voltarem para festejar os tanques que aderiram à causa revolucionária. Verdadeira multidão, que se encontrava às janelas dos edifícios, compreende logo o que se passa e aplaude o gesto das tropas federais que se bandeiam às forças revolucionárias. Uma chuva de papéis picados. Povo e tanques ultrapassando a barricada, até então indevassável. Alarido ensurdecedor. Na esquina de Laranjeiras e Pinheiro Machado, a cento e cinquenta metros do Palácio do Governo Estadual, param três dos seis tanques. Desce sua tripulação (desarmada). Em seu interior apenas os motoristas. Quando o Governador Carlos Lacerda desceu do Palácio Guanabara, protegido por sua guarda, os tanques estão à frente do Palácio. Guarnições marchando à sua frente. Canhões e metralhadoras desguarnecidos. Era a honrosa adesão. Adesão como passo para a pacificação sem sangue. Cartas na mesa, a multidão aumenta em frente à sede do Governo da Guanabara. É quando chega a notícia de que os fuzileiros navais se aproximavam para atacar o Guanabara. Correria geral, enquanto os alto-falantes pediam que o povo se retirasse da linha de fogo. (E foi a debandada). Para a retirada ser honrosa, divulgou-se que se tratava de tropas de navais que vinham apresentar sua adesão. Prestar continência ao Governador Carlos Lacerda. E a praça ficou vazia, com policiais e tanques em posição de um combate que não veio, pois a notícia de que os fuzileiros terríveis se aproximavam para o combate de vida ou morte não passou de rebate falso.

Um golpe é feito de simulações, ameaças, notícias falsas, propaganda e contrapropaganda. Em tempo real.

17 horas e 30 minutos. Deixemos a Cinelândia e as imediações do Palácio Guanabara. Praia do Flamengo, 132, sede da União Nacional dos Estudantes. Grupos de jovens atiravam bombas incendiárias (coquetel Molotov) para o interior da UNE, àquela altura abandonada pelos dirigentes da entidade estudantil. Tinham fugido, sob as vaias dos que se aproximavam do local. Ou mesmo pelos fundos, pelos telhados do prédio, para edifícios vizinhos. Precipitadamente. Duas atitudes: uma senhora acompanhou os acontecimentos da UNE com um comentário – "Vi arder na UNE uma permanente provocação aos sentimentos cívicos e democráticos dos cariocas". Um senhor, cidadão muito sério, pediu licença para os policiais. E se aproximou: "Quero" – disse – "colocar amanhã, aqui, substituindo essa faixa em que os estudantes desafiam a ordem constituída, uma outra em que se leia que será instalada brevemente, neste mesmo lugar, uma escola". Mulheres e rapazes, em opinião unânime, diziam que nunca tinham visto um movimento como aquele. "Eles pagaram" – diziam, contritos do que diziam. Apesar do que se disse, o incêndio não foi ateado dentro do próprio prédio, por quem lá se encontrava. Os dirigentes da União Nacional dos Estudantes livraram-se de livros e documentos, que foram incendiados e devolvidos para o interior do edifício em forma de tochas de fogo e objetos que se incendiavam no interior das salas das entidades sob

as siglas de UNE, AMES, UBES e outras. Os policiais e bombeiros que pouco depois chegaram para combater o incêndio disseram que encontraram nas salas da UNE armas e munições. 18 horas. É a vez do jornal *Última Hora*. Enquanto no dia anterior o *Jornal do Brasil* era invadido por fuzileiros, a *Última Hora* se mantinha intacta. Agora, desta vez, o vespertino, na Rua Sotero dos Reis, era atacado. Grupos arrombaram a porta da garagem, puxando as viaturas para a rua, depredaram-nas e atearam-lhes fogo. Escritórios, idem. Rotativas, idem. Depoimento de testemunhas: a Operação *Última Hora* foi obra de comandos. Em pouco mais de 15 minutos os depredadores executaram a sua obra. (Ignoravam a existência de um cabo de alta tensão que, se atingido, causaria danos de extensão imprevisíveis, chegando mesmo a sacrificá-los).

A cidade do Rio do Janeiro vive um momento de delírio, mescla de encantamento, desespero e alucinação.

"O CARNAVAL"

O dia 1º de abril foi de tráfego congestionado, avançado passo a passo, no Rio de Janeiro. Especialmente na Zona Sul. Quase duas horas para ir de Copacabana ao Leblon, percurso que se faz normalmente em meia hora. Madrugada de colisões. Na praia de Botafogo três carros de passeio chocaram-se, em horas diferentes, contra postes e árvores. No Flamengo, um carro estadual, oficial, cujos ocupantes metralharam a sede da União Nacional dos Estudantes, estava completamente danificado. Colidira com um poste, após o atentado. Na Avenida Beira-Mar, duas Kombis chocaram-se contra um poste e uma árvore (...) Filas extensas na Rua Barata Ribeiro e Av. Nossa Senhora de Copacabana. Casas comerciais, mercearias, bares, cafezinhos, restaurantes, continuavam a atender ao público, normalmente, embora devagar e em grupos, pois entravam poucos consumidores nas lojas ao mesmo tempo. Soldados do Exército patrulhavam as ruas, nas proximidades da praia, cujo ambiente era de otimismo, com populares se manifestando:

– Isso não vai dar em nada.

(Era o lugar-comum e denominador das crises brasileiras: a inclinação do brasileiro para resolver tudo sem sangue e que a calma devia prevalecer). Na Rua Sá Ferreira meninos e meninas iam até a praia (aproveitando o feriado escolar de fato e de direito) buscar areia para barricadas. Populares, solidários ao Forte de Copacabana, que àquela hora já aderira, isolavam com cordas todas as ruas. À tardinha. Dois tiros vinham do Leme. Era o sinal de vitória, que acionou o gatilho da explosão popular. E tudo se misturou na chuva, alegria e carnaval, refletidos nos olhos dos soldados que ocupavam o Forte de Copacabana, patrulhas do Posto Seis. Uma história: homens, mulheres e crianças, empunhando bandeiras, lenços brancos, lençóis, comemoravam o que ficou sendo o carnaval da vitória. Das janelas dos apartamentos em toda a Zona Sul, eram estendidos lençóis e colchas, numa homenagem à vitória da revolução. E duas chuvas se misturaram no espaço: a que caía de muito alto, de água, e a de papéis picados. E uma caravana de automóveis, buzinando, vespas nas avenidas e ruas de Copacabana, de Botafogo, do Jardim Botânico, do Leblon e Ipanema.

Poucas vezes a imprensa foi tão golpista.
Talvez nunca tenha sido mais injusta.
Raramente se sentiu tão feliz e poderosa.

27

Morto no exílio, Jango deixa para trás a narrativa desses dias inesquecíveis da sua primeira morte. Deixa para trás esse passado inaugural e o que viria depois, a repressão brutal e, como resposta a ela, a guerrilha, os sequestros de embaixadores, as trocas dos sequestrados por presos políticos, as tentativas desesperadas de se encontrar uma saída, um espaço para a utopia, uma válvula para a pressão insuportável da violência oficial e cotidiana. Deixa para trás os relatos impressionantes das execuções bárbaras de resistentes guerrilheiros como Carlos Marighella e Carlos Lamarca. O capitão da guerrilha do Vale do Ribeira, o para sempre maldito Lamarca da VPR e do MR-8, maldito por ter desertado do 4º Regimento de Infantaria de Quintaúna, em 24 de janeiro de 1969, em parceria com o soldado Roberto Zanirato, com o cabo José Mariani e com o sargento Darcy, carregando numa Kombi 63 fuzis FAL, três metralhadoras leves e um pouco de munição. O maldito Lamarca, cansado, faminto e isolado, foi morto, em 17 de setembro de 1971, com sete tiros quando tentava se erguer à sombra de uma baraúna, na localidade perdida de Pintada, na Bahia. Uma execução exemplar. Zequinha, o metalúrgico fiel que o carregara nas costas nos seus últimos quilômetros de vida Severina, morreu agraciado com uma rajada de metralhadora. Iara Iavelberg, mulher de Lamarca, foi eliminada a tiros no quarto do seu esconderijo. Os assassinos tiveram uma ideia original para explicar o ocorrido: suicídio.

Não se trata de contar novamente o que já se conhece nem de negar ou reinventar o passado, o que está perfeitamente contado por Frei Betto em *Batismo de sangue*, mas de lembrar com Jango aquilo que sempre esteve além dele, embora tenha resultado da sua queda, aquilo que ele não queria, não apoiava, não autorizava, mas que se espalhou como um remédio amargo, um antídoto letal contra o veneno da ditadura, a guerrilha urbana com suas tantas faces, Carlos Marighella, atraído para uma emboscada, na Alameda Santos, sendo morto a tiros por Sérgio Paranhos Fleury e seus homens, esse mesmo Fleury, o torturador dos olhos azuis, de que fala Mario Neira Barreiro, como elemento determinante da morte de Jango no exílio, esse desterro crivado de notícias sobre o Brasil, a guerrilha do Araguaia, com tantos corpos desaparecidos na selva, 20 mil homens das Forças Armadas para dizimar 67 guerrilheiros, a tortura cantando sem funerais.

O corpo de Jango torna-se objeto de cuidado no seu funeral. Vinte e quatro anos depois, Odil Rubim Pereira, o médico que se ocupou do cadáver, é ouvido pelos deputados brasileiros como possível detentor de uma pista crucial.

– Eu me lembro do momento em que me foi feita uma ligação na qual fui chamado a ir à igreja onde estava sendo velado o corpo do Dr. João Goulart. Lá chegando, algumas pessoas de suas relações e alguns parentes me mostraram o corpo, que, naquele momento, expelia alguns líquidos, fluidos, através dos orifícios nasal e oral. Perguntaram-me se havia alguma maneira de melhorar o aspecto do corpo, visto que ainda continuaria ali exposto por algumas horas, à espera de familiares. Como o corpo não tinha sido preparado, nós, então, argumentamos que poderíamos fazer algo para melhorar o visual. Foi levado, então, o corpo para a parte detrás do altar, mais precisamente, onde se abriu o caixão, e fizemos a limpeza daquela zona oral e nasal. Fizemos um tamponamento com gaze e algodão, o que tínhamos no momento. Foi somente isso realizado naquele momento. Nada mais foi solicitado, não houve outro tipo de conduta no momento, a não ser esses tamponamentos. Foi fechado novamente o caixão e colocado novamente no local. É disso que eu me lembro. Estou à disposição para alguma pergunta...

– Alguém lhe falou a respeito de fazer autópsia para ver alguma outra coisa além do aspecto e do cheiro também que saía do nariz e da boca? – questiona o deputado Heinze.

– Não, ninguém me falou nada sobre necropsia, não se relacionou nada no momento – responde o médico.

– Sabe-se que o Dr. Jango tinha problemas cardíacos. Já checamos as informações dos depoentes de ontem. O Peruano, por exemplo, o rapaz que estava com ele na casa e que foi chamado – a dona Maria o chamou e também o Julio, o capataz da fazenda –

quando Jango estava sofrendo um ataque. O dia teria sido normal. Procuramos saber o que aconteceu na sexta e no sábado. Houve alguns incidentes, pouca coisa, nada que pudesse atrapalhar a sua situação. Procuramos saber com o Sr. Percy o que houve especificamente na sexta e no sábado. O Peruano, que estava com o Dr. Jango no domingo, acompanhando-o de Monte Caseros e Paso de los Libres até a fazenda, em Mercedes, disse que ele estava normal e que almoçou normalmente durante o dia. V.Sa., como médico, acha que a troca de algum medicamento, dependendo do que fosse, poderia ter uma causa diferente, quer dizer, em vez de auxiliar, poderia apressar essa situação ou provocar um infarto? O que ocorreu efetivamente? Pode ter sido morte natural, porque ele tinha problemas, a gente sabe disso, mas também pode ter sido provocada. Qual é a sua ideia? Teria condições de, examinando só o visual do ex-presidente, verificar alguma coisa nesse particular?

– Não. Eu não notei nada que me chamasse a atenção. Em verdade, na hora não se comentou nada que pudesse levantar essa dúvida. Quanto ao uso de medicamentos, não sabia que medicamento ele tomava, não sabia que tipo de problema maior ele tinha. Havia comentários, sim, de que ele tinha problema cardíaco, mas nunca houve, vamos dizer assim, comentários maiores, a não ser das pessoas que conviviam mais com ele, o que não era o meu caso.

– O Peruano e o Julio já tinham dito que na hora em que o Dr. Jango sofreu o infarto ele levou as mãos ao coração, parecia sentir dor, mas já estava praticamente sem vida. São as declarações de quem esteve com ele nos últimos instantes. Alguém poderia ter trocado esse remédio e, quem sabe, provocado ação dessa natureza? – insiste laboriosamente o deputado Luiz Carlos Heinze.

– O que eu vou lhe dizer, deputado? É o tipo da coisa que não poderia ter sido considerada. Só em diálogo... tudo é possível – objeta constrangidamente o velho médico.

– Então, no visual, na aparência...

– Não se notava nada que pudesse levantar alguma dúvida a respeito disso – responde categoricamente o depoente.

– Recebemos algumas informações que suscitaram dúvidas a respeito de pessoas que haviam se aproximado na sexta, no sábado e até no domingo mesmo, e na segunda também estavam lá, parece-me, rondando. Essa é a preocupação que temos e gostaríamos de saber a opinião de V.Sa., na condição de médico. Estamos atrás de qualquer indício. É o que pode nos ajudar, no sentido de buscar informação específica a esse respeito – persiste o inquiridor.

– Quando eu fiz o tamponamento ele já estava em rigidez cadavérica. Não se notava nada diferente que fosse chamativo. Se fosse um perito no assunto, talvez pudesse notar alguma coisa; se fosse já com o espírito predisponente, com alguma desconfiança, poderia até notar alguma coisa, mas no meu caso fui chamado apenas para melhorar o visual, as condições momentâneas, vamos assim dizer, e estava com o espírito desarmado. Não cabia a mim levar alguma coisa além disso aí. Fui consultado sobre a possibilidade de melhorar o aspecto do cadáver, visto que os filhos ainda estavam na Europa, viajando, e o corpo ainda ficaria exposto por muitas horas. Então, eu fui com o espírito de colaborar nesse sentido. Mas lembro que nada me chamou a atenção, nem que guardasse comigo. Nada havia, sinceramente, do que desconfiar – sintetiza.

– Na qualidade de médico, V.Sa. acha que o Dr. Jango poderia ter algum sintoma diferente, se tivesse tomado medicamento diferente? Teria como notar isso no corpo?

– Devido ao tempo transcorrido desde a morte, não se notaria grande coisa, a não ser numa necropsia. Visualmente não havia grande modificação.

– Houve dificuldade para abrir o caixão? Alguém tentou dificultar esse exame visual? Ou simplesmente os familiares e os amigos que ali estavam levaram o caixão para um canto e abriram? Alguém tentou impedir o exame do corpo? – questiona Heinze, procurando ser incisivo.

– Não, que eu lembre, não houve dificuldade alguma. Lembro que tão logo cheguei conversei com algumas pessoas e o corpo foi levado para a parte detrás do altar, onde se abriu. Não notei nada, comentário algum sobre não deixar abrir o caixão – responde placidamente o médico.

– Quem ligou para V.Sa., chamando-o para ir à igreja? – pergunta suavemente Reginaldo Germano, presidente da CPI.

– Se eu citar nomes, estou sujeito a errar. Entretanto, tenho a impressão de que foram pessoas ligadas ao Dr. Florêncio. Não me lembro se foi a Dona Iolanda ou se foi o Dr. Florêncio mesmo. Mas foram pessoas ligadas aos familiares. Não saberia precisar o nome. Não lembro.

– Qual é a sua especialidade médica? – pergunta o deputado Velasco quando, enfim, passam-lhe a palavra.

– Eu faço ginecologia e obstetrícia.

– Então, o chamado não teve relacionamento algum com a sua especialidade médica, por óbvio?

– Nenhuma. Puramente ligação de amizade e confiança.

– Pela sua exposição, parece-me, V.Sa. não tinha nenhum relacionamento anterior com o ex-presidente.

– Com o ex-presidente, não. Eu tinha ligação com amigos dele aqui residentes – reafirma laconicamente Odil.

– Mesmo de acordo com a sua especialidade, seria um caso considerado comum, em óbitos desse tipo, essa eliminação de fluidos? – pergunta o deputado, buscando um foco.

– Depende muito do tempo e do estado, até mesmo da maneira como se deu o óbito. Vamos supor que essa pessoa tivesse ingerido alimentos pouco antes do seu óbito. Há tendência maior à eliminação de fluidos, à regurgitação, como chamamos, de secreções gástricas, que foi o caso do ex-presidente. No caso dele era secreção gástrica.

– Essa era a pergunta que iríamos fazer agora. Então, V.Sa. percebeu, pelo odor, que seria eliminação normal de um corpo naquela situação. Não era odor característico de alguma medicação, de algum conservante que teria sido usado? – tenta cercar novamente o deputado Velasco.

– Nada se notava, a não ser o cheiro mais característico de secreção gástrica mesmo – afirma calmamente Odil.

– No momento em que fez esse trabalho, com que roupa estava vestido o corpo do ex-presidente?

– Eu me lembro que ele estava descalço. Disso eu lembro. Parece que de meias. O cinto, se não me engano... foi o que me chamou a atenção, que me chocou. Certas coisas a gente guarda; isso aí eu guardei. Ele estava mal preparado, por assim dizer. Isso eu notei. Se não me engano, ele estava descalço. Parece que só de meias. E me lembro que havia alguma coisa relacionada ao cinto:

ou estava aberto o cinto, ou estava sem cinto. Também me chamou a atenção. Fiquei chocado, realmente, quando abriram o caixão. Eu ainda tinha aquela imagem do Dr. Jango, em 1969, quando estive em Montevidéu com meu irmão e conversamos com ele no seu apartamento. Então, tinha outra imagem dele. Depois, ver a pessoa praticamente jogada no caixão, marca muito. Isso realmente me chamou a atenção – conta o médico, enfim, produzindo novidade.

– Sem querer influenciar a sua memória, algumas pessoas já declararam que o ex-presidente João Goulart estaria vestido de pijama. Isso vem à sua memória ou não?

– Não lembro. De pijama, não lembro.

– V.Sa. falou em cinto. Então, dá a impressão de que ele realmente estava vestido com uma roupa considerada comum.

– Acredito que sim. Parece-me que de pijama, não. Lembro que o cinto me chamou a atenção, porque, ou estava aberto, ou estava sem ele. E os pés descalços, sim. Disso eu me lembro – responde o médico elevando, enfim, o tom.

– Percebeu, ou à chegada, ou à saída, ou durante a sua permanência, algum aparato militar de segurança, algo que pudesse fugir ao normal naquela situação?

– Não me lembro. Na hora, pelo menos, que eu fui à igreja, não. Eu me lembro que entramos pelo lado. Depois, eu não sei – precisa, talvez atônito com a questão.

– Poderia repetir, por gentileza, a sua especialidade médica? – pergunta o deputado Jorge Pinheiro depois de esgotadas as questões insinuantes do colega Velasco, em busca, certamente, de alguma diferença na repetição.

– Ginecologia e obstetrícia.

– Em se tratando de um período de 24 anos, a cidade era evidentemente menor, os recursos da época também eram bem diferentes dos de hoje. Havia, além do senhor, outro médico na cidade? – ataca Pinheiro, contextualizando.

– Sim, vários colegas, de outras especialidades. Eu entendo a pergunta de V.Exa. O chamado feito a mim foi por ligação de amizade, puramente.

– De amizade com a família.

– Com pessoas ligadas à família.

– Havia legistas na cidade?

– Não.

– Especialistas no caso?

– Não.

– Em relação aos líquidos expelidos pelo corpo, V.Sa. diz que o fato depende do que a pessoa ingeriu e costuma ser normal. V.Sa. disse que, quando chegou à igreja, o corpo já estava rígido – quer saber enfaticamente o deputado.

– Sim.

– Quantas horas aproximadamente V.Sa. calcula ter chegado depois do falecimento do Dr. João Goulart?

– Eu não sei. Não me lembro se foi na parte da manhã ou da tarde. Em todo caso, já fazia dez horas, por aí.

– Embora não seja sua especialidade, acredito que V.Sa. possa nos esclarecer o seguinte: normalmente depois de quanto tempo o corpo começa a enrijecer?

– Depende, é muito relativo. Mais ou menos, quatro ou cinco horas. Depois disso há uma tendência à rigidez.

– Nenhum outro médico teve acesso ao corpo do ex-presidente? Que V.Sa. saiba, pelo menos.

– Que eu saiba, não.

– Não foi feito nenhum comentário em relação a isso? V.Sa. foi o primeiro médico a ter acesso ao corpo?

– Acredito que sim.

– Muito bem. Eu sei que esta é uma pergunta um pouco difícil de responder. Às vezes, a determinados fatos que aconteceram conosco no passado não damos muita importância por parecerem normais. V.Sa. mesmo disse que, ao ser chamado, não questionou se ele morreu de morte natural, se alguém pode ter tido alguma influência, se ele usou alguma medicação trocada, enfim, coisas que começaram a ser conjecturadas bem depois. Hoje, depois que se levantou essa suspeita, depois que esta Comissão começou a investigar o assunto – eu sei que é um pouco difícil, porque já se passaram 24 anos e, na época, nada lhe chamou a atenção –, mas sem falar oficialmente, só um pensamento seu, não que esteja acusando alguém, devido a tudo aquilo que V.Sa. presenciou, podemos entender que foi o único médico a ter acesso ao corpo; a pessoa que poderia ter alguma suspeita. Uma pessoa leiga no assunto, evidentemente, não teria condições de suspeitar. Hoje V.Sa. suspeitaria de alguma coisa, ou acha que o procedimento foi normal, as reações do corpo foram normais, a condução foi normal, pelo menos para a época?

– Deputado, pelo que vi, pelo que me lembro, como já disse aqui, nada notei que me chamasse a atenção. Esse é o meu ponto de vista. Projetar isso é difícil.

Diante de tanta sensatez, a dúvida se amplia.

28

Por que tudo isso? Por que Mario Neira Barreiro sustenta que trabalhou com Sérgio Fleury para matar o mais importante exilado brasileiro no Uruguai? A busca de explicações passa por uma rede de interesses controvertidos. A trama de nexos pode começar com algumas afirmações aparentemente desconexas: porque Foch Diaz suspeitou de uma morte duvidosa; porque foi a Mercedes e fez a sua investigação gravando 12 fitas com quem esteve próximo de Jango no seu último dia; porque fez a justiça argentina, em plena ditadura militar, debruçar-se sobre o caso. Essas respostas possíveis não eliminam a pergunta que jamais cala: por que tanta dúvida? Outra vez, as respostas se embaralham e reforçam a dúvida com a falta de clareza ou por atenderem, nessa ausência de definição, a tantos desejos. Pode-se, de qualquer maneira, arriscar uma resposta mais robusta: porque, para o misterioso e intrigante Foch Diaz, o insondável e arisco Julio Vieira, capataz de Jango na estância "La Villa", deu, em 6 de março de 1982, um depoimento desconcertante e obscuro:

– Às três da tarde, eu estava sesteando quando o Doutor chegou. Não o esperava. Levantei, olhei e vi que era o Doutor. Estava com Dona Maria – relata oscilante o peão.

Conta, num esforço de organização dos fatos, que Jango jantou tarde e que conversaram bastante sobre as coisas da fazenda. Afirma que o patrão lhe falou que o seu secretário, Cláudio Braga, chegaria em breve e que já estava em Paso de los Libres. Lembra que foi a Mercedes, ao final da tarde, comprar cigarros para o chefe. Jango queria ver, na manhã seguinte, uns 500 novilhos. Sairiam para o campo, por sugestão dele, Julio, às cinco horas. Tudo se encadeia na voz do capataz: Jango vai dormir faltando quinze minutos para a uma hora da manhã. Diz a frase tomada pelo empregado como uma piada inesperada:

– Deita aí, assim me cuidas.

– Pode deixar.

Depois já são os gritos de Maria Thereza, o pânico, a confusão, sombras no escuro, espasmos na madrugada, seria um assalto?, o salto sobre um muro, a correria e um lacônico "quando cheguei, já estava morto". Mesmo assim, vem a respiração artificial, o esforço para fazê-lo viver e a constatação: "Quando o vi, vi que estava morto". O Peruano sai em busca do médico, Vieira telefona para Percy, Maria Thereza ainda tenta entender o que se passa.

– Eram pelas três e meia, quando ela se deu conta de que estava morto – narra minuciosa e toscamente o capataz.

Os detalhes, arrumados ou desarrumados por outros detalhes, encaixam-se em outras narrativas sem poder confirmá-las ou negá-las, como se tudo dependesse de uma justaposição enigmática ou de um simulacro de coincidências. Surge algum elemento particular, "na alfândega, passaram o Doutor para uma empresa brasileira", um efeito de testemunho, "eu o acompanhei até São Borja", "eu estava aqui", "eu sei tudinho", "a polícia não veio", quem apareceu foi o Exército, falaram em avião, mas não se tratava de levar o corpo por via aérea, era o filho do morto, João Vicente, que chegaria de Londres de avião. No meio da trama, como um dado avulso, esse "Cláudio Braga chegou às seis da manhã".

Aí aparece Foch como entrevistador indutor:

– Cláudio pediu uma chave para abrir o guarda-roupa e você o acompanhou. Essa é a versão que eu sei. Como foi?

O velho gaúcho, seco como uma árvore na aridez de um verão infeliz, não se esconde. Diz que foi ele mesmo quem pegou o dinheiro, o pouco dinheiro que estava nos bolsos do falecido, que nem contou, mais um colar de ouro e o relógio. Guardou tudo num baú no roupeiro. Entregaria o relógio, mais tarde, a João Vicente. Todo o dinheiro, porém, teria passado imediatamente a Cláudio Braga:

– Eram dólares, mas pensei que era dinheiro brasileiro, porque eram verdes, não? Esses, ele separou e meteu no bolso, eu vi. Contou os pesos argentinos, uns 22 mil pesos em nota de mil, não me lembro, ou 23 mil, pois me disse "aqui falta um", ao que respondi "não falta nada".

Foch quer saber, semeia outras versões, diz que Pérez Pérez, quando limpava o banheiro, contou ter visto quando Cláudio

Braga, estando Maria Thereza no pátio, entrou no quarto de Jango, abriu uma maleta e dela tirou um maço de dólares. Vieira não confirma. Insiste que se refere ao dinheiro encontrado com o morto, mas afirma que, depois, Braga teria voltado para buscar a tal maleta com 940 francos. Outra vez, assina como quem viu:

– Olhe, tanto é assim que devo ter um papel por escrito com o que entreguei ao Braga que estava dentro disso.

Vieira, vincado como uma velha figueira, faz questão de dar verossimilhança ao que diz: entregou a carteira de identidade de Jango a João Vicente, que nada lhe perguntou sobre qualquer coisa duvidosa; nunca mais viu Maria Thereza; seus últimos contatos foram com Cláudio e Percy; João Vicente vendeu 1.400 cabeças de gado:

– Eu entregava, não sabia de mais nada. Entregava anotado e depois dizia-lhes tanto, tal dia...

Mandou as roupas de Jango e de cama para Maria Thereza por Maneco Leães. Vem então uma afirmação séria:

– Nesse dia em que morreu o Doutor, eles me pediram para tirar um gado e eu não deixei de forma alguma.

Só com ordem de João Vicente, avisa o capataz. O aviso teria sido dado pelo Peruano. Queriam levar um gado que não estaria em nome de Jango, uns 400 novilhos.

– Se querem vender, bueno, levem pela estrada, mas não às escondidas – teria dito, irrepreensível, o capataz.

O resto são negócios que se desdobram no tempo até a última cabeça de boi. Cláudio Braga, com uma procuração de Maria Thereza, começa oficialmente a vender o gado.

– Aí começaram a vender, a vender, a vender...

As últimas lembranças são mais contundentes: Cláudio Braga, antes da morte de Jango, "não interferia em nada, vinha como companheiro do Doutor", ocupando-se da contabilidade em Buenos Aires; Maria Thereza ia com alguma frequência à "La Villa". Eva de Léon teria ido uma só vez. Ficara sabendo vagamente do boato sobre uma tentativa de sequestro de João Vicente em Buenos Aires.

– No dia em que morreu, estava perfeito. Eu lhe disse: "Não bebe mais, Doutor?". Ele respondeu: "Não, parei um pouco com o uísque, me faz mal". Mas fumava muito.

Por fim, a grande revelação, a que alimenta dúvidas, aquela que serve como um dos pilares do grande mistério:

– Uma coisa que tive por muito tempo foram os remédios que o Doutor tomava. Faz pouco tempo que os joguei fora.

Os remédios que ninguém encontrou, os medicamentos que a Foch Diaz o Doutor Ferrari, trazido em regime de urgência, diz ter visto sobre a mesinha de cabeceira ("A senhora me disse que ele havia tomado os medicamentos que costumava tomar, receitados pelo cardiologista de Londres e me mostrou, sobre a mesinha de luz, esses medicamentos") e que aos deputados brasileiros ele afirmou não ter encontrado ("Não, não havia. Eu procurei, perguntei e não havia. O frasco de medicamento me foi trazido pela senhora quando lhe perguntei"). Vieira mostra-se seguro:

– Guardei por uma suposição minha, para qualquer coisa, não? Peguei e guardei. Vou guardar esses remédios, pensei. Eram uns comprimidos que tomava. Sei que tomava com água porque até o copo que ele tomou água eu ainda tenho, esse último copo eu o tenho guardado. Porque o Doutor, antes de se deitar, me pediu um copo de água, que deixou na mesa pela metade. Eu levei esse copo cheio. Maria Thereza estava dormindo. Entrei na peça onde estava e ele me disse: "Deita aí fora para me cuidar".

O mistério instala-se definitivamente. Jango teria ingerido um comprimido pouco antes de morrer. O relato do capataz abre veredas sem se fechar às contradições:

– Quando cheguei, estava morto. Apertei com força o seu peito e ele arfava pela boca. Até que chegou o médico. Eram pelas quatro horas da manhã. Durante todo esse tempo, apliquei-lhe massagens. Não tinha telefone.

Foch Diaz tem o que procura e permite-se afirmar:

– Encontrei, sim, provas suficientes para formar em minha consciência a convicção do que a expressão "morte duvidosa" implica. Em suma, circunstâncias e fatos tais que permitem supor que a morte de Jango não foi natural. Como? De que maneira? Quem? Com uma mão executora e um complô por trás? Com um método sofisticado ao estilo dos filmes com medicamentos trocados antes que cheguem ao usuário ou um simples fato convencional como os que aparecem todos os dias nas páginas dos jornais?

A justiça dará respostas a tudo isso. Eu tenho uma hipótese, pois, se tivesse todas as provas legais que ainda me faltam, não estaria denunciando uma morte duvidosa. Estaria denunciando um crime. Se não bastasse comprovar as irregularidades financeiras, se não basta eu me perguntar mil vezes, quase até enlouquecer, sem exagero, por que a família ficou indiferente não só diante de mim, mas diante dessas irregularidades que danificaram uma soma não inferior a 10 milhões de dólares, se não basta essa sistemática campanha de temores orquestrada em torno da segurança do próprio Goulart, se não basta o convencimento de muitos dos integrantes do círculo do Doutor afirmando que ele foi assassinado, se não basta, e isso para mim é o mais doloroso, a apreensão do próprio Goulart de terminar seus dias tragicamente, se não basta tudo isso, no próprio cenário da sua morte, em Mercedes, encontrei respostas para as minhas dúvidas e por isso tomei a decisão de realizar esta denúncia.

Para dar peso a sua denúncia, baseando-a em interesse econômico de alguns no desaparecimento de Jango, Foch anexa um "parecer" de um médico uruguaio, Oscar Corrado, segundo o qual toda morte acontecida no seu país fora de um hospital é considerada "morte violenta" e exige a realização de uma autópsia, salvo se um juiz determinar o contrário. Jango, porém, morreu na Argentina. Não faz mal. A Argentina fica ao lado. Corrado explica que uma dose excessiva de certos remédios para o coração pode provocar uma "intoxicação digitálica". Para evitar coágulos, eram administrados, na época, medicamentos à base de "warfarina". Jango, indica o médico experiente, muito provavelmente estava sendo tratado com "warfarina". Foch Diaz conclui com uma observação capaz de aumentar as dúvidas: "A warfarina é um dos componentes fundamentais da maioria dos venenos para ratos".

Se Foch Diaz fala em morte duvidosa por falta de provas e por medo de se comprometer excessivamente, embora já esteja atolado na lama das suas suspeitas apresentadas de forma violenta e definitiva, Mario Neira Barreiro surge para falar em crime, um "crime perfeito", tendo como prova – supremo mecanismo narrativo de verossimilhança – a confissão da sua participação num complô de origem política, como uma das mãos executoras, exatamente como em certos filmes policiais ou de espionagem, com um método sofisticado, de uso internacional e criado pela CIA, embora aplicado de forma um tanto improvisada, de troca de medicamentos.

O ciclo do escorpião se fecha.

29

Os auxiliares e amigos de Jango o mataram por ganância como num filme ruim de Hollywood ou como num romance apressado feito para leitores pouco exigentes? É o que pensa Foch Diaz, em 1982, quando entra na justiça argentina em busca de esclarecimentos que aplaquem suas dúvidas e sua fúria. Cláudio Braga, Ivo Magalhães e até Maria Thereza figuram como suspeitos. Aos deputados federais brasileiros, Roberto Ulrich, vulgo Peruano, traçará um perfil muito suspeito de Cláudio Braga:

– Na realidade, Cláudio era uma pessoa assim... como é que eu vou dizer? Suspeita, realmente. Uma pessoa com quem eu convivi bastante no escritório, e realmente era uma pessoa, como é que eu vou dizer?, sinistra. De repente é a palavra mais adequada. A gente percebia que ele era muito ambicioso. Deve ser até hoje muito ambicioso. Em negócio de dólares, que o Dr. Jango trocava na Argentina (dava para trocar dólar na época), ele interferiu, até nesse tipo de negócio; ele queria abraçar o máximo, como a gente podia perceber, dos negócios; entre o pessoal que vinha oferecer algum negócio para o Doutor, alguma fazenda, algum sítio, Cláudio já se prontificava para intervir no negócio e tal. A gente percebia esse tipo de manobra – explica, acendendo novas e velhas suspeitas.

Só Mario Neira Barreiro conseguirá catapultar as suspeitas a um nível superior, abandonando as motivações econômicas em favor de razões de Estado para justificar uma eliminação de Jango. Em *Entrevista com um réu confesso*, ele se enreda em explicações rocambolescas diante de perguntas sob medida feitas pelo entrevistador:

– Vamos supor que venha a ser realizada uma autópsia nos restos mortais do ex-presidente Goulart e se constate a presença de resíduos do componente químico que lhe causou a morte. Sobre quem cairiam as maiores culpabilidades?

– Se fosse confirmado que a causa da morte não foi decorrente de doença, senão de uma ação criminal, a Justiça brasileira deverá solicitar colaboração à Justiça uruguaia e argentina na investigação. Eis que o assassinato se concretizou em Mercedes, na Argentina, mas foi planejado no Uruguai por mandado do governo do Brasil, através do serviço secreto. Acredito que a maior culpa pode ser atribuída ao mandante do crime. Sem a vontade manifesta do general Ernesto Geisel, nada haveria acontecido. O governo militar uruguaio é também culpado em menor grau, até porque não resistiu às pressões de seu poderoso vizinho, e a Argentina por dar apoio incondicional em seu território. É difícil saber ou confirmar qual comprimido o matou, se o que estava no invólucro do Hotel Liberty, na Argentina, ou os que estavam no Uruguai. Os invólucros de comprimidos adulterados foram implantados por agentes diferentes e em momentos e países diferentes. Acho que nem o próprio Doutor Milles poderia confirmar que agente colocou o comprimido que matou Goulart – responde suavemente Mario.

– Você relata brevemente a Operação Alcazar – uma ação de Inteligência combinada entre os serviços secretos do Chile e Uruguai. Na mesma é capturado e morto, em Montevidéu, o biólogo chileno e ex-agente da DINA, Eugenio Berríos, fato que ocorre já na democracia. Ao final, o Plano Condor continuou funcionando além dos regimes militares; de quem era inimigo o ex-agente chileno e qual foi a razão de sua morte?

– Eugenio Berríos estava à frente da fabricação de gás sarin e outras armas biológicas e químicas produzidas pela DINA. Porém sabia das negociações secretas entre o Chile e Iraque, quer dizer, entre Pinochet e Saddam Hussein, às escondidas dos EUA e da Inglaterra. Já pensou o que iria acontecer com o ex-ditador chileno, se essas informações viessem à tona? Nem a CIA nem a Inteligência britânica (CI-6) perdoariam uma traição dessas de seu eterno aliado! Foi uma insofismável queima de arquivo. Com relação ao Plano Condor, é óbvio que continua operando a pleno até hoje. Podem ter rebatizado o plano com o nome de outro bicho, como Urubu, Carancho ou Corvo, mas não trocaram seus costumes – diz Mario.

Quem é mesmo esse Berríos? O jornalista uruguaio Roger Rodrigues, convidado por um dos mais inquietos pesquisadores brasileiros dos crimes da ditadura, o advogado Jair Krischke, encontrou Mario Neira Barreiro numa prisão do Rio Grande do Sul e o entrevistou, passando a fazer parte do grupo dos que tentam elucidar o grande mistério da morte de Jango. Para os deputados gaúchos, Rodrigues organizou parte do quebra-cabeça:

– O caso Berríos é posterior à ditadura no Uruguai. É o caso de um químico chileno que foi sequestrado no Uruguai em 1992, ou esteve sob custódia no Uruguai em 1992, e logo apareceu assassinado. Eugenio Berríos trabalhava para a DINA na confecção de gás sarin e outros sistemas de assassinato não visíveis. Berríos trabalhou com (...) a pessoa que colocou a bomba que matou Letelier, um agente da DINA com antecedentes norte-americanos. Isso já foi investigado. E Eugenio Berríos seria citado pelos juízes que estavam investigando, no Chile e nos Estados Unidos, o caso Letelier. Em vez de ir depor, acabou refugiando-se no Uruguai, sob custódia de três militares uruguaios. Haviam-no deixado em um balneário a 40 ou 50 quilômetros de Montevidéu, chegou a um comissário, um coronel, disse que fora sequestrado, terminaram devolvendo essa pessoa, tirando a certidão da denúncia, e isso terminou num escândalo que um ano e meio depois transcendeu no Parlamento uruguaio, durante o governo de Luis Alberto La Calle, já na democracia, segundo período democrático. E o ministro, o chanceler da época, terminou acalmando os ânimos do Parlamento mostrando umas fotos de Berríos em Milão. O certo é que Berríos havia sido assassinado um ano antes e seu corpo apareceu com uma bala na cabeça, vários anos depois, em uma praia de Montevidéu. Berríos efetivamente operava em uma área de trabalho similar à de Carlos Milles. O projeto Andreas, que era feito no Chile para confeccionar o gás sarin transportável em um spray, que era com o que se pensava matar Letelier, inicialmente, teve suas idas e voltas. Mas não creio que Carlos Milles estivesse nesse nível. Acredito que Carlos Milles era muito mais artesanal e muito mais sujeito a outros níveis de organização, inclusive não oficiais, já que não era um funcionário do Estado. Só em um período foi médico forense, dentro do Poder Judiciário (...) Tenho minhas dúvidas que existisse um contato direto entre Berríos e Carlos Milles. O que não tenho dúvidas é que o mecanismo é o mesmo. Quer dizer, um grupo operativo repressivo no Chile, em plena

Operação Condor, tem um médico ou um cientista louco fazendo veneno para matar pessoas com gás sarin nas ruas, e no Uruguai há um químico farmacêutico ou um médico especializado em venenos capaz de modificar um medicamento a ser introduzido nos remédios de uma pessoa que pode ser assassinada, ou capaz de injetar veneno em um vinho por meio de uma agulha hipodérmica por uma rolha. Provavelmente, se observarmos alguns casos na Argentina, no Paraguai e não sei se no Brasil, vamos encontrar que os grupos operativos provavelmente tiveram, sempre, algum cientista dentro da mão de obra de que dispunham os repressores – depôs com voz forte Rodrigues.

Jair Krischke complementa o quadro esboçado tentando iluminar alguns pontos teimosamente obscuros:

– Parece-me oportuno deixar bem claras algumas questões que o Roger aborda. Quando ele diz Fleury, ele fala do delegado brasileiro Sérgio Paranhos Fleury, delegado do DOPS de São Paulo. Hoje há documentos suficientes para se dizer, tranquilamente, que ele organizou os esquadrões da morte não só no Uruguai mas também no Chile. Outra referência dele é de que Mario Neira Barreiro pertencia à Juventude Uruguaia de Pé – JUP. No Brasil, tivemos algo similar, o Comando de Caça aos Comunistas, o CCC. Só que a versão brasileira era muito mais light. No Uruguai, o movimento era muito mais violento e produziu vários assassinatos. Então, para que se saiba a que organização Mario Neira Barreiro pertenceu, foi essa Juventude Uruguaia de Pé. Por último, o Roger refere o agente da CIA, Philip Agee, que faleceu agora em janeiro em Havana. Ele foi agente por largo período, trabalhou na Guatemala, trabalhou no Uruguai e, quando ele sai da CIA, ele escreve um livro com o título *Por dentro da CIA*, que foi publicado no Brasil. E nesse livro ele escreve como se fosse um diário, com datas. E nessa obra ele se refere várias vezes ao monitoramento ao presidente João Goulart. Há várias passagens. Então, vamos vendo que o presidente João Goulart foi permanentemente monitorado, desde que saiu de Porto Alegre. Entreguei ao deputado um documento da CIA datado de 2 de abril de 1964, um telegrama que saiu de Porto Alegre, da CIA, dizendo que o presidente João Goulart parte para o exílio em Montevidéu. E depois o monitoramento permanente. Creio que esses esclarecimentos são importantes para dar a exata dimensão do que o Roger diz, de tudo que ele investigou no Uruguai, tudo o que se sabe do Uruguai, e essa entrevista pioneira que ele fez com Mario Barreiro Neira aqui, no presídio, em que uma série de fatos a que o Mario se refere se confirmam. E Roger expressa que é necessário investigar.

Quem matou Jango – se ele foi morto –, seus assessores gananciosos ou os seus adversários políticos? De que ele morreu? À imprensa, Maria Thereza lamentou não ter lido o atestado de óbito na época da morte do marido:

– Apenas dobrei o papel e o guardei na gaveta. Só soube pelo noticiário que o médico argentino escreveu apenas "enfermedad". Acho estranhíssimo não haver um diagnóstico correto – enfatizou a ex-primeira-dama em reportagem, na verdade, sobre a morte de Carlos Lacerda.

Isso aconteceu quando Maria Cecília de Azevedo Sodré, amante do ex-governador da Guanabara, saiu do silêncio, numa entrevista à revista *IstoÉ*, e disparou vários e calibrados petardos: "Ele vivia o auge de sua glória, como homem, pensador e amante" e "não existia nada que pudesse fazê-lo entrar no hospital e sair morto. O país inteiro sabia que Carlos continuava atento".

Foch Diaz anexa na sua denúncia e no seu livro do ano 2000 a "autorização para transportar o corpo de João Goulart entregue a Cláudio Braga no mesmo dia da morte". Nela, está escrito "diagnóstico: enfermedad".

30

Jango leva para o túmulo muitas dores e glórias. Certamente sofreu ao ouvir falar da Casa da Morte, situada em Petrópolis, região serrana do Rio de Janeiro, fábrica clandestina de castigos e de cadáveres, essa especialidade das ditaduras que a brasileira não dispensou, embora, por vergonha ou modéstia, preferisse esconder ou justificar como necessidade da "guerra suja". Com certeza Jango ouviu muitas histórias sobre as torturas e execuções nas instalações altamente especializadas em horrores do DOPS e do DOI-Codi. Quantas vezes terá estremecido e soltado impropérios ao ouvir referências à Rua Barão de Mesquita, no Rio de Janeiro, ou Tutoia, em São Paulo, onde se localizavam centros de tortura e morte, ou mesmo à Ilha da Pólvora, no rio Guaíba, no seu Rio Grande do Sul, uma pedra triste no meio das águas de onde os prisioneiros podiam ver as luzes da cidade, os reflexos de Porto Alegre, as janelas de casa, sinais da liberdade perdida – homens como Carlos Araújo, companheiro da guerrilheira que estaria na presidência da República nos 50 anos do golpe de 1964?

Homem de diálogo e de temperamento otimista, talvez Jango tenha guardado mais as lembranças das grandes conversas que teve na sua vida intensa, três delas em momentos muito diferentes e com personagens centrais na sua existência, encontros capazes de superar até mesmo a emoção de ser recebido por um papa: as conversas, em 1962, em Washington, com o presidente americano John Kennedy; em 1967, em Montevidéu, com seu mais ferrenho crítico, Carlos Lacerda; e em 1976, também na capital uruguaia, com o cunhado Leonel Brizola, depois de anos de afastamento e de mágoas, de disputas silenciosas e de afetos adiados, os dois unidos por laços familiares, pelo passado político petebista, pelo getulismo e pelo exílio; separados pelas suas personalidades e visões de mundo.

A memória do Jango havia certamente repassado milhares de vezes a grande cadeia de fatos: Brizola nacionaliza empresas americanas; os Estados Unidos, por meio do IBAD e do IPES, financiam candidatos às eleições brasileiras de outubro de 1962 – 20 milhões de dólares bancados pela CIA segundo o jornalista A. J. Langguth – e exigem indenizações para as companhias encampadas; a CPI implantada na Câmara dos Deputados, segundo Moniz Bandeira, mostrou que "dezenas de generais e de coronéis, bem como de oficiais de patentes menos elevadas, atuaram em todo o Brasil dentro do complexo de corrupção eleitoral e política que o IBAD montou" (o deputado petebista Rubens Paiva, vice-presidente da CPI do IBAD, seria assassinado pela repressão, em 22 de janeiro de 1971, numa prova de que nem toda CPI acaba em pizza); os americanos insistem em forçar o Brasil a apoiar interferências em Cuba"; Kennedy, em carta de 22 de outubro de 1962, atreve-se a propor: "Quero convidar Vossa Excelência para que as suas autoridades militares possam conversar com os meus militares sobre a possibilidade de participação em alguma base apropriada com os Estados Unidos e outras forças do hemisfério em qualquer ação militar que se torne necessária pelo desenvolvimento da situação em Cuba; Jango responde dois dias depois com a altivez de um estadista sem complexos: "A defesa da autodeterminação dos povos, em sua máxima amplitude, tornou-se o ponto crucial da política externa do Brasil, não apenas por motivo de ordem jurídica, mas por nela vermos o requisito indispensável à preservação da independência e das condições próprias sob as quais se processa a evolução de cada povo", critica a transformação da OEA num "bloco ideológico intransigente em que, entretanto, encontram o tratamento mais benigno os regimes de exceção de caráter reacionário", e dá o golpe definitivo: "O Brasil é um país democrático em que o povo e governo condenam e repelem o comunismo internacional, mas onde se fazem sentir ainda perigosas pressões reacionárias que procuram sob o disfarce do anticomunismo defender posições sociais e privilégios econômicos, contrariando desse modo o próprio processo democrático de nossa evolução"; os Kennedy não o perdoariam: Robert rotularia o governo de Jango de "desastroso" e acusaria Jango, Brizola e seus amigos, num exercício de calúnia internacional imoderada e fartamente repetida pelos interessados, de enriquecimento ilícito, tornando-se "alguns dos maiores proprietários de terra".

Em 4 de abril de 1962, Jango desembarca sozinho na base aérea de Andrews, nos Estados Unidos, sendo recebido na pista por John Kennedy. Maria Thereza, que não pôde ser recebida por Jacqueline, em recuperação de um aborto involuntário, permanece no Brasil. Está fixada uma reunião oficial de 15 minutos na Casa Branca. A conversa estende-se por várias horas. O anfitrião empolga-se, chama o brasileiro de "grande amigo", afirma que os desentendimentos estão superados. Jango sente-se feliz, mas percebe que Kennedy não revela tudo, compreende que mesmo o poderoso presidente dos Estados Unidos não pode tudo, tem limites, sofre pressões, precisa contemporizar. O importante é que, nos diversos compromissos, na ONU, no Congresso ou em almoços e jantares com banqueiros, empresários, investidores ou diplomatas, ele, o brasileiro sob desconfiança, revelou-se firme, altivo e conhecedor de cada assunto em pauta. Um êxito de imagem.

O encontro com Carlos Lacerda tem menos charme e mais grandeza. O homem que ajudara a derrubá-lo por ambição desmedida, certo de que os militares preparariam o terreno para a sua ascensão ao poder, viu-se a pé, longe dos seus objetivos, ultrapassado por forças que acreditaram no seu conservadorismo e decidiram consumá-lo com mais eficiência e menos verborragia. Só restou ao velho golpista tentar aproximar-se dos seus mais tradicionais desafetos para formar uma Frente Ampla de luta pelo retorno à democracia. Essa frente teria de contar com Jango, JK e ele, Lacerda, o articulador dos novos tempos, os três que morreriam em dez meses, de forma suspeita, entre 1976 e 1977. O encontro aconteceu no apartamento da Leyenda Patria. Maria Thereza jamais esqueceria que, de minissaia e botas de cano longo, ajudou Lacerda a localizar o apartamento, ouvindo galanteios sem ser reconhecida. Das várias reuniões, começadas em 25 de setembro de 1967, entre os novos amigos, resultou um documento intitulado Pacto de Montevidéu e algumas declarações surpreendentes citadas por Jorge Ferreira na sua imponente biografia de Jango.

– Hoje está comprovado que Goulart não é um homem do Partido Comunista, como eu não sou da embaixada americana, como já afirmaram – gabou-se Lacerda.

– Não me surpreendo que Goulart se entenda com Lacerda – disse, em nota, Leonel Brizola. – Foi por essa falta de fidelidade aos seus princípios que ele acabou deposto.

A verdade é que Jango mantinha-se mais do que nunca fiel aos seus princípios: queria negociar, acalmar, encontrar o caminho para a democracia. Quase se poderia ouvi-lo dizer, como lhe ensinara o mestre Getúlio Vargas:

– Não se muda de cavalo para atravessar banhado.

Se Lacerda foi, como sempre, ruidoso, teria chorado diante dos cadernos de João Vicente, Jango escondeu suas emoções. Comportou-se elegantemente diante da História. Preferiu guardar seus comentários para amigos. Jorge Otero conta uma anedota que condensa a postura serena do estadista condenado ao desterro vendo-se obrigado a receber seu algoz com camaradagem e bonomia. Numa "parrillada" em Pocitos, uma gaúcha aproxima-se para cumprimentar o ex-presidente brasileiro. Jango diz-lhe:

– Conhece este homem?

– Claro. É Lacerda. Se está com o senhor, tudo bem.

A reconciliação com Brizola só acontece às vésperas da última viagem de Jango à Europa. É um caso de família e de gênios antagônicos e complementares. Para Moniz Bandeira, conhecedor da alma dos dois homens, Jango, avisado por Edmundo Moniz de que sua irmã estava doente, resolve ir ao apartamento do cunhado. Brizola tranca-se no quarto para não o ver. Amigos presentes, entre os quais o escritor gaúcho Josué Guimarães, forçam Leonel a abandonar o esconderijo e a aparecer na sala.

O resto é lenda: uma conversa noite adentro sobre família, algumas lembranças, sem espaço para política.

Lendas precisam de zonas nebulosas: Maria Thereza assegura jamais ter tido conhecimento desse encontro.

31

A íntegra da conversa, porém, que Jango não ouviu e que começou a selar o seu destino, essa sua primeira morte, publicada pelo Miller Center of Public Affairs, da Universidade de Virgínia, foi gravada a mando do próprio presidente John Kennedy e aconteceu das 11h55 às 12h20, de 30 de julho de 1962, entre o presidente dos Estados Unidos e o embaixador americano no Brasil, Lincoln Gordon, na presença do subsecretário de Estado para Assuntos Interamericanos, Richard Goodwin, e do assessor especial para Assuntos de Segurança Nacional, McGeorge Bundy.

– Nós ainda estamos muito bem em termos pessoais, o que é muito bom. E ele me parece muito franco. Tivemos uma conversa na segunda-feira sobre seu partido. Eu disse que teria de explicar a várias pessoas, inclusive ao senhor, como é que o novo ministro de Relações Exteriores diz que a Aliança para o Progresso é uma coisa maravilhosa, enquanto a estratégia política do partido vem sendo conduzida pelo seu cunhado, um cara jovem da extrema esquerda do Partido Trabalhista, e San Tiago Dantas, que se bandeou para a extrema esquerda desde que o senhor o viu com uma posição marcadamente antiamericana e anti-Aliança para o Progresso em sua plataforma.

– Eles se declaram como anti ou de uma forma indireta? – pergunta Kennedy em tom absolutamente tranquilo.

– As falas de Brizola, na essência, são muito ruins. Uma atrás da outra na televisão... muito dinheiro. Quando começou, combatia apenas as empresas americanas. Agora, se voltou contra o governo dos Estados Unidos, dizendo que o senhor está no bolso dessas empresas. Eu ainda não fui atacado pessoalmente, mas espero que isso ocorra nestes dias. Mas é certo. Os Estados Unidos estão sugando o país, as empresas americanas estão drenando o país. Nós somos os responsáveis pelo atraso no desenvolvimento brasileiro. Eles são uma colônia dos Estados Unidos. Nós somos responsáveis pela mortalidade infantil e tudo o que é de ruim que ocorre debaixo do sol. Tudo... muito irracional e altamente emocional. Agora, a resposta de Goulart para isso é que a esquerda representa apenas 30% do Partido Trabalhista: "Eu realmente simpatizo é com os 70%, que são muito mais moderados. Essa é minha posição pessoal. Mas, no momento, estou entre essas duas correntes porque os conservadores do país são todos contra mim e eu preciso da esquerda como minha tropa de choque contra a maioria parlamentar". Essa é a posição de Goulart até a eleição. Não sei que diabo ele vai fazer se obtiver mais poderes. Ele quer desesperadamente ter mais poderes. Nessa conversa de uma hora e meia, ele parecia um disco de vitrola: ia e voltava 20 vezes para dizer que o parlamentarismo não é bom – martela Lincoln Gordon.

– Acho que isso é verdade, não? Ele não tem nada a fazer com um partido – observa o presidente.

– Ele tem uma influência tremenda.

– Sim.

– Se ele quisesse trabalhar com o gabinete, poderia funcionar. Mas ele não quer trabalhar dessa maneira. Isso está claro, está nítido – insiste o embaixador.

– Você acha que ele sabe mesmo o que quer? Ou é apenas uma questão de ele seguir a onda? Ou ele tem algum objetivo, um objetivo de longo alcance?

– Não acho que ele tenha qualquer objetivo de grande alcance. Não, acho que ele quer é mais poderes.

– Salles, ele é o ministro da Fazenda?

– Ele aceitou. Aceitou.

– Ele vem aqui para nos ver?

– Não sei.

– Temos algum novo acordo financeiro que devemos...

– Temos discutido isso nos últimos dois dias. Eu vi o Salles no domingo, enquanto ele estava se decidindo.

– Você lhe disse todas essas coisas que me disse?

– Oh, claro, sim. Não tem nenhum problema onde ele se posicione... – apressa-se a esclarecer o enfático Gordon.

– Sim, mas quero dizer o fato de que nós não podemos, você sabe, mandar estes caras para nos ver, eles são razoáveis e é claro que nos entendemos, mas depois eles caem...

– Bom, ele perguntou...

(...)

– Bom, ele disse que estava impondo umas condições para aceitar, um programa anti-inflacionário bem vigoroso. E ele disse: "Se eu realmente realizar isso e minhas condições forem aceitas, você acha que haverá alguma chance de os americanos apoiá-lo?". E eu respondi: "Em face do que ocorreu nos últimos dois meses, eu acho que ele iria gostar, mas desta vez tem de haver algum resultado". E ele disse: "Uma promessa é só... não vai convencer alguém?". Meu feeling diz que devemos prosseguir na assistência à estabilização, evitando que seja suspensa. Mas para impulsionar certos projetos que poderiam ser divulgados, que poderiam tornar-se manifestações concretas da Aliança para o Progresso. O único problema com a estabilização financeira é que, você sabe, nós não conseguimos nenhum crédito para ele...

– Correto – observa Kennedy.

– Exceto com um punhado de banqueiros e economistas...

– Correto, eu acho que devemos esquecer isso.

– E... – balbucia Gordon.

– Temos alguma assistência de estabilização para encaminhar? – pergunta pragmaticamente Kennedy.

– Restam cerca de 90 bilhões do pacote negociado aqui.

– E quanto nós lhes demos nos últimos 12 meses?

– Bom, nós liberamos, o total foi de 328. Então nós liberamos... qual a diferença disso? – calcula Gordon.

– Duzentos milhões. Simplesmente desapareceram?

– Exato. Exatamente. E, neste momento, tanto o suporte para o balanço de pagamento como o suporte orçamentário são como água no ralo. Quer dizer, eles têm mais ou menos...

– Nós o congelamos? Quer dizer, não vamos entregá-lo agora? Devemos tomar alguma medida para impedir algum outro? – questiona o presidente com tom de espanto.

– Sim, claro. Pouco antes da vinda do presidente, em abril, liberamos 30 milhões mais ou menos, dependendo do desempenho ou dos desempenhos das fábricas. Tem sido altamente negativo. Um dos projetos, no Nordeste, por exemplo, acho que devemos ajudar. Há alguns governadores, como o do Rio Grande do Norte, não sei se ele viu o senhor, o Aluízio Alves, mas ele se encontrou com todo mundo aqui. Ele estava por aqui há cerca de três semanas. É um grande cara – propagandeia o zeloso embaixador.

– Esse é o Vicente; isso não é o Rio, é?

– É um pequeno estado do Nordeste – ensina Gordon.

– Entendo. Não, não o vi.

– Esse é um pequeno estado do Nordeste. Ele é um rapaz de 40 anos, cheio de energia, não é demagogo, honesto. Ele é... – continua a elogiar o redundante Lincoln Gordon.

– Qual é a força dos comunistas lá?

– Como partido, é fraca.

– Mas eles estão se aproveitando – diz Kennedy.

– Nós...

– Mas agora eles acabam de assumir grande parte da esquerda? – insiste em perguntar o presidente.

– Eles assumiram muita coisa na esquerda. E estão em alguns postos-chave e têm organizado...

– O Goulart lhes dá amparo?

– Ele os abriga tanto no governo como nos sindicatos.

– E eles não... – tenta observar Richard Goodwin.

– ...Nos sindicatos sob disfarce, mas talvez ainda mais – acrescenta Gordon antes de ceder a palavra a Goodwin.

– E eles estão aliados aos nacionalistas numa porção de áreas importantes, que não são comunistas propriamente ditos mas têm objetivos mútuos nesta altura.

– Acabei de ler alguma coisa sobre isso no *Washington Post* agora de manhã, alguns estudantes em visita... – informa o presidente mostrando estar atento ao assunto.

– Sei – pontua Gordon.

– Sobre... O motivo era... em outras palavras... – tartamudeia Kennedy em busca de uma ideia fugidia.

– Bem, há... – resmunga Gordon.

– O quê? – simplifica Kennedy.

– Tem um grupo de estudantes em visita aqui.

– É isso mesmo – confirma Goodwin.

– É esse mesmo? Não vi a reportagem do *Post*. Eles farão um tour na Casa Branca amanhã pela manhã, entre nove e quinze e nove e cinquenta. E eu gostaria muito que o senhor lhes desse uns cinco minutos, apenas para um aperto... – entusiasma-se o caudaloso embaixador Lincoln Gordon.

– Quem são eles? – quer saber Kennedy.

– São 70 estudantes de quatro diferentes Estados. Eles foram recrutados por uma senhora muito ativa, Mildred Sage, uma bostoniana que foi casada com um homem de negócios americano. Ela levantou 90% do dinheiro, em grande parte entre comunidades americanas de negócios de lá, os outros 10% vieram do Departamento de Estado. Eles estiveram em Harvard durante duas semanas. Formam um grupo de tendências variadas, desde uma formação fortemente democrática, pró-americana, até outra quase comunista, altamente nacionalista, mas antiamericano. Sarge os reuniu todos. Estive com eles no sábado, na hora do almoço, falando sobre (...), por uma hora e meia, perguntando-lhes como tinha sido sua passagem por Harvard. Eles responderam: "Muito bem. Aprendemos muito e não fomos doutrinados". Acho que é bom. Acho que fizemos algum progresso com eles. Eles vão se encontrar com Ted esta tarde durante uma hora e meia e com um pessoal de apoio regional. Eles estão reunidos com o HEW agora de manhã e vão estar com o Departamento de Estado amanhã à tarde. Então decidiram que nós (...) às duas da tarde. Mas acho que o senhor poderia sair e recebê-los no Jardim Rosado – articula ansioso Gordon.

– Tudo bem, se você puder providenciar isso. Diga-me qual é a reclamação contra os negócios americanos. Há alguma reclamação legítima? – tenta objetivar o presidente.

– Não, nenhuma significativa. O mito que tomou corpo é que a remessa de lucros está drenando a economia brasileira. Isso é puro mito. Há uma documentação brasileira e nossa também – tranquiliza Gordon.

– Quanto a gente tira por ano? – surpreende Kennedy.

– Nós tiramos, oficialmente, algo em torno de 40 milhões de dólares e deve haver alguns lucros disfarçados, alcançando um máximo de outros 20. O total de 60 não é só nosso, americano, mas de todos os investidores estrangeiros. Temos talvez 60% disso – minimiza Gordon.

– Bom, em outras palavras, nós estamos tendo uma retirada de 30 milhões de dólares por ano? – insiste Kennedy

– Não, na verdade... – inquieta-se o embaixador.

– Na verdade, nós estamos investindo... – diz Kennedy, tentando, quem sabe, ver as coisas de outra maneira.

– Na verdade isso é ninharia, o senhor vê...

– Mesmo os investimentos privados estão investindo nesse nível? – tenta ajudar Richard Goodwin.

– Agora, eles têm... alguém me entregou esses dados hoje de manhã – busca apoio em números o aflito embaixador.

– Bom, o que acontece quando esses dados são enfatizados? Ninguém os enfatiza? – aperta um pouco o presidente.

– Sim, a gente os enfatiza... – diz candidamente Gordon.

– Você quer dizer que os investidores privados estão investindo quase esse montante. Além disso, nós investimos em ajuda e todas essas coisas e ainda compramos o café deles – racionaliza Kennedy.

– Muitas dessas pessoas ou não acreditam nestes dados, ou eles não são enfatizados de maneira suficiente e eficaz. Isso é algo que vamos ter de cuidar nos comunicados durante esta semana para tratar disso... – diz Gordon.

– Com quem, comunicados a quem? – questiona Kennedy.

– Bem, isso estaria com a AID e o Departamento de Estado.

– Mas eu me refiro, não podemos contar com todos?

– A esses estudantes, quer dizer, esses estudantes...

– Sim, mas eles são apenas... – minimiza Kennedy.

– Eu sei... – reconhece Gordon.

– Eles são apenas uma parte. Mas eu pergunto, há alguém lá que vá se incomodar em divulgar esses dados?

– Bom... – grunhe Lincoln Gordon.

– O que os Estados Unidos deram em ajuda nos últimos dois anos, os lucros que foram auferidos são tão grandes, o total de compras feitas pelos Estados Unidos... – enumera Kennedy certamente tentando convencer-se dos acertos.

– Isso foi feito de forma muito eficaz pelo relatório à comissão conjunta do Senado e da Câmara brasileiros sobre esse projeto de remessas de lucros, mas eles (...) Mas esses caras vão dizer:

"Bom, você sabe, ele é um instrumento das multinacionais. Ele é um reacionário. Ele é..." Tem um senador do Rio Grande do Sul... Brizola e...

– Qual é o cargo de Brizola agora? – quer saber Kennedy.

– Ele é ainda governador. Vai ser governador até janeiro. E está concorrendo à Câmara pela Guanabara...

– Bom, nós temos dito que se eles quiserem comprar... – observa Kennedy em relação às empresas americanas. – Que porcentagem do investimento americano há...

– Não que... – balbucia Gordon antes de completar – Eles não têm feito nada para comprar essas companhias, não! Não, eu falei com eles sobre o assunto semana passada quando o governo começou as reuniões (...) com o grupo American Foreign Power Company, (...), o maior, que tem uma nova proposta (...) para discutir. Goulart acha que tem um compromisso pessoal com o senhor a este respeito. E ele diz que vai se esforçar para isso. E acho que há uma chance de que ele possa conseguir. Tudo o que fizeram foi criar essa comissão, que deve negociar o tratado efetivo, mas, na verdade, eles nunca dão prosseguimento. Tem havido muito pouca ação em torno disso, pelo menos desde (...) as conversas de abril. Isto é... – queixa-se Gordon.

– Há muito desestímulo no Brasil entre os moderados?

– Ah, eles não estão desestimulados a ponto de desistirem. Eles estão muito insatisfeitos. A forma com que essa crise política foi administrada foi extremamente ruim. Agora, um cara como Aluízio Alves quer organizar um centro forte, um centro ligeiramente de centro-esquerda. E acho que a gente tem de dar todo apoio a essa iniciativa – lamenta o embaixador, falando em círculos.

Seis minutos da conversa permanecem sigilosos.

– Nós examinamos bem isso antes da minha viagem. Acho que ele ficou mais importante. Houve um curto período quando éramos um tanto complacentes. Já passamos disso. Não podemos mais nos dar ao luxo de sermos complacentes. Acho que temos de fazer mais e acho que devemos fazer mais com um pouco menos de preocupação com possíveis desgastes ou controle. Os rapazes têm um pouco da filosofia do GAO (General Accounting Office). O senhor sabe que eles querem saber se seu dinheiro está sendo gasto devidamente. Bom, isto é um bom preconceito para ter, mas só temos dois meses na frente. Temos essa organização chamada IPES, por exemplo, que é progressista (...) e precisa de alguma ajuda financeira; tem (...) apoio e acho que temos de ajudá-los. Não poderemos conseguir uma prestação de contas detalhada das retiradas e como cada retirada, em particular, será gasta. Eu só acho que nós não podemos correr riscos – entusiasma-se o embaixador.

– Eu concordo em substância... – diz alguém.

– Nós temos... – tenta prosseguir Gordon.

– Acho que a eleição vai ser mesmo o grande momento. O Linc a está comparando às eleições da Itália, em 1948 – observa Goodwin em tom de contribuição objetiva.

É aí que John Kennedy faz a célebre pergunta:

– Eu sei. Bom, quanto vamos ter que colocar nisso?

– Ah!, isso é coisa de uns poucos milhões de dólares, digamos – é a resposta antológica de Gordon.

Mais sete segundos guardados em sigilo.

– Isto é muito dinheiro. Porque, você sabe, afinal, para uma campanha presidencial aqui você gasta cerca de 12. E nossos custos, pelo menos acho, de 8 milhões de dólares seriam uma enorme quantidade de dinheiro para uma eleição – regateia Kennedy, tentando ser bom gestor.

– Correto – concede o embaixador.

Kennedy resmunga alguma coisa. Gordon ajuda:

– É um cenário político incrivelmente complicado.

– Bom, agora, isso está sendo mesmo gasto, agora? Você vai em frente com isso? – questiona o presidente.

Outros 39 segundos mantidos em segredo.

– Bom, acho que agora não posso fazer nada com Goulart ali. Não tem nada... – diz Kennedy, botando a bola no chão.

– Bom, acho que tem. Este é o ponto importante da estratégia, em geral. Uma coisa que quero alertar é a possibilidade de uma ação militar. Essa é, essa é uma possível grande cartada – desembucha Lincoln Gordon.

– Agora, deixe-me perguntar: temos sido muito críticos da ação militar no Peru... – diz Kennedy.

Gordon resmunga algo.

– ...o que é inteiramente diferente. Não podemos ser exatamente... Os militares fizeram um excelente trabalho um ano atrás. Tudo depende das circunstâncias de uma ação militar – enrola-se Kennedy em busca de um argumento.

– Eu acho, eu acho... – Gordon tenta ajudar.

– Em outras palavras, nós éramos contra a ação militar na República Dominicana. Tínhamos nossas reservas em relação aos militares depois que eles prenderam Prado. Mas vamos recuar e reconhecê-los na próxima semana, ou esta semana; mas a questão é mesmo de como... qual nossa atitude em relação ao que seria... – prossegue Kennedy em círculos.

– Bem, acho que o que deveríamos fazer... Este é um negócio muito difícil e temos que nos proteger muito cuidadosamente. Não acho que queiramos estimular um golpe. O que realmente queremos fazer com Goulart, acho, são duas coisas: queremos fazer uso do fato de que ele tem uma grande consideração com o senhor. E ele está muito orgulhoso que essa relação com os Estados Unidos (...) foi estabelecida. E há algumas coisas... Acho que nós conseguiremos em breve e finalmente resolver esse caso da IT&T – intromete-se Goodwin em busca de um meio-termo.

Kennedy balbucia alguma coisa. Goodwin continua:

– Nós demos sua carta para Goulart. Falei com ele novamente na segunda-feira. Acho que vamos resolver aquilo. Espero que evitemos outras expropriações desta vez. Acho que podemos fazer algum progresso nesta coisa das companhias de serviço público. Isto é muito negativo, mas acho que devemos trabalhar o mais que pudermos. A principal coisa é, ao mesmo tempo, organizar as forças que são tanto políticas quanto militares para reduzir o seu poder ou, num caso extremo, afastá-lo, se for preciso. Isso dependeria de uma ação aberta de sua parte. Ele está jogando, está bem preparado (...) Ele mudou muitos comandantes militares nas guarnições?

– Ele mudou um certo número e está ameaçando mudar outros. Até que ponto ele vai nessas mudanças dependerá um pouco da resistência dos militares. Acho que uma das nossas tarefas importantes é de fortalecer a espinha dos militares. Para falar claro, discretamente, que não somos necessariamente hostis a qualquer tipo de militar ou coisa que o valha, se ficar claro que o motivo para a ação militar for... – responde Gordon, abrindo ainda mais o seu jogo cada vez mais claro e direcionado.

– Contra a esquerda? – pergunta o presidente.

– Ele está entregando o maldito país para...

– Os comunistas – Kennedy completa o raciocínio.

– Exatamente. E há muitas provas de que Goulart, querendo ou não querendo, tem feito isso – salienta Gordon. – Há algumas semanas, logo depois da derrota de Dantas no Congresso, ele tinha um plano específico que contou ao Kubitschek. Kubitschek me disse em primeira mão. Um plano para nomear um ministério só seu sem ouvir o primeiro-ministro. Ele disse ao Congresso que esperaria que o Congresso ratificasse, mas esperava que o Congresso, que vai ser eleito em outubro, o faria. E convocar um plebiscito agora para fazer retornar o regime presidencial em outubro. O Kubitschek levou a 30 altos oficiais militares e eles lhe disseram, unanimemente, que isso seria inconstitucional e que se Goulart tentar eles se oporiam a ele. Ele perguntou se poderia dizer aquilo a Goulart. Eles todos responderam que sim e alguns disseram: "Bom, seria melhor assinar nossos nomes num manifesto". E ele voltou a Goulart e Goulart desistiu. O senhor vê o tipo de coisa. Isto é... ele está pensando ativamente num tipo de golpe branco, como eles dizem. E se os militares estão temerosos... se eles sentirem que não há nenhum apoio em algum lugar, dentro ou fora, especialmente fora, o que significa nós, se eles agirem, então eles... Eles estavam, me disseram... Infelizmente, eu estava doente, de cama, na semana anterior e só agora gradativamente voltando à forma – completa, já em guerra, o embaixador.

– Sim – murmura Kennedy.

– Esta semana, antes de eu vir para cá, na quarta-feira, consegui ver Goulart e o novo ministro do Exterior e o primeiro-ministro na terça-feira, e Walter Moreira Salles no domingo – informa Gordon engatando outro argumento, interrompido por mais 11 segundos ainda secretos. – Os militares, eu vejo que eles nos são muito simpáticos, muito anticomunistas, muito desconfiados de Goulart. E eles expressaram grande surpresa quanto à nossa posição no Peru. Bom, posso explicar a eles o que são as circunstâncias políticas. Acho que é importante que deixemos claro a essa gente amiga, àqueles que nós realmente sabemos que são amigos...

– Mas pelo... – tenta dizer algo o presidente.

– Aquele caso do Peru não é necessário... – insiste Gordon.

– Sim, mas nesta semana eu vou voltar atrás e reconhecer o governo peruano – confessa estrategicamente Kennedy.

– Bom, acho que... contanto que eles entendam que a ação militar é para salvar a legalidade... – observa Goodwin.

Kennedy solta um grunhido. Goodwin compreende:

– Está bem. Então, acho que essa é a razão pela qual não poderemos realizar a reunião da OEA, pois isso iria desencorajar os militares. Se você começar a reunir todos esses países juntos e...

– Sim – admite Kennedy.

– ...aprovando resoluções contra... – insiste Goodwin.

– Isso é o que quero dizer hoje a (...).

– Porque nós podemos muito bem querer que eles assumam até o fim do ano, se eles puderem – completa Goodwin, referindo-se aos bravos militares brasileiros.

– Nós temos aquela frente militar. E acho que sua função é primeiramente manter Goulart nos eixos – diz Gordon.

– Que tipo de ligação nós temos com os militares? – quer saber, mais cauteloso, o presidente americano.

– Bem, é muito boa – exulta o embaixador. – Os militares não estão unidos, o que complica as coisas. Há uns poucos oficiais que são francamente de esquerda, incluindo uns poucos em altas posições: o comandante do I Exército, que fica no Rio de Janeiro... um cara muito perigoso. Goulart brincou com a ideia de fazê-lo ministro da Guerra, mas depois desistiu porque houve muita resistência.

– Você acha que se Goulart tivesse poderes... – angustia-se Kennedy em busca de mais informações precisas. – Você sabe, pode ter essas brigas com o Congresso e usar qualquer coisa para seguir em frente. Você acha que se ele tivesse poderes agiria? Ou isso é apenas uma tática?

– Acho que... tenho dúvidas de que seja, não acredito que o homem seja um comunista. Acho que ele provavelmente faria algo como... mais como Perón. Um tipo assim... – diz Gordon.

– Ditador pessoal – pontua o presidente.

– Um tipo de ditador pessoal e populista – afirma Gordon.

– Sim – concorda o presidente.

– Eu não... – intromete-se Goodwin com muita convicção especulativa. – Acho que a gente tem de se lembrar que ele pode não ter um objetivo, mas Dantas tem um objetivo. E Brizola tem um objetivo e esse objetivo não é peronista, no final pode ser nasserista ou titoísta. E acho que a presença deles, que eles, e a dominação intelectual que eles podem ter poderiam sensibilizá-lo. Porque não tem... se você for desempenhar um papel na cena mundial, você sabe, hoje em dia, você não pode ser um Perón. Você tem de ir além e é isso o que eles querem.

– Sim – concorda bovinamente Kennedy.

– Não tenho dúvidas – confirma-se Goodwin.

– Eles querem isso. O Goulart não dá a mínima para política externa. Na verdade, ele está... – diz Gordon.

– Bom... – resmunga Goodwin.

– ...ele está interessado em (...) – engatilha Gordon.

– Vaidade – dispara Kennedy.

– ...Bem, você sabe, ele é um homem de grande vaidade e de desejo pelo poder... – fuzila calmamente Goodwin.

O presidente, mais uma vez, resmunga algo inaudível.

– Não, acho que há 80% de chances de que ele gire para a esquerda com aqueles dois caras – continua Goodwin na alta linguagem da política externa americana.

– Bom, eu não acredito que (...) – tenta falar Gordon.

– Ele não seria um ditador local, não ficaria satisfeito com (...) – continua a fuzilar o impávido Goodwin.

– Há muitas chances de que eles o derrubem – diz Gordon.

– Dantas? – pergunta Kennedy.

– Não, que eles tentariam derrubar Goulart em certas circunstâncias – tenta esclarecer obscuramente Gordon.

– Sim, mas o Dantas é... Agora, o que devemos fazer? Acho que temos este problema de quanto podemos fazer contra Goulart e quanto tentaremos fazer com ele – pergunta Kennedy tentando, mais uma vez, recuperar a objetividade.

– Acho que nós temos de tentar... – aproveita Gordon.

– O que temos de fazer para chegar aos militares?

– Acho que temos de fortalecer nossas relações com os militares, precisamos deixar isso bem claro para eles. Talvez McNamara tenha de rever o pessoal que tem lá e ver se ele pode (...) – diz o cada vez mais transparente Goodwin, referindo-se ao secretário de Estado.

– Bom, nós precisamos e precisamos mesmo de um novo adido militar – aproveita a oportunidade Gordon.

– Então, o que mais... – continua Goodwin.

– O Exército é muito... é a mais importante das três forças. Este é o homem-chave no nosso relacionamento – diz Lincoln Gordon, aguardando nova oportunidade.

– E nosso homem lá, ele é bom? – quer saber Kennedy.

– Nosso homem atual... ele é legal, mas é muito burro. Eu falei com o general (...) sobre isso... – explica Gordon.

– Mas é claro que não temos muitos caras que saibam falar português, não é? – questiona pragmaticamente Kennedy.

– Bom, nós temos alguns por aí, não muitos. Mas acho que o McNamara... – tranquiliza Gordon, sentindo o peixe ser fisgado.

– Tudo bem. Agora vamos ao... Quando você está voltando para lá? – impacienta-se o presidente Kennedy.

Mais dez segundos longe da curiosidade brasileira.

– Sim – responde Gordon sem notar a pergunta.

– Quando examinarmos isso antes de nós... então sabemos para onde vamos? – interroga-se confuso o presidente.

– Bom, o senhor tem a última... – exime-se Gordon.

– Sobre esse militar... Com quem é que você vai falar sobre a mudança do adido militar? – entrega-se Kennedy.

– Eu falei com o general (...) – entrega Gordon.

– Bom, adianta alguma coisa mudar um cara se em três meses você poderá... terá de... ele poderá estabelecer essas ligações em três meses? – hesita o presidente.

– Ah, sim!

– Há alguém que já tenha estado lá antes que tenha boas relações e possa ser mandado de volta?

– Que tal esse do Eisenhower (...)? – pergunta Goodwin.

– Dick Walters? – questiona Gordon.

– Sim.

– Ele está em Roma.

– E ele sabe alguma coisa de português? – pergunta Kennedy, buscando sempre mostrar-se o mais pragmático.

– Ele fala português fluentemente – confirma Goodwin.

– Ele fala português fluentemente. É excelente e ainda tem um grande feeling político – afirma Gordon.

– Ele era o intérprete de Eisenhower lá, não era? – pergunta sem constrangimento o entusiasmado Goodwin.

– Sim. Ele seria maravilhoso. Ele era... – diz Gordon.

– Então, o que vamos fazer? Eu digo, quem vamos escolher? Nós temos que mandar para lá alguém que possa estabelecer ligações muito rápidas... e tem de falar português – afunila o presidente do jogo no chão, jogo rasteiro.

– Por que não falamos com o Ros Gilpatric ou alguém... – sugere o cada vez mais animado Goodwin.

– Ótimo, mas isso tem de ser feito hoje – diz Kennedy.

Outros 15 segundos à espera de liberação.

– Você diz que não é preciso que eu escreva ao Goulart novamente para pedir-lhe alguma coisa? – diz Kennedy.

– Não, não – apressa-se em responder Gordon.

– O senhor sabe, seu irmão esteve na reunião inicial que organizou este programa político. Foi basicamente a partir desse impulso que ele conseguiu avançar – diz Goodwin sobre a viagem de Robert Kennedy ao Brasil.

– Agora – diz Gordon.

– Ele vai estar na reunião amanhã? – pergunta Kennedy.

– Pode ser uma boa ideia – vibra Goodwin.

– Você o avisaria? – pergunta Kennedy.

– Tem um... tem dois outros pequenos problemas que eu tenho de resolver. O Kubitschek escreveu ao senhor uma carta que tenho aqui – diz Gordon em tom subitamente cauteloso.

– Bom, ele está apoiando o Goulart?

– Não, não.

– Ele está preocupado?

– Ele apoia... ele está preocupado como diabo. Ele apoia o Goulart só quanto ao retorno dos poderes presidenciais (...) Ele quer 1965. Ele gostaria de fazer alguma coisa para flexibilizar a

Aliança para o Progresso. Em termos de América Latina. Acho que devíamos estimulá-lo. Esta carta diz muito pouco. Aqui está a tradução. O que definimos com Ed Martin é que ele vai falar com o Lleras Restrepo em Bogotá e vamos ver o Kubitschek no Rio... uma ideia para tentar pegar essa iniciativa. Foi escrita pelo Schmidt, claro, que sempre escreve essas cartas.

– Sei – resmunga Goodwin.

– Ela não diz praticamente nada a não ser que isto não pode ser um programa técnico, precisa ter uma ênfase política e ele tem razão. Mas não diz como fazê-lo. Acho que nós poderíamos aproveitar o Kubitschek... – insiste Gordon.

– O senhor sabe... com a comissão de Ação Monnet – diz Goodwin sem realmente definir o seu novo argumento.

– Sei – pontua o embaixador.

– Acho que ele poderia aceitar isso – precisa Goodwin.

– Certo. Eu tentei providenciar isso com Schmidt semana passada e ele passou a trabalhar nisso. Schmidt tem um grande preconceito com Ted Moscoso porque acha... ele tem preconceito contra os porto-riquenhos por definição. Completamente injustificado, na verdade, mas...

– O que ele quer que nós façamos, eu me pergunto? – pergunta Kennedy como quem desperta para o assunto.

– Bem, o que ele gostaria é que nós estabelecêssemos, dentro da OEA, uma espécie de coordenador político geral da Aliança para o Progresso e colocássemos o Kubitschek no cargo. Isso não pode ser feito este ano, acho. Eu acho que isso poderia ser uma boa ideia, mas não sei se o Kubitschek seria o homem ou não. Acho ainda que devemos trabalhar em cima disso por etapas, com alguma comissão tendo um certo prestígio... – pondera, desta vez, Gordon.

– Como é que vamos mudar isso de novo, me diga? O que é que eles querem que façamos? – reclama o presidente.

– O que eles gostariam, agora? A estrutura formal da Aliança para o Progresso está no conselho da OEA...

– Sim – assente Kennedy.

– E no Conselho Econômico e Social Interamericano, que se reúne uma vez por ano em nível de ministros para discutir muitas questões técnicas. O que eles gostariam é alguma coisa parecida com o que foi feito no Plano Marshall. Nós tivemos o Sticker, ex-ministro exterior da Holanda, sendo uma espécie de coordenador do Plano Marshall e que tinha um cargo formal, ele é o chefe permanente do conselho, e o que eles querem é algo assim... – completa Gordon.

– E o Kubitschek seria bom para isso?

– Acho que ele seria bom, mas ele não teria total receptividade nos países que falam espanhol.

– Sei.

– E tinha um certo... – começa a dizer o embaixador.

– Então o que você sugere que eu faça com esta carta?

– Bom, vamos trabalhar uma resposta para ela. Acho que o senhor não deve fazer nada até que o Ed saia dessas conversações preliminares com cerca de 25...

– Nós achamos que algo como o Comitê de Ação Monnet – retoma, enfim, seu argumento o persistente Goodwin.

– Quem poderia fazer isso... – engata Gordon.

– Lleras Restrepo chefiando-o poderia ser bom. Ou alguma coisa que não fosse oficial ou patrocinada por nós ou... – continua Goodwin com certa rapidez na resposta.

– Por cidadãos privados – comenta Kennedy.

– Sim... por cidadãos privados, grupos industriais, políticos... – confirma Goodwin sem perder o fio.

– O que poderia conseguir algum tipo de... Eu acho que para amarrá-lo de uma maneira informal a... – diz Gordon

– ...à OEA – completa Goodwin.

– ...à OEA... acho que isso seria bom (...), acho que podemos conseguir – completa o embaixador com vibração.

– Acho que esta é uma boa ideia, conseguir um grupo privado falando sobre... – entusiasma-se o presidente.

– Não há nenhum grupo equivalente ao subgrupo do Monnet. Isso seria... as únicas pessoas com real estatura... somente uma meia dúzia que o senhor poderia nomear: Galo Paza, Lleras Camargo, Kubitschek – observa Gordon. – E eles são os únicos... Você não tem nenhuma pessoa sem ser política do tipo do Monnet. Mas um desses caras... Eu gostaria de amarrar o Kubitschek ao

Lleras porque o Kubitschek está concorrendo para presidente do Brasil e o Lleras Restrepo não concorre a nada.

– Está bem. Bem, alguém pode cuidar disso?

– Sim – dispõe-se Goodwin.

– Este é o original – diz o até então silencioso Bundy.

– Outra coisa, Senhor Presidente, meu programa do Nordeste precisa de um novo diretor.

– Sim.

– Aquele que nós tentamos foi um fracasso. O mais qualificado para esse trabalho é um homem chamado Warren Wiggins, que trabalha para o Sarge Shriver.

– Por que não chamá-lo? Você quer dizer a ele?

– O.k. – responde Goodwin.

– Ele fala português? – quer saber Kennedy.

– Não, mas fala espanhol e (...).

– O que ele faz para o Sarge?

– Ele é um dos diretores associados: um cargo muito importante – esclarece Goodwin.

– O.k. Bom, vamos chamá-lo. Sim. Só diga a Sarge que nós precisamos dele e vamos definir... Se houver alguma questão, me avisem – ordena o presidente.

– Certo – diz Goodwin.

– Vou vê-lo? Eu o verei antes de viajar? Você me avisa, se eu... Me telefone antes de ir – diz Kennedy a Gordon.

– Sim.

E assim se começa a preparar um golpe de Estado.

Assim começou a nascer o exílio de Jango.

32

A justiça da ditadura argentina recebe a denúncia de Foch Diaz e, por alguma razão que talvez só a alma do tango explique, trata de investigar a morte de Jango. O relatório final do processo nº 7.740, de 1982, da justiça de Curuzú Cuatiá, tem 56 minuciosas páginas. Começa com a procuração dada no Uruguai por Maria Thereza Fontella Goulart a Enrique Foch Diaz Vazquez outorgando-lhe plenos poderes para que "fiscalize e tenha acesso às contabilidades sobre todos os meus bens existentes neste país e na República da Argentina" e obrigando os administradores desse patrimônio a "facilitar o acesso aos livros e contas" ao procurador então nomeado. O segundo documento do processo é a revogação por Maria Thereza dessa procuração menos de dois meses depois.

Na sequência, uma lista de nomes indicados por Foch Diaz como tendo colaborado com dados para a formação das suas convicções: os pilotos Ruben Rivero, Francisco Perossio e Hugo Wilkie, Percy Penalvo, Pérez Pérez, Julio Vieira, Cayetano Fior del Mondo (cozinheiro Tito), Maria Thereza, João Alonso Minteguy, Julio Ferrari (sic) e Juan Corbo. Por fim, sob a rubrica "procuradores enriquecidos": Cláudio Braga, Ivo Magalhães e Maneco Soares Leães. Depois disso, uma síntese em 30 tópicos dos fatos prévios relacionados à morte de João Goulart que teriam levado o denunciante a considerar a possibilidade de uma "morte duvidosa". O primeiro indício é o aviso, em maio de 1976, de Cláudio Braga a Jango, na estância "El Milagro", de que haviam sido ameaçados de morte em Buenos Aires e a vinculação disso aos assassinatos dos políticos uruguaios Gutierrez Ruiz e Zelmar Michelini na Argentina. Conforme o relato, Jango toma providências de segurança. Manda que seus empregados "se armem". O segundo item trata da viagem de Percy Penalvo ao Rio Grande do Sul para sondar autoridades sobre a perspectiva de retorno de Jango ao Brasil. Em seguida, são detalhados todos os aspectos conhecidos e citados pelo próprio Foch Diaz no seu livro *O crime perfeito* relativos ao deslocamento de Jango para Mercedes naquela que seria a sua última viagem e os fatos ocorridos pouco antes e durante o ataque que o matou. O tópico 24 trata da chegada de Cláudio Braga, "pelas cinco horas", a "La Villa". Afirma que ele abriu a maleta e dela retirou o dinheiro, tendo sido visto pelo jovem Alfredo Pérez Pérez, que limpava o banheiro. A espiral se movimenta.

A seguir, aparecem os "fatos posteriores". Passados seis anos da morte de Jango, Foch Diaz reaparece em cena disposto a escrever um livro de "memórias e anedotas" sobre seu convívio com João Goulart no exílio. Visita os familiares do ex-presidente em Punta del Este, conversa com velhos amigos, contata seus pilotos, puxa o fio do passado e convence-se da existência de irregularidades, que são listadas em termos de suspeita escancarada:

– Venda da estância "Sun Corporation" do Paraguai por Ivo Magalhães com desconhecimento total dos herdeiros.

– Cláudio Braga comunica a Maria Thereza que o apartamento da avenida Libertadores, em Buenos Aires, foi assaltado, tendo sido levados do cofre joias e dólares. Nenhuma perícia policial é feita. Braga entrega a Maria Thereza um relatório pessoal sobre esses acontecimentos.

– Cláudio Braga apresenta uma conta de 300 mil dólares a Maria Thereza de honorários de advogados – Dr. Carrizo – pela abertura do inventário de João Goulart na Argentina.

– Liquidação das estâncias de Marcos Paz e de Mercedes ("La Villa", "La Susy" e "El Aperia") por Cláudio Braga.

– Vendas de fazendas e da produção sem qualquer controle.

Finalmente o denunciante apresenta o que chama de "dados vinculados à morte" do ex-presidente João Goulart:

– Em junho de 81, Percy Penalvo, doente, no Hotel Balfer, de Montevidéu, me diz textualmente: "Mataram o Doutor".

– Todo o grupo vinculado à família Goulart como procuradores ou administradores se enriquece notoriamente em escasso tempo depois da morte de Goulart.

– No Hotel Columbia, ponho Vicente diante das irregularidades, que responde: "Isso já passou, não quero voltar atrás".

– Viajo a Tacuarembó e entrevisto Pérez Pérez, obtendo dele uma declaração registrada em cartório.

– Ruben Rivero reconhece as irregularidades e também crê numa morte irregular.

– Francisco Perossio coincide com Rivero.

– Tito, mordomo de "El Milagro", corrobora e amplia o campo das suspeitas.

– João Alonso Minteguy afirma também que "mataram o Doutor". Acusa Cláudio Braga falando em complô político.

– Julio Vieira, capataz de "La Villa", acrescenta elementos que ampliam as dúvidas.

– Doutor Julio Ferrari [sic], pediatra em Mercedes, ver gravação.

– Juan Corbo, capataz de "El Milagro", constata desaparecimentos de ações.

– Em agosto de 81, por telefone, comunico a Maria Thereza todas as irregularidades. Ela se interessa pelo assunto e me dá uma procuração para investigar os bens de Goulart. Quando voltei de Mercedes, ela me retirou surpreendentemente a procuração dizendo: "Não quero revirar mais merda".

– Aproximadamente em março de 82, Vicente Goulart me chama por meio de Tito para que eu venda um campo. Reitero que tenho elementos concretos e que suspeito das causas da morte do Doutor. Diante da sua negativa de agir, digo que sou obrigado a tomar providências.

O quadro está montado. No seu livro, publicado em 2000, Foch Diaz anexa a declaração de Pérez Pérez.

– Pelas 10 horas da manhã, chega a polícia, que se informa dos fatos. Às 11h30, chega, de Paso de los Libres, o Senhor Cláudio Braga, que entra na casa perguntando onde se encontra o corpo, dirigindo-se ao quarto. Eu estava limpando o banheiro e observei que primeiramente ele permaneceu alguns segundos frente ao cadáver, em seguida, virando-se, abriu a maleta do Doutor Goulart e pegou um pacote de dólares, que colocou no bolso. Ao sair, seus olhos cruzaram com os meus e ele me cumprimentou. Declaro que sabia da existência dos dólares na carteira, pois, um dia antes, o Doutor tinha me mandado ver um documento de identidade ali e encontrei o pacote de dólares, de cem unidades cada um, amarrados com uma borracha.

Se os horários não batem – Vieira e o próprio Foch dizem que Braga chegou às cinco ou seis da manhã –, se os nomes se entortam – Ulrich vira Burrich – e se os fatos se alteram – Vieira diz que a polícia não apareceu –, a acusação permanece grave e sustentada pelo testemunho.

O processo 7.770, de Curuzú Cuatiá, apresenta uma lista de nomes e endereços a serem conferidos, entre os quais o de um certo Toninho, residente em Porto Alegre, na Rua Chaves Barcelos, que seria o filho de Mario Della Vecchia, o homem que facilitou a entrada do corpo de Jango em Uruguaiana, Toninho, amigo de João Vicente Goulart citado por Foch Diaz no seu livro imperfeito:

– Um dia, estando Vicente um pouco alto, disse a Maria Thereza: "Sabe o que me falou o Toninho? Que tu mataste o papai" – narra Foch sem apresentar qualquer prova.

Neira Barreiro, sob a identidade de Antônio Meirelles, fala de Toninho a João Vicente na entrevista para a TV Senado: "Aquele que andava de moto com o senhor". E diz que Mario della Vecchia e Dona Ereni tinham dois filhos, o Toninho, "que morreu", e a Egede, casada com o coronel Bermudes, "um homicida", assistente de Adalberto Pereira dos Santos. "Adalberto Pereira é brasileiro?", pergunta João Vicente sem perceber de quem se trata. "Era o vice-presidente da República", responde Neira. Della Vecchia teria falado com a filha Egede, que teria acionado o marido, que teria recorrido ao vice-presidente. Só assim a liberação para a entrada do corpo de Jango por Uruguaiana teria sido autorizada.

Nos anexos do seu livro, Foch capricha nos títulos. Por exemplo: "Provas do roubo das ações da 'Sun Corporation' (juntadas à causa por Rui Noé da Silveira, neto do presidente João Goulart)". O documento não apresenta a clareza probatória vista pelo acusador. Noé foi reconhecido pela justiça como filho de João Goulart. Ele passou a discutir judicialmente a partilha dos bens do pai. Como numa boa novela colonial, Noé é o filho de Jango, ainda adolescente, com uma empregada da família.

Outro documento anexado por Foch é um tanto mais contundente: "Cláudio Braga pede prestação de contas por escrito a Ivo Magalhães". Resumo da ópera: a "Sun Corporation" tinha 25 mil hectares de terra no Paraguai, 20 mil vendidos antes da morte de Jango, uma parte não tendo sido paga, resultando numa provável devolução de 2.500 hectares e numa dúvida, portanto, sobre o destino de 7.500 hectares. Daí a demanda literal de Braga por uma prestação de contas. O mesmo seria feito por Maria Thereza e sua filha Denize, em documento datado de 27 de julho de 1978, anexado por Foch: "Maria Thereza e Denize pedem exaustiva averiguação sobre 'Sun Corporation'". O segundo item é constrangedor: as terras "foram vendidas pelo Sr. Ivo Magalhães, que prestou contas ao legítimo dono, o falecido Dr. João B. Marques Goulart, até o total de 20.000 hectares". O terceiro item é ainda mais forte: "Conforme se deduzirá da escritura de compra, restam 5.000 hectares, a eles se acrescentaram 2.500 hectares por conceito de multa – imposta e aceita pelos herdeiros do Sr. Pagonocelli, comprador dos 20 mil hectares antes referidos, por descumprimento nos prazos dos pagamentos das parcelas adquiridas". O quarto item crava fundo: "Antes do seu falecimento, nosso esposo e pai sempre dizia que faltava acertar contas dos assuntos do Paraguai com o Dr. Ivo Magalhães, que vinha, ultimamente, evitando falar com ele". Portanto, as requerentes reclamam uma "exaustiva investigação sobre os 7.500 hectares".

O último documento anexado por Foch Diaz intitula-se "Acerto econômico entre Maria Thereza e Denize com Ivo Magalhães no qual este admite ter alienado bens". Magalhães diz ter comprado parte da "Sun Corporation" de João Goulart tendo feito o pagamento e recebido o pacote de ações das mãos do proprietário. Aceita, no entanto, pagar 110 mil dólares às reclamantes para liquidar o assunto, o que é feito e sacramentado judicialmente, como fica provado nos autos para felicidade geral das partes. Denize garante, porém, que o pagamento nunca foi feito.

Trocando em miúdos, Foch Diaz transforma com alguma habilidade, mas sem grande acabamento, uma questão cível em criminal, transforma em nexos causais e motivações uma série de especulações, afirmações avulsas e sentimentos esparsos. Na pressa, confunde nomes e até datas, que se obriga a corrigir para não dar vexame. A morte de Jango, no processo argentino, aparece inicialmente como "16 de dezembro", o que é revisto como erro de anotação. A escrivã Beatriz Aviazzi atesta, porém, que ele entregou com a denúncia, além de documentos, nomes e endereços, "12 cassetes, que afirma estarem gravados".

A justiça argentina convoca Foch para depor. Ele confirma, em 24 de agosto de 1982, a denúncia e conta toda a história, do desejo de Jango de voltar ao Brasil, passando pela briga com Eva de Léon, a decisão de Maria Thereza de ir com ele a Mercedes, a manhã passada numa feira de gado, o deslocamento para a Argentina, a blitz da Policía Caminera, os dólares à vista na maleta quando Pérez Pérez vai pegar o documento de identidade pedido pelo patrão, o final de tarde e a noite passados pelo casal em "La Villa" na companhia do capataz Vieira, o copo de água, o pedido de Jango para ser cuidado, os gritos de Maria Thereza, o ataque, a confusão, a busca e a chega do médico, a morte atestada, a chegada de Cláudio Braga "às cinco horas", a cena vista, do banheiro, por Pérez Pérez, os trâmites para envio do corpo a São Borja e, depois, o inventário dos bens do morto, o assalto ao apartamento de Buenos Aires, o sumiço de 70 mil dólares de Maria Thereza, a reafirmação, quando perguntado pelo juiz, de que a dúvida começara com João Vicente meio bêbado, diante do piloto Ruben Rivero, dizendo a Maria Thereza que Toninho a acusara de ter matado Jango, em seguida as demais insinuações ou especulações de Percy, Minteguy, Rivero e Perossio sobre um possível assassinato do ex-presidente, as acusações a Cláudio Braga e Ivo Magalhães, tudo, claro, sustenta o depoente indignado, a seu ver, pelo desejo de apropriação dos bens da vítima.

Segue uma lista de nomes citados por Foch Diaz com suas contribuições à suspeita em termos afirmativos: Roberto Peruano "Burrich" atesta para Percy Penalvo o roubo dos dólares por Braga e manda Pérez Pérez ficar calado. Julio Vieira confirma ter guardado por muito tempo os remédios de Jango. O capataz de "El Milagro" atesta a data da partida de "El Milagro". O cardiologista uruguaio José Domingo Araújo dá informações sobre o estado de saúde do ex-presidente em 1976. João Alonso Minteguy, poucos dias antes de morrer, reafirma a sua convicção de que Jango fora assassinado e confirma ter tratado com as autoridades brasileiras do retorno do exilado ao Brasil. Walter Alzaibar, amigo de Jango e funcionário do corpo diplomático brasileiro em Montevidéu, atesta o enriquecimento de Cláudio Braga, Ivo Magalhães e Manuel Leães. Deoclécio Barros Motta, o Bijuja, dá informações sobre o patrimônio de Braga e de outros acusados. Ivo Magalhães, coproprietário do Hotel Alhambra com Cláudio Braga, apossa-se da estância no Paraguai, "o que teria provocado violenta altercação com João Vicente na presença de Rivero". Caetano Fiordelmondo Gularte, Tito, cozinheiro, mordomo, é testemunha de um incidente em que o Doutor fere com uma bala o cunhado ao "atacar a esposa". Seguem, como num rosário insuportável, todos os nomes e suas histórias sórdidas e sem provas: Percy Penalvo, Rivero, Wilkie, Perossio, Alfredo Pérez Pérez, Cláudio Braga, Manoel Leães, Eva de Léon, o médico Rafael Ferrari, Abel Semhan, Maria Thereza, todos, todos, todos, enlameados, conspurcados.

O juiz Rômulo Espinoza começa a resolver o quebra-cabeça quando solicita, em 25 de agosto de 1982, o atestado de óbito de João Goulart. A delegada Teresa Dalila Yunes de Sandoval responde-lhe certificando que no "folio" 21 do tomo 60, lei 1.878, está lavrado o registro de óbito que diz: "Na cidade de Mercedes, província de Corrientes, a seis de dezembro de 1976, ante mim, Felipa Vargas, delegada regional principal, comparece Don Enrique Bollini, de 57 anos (...) Declara que no dia 6 de dezembro de mil novecentos e setenta e seis, às 3 horas, na 1ª seção Estância La Villa desta localidade, faleceu JOÃO BELCHIOR MARQUES GOULART de doença – "enfermedad" – segundo certificado médico do Doutor Ricardo Rafael Ferrari, que se arquiva sob o número deste atestado...".

Enrique Bollini é o dono da funerária de Mercedes. Foi ele quem se apresentou ao Registro Provincial de Pessoas para pedir que fosse lavrado o atestado de óbito de Jango. A delegada escreveu "enfermedad" por estar anexando ao registro o atestado médico emitido por Rafael Ferrari com a dita doença. Rafael Ferrari é ouvido dia 8 de setembro de 1982. Conta tudo o que se sabe com as pequenas contradições provocadas pelo tempo e pelos buracos da memória já expostos. Diz que os remédios estavam na mesinha de luz, que não avisou a polícia por suspeita ou por ter constatado irregularidade, mas pela importância política do morto, e que, no dia seguinte, quando lhe trouxeram o formulário para preencher, embora já não se lembre bem, acredita que escrevera nas prováveis causas da morte "parada cardíaca" ou "infarto massivo do miocárdio". Cláudio Braga comparece dia 6 de setembro de 1982. Fixa residência na casa de Martín Sehman, em Mercedes, para ficar à disposição da justiça.

O juiz insiste em ter o certificado emitido por Ferrari e anexado ao atestado pela delegada. Teresa Dalila informa que tudo foi remetido para o Departamento de Estatística da Saúde. O juiz vai atrás do certificado anexado ao atestado 296. Enquanto isso, Foch acrescenta ao processo duas fitas de entrevistas com Rafael Ferrari, quatro com Penalvo, duas com Perossio, duas com Julio Vieira e dois recortes do jornal uruguaio *El País*. Num dos recortes, pode-se ler: "Brizola nunca foi amigo de Jango – A viúva de Goulart vai processar o uruguaio que denuncia assassinato". No texto, Maria Thereza é categórica: João Goulart morreu de infarto total. Ao jornal *Zero Hora*, segundo *El País*, falando sobre as denúncias de Foch, ela perguntou: "Com que provas?". E disse ter se encontrado com o uruguaio um ano antes em Punta del Este e não ter ouvido dele comentário algum sobre a morte do marido. Descartou totalmente uma possível troca de medicamentos e assegurou que não iria permitir em hipótese alguma a exumação do corpo. Admitiu, porém, que as ameaças a Jango e a tentativa de sequestro dos filhos haviam determinado o marido a mandar Denize e João Vicente estudar em Londres e a tomar a decisão de mudarem-se para a França antes de uma volta ao Brasil.

– Quem é o Senhor Talarico, o Senhor Foch Diaz, o Senhor Brizola? Quem é essa gente toda que nunca se interessou por Jango quando ele estava vivo? – indignou-se ela.

Em plena transição para a democracia, a denúncia de Foch repercutiu muito na imprensa brasileira de 1982.

Mas ainda era cedo para maiores polêmicas.

Muitos ofícios depois, por causa de detalhes como a falta de informação da data da morte depois do número da ata, o juiz Espinoza recebe o "certificado de defunción" emitido e assinado por Rafael Ferrari. Causa da morte, com a letra do médico: "Infarto do miocárdio". No corpo do atestado, a delegada Felipa Vargas escreveu que João Goulart morrera de "enfermidade" segundo especificação anexada no certificado do médico Rafael Ferrari, em que consta a referida doença: "infarto do miocárdio". O documento que Foch anexa à sua denúncia e que alimenta dúvidas até hoje, inclusive da família Goulart, onde diz apenas "enfermedad", não é o atestado de óbito, mas uma autorização para transporte do corpo calcada, certamente às pressas, no registro e não no atestado médico do pediatra e cirurgião Ferrari. Uma armadilha para análise semiótica, um deslize que ainda suscita alguma dúvida.

E assim se constroem as versões, as teorias conspiratórias, as lendas e os mitos, por exemplo, de que se teria escondido a causa da morte de Jango sob um genérico, escandaloso, suspeito e macabro "enfermedad".

A promotoria remete seu parecer ao juiz depois de ter escutado as fitas de Foch, de ter ouvido Ferrari – que reafirmou ter feito exame minucioso no cadáver, sem verificar qualquer secreção ou aspecto estranho – e ter examinado os demais elementos. A conclusão é cristalina: ignorar "qualquer consideração tendente à configuração de delito". Em sete páginas, o juiz Rômulo Espinoza destrói a denúncia de Foch Diaz. Começa por detonar a artimanha de falar em "morte duvidosa" querendo dizer homicídio. Em seguida, diz: "O denunciante faz um detalhado relato histórico da morte do ex-presidente juntando alguns dados sugestivos 'misteriosos' que poderiam fazer um leitor com imaginação crer que Goulart foi assassinado. Mas a justiça não é imaginação e deve guiar-se por presunções sérias e provas concretas". Passo a passo, o juiz desmonta os indícios de Foch. Ironiza a suspeita sobre o fato de Maria Thereza ter sido encontrada vestida junto ao marido morto na cama: "Não é por estar vestida quando chega o médico que tem algo a ver com a morte do marido". Indica que o pedido de Jango para o capataz dormir no corredor e cuidá-lo certamente foi brincadeira, ou o capataz teria levado a sério, ou Jango, com seus muitos recursos, teria um segurança sempre ao seu lado.

Espinoza capta o estratagema de Foch: "Trata de insinuar porque não se anima a afirmar". Sobre os relatos de Pérez Pérez, a suposta pressa na expedição do cadáver e, principalmente, sobre a história de que Toninho teria dito a João Vicente que Maria Thereza matara o seu pai, o juiz considera algo tão leviano como qualquer pessoa, por suposição, especulação ou lugar-comum, dizer que mataram o fulano sem apresentar indícios ou provas. Quanto a Vieira ter guardado os remédios por muito tempo para sanar alguma dúvida, o juiz nem leva a sério tamanha trivialidade. Por que não foi pedida uma autópsia ou uma investigação policial? "Porque é correto e normal que a essas circunstâncias não corresponda começar uma ação policial por uma morte natural ocorrida num domicílio particular sem qualquer suposição de indício de criminalidade", tendo um médico atestado a morte, deixando a viúva à vontade para chamar um especialista e avisado a polícia, não por suspeita, mas por se tratar de uma personalidade internacional. Quanto aos possíveis roubos do patrimônio e ao fato de Pérez Pérez ter visto Braga pegar os dólares, o juiz entende que, sendo homem de confiança do morto e tendo, com certeza, despesas urgentes a cobrir, o gesto não se revela anormal.

Excelente crítico literário, Espinoza desmascara a intenção de Foch Diaz de comprometer Maria Thereza como única pessoa na casa capaz de trocar os remédios e conclui: "Estimo que a suposta presunção que deseja criar o denunciante não resiste a menor análise e pode servir como argumento para um romance, mas jamais como base fática de uma investigação judicial". O juiz enfatiza a causa da morte e afirma que a denúncia "carece de seriedade", não tendo "existido crime algum". Arquive-se.

Haverá, no futuro, um "senão". Ferrari contará aos deputados brasileiros sobre o atestado de óbito: "Depois disseram que eu havia atestado que ele teria morrido de infarto. Eu não disse isso. Eu disse ter reconhecido o cadáver e que a causa provável da morte era parada cardíaca". Como explicar o "infarto do miocárdio", com a sua letra, no atestado, enfim, recuperado pela justiça de Curuzú Cuatiá? Ou não seria a letra de Ferrari? Ou o médico, ouvido pela justiça enquanto se procurava o atestado, foi obrigado a assinar, tardiamente, um atestado capaz de eliminar aquele incômodo "enfermedad"? Ferrari jamais se referiu a ter sido forçado por quem quer que seja. Deve ter simplesmente esquecido. Acontece.

33

A denúncia de Foch na Argentina repercute tanto no Brasil que é encampada por Leonel Brizola, por Gomes Talarico e pelo bioquímico Danilo Groff, candidato a deputado estadual pelo Rio Grande do Sul em 1982, o que provoca a ira de Maria Thereza. À imprensa, em entrevista coletiva, ela desabafa, gerando a "matéria" no jornal *Zero Hora*, num emblemático 24 de agosto de 1982, que repercutiria no Uruguai: "Brizola e Talarico nunca foram amigos de Jango". Justifica o traslado às pressas do corpo do marido por ter sido mal embalsamado, lembra que a situação no Uruguai havia se tornado "insustentável por causa das ameaças" e promete "tomar providências".

Danilo Groff entra no jogo e aponta à imprensa Cláudio Braga como suspeito pela substituição dos medicamentos indicada por Foch. A jornalista Marta Viale, parceira do uruguaio, diz-se surpresa com a revelação, mas confirma Braga como um dos suspeitos. "Existem outros", afirma. Maria Thereza acusa Groff de querer promover a sua candidatura às custas de Jango. O bioquímico conta ter sido acionado pelo ex-presidente para montar um "dispositivo" de atendimento caso viesse a ter problemas cardíacos. Segundo reportagem publicada, o plano previa "a vinda de Goulart para Porto Alegre, para onde também deveria convergir o professor Eurípedes Zerbini". Jango deveria ser atendido no Hospital de Pronto Socorro, no Hospital Ernesto Dornelles ou no Instituto de Cardiologia. Se não pudesse entrar no Brasil, deveria ser levado para Lyon, na França. Groff alimenta as dúvidas dizendo crer na possibilidade de envenenamento, troca de medicamentos e demora no atendimento médico. Vê na pressa em sepultá-lo um indício de irregularidade. Afirma que a autorização para a entrada do corpo no Brasil gerou uma crise entre os militares. Garante ter limpado sangue do nariz do morto com um lenço, que teria dado a João Vicente. Critica Percy Penalvo por negar ter suspeitado de algo à época da morte do patrão. "Antes do galo cantar três vezes, Pedro negou Cristo", recitou biblicamente.

João Vicente Goulart, diante da polêmica, adota uma atitude de ponderação e acusa Foch, a quem rotula de mercenário por sua participação aventureira na guerra, "de estar tirando proveito promocional da denúncia".

Em entrevista ao jornal *Zero Hora*, publicada em 1º de setembro de 1982, Maria Thereza diz que os "últimos dias foram cruéis". Chama Foch de "mau-caráter, doente mental, que passa por uma série crise financeira".

– Eu não admito que nenhuma pessoa dê opinião sobre a morte de Jango porque a única pessoa que estava junto quando ele morreu era eu. O Jango não teve amigos, não teve companheiros, sequer uruguaios, que lhe dessem uma palavra de conforto, que lhe estendessem a mão de vez em quando. Quando a gente está doente, sofrendo, recorre aos amigos, aos conhecidos, para ter um pouco de apoio, de conforto. O Jango não teve isso – explode a viúva.

Ela traça um cenário de estresse e de solidão:

– Sofreu uma pressão muito grande, a pressão política, em consequência da situação no Uruguai e na Argentina. Era um homem que dormia num lugar e não sabia se iria amanhecer nesse lugar, tais eram as ameaças, os telefonemas, a pressão que estavam fazendo sobre a pessoa dele – tenta esclarecer buscando argumentos na emoção.

O quadro que surge é simplesmente devastador:

– Digo sinceramente que os últimos dias de Jango foram realmente cruéis. Foram dias de angústia. Vi-o chorar de tristeza e de impotência contra aquele estado de coisas. Não havia sequer uma pessoa, um amigo, ao lado, para conversar, para trocar ideia. Se Diaz acha realmente que a morte dele não foi natural, em parte talvez tenha razão. Foi uma morte acossada pelos próprios uruguaios, patrícios seus, e não houve problema nenhum de troca de remédios. Jango estava num regime de alimentação controlada rigoroso e nunca foi um homem de tomar remédios que não soubesse o que era. Isso deve ser uma promoção de Enrique Diaz, que está escrevendo um livro sobre a vida e a morte de Jango. Ele sabe, mais do que ninguém, que Jango morreu de um infarto total, um infarto que lhe partiu o coração. Eu teria muito o que contar.

Surpreso com as notícias publicadas no jornal *El País*, Cláudio Braga reage. Refuta as acusações e invoca o testemunho do seu amigo Enrique Piegas, o qual, por iniciativa própria, já havia declarado a jornais ter sido ele e o filho a informarem Braga, hospedado em sua residência, em Uruguaiana, da morte de Jango, a quem o hóspede não via havia, ao menos, uma semana. Braga lembra ter sido secretário de Goulart durante dez anos e jamais ter recebido algumas das pessoas que se apresentam então como íntimos do ex-presidente. Rotula as acusações de "versões canalhas" e prepara-se para lutar na justiça.

É o que faz sem hesitação. O bioquímico Danilo é condenado, em 1983, pelo juiz Luís Felipe Magalhães, da 4ª Vara Criminal de Porto Alegre, a um ano de prisão e a pagar 50 mil cruzeiros de indenização por danos morais pela acusação feita. Primário, cumprirá em liberdade.

Enrique Foch Diaz passa 18 anos no seu habitat natural, o esquecimento. Em 2000, porém, quando pipocam por toda parte, inclusive no Uruguai e no Brasil, reportagens sobre a Operação Condor, com o reaparecimento da suposta carta do chileno repressor Manoel Contreras ao brasileiro Figueiredo combinando a execução de adversários políticos incômodos, ele ressurge, aos 81 anos de idade, impávido, provocador, direto, surfando com seu livro *João Goulart, el crimen perfecto*, na nova onda e com outra denúncia, desta vez na justiça uruguaia, em Maldonado, "por roubo de ações".

A nova denúncia não insinua, afirma: "Os denunciados, segundo provarei durante a tramitação do processo, furtaram parte do patrimônio do Senhor João Melchior (sic) Marques Goulart logo depois do assassinato do dito ex-presidente do Brasil, ocorrido na estância 'La Villa', Mercedes, província de Corrientes, República Argentina, em 6 de dezembro de 1976". Belchior vira "Melchior" por um problema de dicção ou de transcrição. Os furtos, afirma o denunciante, aconteceram na estância "El Milagro", em Maldonado, de onde Ivo Magalhães é acusado de ter tirado as ações da "Sun Corporation" no valor "aproximado de 20 milhões de dólares". Os denunciados são acusados também de terem arrombado o cofre do quarto de Goulart em "El Milagro" e de surrupiar papéis referentes a "depósitos milionários na França e na Suíça". Aqui aparece a novidade, o salto quântico policial: "O homicídio foi praticado com a finalidade já mencionada e por motivações políticas próprias da época, visto que o governo ditatorial brasileiro temia a volta do presidente democrático deposto pelo golpe militar de 31 de março de 1964 sob o comando do general Olympio Mourão Filho". Por fim, "o homicídio pode fazer parte dos objetivos estabelecidos pelo Plano Condor, também chamado de Operação Condor, considerada a rede repressiva ilegal das ditaduras militares do Cone Sul".

Foch enumera as provas que pretende apresentar. Testemunhais: pede que sejam chamados a depor Pablo Perossio, filho do já falecido piloto Pinoccho Perossio; Ruben Rivero; o escrivão Cesar Devicenci, "que reconheceu as escrituras" desviadas; Maria Thereza e João Vicente. Documentais: o processo de Curuzú Cuatiá; recibo de honorários pagos a Cesar Devicenci; a procuração que lhe dera Maria Thereza em 1982; recortes de jornais sobre a Operação Condor. Pede que sejam solicitados ao Brasil documentos dos arquivos da Agência Brasileira de Inteligência (ABIN) sobre a Operação Condor. Sustenta que os "homicídios são crimes de 'lesa-humanidade'; portanto, imprescritíveis". Faz da sua idade avançada um argumento de interesse exclusivo na verdade, na liberdade e na democracia. Relança o caso em grande estilo. Dá-lhe uma nova dimensão, uma aura de crime político vergonhoso.

Um cínico diria com um sorriso maroto: que bela jogada de marketing para o lançamento do seu livro!

O último capítulo do livro intitula-se astuciosamente Operação Condor. Nele, a "morte duvidosa", denunciada em 1982, na Argentina, supostamente motivada por interesses nos bens da vítima, transforma-se definitivamente em complô político-ideológico. O autor pavimenta o mistério citando as mortes de Juscelino, Jango e Lacerda. Retoma as execuções de Ruiz e Michelini. Faz uma confissão: diz ter avisado o senador Michelini, no Hotel Liberty, em Buenos Aires, do plano para assassiná-lo. Acrescenta uma linha ardilosa: "Onde também se hospedavam Goulart e seus colaboradores, entre eles o engenheiro Ivo Magalhães, em suas frequentes visitas...".

Os parágrafos seguintes constroem uma nova e nebulosa trama, um relato com janelas para o mistério, a reflexão sobre a podridão do poder e para a calúnia: "Depois de avisar o senador Michelini, reúno-me com o general Cristi para explicar-lhe que o dito senador nada tinha a ver com o M.L.N. (Movimento de Libertação Nacional). Quando digo isso, Cristi cruza o olhar com o do general Queirolo, que diz: 'No entanto, o relatório do 'engenheiro' o compromete'".

Foch garante não saber no momento a quem o chefe da repressão uruguaia referia-se. Anos mais tarde, porém, "conversando com o diretor do Serviço de Inteligência das Forças Armadas Uruguaias, coronel Mayer", fica sabendo que Michelini fora condenado por um "relatório falso de um 'operador' cujo codinome era 'Engenheiro'". Mais algum tempo e outra novidade: na licitação da represa Palmar teriam contado muito os contatos com os militares uruguaios, em nome da empreiteira Mendes Júnior, feitos pelo "engenheiro Ivo Magalhães". Fecha-se o círculo.

De ladrão de ações e de terras, Ivo Magalhães é promovido a delator e informante da repressão uruguaia.

Codinome "Engenheiro".

O escritor Foch é realista: "Até o momento de escrever estas linhas, a imprensa não conseguiu contatar o engenheiro Ivo Magalhães para conhecer a sua versão dos fatos, em contrapartida as declarações de Cláudio Braga eu as reproduzo literalmente: 'É tudo mentira. Eu adorava o Jango'. Como disse antes, este é um livro aberto e é por isso que, neste 12 de maio de 2000, com 81 anos de idade, mas com o espírito que me impulsiona na busca da verdade sempre intacto e à luz de novas provas, apresento-me diante da justiça de Maldonado...".

As últimas linhas da tardia obra de Enrique Foch Diaz Vazquez abrem veredas na longa noite do enigma do Condor e do Escorpião: "A senhora juíza de Maldonado, Fanny Canessa, convocou-me a depor junto com as testemunhas citadas na denúncia, entre as quais Ruben Rivero. Em 24 de junho do ano 2000, ratifiquei a denúncia em juízo. Nesse mesmo dia, a caminho para depor, vindo de Buenos Aires, morre Ruben Rivero de um ataque do coração, e desaparece a pasta que continha informações importantes para a causa, abrindo novos questionamentos, tanto é assim que a Comissão de Investigação do Brasil pediu uma nova autópsia a realizar-se no Brasil".

Na imprensa, em 27 de junho de 2000, sai uma pequena nota: "O piloto Rubem Rivero, que serviu ao ex-presidente João Goulart no Uruguai, morreu na sexta-feira, de infarto, num barco que o levaria de Buenos Aires a Montevidéu. Ele iria depor naquele dia num processo aberto no Uruguai que apura a morte de Jango. Os documentos que Rivero iria mostrar sumiram, segundo Enrique Foch Diaz, amigo uruguaio de Jango".

Um bom autor de romances policiais pratica a metalinguagem e deixa seus rastros nas páginas dos crimes perfeitos. Foch semeia uma pista nos seus dois últimos parágrafos: "Parafraseando Mario Benedetti, apesar dos psicólogos e dos romancistas ingleses, os assassinos na sua maioria não voltam ao local do crime. Fogem apavorados em busca de indultos, esquecimento e fronteiras. Quando, enfim, imaginam que se encontram a salvo e conseguem um leito, fecham os olhos de cansaço e entram incautos no refúgio do sonho. A surpresa é que ali nunca houve indultos, nem dispensa, nem esquecimento, nem fronteiras. O local do crime os espera implacavelmente".

Estaria Foch Diaz brincando de Conan Doyle?

34

As reportagens sobre a Operação Condor produzem a Subcomissão de Investigação na Assembleia Legislativa do Rio Grande do Sul e a Comissão Externa na Câmara dos Deputados. Em ofício de 3 de maio de 2000, o deputado pedetista Miro Teixeira justifica o seu pedido de instalação de uma CPI citando a descoberta dos "arquivos do terror" do Paraguai. Os deputados gaúchos seguem na mesma batida ainda em maio. O esquecido Foch faz a sua nova denúncia e lança em julho de 2000 seu livro, escrito, segundo especulações jamais comprovadas, com ajuda do seu advogado Rafael Barla Galván. Ganha os holofotes. Depõe para os deputados brasileiros em 29 de março de 2001. É a CPI Condor/Foch. É aí que o uruguaio acusa Marta Viale de ter vendido as suas fitas para Jack Bloch e denuncia o desaparecimento do seu primeiro livro da Biblioteca Nacional de Montevidéu. Mais uma vez, Maria Thereza entra em combate. Escreve, em 29 de abril de 2001, para a juíza de Maldonado. Diz que, se razões pessoais não a impedissem e não morasse no Brasil, processaria Foch Diaz, inclusive por ter tido o "atrevimento de atribuir-me acusações a pessoas honradas, o que jamais fiz, em especial ao Sr. Cláudio Braga", o qual, outra vez, não hesita: vai à justiça contra Foch. Em 2 de dezembro de 2002, pela sentença nº 80, o velho malandro denunciante é condenado a sete meses de cadeia por difamação. Não compareceu a audiências. A declaração "assinada de próprio punho e letra", segundo escrevera Foch, por Alfredo Pérez Pérez e anexada no livro sofre um revés: Pérez confessou não saber ler nem escrever. E afirmou nunca ter dito que vira Braga retirar dólares da pasta de Goulart no dia da morte do ex-presidente. Relatou ter ouvido comentários sobre isso de "um peruano". A obra imperfeita tem a edição inteira apreendida em 2003. Persistente, Foch recorre. A sentença é confirmada.

Marta Viale, seu irmão Luís e o marido dela, Juca Sheppard, escreveram um livro, que intitularam *João Goulart: morte duvidosa*, para o qual não conseguiram editor por ser inconclusivo. Ela nega ter vendido o material para os Bloch e diz ter as fitas guardadas em alguma caixa de sapatos perdida na sua casa de Punta del Este, "salvo se Juca gravou música" em cima das vozes registradas. A jornalista define sobriamente Foch Diaz:

– Era um delirante, que nos custou tempo e dinheiro, a mim, meu irmão e meu marido – declarou a Roger Rodrigues.

O editor Enrique Piquet lembrou-se de um contato feito com os Bloch sem que o negócio tivesse evoluído.

Ivo Magalhães, que era prefeito de Brasília à época do golpe que derrubou Jango, depõe aos deputados brasileiros, em Montevidéu, tranquilamente. Declara-se amigo de Goulart desde 1956, afirma ter sido proprietário do Hotel Alhambra, em sociedade com Braga e um uruguaio, conta ter conseguido, a pedido de Jango, com o ditador Stroessner, um passaporte paraguaio para o ex-presidente, salienta que Goulart e a esposa viviam vidas separadas, garante que a relação com Eva de Léon era pública e notória, dá detalhes sobre a prisão de João Vicente e de colegas na escola, dizendo que para as autoridades uruguaias era uma questão de drogas, fala da prisão do piloto Rivero, comenta, sem acrescentar qualquer informação, sobre a sussurrada afirmação de que José Silveira, um militar, teria dito a Jango que ele seria convocado ao Ministério do Interior do Uruguai, provocando nele a decisão de ir para a Argentina naquela que seria sua última viagem, diz não ter ouvido qualquer comentário do amigo sobre a saúde depois do seu retorno da França, informa que Braga, a quem considerava um companheiro normal, apenas, às vezes, um pouco "insistente", ficara como procurador de Maria Thereza e da filha depois da morte de Jango, garante que Foch não era íntimo de Goulart, admite achar estranhos alguns fatos dos últimos dias do ex-presidente, inclusive a história de que Cláudio Braga teria sido visto em frente ao restaurante onde Jango almoçava em Libres, mas considera tudo vago, possível, por que não? Descreve Jango como um sofrido, atormentado pela saudade de casa.

– É interessante. O Dr. Goulart, quando veio da França, nessa última vez antes da morte, em outubro, me disse: "Ivo, eu preciso terminar com a minha atividade nessa área. Eu quero viver, eu quero viver. Penso em viver na Inglaterra e ter alguma coisa na

França, se é que eu não posso voltar ao Brasil. Por quê? Porque a Inglaterra é um país de liberdade, é um país de..." Contou-me um episódio, inclusive, de um bêbado (...), enfim... Ele ia à França, mas eu lhe disse: "Dr. Jango isso está tudo, teoricamente, lindo, mas o senhor não vai aguentar. A sua nostalgia do Brasil é imensa". Ele ia próximo à fronteira, olhava para o Brasil e víamos a nostalgia dele. Eu disse: "Veja o exemplo do Juscelino; Juscelino foi a Paris e está desesperado em Paris". Ele respondeu: "É, você tem razão. Eu tenho que voltar ao Brasil; eu tenho que encontrar um caminho e voltar ao Brasil". Então, quer dizer, havia uma formação permanente, na cabeça dele, de posições...

Tenta esclarecer os complexos negócios paraguaios com o máximo de serenidade e o mínimo de questionamentos:

– No Paraguai, foi uma outra operação completamente diferente, foi uma operação pessoal minha com o Dr. Jango. Os detalhes de... O que acontece é o seguinte: ela foi vendida com o Sr. Jango em vida (...) Isso aí começou de uma forma, quando um conhecido do Dr. Jango disse a ele que poderia haver uma oportunidade de uma floresta de árvores – não era um campo para gado – e que poderia ser oportuno, porque a pessoa que era proprietária dessa área estava completamente inimizada com o presidente da República do Paraguai, com o general Stroessner. Segundo o costume, as pessoas que estavam assim inimizadas tinham problemas, não podiam fazer nada dentro do Paraguai, porque teriam vedadas, fechadas, as possibilidades. Então esse homem estava oferecendo à venda uma área grande, 50 mil hectares. Desses 50 mil, tinha alguém que comprava 25 mil e restavam 25 mil. O João Goulart também me disse isso que estou dizendo: "Vá ver, Ivo, porque pode ser interessante para fazer exportação madeireira. Agrícola não dá, com árvores assim, derrubar, vai ser muito caro". E eu fui ver essas coisas. Acertamos uma forma de compensação pelo trabalho, quer dizer: vamos organizar isso, eu arranjo financiamento, você cuida, você trabalha, vê as coisas que são necessárias, e vemos um acordo de trabalho. Eu vi que esse desenvolvimento com madeira, essa coisa toda, não ia funcionar, era tudo muito complicado. Eu disse: "Vamos fazer o seguinte; o que nós vamos fazer é buscar alguém que já seja dessa área e fazer uma venda a ele". Ele concordou e fez a venda de 20 mil hectares. Dos 25 mil hectares, 20 mil hectares ele fez a venda a um grupo do Rio de Janeiro, no mercado, que era ligado à serraria no Paraná. Acabou com isso, mas fazem uma história imensa. Essa é a realidade. Há documentos que mostram isso. Agora, quando o Dr. Jango faleceu, a partir disso, eu não me meti em coisíssima nenhuma dele, porque eu nunca... O meu relacionamento e a minha posição de participação, de ajuda, era com o Dr. João Goulart. Eu não tinha nada... Eram coisas completamente diferentes. Então, no momento em que ele morreu, entrou esse pessoal a fazer (...) e fazer coisas. Eu me afastei completamente, primeiramente, porque eu estava ocupado com outras... Eu sei de algumas coisas. Consequentemente quem está presente sabe.

Nada mais disse sobre isso. Nem foi perguntado.

Cláudio Braga não foi convocado pelos deputados.

Em 2004, o *Correio Forense* divulgou: "*O Globo* é condenado a indenizar viúva de Jango por danos". E detalhou: "O jornal *O Globo* foi condenado a pagar indenização de R$ 30 mil para Maria Thereza Fontella Goulart, viúva de João Goulart, por danos morais. A decisão é da 5ª Câmara Cível do Tribunal de Justiça do Rio de Janeiro. Motivo: a colunista Hildegard Angel noticiou que a viúva estaria sendo investigada por suposta participação na morte do marido. Com correção monetária, o valor chega hoje a R$ 65 mil, segundo o site Espaço Vital. A decisão ainda não é definitiva. Cabe recurso. A jornalista publicou em sua coluna no jornal *O Globo*, de 19 de maio de 2001, uma série de notas afirmando que Maria Thereza iria depor em CPI. Na época, a Câmara dos Deputados investigava a morte de Jango. O título da coluna era 'Versão de envenenamento de Jango leva viúva a depor...'. O texto tratava da hipótese de envenenamento, da qual a viúva seria suspeita. De acordo com os documentos da CPI, no entanto, a acusação nunca existiu. Em edição posterior, a colunista admitiu que a acusação contra a viúva teria servido para desviar o foco das investigações. Ela mencionou o relatório do então deputado Miro Teixeira, que isentou a viúva e apontou envolvimento dos militares. Inconformada com a publicação, Maria Thereza Goulart ajuizou ação por dano moral. A 5ª Câmara Cível reformou sentença de primeira instância e condenou o jornal. A juíza Lindalva Soares Silva, da

11ª Vara Cível do Rio de Janeiro, julgou improcedente o pedido da ex-primeira-dama. Afirmou que o jornal 'não a acusou de ter participado dos eventos que culminaram na morte do ex-presidente João Goulart, nem mesmo de participação na chamada Operação Condor. Segundo a magistrada, as informações basearam-se em depoimentos colhidos pela CPI, principalmente no exposto por Enrique Foch Diaz. Ele é autor do livro *João Goulart - Um Crime Perfeito*, em que relata uma conspiração para matar o ex-presidente por envenenamento. Maria Thereza apelou. De acordo com o relator Carlos Ferrari, 'o que se percebe da leitura dos autos é que a autora da notícia deu divulgação nacional ao que era um simples boato'. Para o desembargador, a notícia foi sensacionalista. Ele também relatou que a jornalista mudou o tom da notícia em outra edição para 'amenizar a leviandade' anterior, criticando as investigações que corriam na Câmara dos Deputados. 'O que propalou o tal Enrique Foch ficaria restrito a um universo insignificante de pessoas, como é próprio de tudo que é fofoca, não tivesse *O Globo* publicado a notícia desonrosa'. O relator disse que o 'direito de informar não exclui a imperiosa necessidade de investigar o fato'. Atuaram em nome de Maria Thereza Fontella Goulart os advogados Marcelo de Borba Becker e Yuri Grossi Magadan. A viúva de Jango move ainda ações de danos morais contra o jornal *Hoje em Dia/Caderno Brasília* e a revista *Época*. A revista publicou reportagem de capa com o título 'Loucas de Amor', em 21 de abril de 2003, sobre a novela da rede Globo *Mulheres Apaixonadas*. Afirmou que Maria Thereza teria se tornado dependente de álcool devido às traições de Jango. O pedido de indenização, em trâmite na Justiça do Rio, ainda não foi julgado. No caso de Brasília, a decisão da 1ª Vara Cível foi similar ao acórdão do TJ do Rio. A juíza Carla Patrícia Frade Nogueira Lopes condenou a empresa jornalística Hoje em Dia/Caderno Brasília a reparar em R$ 30 mil os danos causados a Maria Thereza Goulart. O julgamento ocorreu em maio de 2003. O jornal publicou que a viúva seria suspeita pela morte de Jango. Foi ajuizada Apelação Cível, em trâmite na 5ª Câmara Cível do TJ do Distrito Federal". Maria Thereza não teme batalhas judiciais.

Foch morre em 2007.

Deixa um discípulo imprevisto, um uruguaio como ele, um aventureiro como ele, menos sortudo, mais marginalizado, mais imaginativo: Mario Neira Barreiro.

Quando as CPIs se instalam, Neira é hóspede dos serviços penitenciários gaúchos com residência no Presídio Central de Porto Alegre, onde é visitado constantemente pela mulher Andrea Brum Barreiro. Leitor voraz de livros e de jornais, ele se interessa imediatamente pelo caso Jango. Escreve uma carta endereçada à Câmara dos Deputados. Não é tomado em consideração. Em 12 de junho, às 15 horas, segundo seu prontuário, deve ser levado à Assembleia Legislativa para depor (escreverá que depôs diante da comissão errada, a do crime organizado, presidida pelo deputado Paulo Pimenta, talvez por força da presença do cônsul e do chanceler uruguaios na comissão certa). O jornal *Zero Hora* publica matéria sobre ele em 21 de junho de 2000 dizendo que, no dia anterior, sua carta sobre a morte de Jango fora entregue aos deputados federais em deslocamento a São Borja para colher depoimentos. Miro Teixeira confirmará, mais tarde, nada ter recebido. O homem entra na pauta da mídia. Lembra-se de histórias contadas por um rapaz falastrão que dizia ter interceptado mensagens cifradas de Ernesto Geisel em *A Voz do Brasil* e avisado Jango de que ele seria assassinado. O presidiário uruguaio passa a telefonar da prisão para o "agente secreto" de São Borja, que, por amor aos bons "causos", morde a isca. A história de um dá veracidade à do outro. De certa forma, estão em sintonia. Provavelmente se conhecem mesmo dos tempos do boxeador Burro Branco. Começa uma nova fase de grandes mistérios.

A folha corrida de Mario Ronald Neira Barreiro como morador das confortáveis e abarrotadas prisões brasileiras, de 14 de fevereiro de 1996 a 31 de dezembro de 2012, contando entradas, saídas, audiências, transferências, comunicação de liberdade, passagens ao regime semiaberto, retorno ao fechado, novas condenações e fugas, chega a robustas e férteis 33 páginas. Preso em flagrante, condenado por descaminho, contrabando, furto e falsidade ideológica, cumpriu sua primeira pena, na penitenciária de Bagé, sob o nome de Antônio Meirelles.

No livro *Entrevista com um réu confesso*, ele dá a sua versão do começo da sua relação com o Brasil:

– Minhas ligações com o Brasil surgiram como consequência de razões de trabalho e pela proximidade com meu país de origem. Isso começou a partir do ano de 1973, e, no final de 1994, me relacionei sentimentalmente com uma moça brasileira na cidade de Bagé-RS. Dessa relação nasceu minha filha Tainá, em Porto Alegre, no ano de 1995. Depois, me casei no Brasil e fiquei trabalhando na área de engenharia e morando na cidade de Gravataí...

Ele se apresenta como agente secreto uruguaio – Tenente Tamuz nos bastidores da espionagem – encarcerado no Brasil por erro de percurso. Fazendo pensar de cara nos relatos de Foch, autodenomina-se "engenheiro".

– Estávamos procurando um suposto traficante de armas que morava em território brasileiro. Ele era de origem árabe e acreditava-se que fornecia armas a um grupo de ex-guerrilheiros uruguaios. Planejou-se uma "transação" na qual o árabe iria entregar alguns fuzis para nós, em troca de um automóvel roubado. Algo não deu certo, o árabe desconfiou da negociação e mudou o local escolhido para a entrega – de Aceguá para Bagé – e lá fui preso por policiais federais amigos do árabe. Então o serviço secreto não me apoiou em nada; deixaram-me ser preso e posto na prisão de Bagé. Isso foi um basta para mim. Estive dois anos na cadeia e escrevi o livro *Aonde está o Inimigo*, expondo os bastidores e todas as negociatas entre o serviço secreto, a CIA e o MOSSAD, com a conivência ou beneplácito dos governos democráticos.

A obra parece não agradar seus antigos chefes, os quais, por alguma razão, parecem não amar a ficção:

– Quando saí de Bagé fui sequestrado, espancado e torturado quase até a morte, tomaram meu livro e alguns disquetes de 3/½, e me deixaram quase nu, numa praia de Montevidéu, acreditando que eu estivesse morto. Horas depois recuperei os sentidos e, graças a um taxista, consegui chegar até minha residência, onde passei 15 dias convalescente, tomando fortes calmantes até recuperar-me.

Demitido do serviço secreto pelo telefone, conforme sua narrativa romanesca, ameaça contar tudo o que sabe na medida em que afirma saber muito. O futuro promete aventuras e muitos livros misteriosamente desaparecidos. Em Bagé, torna-se amigo do paranaense Volnei Correia, nascido em 1964, na cidade de Palmas, ex-bancário, frequentador de cadeias desde 1987, recolhido à penitenciária de Bagé, em 28 de maio de 1997, para cumprir nutridos 14 anos e seis meses de pena por flagrante de tráfico de drogas. O prontuário de movimentações de Volnei preenche, até o final de 2012, 19 páginas. Mario Neira Barreiro foi posto em liberdade em 13 de fevereiro de 1998. Nos anexos de *Entrevista a um réu confesso*, no qual Volnei faz o papel de entrevistador, encontra-se uma carta datada assim:

> Montevidéu, 3 de março de 1998.
> Prezado Volnei Correia.
> A única notícia boa que tenho para lhe dar é que não estou morto nem preso por milagre. Fui sequestrado ainda em território brasileiro e apanhei até perder os sentidos. Agentes da Inteligência uruguaia me abordaram perto da rodoviária de Bagé e me conduziram à força mediante ameaças até Montevidéu, num automóvel Fiat modelo Prêmio, de cor branca. Me encapuzaram e em todo o caminho fui torturado brutalmente, até que me acreditaram morto, pois desacordei aos golpes. Me abandonaram desmaiado e quase sem roupas numa praia de Montevidéu e tiraram de mim os meus livros e disquetes. Minha única esperança de não perder esse trabalho todo é você. Espero que não tenha deletado os arquivos do winchester. Sem esses livros estou perdido, mesmo. Passei quinze dias à base de fortes calmantes, urinando sangue. A Elena me auxiliou, ela me deu amparo, mas está com muito medo e deverei abandonar a casa dela e ir morar sozinho no meu apartamento. Não posso arriscar a vida dela por uma guerra que é minha, ou melhor dito; a guerra do Sistema contra mim. Pode escrever-me ao endereço da minha mãe deste momento em diante, pois não poderei nem passar perto do meu anterior domicílio. A confusão toda é por causa desse livro que você já sabe... mas não vou desistir agora, depois de ter lutado tanto. Penso procurar ajuda com aquele legislador amigo e correligionário do meu pai, o senador uruguaio Tourné, que já me ajudou anteriormente com relação a esta perseguição. Também pensei em acudir ao senador Juan Raul Ferreira (o mesmo a quem roubei pertences de seu automóvel a pedido do serviço secreto), que é filho do senador Wilson Ferreira Aldunate (aquele que se refugiou na embaixada da Suécia em Buenos Aires para não ser eliminado pelo comando que assassinou Michelini e Gutierres Ruiz). A ideia é expor-lhes minha situação e revelar entre outras coisas a

Operação Neón, de que foram alvos. Hoje tentarei falar com o senador uruguaio Toumé, ainda que seu estado de saúde não seja muito bom... será a Operação Neón? Ligarei para o Presídio Regional de Bagé, falarei com a professora Esperança para confirmar se você tem disponível esses arquivos para mim. Irei até aí para tirar uma cópia e continuar a luta como foi combinado. Se algo me ocorrer... morte, desaparecimento ou prisão; dê continuidade à publicação dos livros em cumprimento da palavra empenhada.
Um abraço.
[Aparece a ass. Mário N. Barreiro]
(ex-Tenente Tamuz).

Esse é o homem que dá sequência às denúncias de Foch a partir de três livros, todos desaparecidos, de sua autoria: *Diálogos de um Presidente Exilado*, *Morte Premeditada* e *Operação Escorpião*. Numa das suas prisões, será acusado de ter um arsenal e até a carcaça de um caixa eletrônico em casa. Esclarecerá que eram uma espingarda e o esqueleto de uma geladeira velha. Sobre um assalto a banco em São Francisco de Paula, garante nunca ter pisado na cidade da serra gaúcha. São, como diz, os seus pepinos, que deseja, em vão, negociar. Na entrevista, Volnei indica ter lido, porém, seis obras do entrevistado, que Neira trata de resumir orgulhosamente:

– Como você bem disse, todos fazem referência ao homicídio do ex-presidente João Goulart, mas cada um, desde uma ótica diferente. Veja bem: *Morte Premeditada* é um livro quase totalmente dedicado a revelar a missão secreta para assassiná-lo, dentro duma situação política. Digamos que é metade por metade. Do princípio ao fim, os sucessos são uma sequência de relatos alternados entre assuntos políticos e secretos. Em *Aonde está o Inimigo*, o assassinato de João Goulart é apenas uma parte do capítulo IX e o restante do livro ocupa-se de outras operações da CIA, do MOSSAD e outros serviços secretos. Digamos que a ideia é mostrar o trabalho dos serviços secretos estrangeiros na América Latina; é uma análise mais estratégica do que política. No caso do livro *Operação Escorpião*, vem a análise de uma operação da Inteligência que, além de matar João Goulart, vitimou mais de uma centena de pessoas, para assegurar uma transição à democracia "em segurança". A eficiência da Operação Escorpião é a inspiração do Plano

Trabis e da Operação Telêmaco, sucessoras letais que operaram já na democracia. *Operação Escorpião* demonstra as ligações entre as mortes de Jango, JK e Carlos Lacerda, entre outros. Como pode ver, cada relato revela detalhes exclusivos e específicos. Tudo junto resultaria em um livro extenso demais. Já *Memórias de um Agente Secreto* é um livro autobiográfico e *Diálogos de um Presidente Exilado* traz uma recopilação de transcrições, onde o assunto principal é o que ele falava com seus interlocutores, ficando o assassinato e a missão secreta relegados a um segundo plano.

As conversas entre entrevistador e entrevistado espiralam-se certamente de acordo com a lentidão do tempo passado atrás das grades. Assuntos vão e vêm, contradizem-se, complementam-se, provocam o leitor.

– Você escreveu três livros sobre a vida no exílio do ex-presidente João Goulart? – questiona Volnei Correia.

– Exatamente! Escrevi esses três livros que você leu e estou terminando outros dois: *Diálogos de um presidente exilado* e *Memórias de um Agente Secreto*, que também estão relacionados com o mesmo assunto – diz o escritor.

Se Foch tinha suspeitas, Neira tem certezas. Se Foch tinha pistas e indícios duvidosos, Neira tem suas provas. Se Foch insinuava, Neira ataca de peito aberto. Se Foch oscilava, Neira chama para si a responsabilidade. Se a Foch faltava veracidade, Neira produz sua verossimilhança. Se Foch denunciava, Neira confessa: ele teria feito parte do grupo de assassinos de Jango.

E estaria pagando por isso.

35

Um escritor presidiário só pode ser maldito. A maldição do autor aparece quando o entrevistador lhe pergunta se alguém tentou ajudá-lo a publicar seus livros tão laboriosamente escritos nessas cadeias da vida.

– Houve sim pessoas que se interessaram e me ajudaram. Não posso afirmar categoricamente que sofreram represálias exatamente por isso, mas posso nomeá-las e garantir que foram prejudicadas de algum modo e, às vezes, fatalmente. Daniel Martins me deu apoio para fazer a transcrição das fitas magnéticas com os diálogos de Jango e ficou com uma cópia e tentava editar *Diálogos de um Presidente Exilado*. Ele foi assassinado a tiros e seu corpo apareceu no porta-malas de um Kadett preto, na cidade de Alvorada. Marcelo Bierman Pacheco me emprestou gravadores para a mesma tarefa de transcrição e também morreu por arma de fogo, em Gravataí. Osvaldo "Juruma" tentou vender fitas cassetes e informações e foi crivado de balas saindo de um supermercado: Jorge Gomes (o ex-brigadiano que me doou esta máquina de escrever) estava tentando negociar um livro meu com Diego Schelp e o envolveram em crime de "formação de quadrilha" que nunca existiu. Hoje este é foragido e procurado pela polícia. Cláudio Assunção estava por editar um outro livro meu, quando também foi preso por crime que não praticou, mas para o qual "apareceram" provas definitivas (...) Seria irresponsabilidade minha afirmar que todos esses fatos aconteceram com essas pessoas por perseguição e represália por estarem me ajudando, mas, sem dúvida, há muita coincidência... – desabafa o cansado autor.

A vida de um presidiário é cheia de datas que parecem a ele tão distantes umas das outras e tão próximas para quem se espanta com seus crimes. Em 6 de agosto de 1998, apenas seis meses depois de experimentar as agruras da liberdade, Neira dá entrada no Presídio Central de Porto Alegre, sob o nome de Gaston Omar Paulino Duarte, preso em flagrante por porte ilegal de armas, contrabando, situação irregular no país e outras coisinhas. Consegue um habeas corpus e ganha a liberdade em novembro do mesmo ano. Em 12 de novembro de 1999, porém, é novamente preso em flagrante, na cidade de Gravataí, na companhia do uruguaio Anacleto Ruiz Mendieta, e volta ao Presídio Central. Os dois guardavam em casa um arsenal de armas pesadas e bisbilhotavam as frequências de rádio da polícia gaúcha. As prisões sucedem-se, as penas aumentam, os crimes que lhe são imputados diversificam-se e agravam-se. Ele nega tudo. Em 2000, reside alternadamente no Presídio Central e na Penitenciária de Alta Segurança de Charqueadas (PASC). Então vem a surpresa registrada em 16 de junho: deve permanecer à disposição da Polícia Federal com base em mandado de prisão do STF para extradição ao Uruguai.

O relator do processo, ministro José Néri da Silveira, dá conta dos pedidos de extradição dos uruguaios Ronaldo Mario Neira Barreiro e Anacleto Ricardo Ruiz Mendieta, acusados de terem "incorrido na participação de rapina cometida na financeira OCA no dia 12.6.98 e na rapina cometida no dia 31.7.98 no sanatório Casa de Galícia". Neira e Mendieta reconhecem que são as pessoas reclamadas. Mas negam os fatos. Ambos alegam que se trata de perseguição política em razão dos serviços que prestaram à repressão e à ditadura no Uruguai. Neira diz temer, em caso de extradição, pela sua integridade física, o que o teria feito buscar refúgio no Brasil.

Interrogado, declara que seu único crime foi ter escrito um livro sobre a morte de João Goulart, envenenado sob supervisão do médico legista Carlos Milles, e a Operação Condor. Afirma ter tomado conhecimento das acusações que lhe fazem por um jornal. Diz que Milles, cujo codinome seria Capitão Adônis, foi morto como queima de arquivo. Informa que seu livro, do qual não mostra uma página, sairá pela editora Lenz, de Porto Alegre, em 30 dias. Mendieta repete o discurso de Neira, de quem é amigo e na casa do qual indica ter estado hospedado, assegura ter sofrido atentados no Uruguai e pede proteção brasileira para não ser torturado ou morto no seu país. Em 31 de março de 2001, Néri da Silveira defere a extradição com um argumento cristalino: os reclamados praticaram crimes comuns e não apresentaram qualquer prova em relação ao complô referido. Fica evidente na explanação do ministro que eles gostariam de converter os seus crimes comuns em crimes políticos.

Neira vê o cavalo encilhado e tenta montar. Sai das sombras das galés, ganha notoriedade, discute com deputados, dá entrevistas e busca escapar da extradição que o aterroriza. Escreve como se confessasse seu propósito ao negá-lo: "A razão de que me acusam de crimes comuns é óbvia, pois não existe extradição por crimes políticos". Justifica-se lembrando que tem mulher e uma filha no Brasil. Leva o amigo Mendieta na carona. Só um argumento jurídico evita o retorno imediato: devem terminar de cumprir as suas penas no Brasil. Enquanto isso, no tempo livre das celas, precisa encontrar uma maneira de provar que está falando a verdade sobre Jango.

Em Charqueadas, reencontra-se com um velho amigo dos tempos de Bagé: Volnei Correia, o qual, em 5 de junho de 2001, na Penitenciária Estadual de Montenegro, pediu autorização para usar computador com "fins laborativos".

A fama segue crescendo. Em maio de 2002, atrai o interesse do escritor Carlos Heitor Cony, que, junto com Anna Lee, estava escrevendo um livro, *O beijo da morte*, sobre as misteriosas mortes de JK, Lacerda e João Goulart. Recebe, na PASC, sob o nome de Antônio Meireles, as visitas ilustres, intermediadas pelas advogadas Maria Helena Viegas e Fernanda Fernandes Leal. Em 22 de março, Neira enviara carta ao juiz da Vara de Execuções Penais de Porto Alegre, Fernando Flores, com pedido de autorização para publicar seu livro *Morte premeditada*, sobre o assassinato de Jango. Terminava de forma contundente: "Para sustentar as minhas acusações, tenho provas irrefutáveis em minha posse, como, por exemplo, 40 horas de fitas gravadas sub-repticiamente com o ex-mandatário nos últimos anos do seu exílio e dados exclusivos que são do conhecimento somente de alguns dos parentes mais chegados a Jango e dos poucos agentes envolvidos...".

João Vicente compra a história, ao entrevistá-lo para a TV Senado, em 2006, impressionado pelos citados detalhes de um acidente que sofrera em Montevidéu, quando jovem, sem registro de boletim de ocorrência, e até do número de telefone dos Goulart lembrado por Neira. Cony e Anna Lee decepcionam-se. Na refutação ao pedido de extradição de Neira e Mendieta, as advogadas referem-se a um pedido de entrevista com Mario feito pelo jornalista Cláudio Carvalho da revista *Veja.* Esse repórter nunca será identificado. A revista não o conhece. As advogadas mostram, contudo, um questionário que ele teria enviado a Neira. No seu livro, Cony inventa-se um alter ego. O personagem não chega a simpatizar com o presidiário. Pede para ver o livro *Morte premeditada.* O autor tira, de "um saco plástico, velho e sujo", um maço de folhas, coloca-as sobre a mesa, mas não deixa que sejam tocadas.

A sequência é uma vertigem, como vertiginosas são as deliciosas digressões do uruguaio, dono do seu tempo, um tempo vivido nos labirintos prisionais: Mario diz estar na PASC para ficar incomunicável, pois, do Presídio Central, ligava para todo tipo de autoridades. Conta que escreveu a primeira versão do seu livro em 1984, com ajuda de Mendieta, que designa como agente Cataldo, residente na mesma PASC com o nome de Marcelo Otensais. Garante que a polícia tomou-lhe o primeiro original, do qual ficaram com uma cópia. Informa que reescreveu o livro no Central trabalhando na gráfica. Mas, perseguido por um capitão, que não queria tema político, só maçonaria, teria sido enviado para a penitenciária de segurança máxima. Deixa escapar que o jornalista da *Veja*, em 1999, oferecera-lhe mil dólares por um xerox do novo original. Depois de ler a obra, aumentara a oferta para R$ 40 mil por respostas a cem perguntas. Coloca sobre a mesma um calhamaço intitulado "questionário da revista *Veja*". Depois de recusar a proposta, afirma ter feito mais cem questões e ter recebido mais cem das suas novas advogadas. Conta a sua história, capricha no relato sobre a convivência com o delegado Fleury, em 1973, no Uruguai, hospedado no Hotel Victoria Plaza, fala dos remédios de Jango, revela que a última carta de Jango, de 9 de novembro de 1976, a João Vicente, fora interceptada pelo serviço secreto uruguaio. O alter ego de Cony no livro acusa o golpe:

– Realmente, mais tarde, quando consultei meus arquivos, encontrei a carta de 9/11/76. Como poderia Mario saber disso se não vigiasse Jango. Essa resposta não tenho até hoje – admite o personagem edulcorando o mistério.

A resposta existe. Ela virá mais tarde.

Cony espanta-se um pouco mais:

– Mas, e o relato detalhado, nomes de remédios, o maço de Ritz azul...? Tudo seria fruto de sua imaginação?

Sugere uma hipótese plausível, mas frustrante:

– Na verdade, parecia que contava sobre o que alguém havia lhe contado ou que tinha lido.

O personagem de Cony quer ouvir as fitas. Neira afirma que elas estão na casa de seu amigo Juruma. Para ouvi-las, no entanto, esclarece, precisa um "aparelho especial". Só vai entregá-las com autorização da família. O entrevistador promete uma autorização de João Vicente. Neira lembra que está tudo dentro de um cofre cuja chave, ao ser preso, jogara fora, memorizando a combinação. Explica que Juruma abrirá o cofre de acordo com o esquema da sua equipe SERF (Sobrevivência Estratégica, Resistência e Fuga). Mostra um plano do cofre. Nos seus compartimentos, pistola, granada, duas cuecas, duas calças e as fitas. Por fim, sussurra o endereço: "Garibaldi, 44". O alter ego vai à luta. Maria Helena telefona-lhe para dizer que será Gomes, amigo de Neira, beneficiário do regime semiaberto no albergue Lima Drumond – o mesmo que, segundo Mario, seria envolvido num crime inexistente por ter tido contato com seu livro –, quem entregará as fitas. Chega, por fax, a autorização de João Vicente. O encontro com Maria Helena e Gomes é rápido, previsível e cômico. Gomes quer dinheiro para entregar o material. Informa que o repórter da revista *Veja*, Diego Schelp, oferecera R$ 400 mil. Só resta ligar para Mario, o que é feito para o telefone do Papagaio, famoso bandido apresentado a Carlos Heitor Cony e Anna Lee como o Fernandinho Beira-Mar gaúcho. Neira quer a grana. É chamado de mentiroso e de vigarista. Só resta pagar para ver e ir ao endereço, Garibaldi, 44.

Não há 44 na rua Garibaldi, em Porto Alegre.

Tempos depois, Neira esclarecerá: era o número 44 da rua Garibaldi de Gravataí, na grande Porto Alegre.

Cony e Anna Lee publicam *O beijo da morte* em 2003. Neira, instigado por Volnei, avalia impiedosamente a obra e os autores em *Entrevista com um réu confesso*:

– A opinião de Cony e Anna Lee vale, para mim, menos ainda, é lixo. Para eles, todo mundo é ruim, asqueroso, mitômano, fantasioso, trapaceiro, mas, na realidade, acho que estão projetando nos outros o que eles são no íntimo. Quiseram obter informações de graça do Foch e, como não conseguiram, ele agora é demente, agressivo; até repararam que a calça jeans que ele usava estava suja. Ao Doutor Rafael referem-se desrespeitosamente como "gorducho" e ressaltaram a magreza da sua filhinha, como insinuando que, por comer tanto, era avarento e deixava à míngua a filha. Essa sutil intriga que deixaram "no ar" é um desaforo de muito baixo calão! – pondera Barreiro.

– Disseram que seu livro era um lixo; folhas desiguais e sujas, manuscritos feitos em papel de embrulho de pão, tudo muito desorganizado... É mesmo verdade o que disseram ou criticaram o seu trabalho por algum motivo pessoal? – Volnei costuma ir direto aos pontos sensíveis.

– Sobre o que falaram dos meus manuscritos eles foram sinceros! O livro foi escrito até em papel de embrulhar pão; cheguei até a catar papéis no lixo; não tenho vergonha de admitir minha atual condição financeira, que é penosa; eu utilizava o que estivesse disponível... Primeiro, comecei a escrever no dorso das folhas do meu processo e em muitas folhas doadas por alguns companheiros de cárcere. Eles criticaram a qualidade dos papéis que utilizei, sem levar em conta o esforço que fiz para atingir meu objetivo. Não acho essa crítica nada construtiva. É uma arrogância, um sarcasmo, é um enorme preconceito contra um homem preso, contra o ser humano que está numa situação adversa. Esses escritores podem tentar desmoralizar o meu trabalho porque usei papéis do lixo, mas eu posso criticar o que eles escrevem em papel de melhor qualidade, patrocinados pela Editora Objetiva e contando com todos os recursos – detona o entrevistado.

– O que você criticaria sobre o trabalho deles?

– Fizeram uma pesquisa que até um estudante do ensino secundário conseguiria fazer melhor. O livro não passa de uma coletânea de recortes de jornais, umas poucas entrevistas interpretadas e conduzidas de mau modo, uma infinidade de conjecturas e repetições. Muita tese e nenhuma conclusão. Uma vergonha. Não foram humildes nem objetivos – sustenta com uma argúcia de dar inveja a muito resenhista com pretensões a crítico literário.

– Dos jornalistas que o entrevistaram até hoje, qual deles demonstrou mais conhecimento sobre os fatos e qual atuou de modo mais franco ou recíproco com você?

– Sem dúvida foi o Cláudio, do Rio de Janeiro, quem possuía as melhores informações sobre a Operação Escorpião e da existência do "grupo de assessores" do presidente Geisel. Sabia basicamente de todo o desenvolvimento dos fatos, só que com nomes diferentes e alguns dados errados. Não sei se publicou sua pesquisa como livro ou a vendeu para outros. Era, segundo ele disse, freelancer e não tinha pressa em concluir o trabalho, mas que primava pela qualidade dos resultados. Espero que tenha tido sucesso, pois jogou limpo e nós dois ficamos contentes; ele levou as informações de que necessitava e eu fiquei com o dinheiro que me pagou.

– Se comparado o trabalho investigativo e literário de Elio Gaspari, que abrange em geral tudo que se refere às ditaduras, com o livro *O beijo da morte*, de Carlos Heitor Cony e Anna Lee, em relação às mortes dos três líderes da chamada Frente Ampla, Juscelino, Jango e Lacerda, qual, na sua opinião, é mais conclusivo nesse sentido? – questiona, como bom leitor, Volnei Correia.

– Que comparação é essa? Aí você está sendo agressivo com o Elio Gaspari e ele até pode terminar o processando! Você está comparando o *Homo sapiens* com os australopitecos! Nada a ver. O trabalho literário e investigativo do Gaspari em relação a esses fatos é a obra certa no tema certo. Os outros citados, incluindo a obra, é o contrário: pessoas erradas no caso errado. Não é difícil deduzir afinal: um cientista produzirá uma obra científica; um artista, uma obra de arte; tolos somente podem fazer tolices, não é? – argumenta irretocavelmente.

– Na entrevista que concedeu aos escritores Carlos Heitor Cony e Anna Lee houve um desentendimento entre vocês que tornou o momento um tanto tenso. Qual foi o motivo?

– Primeiro, eles queriam meu depoimento, eu concordei; depois, quiseram tirar cópias das folhas deste meu livro, eu concordei e forneci a metade de meus manuscritos; depois queriam todas as fitas com as gravações de Goulart, concordei em fornecer uma cópia, se me ajudassem a conseguir um editor para meu livro. Anna Lee disse que já tinha um editor interessado, já Cony disse que ele não sabia nada sobre isso... Ela pretendia convencer-me para que caísse no conto do vigário, assegurava que me ajudaria a publicar meu livro, mas Cony não assumia a responsabilidade a respeito. Fiz de conta que estava recolhendo meus papéis da mesa, mas fiquei olhando indiretamente para eles e pude ver os sinais e gestos mais do que evidentes entre eles. Ela estava tentando enganar-me e ele não queria saber da trapaça. Ele foi mais honesto, é óbvio – reflete judiciosamente Neira.

– Mas também houve um diálogo entre você e os escritores no qual existiu uma má interpretação de palavras, não houve? – levanta astuciosamente a bola o hábil Volnei.

– Sim. No cofre, onde estavam as fitas, havia também um equipamento de SARF e outros pertences perigosos. Quando Cony escutou, ficou surpreso e me perguntou: "O SURF não é um esporte aquático muito exigente para o físico de uma pessoa de cinquenta anos?" Ele não quis ironizar; estava sendo verdadeiro; sentiu curiosidade e foi espontâneo. Antes que eu respondesse a ele, a escritora Anna Lee interrompeu nosso diálogo abruptamente e, com ar de superioridade e domínio do assunto, disse: "Não, Cony, não é isso que você pensou! O que ele tem não é uma tábua de flutuar nas ondas do mar! É um 'kit de emergência' para sobreviver, atacar, resistir e fugir. Em seu tempo, isso não existia e é usado pelos guerrilheiros e pelos comandos (militares de elite) em situações de perigo". Depois da demonstração de conhecimentos modernos de sua parceira, Cony não disse nada para ela, apenas ficou olhando-a e pensando seguramente: "Há tantas coisas que são da minha época e que não sabes!" Quando ela tiver a idade de Cony, talvez seja mais educada e menos arrogante... – alfineta o veterano de guerra.

– O que você esperava exatamente dos escritores Carlos Heitor Cony e Anna Lee? Vender as fitas magnéticas e obter um lucro financeiro da situação?

– Não foi exatamente essa a minha intenção. No primeiro dia de entrevista com Anna Lee, o combinado foi que eu liberaria o acesso às fitas, desde que João Vicente Goulart autorizasse e que ela conseguisse uma editora interessada em publicar o meu livro *Morte Premeditada*. Ela disse que tinha uma editora que estaria muito interessada, mas ninguém me procurou, para que pudesse confirmar tal fato. Ela não cumpriu o que havia prometido e eu não disponibilizei as fitas: era uma troca de favores – abre o jogo o entrevistado na paz da prisão.

– Não acha que teria sido melhor para você ter liberado ao menos uma fita cassete para que a verdade pudesse vir à tona de uma vez por todas? Não está acaso arrependido?

– Arrependida vai ficar Anna Lee quando finalmente a verdade vier à tona; e não falta muito para isso. Ela teve a chance de esclarecer e elucidar o caso e não acreditou. Eu não estou arrependido, agi certo e finalmente surgiu um patrocinador e uma editora para a minha publicação. O livro saiu do prelo independentemente deles, alcançando o meu objetivo, apesar deles terem me negado ajuda (que não era grande) e do descrédito que tiveram para com a minha versão dos fatos – queixa-se e exulta o autor maldito.

– Em que Carlos Cony e Anna Lee falharam na busca de uma conclusão, além de não acreditarem em você?

– Por exemplo: com relação a Carlos Lacerda, eles não investigaram as razões da morte de Maurício Lacerda Júnior, ocorrida em circunstâncias suspeitas e pouco esclarecidas. Essa foi uma morte provocada por engano, poucos meses antes da morte de Carlos Lacerda. O irmão foi vítima de um atentado encoberto pelo SIGMA (serviço secreto brasileiro na época). Eles não acreditaram num possível vínculo entre as duas mortes ou nem sabiam da ocorrência da morte do irmão. Com relação a João Goulart, não aprofundaram sobre a morte do Doutor Alberto Rocha, em São Borja, num suposto "acidente" de trânsito. Não aceitaram também minha sugestão de irem entrevistar o ex-agente do SNI, Amôdio Amaral, que alertara Jango sobre o perigo de uma conspiração para assassiná-lo. A respeito dele, Anna Lee disse: "Esse senhor não pode ter nada de interesse; não vale a pena eu retornar para São Borja". Tampouco se importaram com as mortes de Laércio, Mariel Maryscotte e Sérgio Fleury. A morte de Juscelino Kubitschek, segundo ela, não era importante...

– Já vieram vários jornalistas com a finalidade de entrevistá-lo. Não obstante, pouco foi publicado a respeito dos assuntos, por quê? – objetiva Volnei.

– Quando recebi o Cláudio, de uma importante revista do Rio de Janeiro, eu não aceitei a proposta, pois não tinha a certeza de que seria ou não extraditado. Não aceitei publicar nada por medo de represálias. Logo vieram o Carlos Heitor Cony e a Anna Lee, do Rio de Janeiro, e não chegamos a um acordo com relação a honorários. Tampouco concordei com o tipo de perguntas tendenciosas que eram sugestivas demais e mal-intencionadas.

– Que quer dizer com isso de tendenciosas?

– Eles queriam ouvir fatos sobre a conduta moral da ex-primeira-dama Maria Thereza, possíveis infidelidades e vínculos muito próximos entre ela e o Cláudio Braga, entre outros homens. Quem sou eu para julgar a conduta moral de Maria Thereza? Eu não aceitei opinar sobre esse tipo de assuntos particulares. Minha vontade é esclarecer o assassinato e tais fatos somente denigrem a moral de pessoas que, na minha opinião, algumas já foram vitimadas demais – define o presidiário em defesa da ética.

A maior queixa refere-se a uma oferta de Cony, não cumprida ou negada, em nome da Editora Objetiva, de R$ 100 mil pelos direitos autorais do seu livro, o que o enfurece e o leva a disparar insultos contra Carlos Heitor Cony e especialmente contra Anna Lee, chamados de trapaceiros e de bons para escrever romances, considerando apenas Danilo Groff, "o mais idôneo e qualificado", Talarico e Neiva Moreira como bons de faro em relação à morte de Jango. Com a maledicência de muito crítico resenhista, entrega supostas confissões de Anna Lee: "De todas as pessoas, ela só falou coisas ruins! Nenhum era bom para ela...? Insinuou que José Talarico era informante dos militares e que suas inúmeras prisões na época eram somente um disfarce. Até do seu colega Heitor Cony chegou a dizer que já estava velho demais para escrever livros e que mal poderia levar adiante pesquisa alguma sem a ajuda dela!" Assustador.

Em 22 de dezembro do mesmo ano, sai no jornal uruguaio *La República* a entrevista que concedera a Roger Rodrigues, com um título caprichado: "A confissão do Tenente Tamuz". A grande revelação é a suposta informação de que a militante de esquerda Elena Quinteros teria sido cremada pela repressão na "Base Arenal".

Das sombras das prisões, ele espia o mundo. Acha-se cada vez mais ligado ao desaparecimento de Jango. Graças a este, sente-se, na melancolia das celas, existindo.

Como existe, pensa.

36

O reencontro com Volnei Correia, bom de computador e de conversa, e o contato desastrado com Carlos Heitor Cony e Anna Lee acendem uma fagulha na mente de Mario Neira Barreiro: vai, de fato, escrever um livro. Será um livro de entrevistas. Enfim, poderá dar todas as respostas, fazer todas as perguntas e tornar-se independente de jornalistas oportunistas. Começa a nascer *Entrevista com um réu confesso – todas as respostas sobre o assassinato de João Goulart.* As suas frequentes movimentações de uma prisão a outra ou do regime fechado para o semiaberto atrasam o trabalho. Em maio de 2003, foge ao chegar ao Instituto de Mariante. Preso por detetives particulares numa casa noturna em setembro, é solto no Palácio da Polícia porque seu nome não é encontrado no sistema. Salvo por um "y". O mecanismo de busca não encontrou "Neyra". O assunto vaza e gera uma crise entre a polícia civil e a justiça gaúcha. Recapturado em 31 de outubro de 2003, aumenta o rol de artigos do Código Penal que o condenam: receptação, formação de quadrilha, uso de documento falso etc. Antônio Meireles Lopes volta para a PASC, onde terá de cumprir mais de 19 anos de reclusão. A extradição fica, enfim, muito distante. Dá para trabalhar no livro.

O livro precisa ser verossímil, convincente, sem brechas para dúvidas. Tudo tem de se encaixar. Terá anexos: cópias de documentos, recortes de jornal, bibliografia, índices e cartas. Uma delas, com data de 9 de agosto de 2000, endereçada ao "agente" Amândio Amaral.

> Em primeiro lugar, antes de mais nada, devo apresentar-me, sou um ex-agente do serviço secreto uruguaio, que participou da quase desconhecida Operação Escorpião, que vitimou ao ex-presidente João Goulart. Pertenci ao não muito conhecido GAMMA, (Grupo de Ações Militares Antissubversivas), órgão da elite da Inteligência do governo uruguaio; muito similar à DINA do Chile que comandava o Coronel Contreras e do SIGMA brasileiro que comandava (pessoalmente) o General Ernesto Geisel, quando fora presidente. Não

é o momento agora de fazer comparações com relação a qual foi o mais conhecido ou o menos sinistro em suas ações, apenas estou-lhe dando estas referências para que possa chegar a identificar-me com maior exatidão, já que não estou nem um pouco orgulhoso de ter pertencido àquele aparelho de repressão. Nesse âmbito, onde os nomes verdadeiros nunca se dizem e os falsos mudam a cada dia, era conhecido com o codinome de "Tenente Tamuz", contudo, e para maiores precauções, me identifiquei como o "Capitão Telmo" quando você me foi apresentado em São Borja pelo "Tenente Nei", do SNI. Na ocasião, você encontrava-se numa pequena oficina de consertos de aparelhos elétricos, onde estava realizando alguma tarefa, lembra-se?

Amândio vai entrar no jogo.

A carta de Neira destaca detalhes essenciais desse encontro com Amândio, a quem no portunhol também chama de Amôdio, o homem que dizia decifrar mensagens em códigos de Ernesto Geisel em *A Voz do Brasil*:

> Fiz uma série de perguntas, que não tinham relação entre si, sobre fatos muito díspares e de pouca importância, foi um diálogo não muito extenso e que pode ter parecido até carente de sentido. Você só me fez uma pergunta com relação a meu sotaque; "o senhor é argentino ou chileno?" e eu lhe disse "argentino", ao que não ficou totalmente convencido. Você estava certo, eu sou uruguaio e meu nome é Mário N. Barreiro e agora já não há motivos para continuar com aqueles disfarces. Agora passo ao assunto que é motivo principal da presente: acabo de escrever um livro que intitulei *Morte Premeditada* e nele revelo todos os detalhes da atípica missão da Inteligência que pôs fim aos dias do ilustre ex-presidente João Belchior Marques Goulart. Porém, virão à tona uma série de sucessos até hoje desconhecidos que esclarecem o assassinato vergonhoso e acobertado durante tantos anos. O problema é que, ainda que seja cauteloso, não citando o seu nome, devo referir-me a sua participação indireta na Operação Escorpião pelo menos indicando um codinome aleatório para evitar-lhe qualquer incômodo. Eis que ainda no papel de agente duplo e servindo ao regime e ao mesmo tempo tentando salvar a vida do ex-presidente, ainda que isto não chegue a denegrir sua pessoa, pelo contrário, já que sua atitude foi heroica e digna de elogios. Contudo, antes de publicar qualquer

fato ao seu respeito, cumpre-me a obrigação de consultá-lo. Por isto lhe envio um exemplar digitalizado num disquete...

O livro, porém, nunca chegou a São Borja.

Após receber um retorno seu, enviar-lhe-ei uma xerox do original do meu livro, para que você veja principalmente as partes em que me refiro a sua pessoa como agente de campo do SNI e a mesma vez mandando recados e alertando Jango sobre o risco de um atentado e como consequência veio a ordem para que você fosse imediatamente eliminado. Parece que Deus estava do seu lado naquele dia, pois por duas vezes esteve a milímetros da morte e não me pergunte porquê, intercedi a seu favor, ainda nem sei porque lhe poupei a vida... Em certo modo, os dois somos sobreviventes, só que o meu tempo de vida está se encurtando mais do que o seu, como consequência de ter feito este tipo de revelações sobre o brutal crime em nome "da Segurança Nacional". Quando ler o livro, ficará atônito ao saber que não eram pedras projetadas pelos pneus do carro que passou ao seu lado, as que ricochetearam na parede, sendo projéteis calibre 22 de baixa velocidade saídos de uma pistola marca Hi-Standard com silenciador!!! Você que vivenciou a violência daquela época sem dúvida achará muito interessante a parte da história que nunca foi contada e muito poucos sabem ou não querem contar por estarem envolvidos, com medo ou mortos. Agora que já sabe quem era aquele jovem de óculos Ray-Ban e estranho sotaque, que pelo mês de agosto de 1976 lhe fizera perguntas desconexas, a quem você respondeu uma série de opiniões incoerentes que lhe salvaram a vida, vou lhe confiar mais uma coisa; eu não acreditei em nada do que você disse. Não me leve a mal, mas concluí que você era apenas um charlatão fantasioso e que mandara aquelas mensagens com a única finalidade de ficar bem com Deus e com o Diabo ao mesmo tempo. O que me levou a tais conclusões foram os seguintes fatos: 1) O SIGMA era comandado até poucos dias antes de assumir como presidente ao suceder a Geisel no ano de 1979, porém o SNI ignorou sempre que o Geisel tivesse um serviço secreto "particular" e a prova disso é que consta numa ficha do SNI que: "O presidente possui um grupo de assessores sobre Segurança Nacional e se desconhece por quem está integrado, ainda que seja óbvio supor que seja por amigos pessoais de sua mais elevada confiança". Há notícias muito vagas a respeito deste fato mas "estes assessores" teriam detectado a possível conspiração que deu motivo à destituição do ex-ministro do Exército Sylvio Frota e assim contribuíram a manter a estabilidade nacional. Nada há de concreto quanto a dados de se é um grupo integrado ou estabelecido previamente para tais fins ou apenas produto do acaso e da boa-fé de amigos que lhe aportam importantes informações ocasionais e esporádicas. Contudo, não há razões nem motivos que justifiquem maiores pesquisas a respeito da existência ou não existência de tal grupo por parte deste SNI desde que o mesmo apontaria a defesa de interesses nacionais como pode ver-se em finais de 77 para 78 ainda solicitada pelo próprio João Baptista de Oliveira Figueiredo e este pedido surge depois do "acidente aéreo" que matou aos 85 simpatizantes do Frota por ele escolhidos para supervisionar as supostas manobras militares em Mato Grosso.

A trama dá voltas, cobre flancos, esparrama-se:

A Operação Escorpião foi solicitada de modo "verbal" e não há nada registrado no papel a seu respeito, pois Geisel a solicitou através do seu emissário de confiança, delegado Sérgio Paranhos Fleury, que se deslocou pessoalmente até o Uruguai e se fez de interlocutor transmitindo o seu pedido diretamente ao comandante do SS uruguaio. Ninguém, além do Fleury, Geisel e o coronel do SS uruguaio, sabia ao certo no que consistia a misteriosa operação da Inteligência. Já nos últimos tempos tomaram conhecimento Mariel Mariscot de Matos, o Agente Especial "Laércio", o brigadeiro "Vilafão", "o Tenente Ciro", sendo que estes dois últimos realizaram tarefas secundárias e ignoravam o motivo da vigilância que estava sendo feita e muito menos sequer imaginavam o desfecho da sinistra operação.

O círculo do escorpião fecha-se. Neira explica:

Ninguém de todos os envolvidos ao certo sabia quando iria acontecer o óbito do ex-presidente João Goulart, tal que o próprio Geisel ao ser informado da morte mandou confirmar a veracidade do fato. Eis que um comprimido apenas tinha sido trocado em cada invólucro, porém o composto químico que o mataria poderia estar tanto no primeiro quanto no último que ele tomasse. Não existia previsão certa de em que momento ele iria tomar o remédio que estava preparado, até porque o Doutor Goulart em ocasiões abria um novo invólucro sem ter terminado os comprimidos do que tinha em uso, chegando a ter até três invólucros do mesmo medicamento abertos ao mesmo tempo. Este proceder não chegava a ser um hábito sistemático e porém era um fato imprevisível, tanto como quando optava por repassar os últimos comprimidos restantes de um invólucro para outro recém-aberto aos efeitos de não estar carregando mais de um invólucro por vez. Este tipo de detalhe tinha sido levantado por nós minuciosamente, sem que se pudesse estabelecer um tipo de procedimento "padrão", neste sentido o Dr. Goulart não era muito metódico, dependendo somente de fatores circunstanciais. Ao certo não sabíamos se ele tinha esquecido um invólucro na estância "El Rincón" ou em "El Milagro" e tinha solicitado outro por telefone desde Bella Unión ao Hotel Liberty de Buenos Aires que lhe enviassem os medicamentos para a estância "La Villa". Não sabíamos quantos invólucros portava ao mesmo tempo e se os comprimidos estavam por terminar ou tinham terminado.

A carta é um resumo da obra a ser apresentada.

Geisel nunca negou nem tampouco confirmou para Figueiredo se teve algo a ver com o que aconteceu nos céus do Mato Grosso, mas nem precisava fazê-lo, pois até um homem tão burro como Figueiredo poderia deduzir uma coisa tão evidente como essa. Há frases que falam por si só... "me faça uma listinha com os nomes dos simpatizantes do Frota, que os vou mandar supervisionar umas manobras" e foi uma coincidência que não tenha a prova inocultável da cumplicidade circunstancial naquela chacina premeditada, estava na cara do Figueiredo durante os funerais daqueles oficiais de altas patentes e o que se transparecia dos gestos do seu rosto não era apenas "tristeza pela lamentável perda" senão "pânico por ter participado". Contudo, além de "conhecer sobre cavalos" sua limitada capacidade foi o suficiente para aprender muito bem essa lição que lhe deu seu antecessor na Presidência, a prova disso é que deu continuidade à Operação Escorpião (a mais letal de todas), ao Plano Trabis e à Operação Telêmaco (as mais ousadas e seletivas quanto a eliminação de dissidentes dentro e fora do país), todas as quais tiveram origem na escura eminência do general Geisel, que com total sucesso as levou à prática. É óbvio que estes acarretaram terríveis prejuízos para o povo do país que deviam proteger.

O destinatário torna-se definitivamente personagem.

Quando o SS uruguaio, o GAMMA, tomou conhecimento de que Goulart vinha sendo avisado de "certos perigos" através de insistentes recados do seu cunhado e correligionário, o ex-governador Leonel Brizola, e que alguns destes avisos tinham sua origem em São Borja, o primeiro passo foi suspender a operação e identificar a fonte. Investigada sua pessoa por uma equipe supervisionada pelo delegado Fleury, recebemos a primeira surpresa, você registrava anotações por atividade política contrária ao regime e até por esse motivo tinha estado preso numa dependência do Exército, por outro lado e paradoxalmente ao informe do DOPS, o SNI assumia que você fazia parte do "pessoal de campo" que trabalhava na região fazendo levantamento de atividades sindicais, políticas e subversivas, sendo que tinha fornecido informações de inestimável valor para esse serviço de Inteligência. Contudo nada apareceu em relação a existência de vínculo algum entre você e João Goulart e menos ainda que existira uma vigilância "especial" ou qualquer outro tipo de "dispositivos" de órgãos de Inteligência direcionados ao principal líder exilado do PTB e ex-presidente brasileiro.

Seu relatório na época:

Não existiam nem as mais remotas possibilidades reais de que o elemento suspeito (Amôdio Amaral) tenha podido ter acesso a informações classificadas relativas à Operação Escorpião e seus ditos são suposições que por mera coincidência guardam alguma reação com a realidade. Acrescenta-se o fato de que seus comentários não foram levados a sério, nem serão levados futuramente em consideração, já que não conta com a mínima credibilidade de outros populares por ser considerado uma pessoa fantasiosa e com distúrbios mentais. Isto posto, considero desnecessária sua eliminação tanto como quaisquer tipos de providências que sejam tomadas. No entanto, considero uma medida conveniente que através de seus superiores lhe sejam designadas tarefas a realizar em outras regiões afastadas de São Borja para que não volte a dificultar nosso serviço na área futuramente. Sem outro particular, é tudo quanto me cumpre de informar ao superior. Atenciosamente: Tenente Tamuz. Brasil, setembro de 1976.

Conclusão da carta em tom complacente:

> Como você pode ver, afinal não fui tão ruim com o senhor, já que a vontade que prevalecia na opinião dos chefes era a de que fosse morto perante a menor suspeita. Não serei mais extenso em detalhes pelas limitações de espaço e até porque não quero que perca o interesse de ler o conteúdo total do meu livro, mas em resumo; fica para mim em suspense a dúvida "no ar". Era aquele agente da Inteligência de São Borja apenas imaginativo ou mesmo conseguiu vulnerar a inexpugnável segurança das compartimentadas informações dos serviços mais secretos do Brasil e Uruguai? Entre nós, como é que foi mesmo? Afinal, não quero morrer carregando essa dúvida e não me fica muito tempo de vida. Acho que me deve essa dica para ficarmos quites, já que graças ao meu péssimo informe é que você viveu todos estes anos. A última vez que soube alguma notícia sobre você, eu estava realizando uma operação de forças combinadas do GAMMA e da Polícia Federal brasileira que se chamou Operação Coturno Vermelho nas cidades próximas à divisa com o Uruguai. Foi em Uruguaiana durante as vigilâncias das atividades dos árabes que um agente brasileiro me disse que você estava estudando Direito, pelo que fiquei surpreso e ao mesmo tempo contente. Também soube que continuou a trabalhar por muitos anos para o SNI ainda depois daquele incidente, o que também me causou alegria. Imagino que agora já esteja reformado e afastado de qualquer atividade de risco, pois a sorte nem sempre está do nosso lado.

O autor constrói um personagem, um álibi e uma estratégia literária. Permite-se o uso da ironia, duvida da credibilidade do destinatário. Precisa dele para que fique claro: "Ele sabe que eu sei de tudo o que houve". Capricha numa ironia que joga com certos brios:

> Se o Chile descobriu os assassinos que executaram a Operação Albânia em território estrangeiro e a Justiça dos Estados Unidos condenou os culpados, por que o Brasil não investiga a fundo a Operação Escorpião que se executou em território uruguaio e argentino e pune aos responsáveis, ou pelo menos os identifica, acaso não seria o mínimo que o Brasil poderia fazer por um de seus mais ilustres representantes?

Repisa certos pontos:

O "General das oito estrelas" como também era chamado (em consequência de seu irmão, Orlando, ser também general na ativa e porém com direito a voto dentro desse regime institucional militar), exerce seu poder absoluto, impondo sua ambígua estratégia de distensão, o que era considerado pelos setores mais radicais uma fraqueza que possibilitava o ressurgimento subversivo. Concomitantemente com essa imagem pacificadora que pretendia "vender" ao povo brasileiro e exportar ao exterior, por trás dos bastidores executava a inusitada e sutil ação repressiva. Criou um grupo heterogêneo multidisciplinar, de "assessores" que agiam de modo mais secreto e brutal que os próprios serviços da Inteligência. Em outras palavras, além de contar com o aparelho da repressão do Estado, dispunha de um dispositivo "paraestatal" denominado "SIGMA", Serviço de Inteligência do Governo Militar Antirrevolucionário), quer dizer, possuía um serviço secreto "particular" às escondidas do próprio regime. Sabia do perigo que significava seu mais notório expoente, Sylvio Frota, e o manteve sob estrita vigilância até que descobriu seus planos, o destituiu do ministério, o pôs sob prisão domiciliar e o substituiu pelo general Fernando Belfort Bethlen no Ministério da Guerra. A sagacidade e perspicácia do Geisel jamais foram superadas (...).

Mostra-se arrependido:

Espero que depois de transcorridos mais de 25 anos a sua opinião com relação a Geisel e Figueiredo seja bem diferente, pois a história não deve fazer-lhes "justiça" senão "juízo" por seus vergonhosos feitos do mesmo modo que tem sido feito com o ditador Augusto Pinochet Ugarte e outros tantos malfeitores que só acarretaram prejuízos à humanidade. Me perdoe a discordância com seu critério daquela época.

Converte-se em defensor dos direitos humanos:

Não é com Geisel, Figueiredo, Médici, Frota, Sylvio Heck, Olympio Mourão, Magalhães Pinto e outros tantos conspiradores que a história deverá fazer justiça, senão o povo é quem tem o direito de fazer juízo dessas vergonhosas ações dos seus "representantes". A história deverá fazer, sim, com Goulart, com Leonel Brizola, Henrique Lott, Doutel de Andrade, Raul Ryff, Edmundo Moniz, Serafim Vargas, Osvino Ferreira Alves, Darcy Ribeiro, Percy Penalvo e outros tantos que são motivo de orgulho do Brasil. É com esses dignos brasileiros que deverá ser feita justiça e por que não incluir nessa lista dos que merecem reconhecimento o nome daquele brasileiro que de um modo inconsequente arriscou sua vida na tentativa de salvar a de seu presidente? Estou falando do Amôdio Moraes do Amaral, afinal seja como quer que seja, delírio demencial, inexplicável profecia ou informação privilegiada o que o levou a alertar o ex-presidente, de ter sido levado a sério, haveria evitado a trágica perda de um dos mais exemplares filhos que nascera em terras gaúchas para orgulho da pátria.

Amândio Amaral adora esse tipo de história. Nada o fará sair dela. Torna-se, mesmo a distância, coautor. Fornece um recorte sobre a morte do médico Benevenuto, que teria avisado Brizola sobre as mensagens captadas. Alberto Benevenuto, concorrendo a vereador pelo PTB, em 1957, conseguiu a façanha de obter 600 votos, em 608 eleitores. Morreu perto de Osório, no começo da tarde, ao volante do seu Dodge Dart, abalroado por um ônibus ou por um caminhão, pouco depois de um semáforo. Era militante do Partido Comunista Brasileiro e ajudava a levar perseguidos pela ditadura brasileira para a Argentina. Seu filho José Vladimir, o Beneva, não foi autorizado a ver o que sobrou do carro. Não foi feita autópsia. Foi dito à família que não se praticava esse procedimento em médicos. Amândio Amaral conhecia bem o Doutor Alberto Benevenuto. Em 2008, Amândio escreve ao relator da nova CPI, na Assembleia Legislativa do Rio Grande do Sul, para confirmar que fizera avisar Jango do perigo corrido.

37

As condições de produção do livro são precárias. Os autores, Neira e Volnei, trabalham tentando construir um plano organizador. Ao final, restarão nove volumes espiralados, de tamanhos diferentes, contendo cópias e simulações de documentos timbrados, índices de nomes, de lugares, de citações, de marcas de carros, gírias, 38 nomes de operações, de Albânia a Pelicano, frases, diálogos, ditados, anedotas etc. Eles não seguem um percurso linear. Escrevem o que lhes parece mais urgente ou mais interessante. Buscam, posteriormente, prever o encaixe de cada parte no seu devido lugar. Um dos volumes, com capa e folha de rosto, com data de 2002, é a primeira versão completa da narrativa. Um segundo, mais grosso, recebe data de 2004. Ao longo do tempo, as atualizações se sucedem enquanto se busca um editor.

Volnei escreve um "desabafo" cheio de pistas: "Este livro foi mutilado por uma sistemática arbitrariedade. As contrariedades suscitaram tão repetitivamente que descarto que tenham sido uma aleatória coincidência casual. Cheguei à suspeita da possibilidade da "propositada coincidência" a que Mario refere-se em tantos "flagrantes forjados" e "atentados subjetivos". Houve perguntas e respostas que sumiram de minha pasta por três ou quatro vezes – sempre as mesmas – tive que digitar os mesmos fragmentos por até meia dúzia de vezes! Perderam-se documentos importantes que Mario apresentou-me e pensávamos reproduzir neste livro, que corroboravam a existência de inúmeras missões citadas. Atestados de óbito, certidões, informes, diplomas sobre cursos em vários países, xerox de análises médicas e até reportagens de jornal. Por quê? Resultaria muito difícil reunir tudo novamente, porém decidi publicar o livro antes de que algum novo "imprevisto" venha a ocorrer e termine perdendo-se definitivamente o que por milagre até hoje conservamos".

Parece responder perigosamente a uma suspeita de Cony: sim, estão documentados até os dentes. Sim, leram muito sobre os fatos a serem narrados minuciosamente.

A verossimilhança é o que mais os preocupa. Sabem, por experiência de vida, que não pode haver lacunas. Volnei revela isso num fragmento feito sob medida:

– Finalmente depois de insistentes pedidos, argumentos e até súplicas – prossegue Volnei –, consegui convencer Mario de que liberasse os diálogos de Jango apenas para escutá-los em sua presença na sala de informática do Presídio Regional de Bagé, e assim poder acreditar totalmente em sua versão. Depois de muito relutar e colocar empecilho concordou em pedir a sua esposa para que lhe trouxesse um winchester onde tinha registrada suas tão "valiosas" gravações de Jango, que guardava como se fossem de ouro. Não foi fácil para mim convencê-lo, cheguei a pensar que não existiam e que somente estava me enrolando. Quando lhe disse que não acreditava que ele tivesse as tais gravações de Goulart, enfureceu de vez, parecia que tinha incorporado o Diabo. Pela primeira vez pude ver a face extremamente violenta de Mario. Um ódio incontrolável que remanescia latente desde o tempo dos porões, onde seguramente descarregava sua ira impiedosamente contra os infelizes presos políticos que tivera à sua mercê. Uma maldade indescritível aflorava de suas feições transformadas e do seu olhar penetrante e ameaçador. Transpareceu o adormecido assassino e torturador de outrora e sua agressividade era tanta que parecia fluir pelos poros de sua pele causando-me preocupação. Pensei que poderia ocorrer uma agressão física de sua parte e suscitar-se uma briga, falou pouco... Não houve palavras grosseiras nem violência física, mas sua agressividade impregnava o ar! Temi ter estragado minha chance de elucidar a morte de Jango, mas uma frase ameaçadora de Mario contra mim me encheu de expectativas e esperanças. Com muita raiva me disse: "Vou mandar trazer as gravações somente para esfregá-las na sua cara". Se retirou da sala feito um demônio batendo a porta com tanta força que quase a derrubou. Escutar aquelas fitas era tão importante para mim, que todas aquelas amarguras e tensões por causa do desentendimento violento que quase derrubou aos socos não eram nada se comparadas com a alegria da certeza de que as fitas existiam! Fiquei tão ansioso e excitado esperando a chegada das fitas que não consegui dormir por vários dias – explica Volnei com uma motivação irrefutável.

A produção do livro é situada em Bagé. Automaticamente recua no tempo para o final dos anos 1990, quando os dois foram colegas de cárcere pela primeira vez. O procedimento antecipa-se às CPIs e às reportagens de jornal de 2000 sobre a Operação Condor e os Arquivos do Terror. Faz com que as suas informações sejam anteriores aos fatos de conhecimento público. Num dos alfarrábios, consta: "Iniciado em 1997, concluído em 1999, reescrito em 2000, publicado em 2004".

A questão das fitas encontra uma solução:

– O começo desta quarta reunião resultou muito difícil para mim, o ambiente era marcadamente hostil e tenso; pairavam remanescentes os atritos da desconfiança. Mario se apresentou à entrevista mais arrogante de que nunca, sério e calado, olhou para mim quase com desprezo e não respondeu ao meu cumprimento. Colocou um pacote quadrado envolto com papéis de jornais acima da mesa do computador e muito desafiante disse: "Aqui estão as gravações que você disse que não existiam, primeiro vai escutar e depois terá que engolir por ter me chamado de mentiroso". Me senti envergonhado, afinal tinha duvidado das palavras dele, questionado a veracidade da existência dos diálogos e, estando as gravações perante mim, me sentia ridicularizado e sem outra opção que me desculpar. Não o fiz, não adiantaria de nada. Contudo e apesar de notoriamente encabulado, tampouco podia esconder minha expectativa para ouvir aquelas gravações. Mario demorou demais em conectar aquele winchester no computador, como se o fizesse propositalmente, a espera me parecia interminável! Por fim clicou num arquivo e escutei o primeiro dos infinitos diálogos que ali estavam armazenados e que para ele valiam uma fortuna que seria sua aposentadoria na velhice... Para mim o valor somente era histórico, probatório, testemunhal, mas financeiramente não valiam nada, até porque eram produto de um furto que ele mesmo praticara e me confessara como se fosse uma façanha. Eram gravações reiteradamente ilícitas, primeiro porque foram gravadas sem o conhecimento de Jango e de outros com quem ele falava, e depois porque ele também as furtara do serviço secreto para fins não muito claros. Talvez ele pensava ou chegara a extorquir Jango em troca de seu silêncio. Ninguém saberá a verdade de por que

Mario se apoderou, nem como nem de onde as tirou, a única certeza é que estão em seu poder...

O efeito de testemunho está consagrado na página a ser impressa. Uma nota biográfica no original da obra, dos autores ou da "editora", sobre João Goulart situa o livro numa série literária que tem Foch Diaz como centro. Não há angústia da influência. Só desejo de legitimação.

> A reforma agrária postulada por Goulart não era uma reforma agrária comunista nem socialista, mas sim uma mudança parcial, intermediária e tutelada pelo Estado. O que Jango propugnava consistia em distribuir as terras devolutas das faixas laterais das estradas-tronco e áreas improdutivas dos grandes latifúndios do país. Deste modo, criaria fontes de emprego e aumentaria dos três milhões de proprietários de terras para dez milhões de proeminentes futuros produtores, incentivando assim a agricultura e combatendo a pobreza e a fome. Jango teve seu governo dificultado pela oposição conservadora e por influências capitalistas para finalmente ser derrubado por um golpe militar articulado pelos setores políticos de direita apoiados pelos radicais das Forças Armadas, incentivados e patrocinados por interesses estrangeiros. Durante seu exílio, foi policiado constantemente por agentes dos serviços secretos brasileiro, uruguaio e argentino, a pedido do governo militar do Brasil, que queria saber de suas atividades no exílio. Houve um plano de sequestro de seus filhos em Mar del Plata e uma invasão a seus escritórios em Buenos Aires, numa mal sucedida tentativa para sequestrá-lo. A Argentina tinha-se convertido num território ideal para a eliminação de dissidentes exilados, os órgãos repressores e os grupos paramilitares atuavam com total impunidade de modo feroz e violento. O Uruguai, também sobre o domínio de uma ditadura militar, exercia uma sutil e constante pressão sobre Goulart para forçá-lo a abandonar o território com uma "diplomática e cordial" expulsão. No dia 5 de dezembro, depois de ter sido citado pelo Ministério das Relações Exteriores do Uruguai (ao qual não se apresentou), imprevistamente e sem avisar a ninguém, abandonou o país saindo por Bella Unión, atravessando o rio Uruguai em companhia de sua esposa, próximo das 13:40h do dia 5 de dezembro de 1976. Pouco mais de doze horas depois, falecia de "infarto", em sua estância ("La Villa"), em Mercedes, Província de Corrientes, Argentina, em muito estranhas circunstâncias. Vítima

de um mal-estar súbito, repentino e fulminante, fato ocorrido na madrugada, num estabelecimento rural, distante de qualquer atendimento médico. Foi procurado um médico às pressas, mas este apenas chega para constatar o óbito do ex-mandatário. O pediatra argentino Ricardo Ferrari, da cidade mais próxima de Curuzú Cuatiá, na certidão atesta: "Morte decorrente de doença". Mas nenhuma autópsia é feita ao corpo na Argentina nem ao ingressar no Brasil, requisito obrigatório em qualquer caso, máxime por tratar-se de um cidadão estrangeiro e importante líder político. Estranha sobremaneira esta omissão, sendo que, na época, tanto o Brasil quanto a Argentina viviam sob ditaduras militares e seriam os mais interessados em afastar qualquer responsabilidade que pudesse recair sobre eles, tendo em conta o clima de violência da repressão política na região. Houve oposição ao ingresso do corpo do ex-presidente João Goulart ao solo brasileiro. Nenhuma autópsia fora efetuada na época. Nem sequer depois de circularem nos meios de imprensa uruguaios e argentinos suspeitas de ato criminoso. Em 1981, um uruguaio de nome Enrique Foch Diaz, que mantivera relações de negócios e amizade com Jango, iniciou um inquérito perante a Justiça Argentina para apurar as suspeitas sobre as verdadeiras causas da morte, mas não prosperou devido à oposição da viúva de Goulart, que não aceitou a realização da autópsia. Em 1997, um ex-agente da Inteligência do Uruguai, preso no Presídio Regional de Bagé-RS, escreve um livro revelando uma surpreendente denúncia que reafirma as suspeitas de Diaz e ainda acrescenta novos e inusitados fatos e os meios utilizados para o assassinato, tornando nítidas as obscuras motivações políticas e apontando os participantes da criminosa conspiração. Ao recuperar a liberdade, o escritor e ao mesmo tempo coautor do crime é sequestrado em território brasileiro e torturado no Uruguai quase até a morte. O livro original, com as revelações que responsabilizam os governos militares, é apreendido por agentes da Inteligência e seu autor, ameaçado de morte. No ano de 2000, uma Comissão Parlamentar de Inquérito é instaurada, por iniciativas de legisladores e familiares de Goulart, a fim de apurar os fatos relevantes que pudessem levar ao esclarecimento do fatídico dia 06 de dezembro de 1976. Apesar do trabalho (sisudo) e responsável dessa comissão e dos avanços importantes, nada foi suficiente para chegar-se a uma conclusão definitiva.

O presidiário mostra-se excelente analista político e literário. Diante da persistência das dúvidas, ele explica a origem, o desenvolvimento e as peripécias do seu relato intitulado *Entrevista com um réu confesso – todas as respostas sobre o assassinato de João Goulart*:

> Este livro surge como resultado de uma extensa entrevista, levada ao papel, sobre os últimos anos de exílio e as confusas circunstâncias que cercaram a morte de Jango num âmbito de violenta repressão política. O conteúdo é tão surpreendente e revelador que constitui uma gravíssima denúncia. Denúncia que devidamente apurada confirmará o que realmente aconteceu nos bastidores dos "anos de chumbo". E especialmente a forma da morte do ex-mandatário. Sem grandes primores literários, a obra é quase um reclamo de protesto que já não admite mais impedimentos nem dilações e, por espontâneo, pode até parecer grosseiro. Os fatos que permaneceram sepultados por quase 30 anos vêm à tona surpreendentemente pelo elemento mais imprevisível. Houve inúmeras investigações nestes últimos tempos e não se chegou a nenhuma conclusão definitiva, apesar do esforço e do interesse. É, ao mesmo tempo, um pedido de socorro e um chamado de alerta para que o crime não fique disfarçado eternamente. Poderão dizer renomados críticos de letras que aqui há apenas um desconexo questionário, com prólogo e epílogo, muito pouco elaborados. É como um grito imperioso e espontâneo, não necessitado de preparos nem maiores preâmbulos e ressurge em meio ao desespero perante uma infame farsa pretendendo transformar-se em verdade absoluta. Não intencionamos – até por nossa limitação intelectual e de fontes de consultas – esgotar um assunto tão extenso e complexo, mas pretendemos, sim, esgotar todas e cada uma das dúvidas que puderam existir com relação ao assassinato do ex-presidente brasileiro João Goulart. Um ex-repressor e um ex-opositor político do regime militar – independentemente de ideologias e longe de qualquer rivalidade – reúnem-se num presídio de alta segurança, durante várias semanas consecutivas empenhando-se em trazer à luz a verdade dos fatos mais importantes, num franco debate sobre um crime infame e vergonhoso. O professor Volnei Correia – há anos na procura do elo perdido que pudesse esclarecer os fatos suspeitos de um crime – faz todas as perguntas que os brasileiros gostariam de fazer ao ex-Tenente Tamuz. Este as responde uma a uma, dirimindo quaisquer dúvidas existentes. O ex-mandatário foi vítima de um conluio secreto dos governos militares, onde são evidentes: um conjunto de forças e uma vontade nitidamente criminal. Entre os inúmeros fatos secretos há uma ligação quase indelével que pretenderam apagar para

sempre; o entrevistador pretende refazer a conexão entre a fonte remanescente a ponto de extinguir-se. O livro é um fio condutor que liga o passado do ex-Tenente Tamuz – vinculado diretamente com o horrendo e premeditado homicídio – para que o ávido leitor compreenda o nebuloso e sinistro esquema de eliminação política. Para que isto não mais volte a acontecer futuramente e independentemente de que seja reconhecido ou não pelas autoridades e governos, é necessário que estes fatos sejam conhecidos pelo menos em nível popular. O objetivo pretendido é levar à massa estes inéditos de uma inusitada e alarmante confissão que causa revolta perante o total descaso ou conivência da atual democracia. A ideia não é criar atritos teoricamente já superados, mas sim desmascarar uma vil mentira que se pretendeu impor à sociedade.

Apesar da extensão e da redundância, escrevem os autores usando as mais modernas e persuasivas técnicas de marketing de orelha de livro.

Esse é o golpe, o grande golpe, o golpe genial, estupendo, brilhante, urdido nas masmorras de alta segurança, burilando o fracassado golpe de Foch Diaz, o golpe do escritor, o golpe do livro hiper-real, mais real que o real, o golpe do romance de não ficção, o golpe do sucesso, ficar rico e famoso com um livro, o mais ousado e radical golpe de Mario Neira Barreiro e Volnei Correia. Tudo é calculado, todas as medidas de verossimilhança são tomadas. Algo, no entanto, sai errado. Falta editor.

Um fracasso e um sucesso: a publicação não sai, a riqueza não vem. A ideia pega. Entra no imaginário.

O best-seller ainda aguarda editor.

Até para essa acusação o tentacular escritor antecipou uma revista verossímil:

Poucos são os escritores que enriquecem com a venda de suas obras literárias, isso vem a acontecer apenas com os de brilhante trajetória, depois de muitos anos de trabalho e só quando chegam a ser reconhecidos por seus anteriores sucessos. Esse não é bem o meu caso, sou um iniciante neste assunto, apenas escrevia livros de poesias no passado e a temática de repressão política já a esta altura perdeu bastante o interesse. Além do mais, a metade do lucro econômico que venha a receber irá beneficiar uma organização de defesa dos Direitos Humanos em apoio aos exilados políticos. A outra destinarei à minha família, esposa e filha que encontram-se desamparadas devido a minha ausência.

A literatura é uma droga que causa dependência ao menor contato. A falta provoca crise de abstinência.

38

O livro tenta cercar os pontos mais controvertidos da vida de Jango e mostrar conhecimento da sua intimidade. A autoironia é um dos pontos fortes da obra. Todo tempo há uma provocação sobre realidade e ficção:

– Em função do que você me conta ou do que li em seus manuscritos, o GAMMA era um grupo de indivíduos pouco coerentes, desorganizados e irresponsáveis. A prova disso são seus próprios relatos de missões malsucedidas e planos frustrados por notória incompetência. Em troca de tiros em plena rua, atingiam automóveis e civis... Honestamente, esperava um melhor grau de profissionalismo de integrantes de um serviço secreto que você classifica "de elite". Não pretendo ser agressivo, mas, se as façanhas relatadas não fossem brutais e sinistras, poderiam parecer histórias folclóricas de desmiolados trapalhões! – cutuca, divertindo-se, Volnei Correia.

– Sua crítica é própria de quem não sabe nada sobre o assunto. Seguramente você esperava que os agentes do serviço secreto fossem do nível de James Bond! Mas tal perfeição só ocorre na ficção. A realidade é bem diferente. Uma coisa é atirar contra uma silhueta de papel. Mas nossos inimigos não eram de papel e revidavam os ataques. Por sinal, atiravam muito bem e havia alguns treinados em Cuba e no Vietnã... – retruca Neira.

As fontes básicas são citadas e reconhecidas:

– O conteúdo de seu livro *Morte Premeditada* contradiz a versão de um outro autor uruguaio, que atribui a morte de Goulart a envenenamento intencional, provocado por sua esposa, levada por ciúmes e outros interesses. Quais seriam os motivos que teriam levado o escritor a inventar essa história mentirosa? – provoca o ágil Volnei.

– Primeiro, eu não concordo com isso de "história mentirosa", mas mal interpretada talvez seja o termo mais adequado para o caso. No livro *El crimen perfecto*, escrito por Enrique Foch Diaz e pelo Doutor Rafael Barla Galván, eu lhe posso confirmar que mais de 60 por cento dos fatos ali narrados são verdadeiros, pois ele tinha efetivamente uma amizade (muito significativa) com Jango e esse sentimento era mútuo, pois compartilhavam muito tempo juntos, em diversas situações e lugares. Ao vigiar Jango, nós não podíamos deixar de investigar essa forte ligação e também saber tudo quanto fosse possível a respeito de Enrique. E por isso que posso assegurar que ele fala muita coisa que é verdade; só que há alguns fatores que ele cita no livro que eu não posso confirmar nem desmentir. Agora, com relação às conclusões a que chega, ele se enganou, ou foi induzido a engano por outros interessados, para que as suspeitas caíssem sobre a ex-primeira-dama a fim de ocultar os verdadeiros assassinos, entende? – explica o autor entrevistado.

Não há mesmo "angústia de influência". Apenas desejo de superação do original por um efeito de testemunho:

– Que me diz a respeito da obra literária de Foch Diaz, *El Crimen Perfecto?*, publicada em julho de 2000?

– Correção! De Foch Diaz e do Doutor Barla Galván, melhor dito – trata de afirmar o implacável agente Tamuz.

– Sim, claro! Dos dois autores?

– Pois bem, Enrique foi um homem mais de ação do que de letras; esteve na 2ª Guerra Mundial; é necessário reconhecer que é um homem de coragem e grande experiência no mundo. Sempre teve inclinação por iniciativas comerciais e empreendimentos de lucro; assim, os negócios o vincularam a Goulart e terminaram sendo amigos. Ele sabia grande parte do que acontecia em torno de Jango, mas toda essa história de vivências era um diamante bruto, que, evidentemente, foi lapidado pelo Doutor Barla Galván, que o aprimorou de requintes, com seu domínio literário e jurídico. Desta união não poderia resultar um livro ruim obviamente; a combinação foi perfeita; só lhes faltou a informação do que aconteceu secretamente. Ainda assim é um bom livro – avalia o leitor magnânimo.

– O seu livro é mais conclusivo?

– Acredito que sim porque nenhum outro escritor detém as informações secretas que eu detenho! – gaba-se o autor.

O livro de Jorge Otero sobre Jango também aparece na bibliografia. Na lista de perguntas de Volnei para Neira reunidas num dos cadernos com espiral, uma dá muitas respostas: "O trabalho de Otero é semelhante ao de Cony e Ana Lee?" O jornalista é citado como suspeito de ter sido agente da CIA, o que, Neira trata de esclarecer, não seria confirmado, e como colunista político de direita. Outro autor presente na extensa bibliografia e na biblioteca da cela de Neira Barreiro é Luiz Alberto Moniz Bandeira, cujo livro *João Goulart – as lutas políticas no Brasil – 1961-1964* teve a sua primeira edição em 1977. Um clima de tensão perpassa cada página dos alfarrábios de Neira Barreiro. Os anexos fornecem uma atmosfera ainda mais pesada. Tudo é perigo, ameaças, medo, conspiração, golpes baixos e mortes. As cartas supostamente trocadas explicam o terror vivido.

> Charqueadas, 16/05/2002
> Mário: A advogada disse que você vai dar uma entrevista a uns jornalistas. Fiquei muito preocupado, por favor, cuida-te com o que vais dizer. Não quero compromissos. Você tem direito a dizer as coisas que sabe, mas teu direito termina onde começa o meu, porém toma cuidado. Não esqueças que eu também estou sendo prejudicado por esse maldito livro. Quando começaste a escrevê-lo em 1984, por ajudar-te o Hugo, (foi) o mataram. A Roberto também e somente por ajudar-te a juntar dados, informação, provas. Eu ainda estou vivo, por não sei que sorte, mas você não ignora quantas vezes quiseram matar-nos e quanto temos sofrido por esse maldito livro. Por quê? Por que insistes? Deixa tudo como está. Tu sabes que há mais interessados em que isso não se saiba (quem o matou nem por que) já temos muitos problemas. Quando apareceu na minha casa uma cópia, a polícia a apreendeu e eu fui acusado, ameaçado e tentaram matar-nos. Aqui me envolveram em uma coisa que não tenho nada a ver! Quando deste uma entrevista não sei a qual jornal, nos levaram para a Federal. Depois não sei a que outro jornal e nos enviaram a este presídio de alta segurança. Cara, cada vez que abres a boca terminamos prejudicados e eu de carona, deixa tudo isso, que falta pouco. Eu não estou feliz por isso, não somente eu, no meio está a minha família também (tudo isso passou há 25, 30 anos). Deixa tudo assim, não compliques mais. Ninguém quer que digas as coisas certas que comprometem a quem tem muito poder e mãos muito compridas. Sempre nos alcançam em qualquer lugar. Estou cansado, por isso te imploro, não te

peço: deixa tudo assim, ninguém quer essas informações. Você tem direito a fazer o que achar mais justo, mas cuidado, eu não quero represálias, estou cansado. Tudo isso nos deu perseguição, torturas, balas e cadeia. Bem, quiçá não seja por isso a entrevista, mas se for, lembra-te de tudo que te digo.
Ass. Ricardo Ruiz Mendieta.

Mendieta, o ex-agente Cataldo da coleção de nomes citados por Neira, escreve ao diretor do jornal uruguaio "La República", Federico Fasano Mertens:

Meu temor é que também estes originais (manuscritos) desapareçam; por esses motivos, lhe peço enviar uma pessoa de sua confiança, pois nós não podemos fazer chegar aí nem xerox, e isso que, segundo a polícia, estamos ricos de tantos assaltos! Não somente não temos dinheiro para xerox (que é irrisório) senão tampouco para envio pelo correio ou sedex; esse livro é um material explosivo. Sua reportagem será uma bomba! Não sei como estarão as coisas por aí, porém, se não mudaram, seu diário sempre se destacou pela verdade; e se isso continuar assim, sei que esta seria para nós a última esperança, mas também uma boa primícia para um jornal que sempre se destacou por não estar compromissado com ninguém e a verdade é o primordial. Aqui a verdade está oculta tão zelosamente como o escritor dos livros e se encontra igual que seus segredos guardados a sete chaves no presídio de alta segurança do Brasil. Existem muitas possibilidades de que estes manuscritos se percam definitivamente, pois seu escritor encontra-se já sem forças para seguir lutando. Sua saúde não é boa, e se lhe ocorresse algo, quem não quer essa verdade lograria seus propósitos. Quanto mais passa o tempo, menores são as possibilidades de que tudo isso saia à luz. Sem mais e esperando, perdoe os meus erros gramaticais, confio na sua equanimidade e, por sabê-lo um incondicional defensor da verdade e justiça, sei que terei resposta.

Mendieta volta a escrever para o amigo Mario Neira:

Cachoeirinha 03-03-03.
Mário: não tive outra alternativa que escapar do semiaberto. Mais vale um foragido do que morto. Gente que me quer bem e da minha maior confiança (o velho Caio) me alertou de que estão oferecendo

um bom dinheiro para que nos matem a nós dois. Me disse que são quatro e que andam num Santana escuro, modelo antigo, placas brasileiras. Dois são coroas como nós, falam espanhol e dizem serem bandidos...? Mas têm aspecto de ratos. Os outros dois são mais jovens e falam português; um deles é gordo e o outro é magro e dizem ser detetives da polícia. Ao Caio lhe ofereceram vinte mil por mim e quarenta mil por você. Aqui, isso é muita grana e alguém vai querer ganhá-la. Olha! Você sabe por onde vem a mão, e é mão preta, bem comprida e pesada. A bronca é por causa do maldito livro. Não dirás que não te avisei há muito tempo disto... Agora estou bem ferrado. Com captura, procurado pela polícia daqui e caçado pela inteligência de lá também. Quando me avisaram fugi na hora. Ofereceram muita grana para que me apaguem para sempre. O interesse maior é por você, mas a bronca é também comigo. Te pedi por favor que parasse de escrever sobre Jango e não me deste atenção. Se não queres morrer é melhor que fujas o quanto antes. Os que estão oferecendo recompensa falam espanhol e usam cabelo curto. Estou na casa das moças e não saio na rua. Vou te esperar e logo desapareço. Cara! Aviva-te de uma vez! Aqui não temos como defender-nos, temos que sair antes que seja tarde demais. Nos querem mortos, entendeste? Por favor amigo, desperta e toma medidas URGENTES. Você é inteligente e sabe como trabalha o serviço secreto de lá. Aqui estamos desamparados ao máximo. Não aprendeste nada nesses quinze anos de agente especial??? Lembra-te de quantos já foram por conta da sorte...

Poucos dias depois, Mario dá sinal de vida:

Porto Alegre, 25/05/03 - Bairro Sarandi
Prezado Volnei:
Perante os reiterados recados do Ricardo, alertando-me sobre o risco iminente de ser assassinado, não tive outra opção que tomar providências. Os nossos planos com relação à publicação do livro deverão ser adiados preventivamente. Cheguei ao semiaberto de Mariante e lá permaneci apenas onze minutos. Não dava para esperar. Minha vida estava em perigo e fugi imediatamente. O livro não poderá ser publicado, enquanto não haja melhores condições. Devo providenciar documentos falsos e um lugar seguro onde possa morar. Isso não será fácil devido a minha péssima situação financeira. O livro original e o disquete 3 ½ estão comigo ainda. Providenciarei para deixá-los num lugar seguro para que não se

> percam e, uma vez melhorando minha situação, o publicarei como combinamos. Seu trabalho não terá sido à toa. Pode acreditar que farei tudo o que for possível para que seja impresso e o assunto seja esclarecido definitivamente. Estou ficando na residência de umas amigas no bairro Sarandi, você sabe, a casa das moças, mas não diga para ninguém: é minha única segurança de vida. Pode me escrever e mandar através da Rita que eu pego, mas não dê meu endereço, por favor, eu lhe peço. Não queria fugir, você sabe disso. Minha condicional seria concedida em pouco tempo, mas existia a possibilidade de ser morto. Fugir foi errado, eu sei, mas fazer o quê? Pagar para ver...? Estando foragido, tudo ficou mais complicado, mas ainda estou vivo. Não se sinta decepcionado por minha atitude, continuarei lutando até o livro sair do prelo. Se Deus quiser, tudo irá melhorando aos poucos, não desistirei e cumprirei o prometido. Receba um forte abraço do seu amigo e fique com Deus na fé e na esperança de que dias melhores virão para nós.

O foragido não teme a interceptação da carta. Delicia-se em assinar como "Ex-Tenente Tamuz" numa referência a esse passado mítico que deve se tornar um presente real e, quem sabe, um futuro utópico. Em 27 de agosto de 2003, Mendieta, que fugira da PASC, aparece morto, em Porto Alegre. Envenenamento ou parada cardíaca? Mais um mistério numa vertigem de pretensos enigmas. No livro, sempre em construção, Volnei questiona Neira:

– Continuo sem compreender como o fato de Ricardo ter participado da repressão no regime militar tenha derivado numa perseguição política e como esta vem a ocorrer agora na democracia e depois de tantos anos?

– Não me expliquei devidamente. Ricardo não era procurado nem perseguido pela polícia até que, por um acaso, a polícia, procurando um outro cidadão, encontrou um exemplar do meu livro em sua casa. Desde então Ricardo ficou sendo caçado pela polícia, mas não por possuir um livro, já que isso não configura delito; ficou procurado por um flagrante que implantaram na sua casa a fim de comprometê-lo – explica laboriosamente o agente Tamuz. *Entrevista com um réu confesso* é dedicado à memória "do meu amigo Ricardo – falecido há poucos meses atrás, em circunstâncias não muito claras e provavelmente por culpa deste "Maldito

Livro", como assim o denominava por causa das tantas arbitrariedades sofridas. Não sei se ele foi envenenado pelo serviço secreto. Não sei se foi veneno o que o matou, mas todos os sintomas indicam essa probabilidade. Ele foi usado por um regime violento e implacável que caiu há muito tempo, mas que ainda continua agindo à socapa, como no passado, às escondidas de uma democracia ingênua ou, pior ainda, conivente e permissiva no presente (...) Ninguém se importou com sua morte, além de sua família e de mim: seu amigo de muitos anos, nas horas boas e más. Ele se chamava Ricardo Anacleto Ruiz Mendieta e foi sentenciado e perseguido injustamente pela "Mano Negra", como ele costumava referir-se às forças ocultas e mancomunadas do poderoso sistema.

As cartas aparecem nos alfarrábios escritas à mão, com letras diferentes, datilografadas e digitadas. Estranhamente as de 2002 só constam na edição de 2004. A maldição impõe-se: todos os que tocaram no livro morreram. Ou tocam no livro porque já morreram?

E se todas as cartas, talvez nunca expedidas, foram escritas depois dessas mortes para dar verossimilhança ao engenhoso ardil literário gestado no tempo morto das prisões de segurança máxima e divertimento mínimo?

Todos que tocam no livro morrem, menos os seus autores, que envelhecem nas lotadas cadeias gaúchas.

Um morto precisa de uma biografia à altura do seu papel na trama. É uma testemunha de olhos fechados.

– Dentro desse esquema todo da repressão, o que tinha a ver o Ricardo Ruiz, por que também se diz perseguido? Ele era um informante? – inquire adequadamente Correia.

– O Ricardo a princípio não era nem agente do serviço secreto nem informante; ele começou a ser contratado para intervir em manifestações políticas contrárias ao regime. Ele infiltrava-se dentro do grupo de manifestantes e promovia atos de violência, incendiava ônibus, quebrava vidraças, todo tipo de vandalismo contra empresas privadas ou públicas. Assim foi indo, cada vez fazia coisas mais "pesadas" e como seu desempenho sempre era ótimo, terminaram integrando-o ao serviço secreto, depois de alguns anos – informa objetivamente Mario.

O passado volta sempre como uma sombra a ser esclarecida a cada nascer do sol ou cair da noite:

– Na madrugada do dia 6 de dezembro de 1976, quando recebeu a notícia da morte de Goulart, você encontrava-se de plantão numa base do serviço secreto e disse que foi acordado pelo barulho do rádio de comunicação ao receber o chamado do "Capitão Adônis". Em seu horário de serviço lhe era permitido dormir? Qual era exatamente sua função?

– Logicamente nossa tarefa não era apenas permanecer no local na espera de ordens; não teria sentido que nos pagassem para ir dormir. Quando a gente assumia o turno tomava conhecimento de uma série de tarefas e de horários a cumprir; nada complicado nem cansativo. À meia-noite colocava fitas novas nos gravadores, que registravam os "grampos" telefônicos e as "escutas eletrônicas" e, depois de verificar que tudo estava em ordem, deixava os rádios com o controle de volume bem alto e dormia placidamente entre 01h30m e 04h30m. Preenchia o caderno com as novidades às 05h30. Fazia as comunicações radiais às 06h e ia embora. Obviamente não era permitido dormir, mas todos aproveitavam a chance de descansar algumas horas durante o serviço – conta o envelhecido espião.

– Por que as autoridades de seu país apenas reconhecem que você pertenceu à polícia por curto período e não fazem referência a que pertenceu à Marinha de Guerra e outras instituições? Qual seria o motivo para que neguem que você tenha pertencido ao serviço secreto e digam que possivelmente era de um grupo paramilitar ou um agente pago pela CIA? – questiona Volnei, dando a oportunidade ao entrevistado de rebater críticas de jornalistas.

– Eles podem dizer o que melhor entender que lhes convêm; não me surpreenderia que dissessem que era da Legião Estrangeira, um extraterrestre ou até doente mental. Só que não podem provar tais armações, eu tenho muitas provas de onde prestei serviços e do que fiz para o governo do meu país – ironiza Mario em autodefesa.

– Quem de vocês foi o primeiro a saber da morte do João Goulart? – o entrevistador cerca o entrevistado.

– Tínhamos, em Mercedes, na Província de Corrientes, Argentina, um pessoal que vigiava a movimentação da estância La Villa. O posto de observação estava perto da estrada de chão batido que conduzia à fazenda, uns dois quilômetros no sentido do arroio Pauibre. Jota Jota e Laércio perceberam um automóvel sair em alta velocidade, no dia 6 de dezembro de 1976, entre uma e duas horas da madrugada; posteriormente confirmaram que ocorrera o óbito e comunicaram o fato para nós.

– É possível deduzir que se tratou de uma missão muito importante, tanto por ser desenvolvida pelo serviço secreto, quanto pelo fato de ter como objetivo um líder político que fora mandatário do Brasil. Para a execução de uma operação de tal relevância só poderiam ser designadas para seu desenvolvimento elevadas hierarquias?

– Obviamente; a ordem veio das mais altas patentes, mas a execução na prática coube a hierarquias intermediárias e a um grupo de agentes bem reduzido – espanta-se Neira.

– Essa equipe do serviço secreto uruguaio que estava na França deslocava-se especialmente para vigiar Goulart ou foi somente dessa vez em 1976 e por um motivo determinado? – provoca, sempre preciso, o entrevistador.

– A equipe não estava permanentemente na França; o normal era que ficasse na Espanha e daí se deslocasse para toda a Europa, segundo as necessidades do serviço. Não sei se era especialmente por Goulart, mas em 1974 estavam lá e em 1975 também; enviaram informes das movimentações do ex-presidente – esclarece o incansável informante.

Chega, enfim, o dia da picada do escorpião.

– Esclareça melhor: como é que esse "composto químico" chega a ser ingerido pelo ex-presidente João Goulart?

– Foi incluído dentro dos medicamentos que ele tomava normalmente... Por fora era tudo igual, mas o conteúdo dos remédios foi trocado. Não existia modo de diferenciar, pelo aspecto, entre o verdadeiro e o adulterado – explica pacientemente o memorioso Tamuz.

– Então por que tiveram que esperar tanto para que isso acontecesse? – impacienta-se o didático levanta-bola.

– De cada embalagem, um só comprimido fora trocado... Poderia ser o primeiro que tomasse ou ser o último... Era questão de esperar e iria acontecer, entende?

– Por que motivo um só comprimido foi trocado e não todos da embalagem? – Volnei continua a facilitar o jogo.

– Existia a possibilidade de que, perante a morte tão repentina de Jango, alguém desconfiasse de que pudesse ter sido envenenado e, se os comprimidos restantes fossem analisados à procura de veneno, poderia ser detectada a presença de um composto totalmente diferente e de efeito contrário à medicação prescrita – esclarece Neira.

– Então, se tivesse sido feita uma análise dos remédios restantes, nada iria ser constatado, é isso?

– É isso, mas ainda para maior tranquilidade, foram enviados três agentes para recuperar os medicamentos, depois de confirmado o óbito. Saíram de madrugada, às pressas, em um automóvel Aero Willys amarelo, da Chefatura de Polícia, que fora apreendido e estava aos cuidados do inspetor Rigaud e à nossa disposição. Ainda, inconsequentemente, levaram de carona uma pessoa que não tinha sido designada para a missão – detalha o espião, alterando a versão do capataz Julio Vieira, o qual sustentara ter guardado os remédios por muito tempo.

Tudo se encaixa num esquema perfeito como um crime ideal, um crime praticado depois dos fatos imperfeitos em que todos os envolvidos morrem sem poder iluminar o horror que praticaram, entre eles os quatros agentes enviados a Mercedes para "terminar o serviço": "Mataram todos eles. No Longino deram um tiro de 9mm dentro da própria Chefatura de Polícia e sobreviveu dessa vez e não acusou o agressor, disse que foi ele próprio quem disparou a arma por descuido. Pouco tempo depois lhe deram uns drinques com "algo químico" e teve um infarto mas não morreu. Se afastou do GAMMA com diplomacia, mas anos depois morreria do coração! Os outros dois, que eram irmãos, morreram no mesmo local, na Chefatura de Polícia, por projéteis de calibre 38... em circunstâncias muito estranhas. O Doutor Milles misteriosamente jogou-se do 1º andar de um edifício, motivado por uma briga com sua namorada! Todos foram mortos para ocultar a verdade sobre o assassinato do ex-presidente Goulart", diz Neira.

Volnei continua a perguntar incansavelmente:

– Sob o subtítulo "Depois da morte", você relata uma série de acontecimentos posteriores ao óbito do ex-presidente. Por um lado uma equipe se desloca para recuperar os invólucros e medicamentos e outra equipe que se encarrega de vigiar o deslocamento do corpo de João Goulart, desde Mercedes, até a capela São Francisco de Borja e daí até o mesmo jazigo no cemitério, onde permaneceram inclusive por várias horas posteriores ao enterro. Qual era o sentido da vigilância que o serviço secreto fez do corpo já sem vida do ex-presidente?

– Não lhe posso dar uma explicação científica porque não sou médico-legista: essa ordem veio do Doutor Carlos Milles e foi terminante: "deverá evitar-se que o corpo seja embalsamado e também que seja feita autópsia antes de passadas 48 horas da morte". Assim foi feito: Jango morreu à 1h45 do dia 06, e a vigilância se manteve até 1h45 do dia 08. Terminada a cerimônia onde houve um pequeno discurso, esperou-se até que o cemitério fechasse e, ainda depois, ficou um pessoal de plantão, de velada permanente até altas horas. Pode ter sido mais um exagero do "Capitão Adônis" ou talvez existisse alguma razão muito importante com relação à permanência de vestígios do composto químico no cadáver – esquiva-se Neira.

39

Na oitava edição do seu livro, publicada em 2010, Moniz Bandeira, talvez junto com Jorge Ferreira, o maior conhecedor da vida de Jango, pulveriza boa parte dos argumentos e dos detalhes narrados por Neira Barreiro. Remonta boa parte do seu percurso carcerário. Flagra as suas contradições. Por exemplo, a história de que agentes teriam recolhido os remédios em "La Villa" chocando-se com a afirmação de Vieira de que os guardara. Cita notícia do *Correio do Povo*, de Porto Alegre, e do jornal *La República*, de Montevidéu, sobre Neira ter sido aprovado por um detector de mentiras, em 13 de novembro de 2009, numa entrevista para o Canal Brasil de Televisão. O historiador afirma que se deu o contrário: "Com base no arquivo de voz obtido, o perito Mauro Nadvorny, da Trust Brasil, analisou a entrevista e o módulo de análise de gravações do mesmo programa, e o sumário da detecção apontou 60 amostras de verdade, contra 229 amostras de que estava provavelmente mentindo, 226 amostras de fraude e 720 imprecisões". Pelo polígrafo, Mario "não está sendo verdadeiro quando relata que pertenceu ao serviço secreto uruguaio". Pode-se, contudo, não crer em detectores de mentiras. Neira mentiria também ao dizer que instalara dispositivos de escuta nas residências de João Goulart.

Moniz Bandeira rastreia os nomes citados por Neira como pertencentes à Operação Escorpião: o general Vicente Queirolo e o médico Carlos Milles existiram. Já morreram. Os demais nomes nunca foram identificados. Ninguém jamais ouviu falar da Operação Escorpião. Neira fala de Brizola como residente num apartamento em Atlântida, no Uruguai. Moniz o corrige: na época, o gaúcho já não estava invernando nesse balneário. Segundo Moniz, Neira só passou a falar no delegado Fleury e a atribuir a Geisel a ordem de matar Jango na entrevista à TV Senado, dada em 2006. Bandeira afirma que ninguém comprovou a existência das operações Escorpião e Jacarta. Mario refere-se, embora Moniz não ressalte isso, a esta última com termos quase idênticos aos usados por Jorge Otero no seu livro. Segundo Mario, a Operação Bandeirantes teve suas origens em São Paulo nas dependências do 2º Exército e logo se espalhou para o Rio de Janeiro e para o resto do Brasil. Bandeirantes vem a ser o antonomástico de São Paulo, se houvesse tido início no Rio de Janeiro talvez teria de ser chamada de Operação Carioca: usar uma antonomásia é um disfarce que qualquer um pode decifrar.

O julgamento de Moniz Bandeira é severo: "Nada do que Barreiro disse a esse respeito é consistente nem com a lógica nem com os fatos". Lembra que quem primeiro falou em assassinato de Jango foi o jornalista Carlos Olavo da Cunha Pereira, citando a tal observação de João Alonso Minteguy. Bandeira repisa a denúncia de Foch, a entrada no jogo de Danilo Groff, as condenações, o surgimento de Neira, a notícia de que ele publicaria um livro, *Morte premeditada*, pela editora Lenz, de Porto Alegre, tudo passa pelo crivo do pesquisador minucioso e nada sobra. Jango, finaliza o historiador amigo do presidente, tinha 1m72, estava acima do peso – 90 quilos segundo José Gomes Talarico –, fumava muito e não dispensava quatro ovos por dia. Conclusão: morreu de morte natural, morreu de doença, infarto do miocárdio.

Noutro capítulo, Moniz critica João Vicente Goulart por referir-se, em 2009, ao escritório do pai no edifício Montecooper Business Center, em Buenos Aires, na avenida Corrientes, 327, sendo que nunca existiu esse nome, tendo ele sido citado por Neira em 2006 na entrevista à TV Senado. Acontece que Mario apenas copiou o nome do relatório da CPI de 2000-2001 citado por João Vicente: "Devido a perseguições, ele desistiu, praticamente, de continuar naquele país. Inclusive, tinha um escritório grande, montado na avenida Corrientes, Edifício Montecooper Business Center, uma empresa de exportação de produtos do setor primário (carne e arroz), onde foi procurado em uma operação parecida com a do senador Michelini, o deputado Gutiérrez". Salvo se João Vicente ouviu isso de Mario na CPI gaúcha de 2000. A história pode ser um delicioso labirinto. Acontece que um recorte dos alfarrábios de Neira cita um artigo de João Vicente no *Jornal do Brasil*, de 9 de janeiro de 2000, em que o filho de Jango refere-se ao agora controvertido Montecooper Business. Não há luz no fim desse túnel.

Em 27 de janeiro de 2008, sai no jornal *Folha de S.Paulo* uma entrevista da repórter Simone Iglesias com o velho conhecido da imprensa gaúcha e das televisões públicas: "Goulart foi morto a pedido do Brasil, diz ex-agente uruguaio" e "Jango morreu envenenado, afirma Mario Neira Barreiro". Toda a velha trama reaparece. Fleury tem o lugar de honra. O Brasil, enfim, toma conhecimento das velhas obsessões do presidiário Neira. Passagens de *Entrevista com um réu confesso* ganham a luz do dia. No livro, o delegado Fleury ganhou espaço com o tempo:

– Qual é a origem do nome escolhido para Operação Escorpião? – perguntava Volnei Correia em dado momento.

– O nome da operação teve sua origem no Brasil e deve ter sido escolhido pelo serviço secreto brasileiro. Em um primeiro momento, pensei que tivesse relação com a data de nascimento de Jango, mas logo verifiquei que não correspondia, pois Jango era de Áries. Anos depois, ao saber que iria utilizar-se uma espécie de veneno ou composto químico, pensei que, desde o princípio, a ideia era fornecer-lhe uma substância para que ele próprio provocasse sua morte, assim como acontece com o escorpião, quando, querendo defender-se, aplica-se o próprio veneno com o ferrão. Contudo, nos primórdios da operação, a ideia era uma vigilância e não se cogitava sequer a hipótese de envenenamento: isso descarta essa probabilidade. Tempos depois, pensei que poderia ter relação com a data da primeira visita do delegado Fleury a Montevidéu, que ocorreu no mês de outubro, exatamente um mês depois da reunião entre Renato Archer, Lacerda e Jango, no apartamento deste último, na rua Leyenda Patria. É difícil achar uma explicação, pois o nome da operação veio do Brasil, juntamente com os codinomes de outros exilados brasileiros – responde Neira Barreiro.

Na entrevista, Simone pergunta a Neira se ele um dia falou com Jango. Ele conta a história do pneu furado:

– Eu e um colega estávamos vigiando a fazenda, fingindo que um pneu da camionete estava furado. Ele nos viu e veio até nós caminhando e fumando. Perguntou se precisávamos de ajuda. Estava frio e ele nos convidou para tomar um café. Eu pensei: "Ou ele é muito burro ou muito bom". Meu colega não quis ir. Eu disse: "Desculpa, senhor, qual é o seu nome?" Ele me olhou e disse: "Mas como, rapaz, tu não sabes quem sou eu? Tu estás me vigiando? Fui presidente do Brasil porque sou burro? Estou te convidando para minha fazenda porque não tenho nada a esconder. Sei que estão me vigiando, mas não sou inimigo de vocês". Eu disse que ele estava enganado, me fiz de bobo, mas ele era inteligente.

O deputado Miro Teixeira, que ignorara Neira em 2000, agora quer ouvi-lo e pede ao procurador-geral da República, Antônio Fernando de Souza, que se instaure "eventual procedimento investigativo, inquérito, ação penal" ou outra medida adequada. A Assembleia Legislativa do Rio Grande do Sul desperta para o que já conhecia e instala, em fevereiro de 2008, uma CPI. Neira é ouvido, em 8 de maio, na PASC. Dá o seu espetáculo grandioso.

– Algum desses teus superiores, naquela oportunidade, está vivo ainda hoje? – pergunta cauteloso o relator, o deputado pedetista Adroaldo Loureiro.

– Eu suponho que algum deva estar vivo. Suponho que algum deva estar vivo, do Uruguai e algum do Brasil. Mataram o Fleury; mataram vários, mas acho que, por exemplo, o Henrique Perrone Filho, o delegado Penteado, o Tralli, tantas pessoas... Aliás, quem poderia falar muita coisa, todavia nunca foi consultado, é o delegado Romeu Tuma, que era o chefe do serviço secreto do DOPS. Ele não era do SIGMA, mas era uma pessoa realmente importante.

– O nome do Romeu Tuma era comentado?

– Romeu Tuma era chefe do serviço secreto e estava lá no DOPS, com Monteiro e Aderbal, fazendo seus grampos. Mas o que ocorre? Não vou falar nada com relação a Romeu Tuma, porque Romeu Tuma é um senhor senador da República, e eu sou um zé-ninguém. Mas Romeu Tuma, de algum modo, também elaborou informes com relação a João Goulart. Não era à toa que ele estava lá na França coincidentemente quando esse moço, o Senhor Christopher, nasceu. Nós tivemos um informe tão minucioso: reuniu-se com Abelardo Jurema; esteve na casa noturna tal; foi à rua tal; assinou o livro de condolências na sede diplomática da China com relação à morte de Mao Tsé-Tung – pontifica Neira.

A questão das fitas entra na pauta da conversa.

– Mario, tu disseste que colecionavas esse material através de fitas, de gravações. Tu possuis alguma coisa disso contigo? – pergunta, enfim, o relator.

– Lamentavelmente, eu possuía 40 horas de gravações, que eu me apoderei, que eu fui retirando, porque tinham coisas corriqueiras, coisas que eu achava engraçadas, coisas que eu achava que comprometiam, em certo modo, Goulart. Goulart falava alguns palavrões com relação aos militares. Nada de outro mundo, coisas (...), mas eu ia tirando. Mas perdi essas fitas, porque... Perdi as fitas, e agora a transcrição das fitas eles perderam. Eles tiraram de mim. Então, as fitas eu perdi, porque deixei num lugar, e a pessoa se assustou, ficou com medo, jogaram fora. Não sei o destino que tiveram as fitas. E o que eu fiz, que eu conservei, foi a transcrição do que as fitas diziam, palavra por palavra, vírgula por vírgula. A família do presidente e alguns amigos que faziam parte dessas gravações poderiam hoje dizer: "Não, isso fui eu. Eu falei mesmo". E eu guardava como um tesouro aquelas transcrições – esquiva-se sem surpresa o escritor.

As fitas, guardadas num cofre em Gravataí, teriam sido roubadas por uma gangue adversária. O próprio cofre teria sido levado numa Kombi. Neira promete recuperar o material e entregá-lo. Nos anos seguintes, dirá ter conseguido reaver o seu precioso material, reservando-se o direito de não mostrar um som a quem quer que seja.

– Eu vou tentar recuperar uma fita que está nas mãos de uns bandidos que foram pegar minhas pistolas (...) e ficaram com tudo. Eu acho que consigo ainda recuperar essa fita, só que eu não posso pedir para vocês hoje pegar a fita porque eu não tenho... – resmunga.

Até o número grampeado de "El Milagro" Mario gosta de revelar: 2002030. Moniz Bandeira cita um elemento importante da vida pregressa de Mario: jovem, ele fora radiotécnico da polícia de Montevidéu. Consertava os aparelhos de transmissão. Soube de muita fofoca e muitos barracos dessa maneira. Essa foi certamente a sua arapongagem mais marcante, uma arapongagem de adolescente, boa como uma gostosa primeira vez.

40

O arsenal de recursos retóricos de Neira Barreiro é tão extenso quanto as suas fontes. Das 886 perguntas preparadas, 600 devem integrar a edição final. A bibliografia arrolada nas páginas do original do seu livro é de fazer inveja a muito especialista no assunto:

> 1. Diário da CIA - de Philip Agee; 2. Passaporte Nº 11.333 - de Manuel Hebia; 3. Operação Condor - de Nilson Mariano; 4. 15 anos en el infierno - de José Calace Penalva; 5. Brasil: Nunca Mais - recopilado pela Arquidiocese de São Paulo; 6. El Guardaespaldas - de Nelson Wiston Marra; 7. Liberation By Golpe - de Philippe C. Schmitter; 8. Interferência Secreta - de Patricia Verdugo (chilena); 9. Técnicas de Interrogatório Policíaco - de Dan Antony Mitrioni; 10. Repressão da Guerrilha Urbana - do cabo Charles Chandler; 11. Un Marino Acusa - de Rey Piwna; 12. Como Eles Agiam - de Carlos Fico; 13. Subversión (Tomo I y II) - De la Junta de Comandantes en Jefes de las Fuerzas Armadas al Pueblo Oriental, editado no Uruguai na Imp. Nacional; 14. El Crimen Perfecto - de Enrique Foch Diaz (uruguaio); 15. Manual del interrogatório tupamaro - (autor uruguaio desconhecido); 16. El ladrón, los tupamaros y yo - de Carlos La Paz Caballero (uruguaio); 17. Relatório Retting (tomo I e II) - Edição chilena; 18. De Moncada à ONU - de Fidel Castro Ruiz; 19. Relatório Azul - da CCDH (Comissão de Cidadania e Direitos Humanos) da Assembleia Legislativa; 20. Autópsia do Medo - de Percival de Sousa (brasileiro); 21. Minotauro - do Dep. Marcos Rolim; 22. Manual Practico del Guerrillero - Edição cubana; 23. Vademecum do terrorista - Edição irlandesa; 24. Lembranças do Exílio - de Jorge Otero Menendez; 25. Uso de la violencia en los disturbios civiles - do Dr. González Fernandez; 26. Lesiones por armas de fuego - do Dr. Carlos Milles; 27. Assim morreu Tancredo Neves - de Antônio Britto; 28. Terrorismo Subversivo - do coronel Ramón Traval; 29. Legalidade: 25 anos - de Leonel Brizola e outros; 30. Juscelino: Onde está a verdade? - de Serafim Jardim; 31. Pilão da madrugada - de Neiva Moreira; 32. Goulart - de Sílvio Tendler; 33. Escuela de Comunismo - Editado pela DNII do Uruguai.

Neira leu sobre os porões da ditadura e até sobre o seu personagem-chave, Carlos Milles.

Se, na escola do crime, Neira nem sempre segue a ABNT, correndo o risco de pegar mais alguns anos de cadeia, busca organizar o seu material didaticamente. Apresenta também uma gorda lista de livros de apoio:

> Meu depoimento sobre o Esquadrão da Morte - de Hélio Bicudo - Editora Martins Fontes 1976; Masters of deceit - (Mestres do disfarce) - de J. Edgar Hoover; Verás que um filho teu não foge à luta - de João Carlos Bona Garcia; Exílio na ilha grande - de E. André Torres; Caça às Bruxas - de Argemiro Ferreira - L&PM Editores S/A Porto Alegre 1989; Século do crime - de José Arbex Jr; La noche de los asesinos - de José Triano; Por que eu traí - de Octavio Ribeiro (confissões do cabo Anselmo); A história dos porões da ditadura - de Edward Peters - Edições Ática 1989; Presença dos Estados Unidos no Brasil - de Moniz Bandeira - Civilização Brasileira 1973; Brizola, esperança de um povo - de Flávio Dall'Agnol - Epecê Gráfica 1979; Livro negro da justiça chilena; João Goulart, Lutas sociais - de Moniz Bandeira; Aquário Negro - de Frei Beto; Dossiê Herzog - de Fernando Jordão; Um Feiticeiro sem Deus - de Artur da Távola.

Cada versão ou fragmento do original contém um labirinto de anotações, de números, de créditos, de indicações de diagramação, de agradecimentos, siglas, números de páginas de onde certamente saem as informações, indicações de tratamento do material. Por exemplo: "Pretexto: Presídio de Bagé". Há um caderno de 22 páginas só com nomes e suas funções (Assis Chateaubriand, jornalista; Engenio Berríos, bioquímico argentino e agente da DINA)... Tudo fala... Tudo é pista. Um "reclamo" lista os que se opuseram ao livro, entre os quais o promotor Gilmar Bortolotto, da Vara de Execuções Criminais, o delegado Janito, o capitão da BM, C. A. da Rocha, o juiz da VEC, Cabral Júnior, e um diretor da PASC cujo nome não aparece. A lista de reportagens e jornais abrange mais de 50 itens. "Reportagem sobre a morte de Sérgio Fleury" e "Agente duplo morre afogado em São Paulo" integram essa galeria. Consta até uma anotação à mão sobre o lançamento do livro de Lincoln Gordon.

Colaboradores: Jeferson Nunes Maria e Cláudio Adriano Ribeiro; testemunhos: Amôdio Amaral e Ricardo Ruiz Mandieta; assessoramento jurídico: Dr. Luís Carlos Rotta Filho; coordenação editorial: Assoc. Gaúcha de Esc. Independentes; diagramação: Itamar Collor e Adilson Thomaz; cronologia histórica: Dra. Maria Helena Viegas; bibliografia e outras fontes: Dra. Fernanda Fernandes Leal; coletânea de informações: Ricardo Ruiz Mendieta; digitação informática: Prof. Volnei Correia; formatação tipográfica: Cláudio Tadeu da Assunção; transcrições de textos: Daniel Oliveira Martins; gravações magnéticas: Marcelo Bierman Pacheco; assessoramento técnico: bioquímico Benoir Ramos Procanon; editoração: A, C & M - Editores; Gráfica: Nova Prova (anotado à mão). A, C e M são Andreia, Cláudio e Mario. A editora é criada por eles para a Operação Livro. Tem e-mail (aceeme@editores.com.br) e até site virtual: www.a.c&m.br/editora. Eles juntam dinheiro para bancar a publicação. Vida de autor estreante é sempre difícil.

Cláudio Adriano Ribeiro é o famoso assaltante de bancos Papagaio, descrito como o Beira-Mar do sul por Carlos Heitor Cony e Anna Lee. Cláudio Tadeu da Assunção, editor e apresentador do livro, era assaltante de bancos e membro do Primeiro Comando da Capital (PCC). Marcelo Bierman Pacheco, que seria morto a tiro em Gravataí, tornara-se amigo de Neira quando foram colegas na PASC. Todos viveram o sonho do grande livro, o mais genial de todos os golpes, concebido pelo carismático maluco barbudo uruguaio – simpático, culto, transbordante, caudaloso –, o crime mais que perfeito.

Num volume, aparece como revisora da obra a professora Esperança Vasconcelos Ferreira, de Bagé. Ela negou ter tido contato com qualquer texto de Neira.

Mario leu tudo. Quem visitou algum dia a biblioteca da sua cela na PASC espantou-se com o número de livros bem organizados. Eis a resposta para as dúvidas e observações de Cony. O velho escritor ficou espantado com o maço de Ritz azul. Mario leu num recorte de Talarico. Até o Ford Falcon azul com placa argentina, que cita num episódio de atentado à bomba do qual teria escapado milagrosamente, é o que aparece na narrativa de Foch. Cony surpreendeu-se com a referência de Mario à última carta de Jango a João Vicente, de 9 de novembro de 1976, que teria sido interceptada pelo serviço secreto. Ela aparece no livro de Moniz Bandeira sobre Jango.

– Você disse que implantaram microfones em vários cômodos da casa da estância "El Milagro", em Maldonado, para escutar as conversações de Goulart. Um deles na sala onde estava a escrivaninha com anotações e um quadro de John F. Kennedy. Outros microfones na ampla cozinha, no dormitório onde havia uma cama de casal com marco dourado, outro debaixo de uma telha vermelha direcionado ao pátio exterior... Só que não compreendo a necessidade de instalar um no banheiro e outro na subestação elétrica? – pergunta, esbanjando detalhes, Volnei.

Como Mario sabe disso? Há uma hipótese bem simples: essa descrição está no livro de Foch, publicado em 2000, que faz parte da biblioteca do presidiário: "Somente um robusto marco colonial de madeira patinado a ouro enquadrando uma virgem, talvez pintada no século passado, oscila sobre a cabeceira simples da cama de casal onde o ex-presidente dormiu pela última vez em 'El Milagro'". Foch também se refere ao retrato autografado de Kennedy no escritório. No depoimento de Neira aos deputados gaúchos, a virgem vira um Cristo. Nenhum sacrilégio.

Os seus alfarrábios guardam recortes de jornal do primeiro semestre de 2000, quando ele entra no jogo, sobre todos os assuntos tratados na sua trama: instalação da subcomissão de investigação da morte de Jango na Assembleia Legislativa do Rio Grande do Sul; uma nota sobre o atestado de óbito do ex-presidente, cuja "transladação" só teria sido feita dois anos depois da morte em função da abertura do inventário; uma notícia sobre o lançamento do livro de Foch, em "coautoria com o advogado Rafael Barla Galván"; uma série de títulos sintomáticos: "Piloto de Jango morre de infarto ao ir depor"; "Morre testemunha do caso Jango"; "Filho de Jango acusa uruguaio"; reportagem da revista *IstoÉ*, de 24 de maio 2000, sobre a Operação Condor, com uma reprodução da carta Contreras; matéria da revista *Veja* da mesma data sobre o mesmo tema; um dossiê intitulado "respostas para a morte de Jango", na esteira da CPI da Câmara dos Deputados; "as mortes de JK, Jango e Lacerda", anunciando um livro de José Gomes Talarico sobre

Jango no qual o autor fala de Foch, dos remédios, do Hotel Liberty, do enterro em São Borja, dos cuidados com o corpo que começava a cheirar mal e das suspeitas de Percy Penalvo sobre um ato criminoso (esse artigo aparece digitado nos arquivos de Neira); uma reportagem do *Jornal do Commercio*, do Rio de Janeiro, intitulada "Jango Goulart foi assassinado?"; um texto do *Jornal do Brasil*, de 9 de janeiro de 2000, sobre a tentativa de sequestrar Jango em Buenos Aires; "a triste madrugada na estância de Mercedes" em que até o apelido de Pérez Pérez, "Petiço", citado como sinal de conhecimento de cada personagem, aparece; "Operação Condor é filha do FBI e da CIA"; "Amigo de Jango suspeita de morte", texto em que José Gomes Talarico e Orpheu dos Santos Salles revelam suas dúvidas; "Governo uruguaio intimou Jango – convocação levou ex-presidente a deixar país antes de morrer"; "Suspeitos da morte aceitam depor – Cláudio Braga e Ivo Magalhães falarão a deputados"; várias vezes, um recorte da *Folha de São Borja*, de 4 de fevereiro de 1978, sobre a morte do médico Alberto Rocha Benevenuto, o elo, conhecido em São Borja, entre Amândio e Jango.

Tudo ali.

Neira fala em Charles Chandler, em Dan Mitrione e num "Good Teacher" ensinando técnicas de repressão na "Casa do Vovô" (DOI-Codi São Paulo), "Casa de Campo" (SIGMA – RJ) e no "casarão do largo General Osório (DOPS - SP)". Fala de tudo com desenvoltura: Fleury grava Geisel, que grava Fleury, todos se espionam, todos se controlam e ele precisa mostrar intimidade com os personagens citados. Assim, se apresenta ao lado de Fleury – cuja ação no Uruguai teria sido flagrada depois da prisão de Tarzan de Castro, agente brasileiro destacado no país vizinho para monitorar exilados – em Montevidéu, nas situações mais bizarras: o torturador lendo gibi, suspendendo uma ação por causa de um gato preto, indo a um terreiro de umbanda, do pai Marquinhos, para se livrar desse mau sinal, assistindo a *Bodas de sangue*, no Teatro Solís e saindo de olhos marejados, envolvendo-se num acidente de trânsito, tudo naturalmente, até morrer estranhamente em Ilhabela, e Neira, sempre Neira, a depositar, junto com o agente Laércio, que também será assassinado, esse filho bastardo do delegado dos olhos azuis, cravos vermelhos no túmulo do repressor.

Tudo assim, naturalmente, como a descrição de uma discussão de Jango, num bar, com um homem que decidira lhe pagar uísques duplos por achar que, ao pedir meia dose, o brasileiro estava quebrado. Tudo aos saltos, o demonstrado misturando-se com o possível, o provável e certamente com o imaginado. O passado está longe e exige documentação. Um texto da *Folha de S.Paulo* dá uma ajuda sobre a argentina: "Documento brasileiro comenta tática de repressão no país vizinho". Outros, do mesmo jornal, resumidos por Volnei Correia, tratam da morte de Fleury e da misteriosa morte de um suposto agente duplo conhecido como Laércio. Tudo ali. Até laudos de peritos sobre o caso de Fleury foram coletados. As fontes são quentes. Um texto de Luiz Antônio Ryff e Mário Magalhães contribui: "Um telegrama da Polícia Federal, de 28 de agosto de 1976, explicita a associação do governo militar com o Uruguai para caçar militantes políticos daquele país em território brasileiro". Cita o comandante do exército uruguaio, general Queirolo, como um dos responsáveis pelo acordo. Queirolo aparece nas páginas de Neira como namorado da irmã de Kika, mulher de Ivo Magalhães. Tudo se encaixa e faz tanto sentido quanto se ler revistas de fofocas, salvo quando o improvável se torna verdadeiro. Neira é tentacular e sua narrativa exala intimidade. Conta que foi escalado para participar do sequestro de Leonel Brizola, o que só não aconteceu por ter o gaúcho ido dormir na casa de uma amiga, Terezinha Zerbini. Assim, aos sobressaltos, nessa história louca em que um documento detalha a prisão de João Vicente, dentro de um carro com mais seis jovens, no caminho de Chuy para Montevidéu, sob suspeita de transporte de armas para os exilados sediciosos. Só faltava, literalmente, a arma do crime. Nada foi encontrado. Jango ameaçou deixar o país. Que história! Neira e Volnei querem contá-la como der.

Não podem, talvez, contar tudo sobre o que os arquivos do SNI guardam sobre Fleury, acusado de chefiar os esquadrões da morte, o que, pelo encaminhamento nº 502, de agosto de 1970, embora tudo devesse ser esclarecido, era uma campanha da imprensa, aliada à OAB e a setores da Igreja Católica, para esconder os êxitos do governo militar: "A esquerda infiltrada na imprensa e os descontentes com a atual situação sentiram que, através do noticiário sobre o esquadrão da morte, poderiam desviar a atenção da opinião pública do sucesso da repressão ao comunismo", prestando-se "principalmente para apresentar a autoridade como criminosa, contribuindo para a sua desmoralização". Ninguém trabalhou melhor a racionalização. Parece claro aos analistas do SNI que se quer "anular todo o sistema repressivo". Não pode ser. Alerta: "A OAB e a Primeira Conferência de Professores de Direito Internacional Público, em Porto Alegre, desencadearam procedimentos paralelos que apoiam as mesmas teses defendidas pela imprensa, alargando-as de modo a abarcar as torturas e o regime penitenciário inadequado". É preciso tomar providências. Os esquadrões da morte não podem servir a recalcados desejosos de fomentar uma ação contrarrevolucionária. A tranquilidade deve imperar. São apenas excessos de alguns policiais devidamente investigados por ordem do ministro Hélio Bicudo. O resto só pode ser exploração de comunistas.

Neira e Volnei não podem saber para contar, talvez, o quanto uma mulher, Josephina Scaramuzza, segundo a informação 2100 do SNI, de 27 de abril de 1978, tendo como referência o processo "PB NQ 070/16/AC/18", incomodou os amigos do delegado Sérgio Fernando Paranhos Fleury, "atualmente exercendo o cargo de diretor-geral do Departamento Estadual de Investigações Criminais da Secretaria de Segurança Pública do Estado de São Paulo". Indiciado em "sete processos criminais por homicídio qualificado ('esquadrão da morte') que estão tramitando nas comarcas de Guarulhos, São Bernardo do Campo, Suzano e São Roque", Fleury foi denunciado pelo Ministério Público. As denúncias foram aceitas pela justiça. Tudo por causa de Josephina Scaramuzza, então "exercendo o cargo de diretora de pessoal da Delegacia Geral de Polícia da Secretaria de Segurança Pública de São Paulo". O magistrado que aceitou a denúncia considerou que Fleury não tinha bons antecedentes e não poderia responder em liberdade. O analista do SNI acha que isso é subjetivo. O problema, segundo o informe, é claro: "O caso do Delegado Sérgio Fleury teria sido reaberto por influência de Dona Josephina Scaramuzza, diretora da Divisão de Pessoal da SSP/SP, que teria sido amante de Luiz Carlos Prestes nos idos de 1948". Quem é essa atrevida? Quem é essa que ousa recolocar Fleury no olho do furacão? O SNI vai pesquisar para responder implacavelmente: uma comunista. Uma militante do PCB que chegou a ser afastada do seu cargo no governo de Carvalho Pinto, tendo sido reconduzida por influência de um delegado amigo, Paulo Pestana, no governo Laudo Natel. O prontuário 10.424 de Josephina é o melhor argumento em favor da inocência de Fleury: ela foi vista, em 1946, no automóvel de Prestes, participou, entre 1949 e 1950, do movimento subversivo Panela Vazia, foi tesoureira da Campanha Pró-Defesa do Petróleo, defendeu, em 1949, num programa da Rádio Excelsior, os direitos da mulher, em 1964 fez parte do Centro de Estudos Sociais, "entidade de fundo comunista fundada por Mário Schemberg". Ela é apresentada como desequilibrada. O relatório não deixa dúvida. Em 2 de janeiro de 1970, "foi aprovada no vestibular de Direito e, por incrível que pareça, levou trote dos companheiros de trabalho. Sisuda e circunspecta, como é do seu feitio, declamou sobre uma cadeira". Sérgio Fleury está, portanto, sendo vítima dos velhos comunistas. Depois, será vítima do seu passado cheio de buracos negros.

Mas Neira e Volnei sabem pesquisar para documentar um relato. Anexos simulam cópias de ofícios e de outros documentos tirados de livros e revistas. Há um inquietante ofício do chefe da repressão paraguaia, Pastor Coronel, endereçado ao brasileiro Romeu Tuma, apresentando um agente paraguaio, Roque Lara, em ação no Brasil. Tão valioso documento é apenas uma transcrição chupada de reportagem da revista *IstoÉ* de 24 de maio de 2000. Se Neiva Moreira aparece tão bem cotado aos olhos de Neira é certamente por causa do bom recorte "Marcados para morrer", que resume as afirmações de Moreira, no livro *Pé de pilão*, sobre uma lista de "assassináveis" que lhe fora passada por um diplomata, cujo nome não revelou, sendo João Goulart o quarto citado, dois dos três primeiros da lista, o boliviano Juan José Torres e o chileno Carlos Pratts, tendo sido executados, o terceiro, o uruguaio Ferreira Aldunate, tendo escapado por um triz.

E assim Tuma entra na história como figurinha conhecida do agente Tamuz. Philip Agee, com seu *Dentro da "Companhia" – Diário da CIA*, e outros autores desse gênero fascinante são boas fontes, ainda mais quando se está na prisão e se tem a cabeça cheia de planos, conspirações, golpes e ideias geniais. Como os textos são copiados, há indicações gráficas do tipo "introduzir aqui o logo de..." ou a assinatura. Agee, espião arrependido que entregou todo o serviço sobre a CIA, é o grande inspirador. Católico formado na Universidade de Notre-Dame convertido em caçador de comunistas, ele foi implantado em Montevidéu, de 1964 a 1966, e apresenta-se em termos que ecoam nas páginas de Neira: "Os relatos dos horrores por que passaram me atingem pessoal e profundamente, pois o estupro da democracia chilena em grande parte foi praticado com o concurso da CIA. E eu, durante muito tempo, fui seu leal e dedicado agente". Até perceber a divisão de classes do mundo, o mal disseminado pelos Estados Unidos e apaixonar-se por uma brasileira que fora torturada, Ângela Camargo Seixas. Um clássico lançado em 1974. Como não se impressionar, quando se está preso no Brasil e se quer escrever um livro sobre espionagem, com o relato de um homem que serviu ao Império na América Latina e tem dados para informar? Em 1962, escreve Agee, os Estados Unidos financiaram as candidaturas de 15 postulantes ao Senado no Brasil, de oito governadores, inclusive o que foi eleito no Rio Grande do Sul, de 250 deputados federais e 600 estaduais. O mesmo Agee que escreverá, instalado na capital uruguaia, em 1º de abril de 1964, sobre a "euforia que deve reinar em Washington, depois que dois anos e meio de operações (destinadas a evitar que o Brasil descambasse para a esquerda) frutificaram auspiciosamente". Afirma, citando seu chefe no Uruguai, Ned Holman, que os Estados Unidos "estavam financiando as manifestações urbanas em massa contra o governo de Goulart para provar que os velhos temas como Deus, Pátria, Família e Liberdade sempre prevalecem". Daí a sua conclusão acachapante: "A queda de Goulart se deve, indubitavelmente, em grande parte à operação eleitoral que retrocede ao ano de 1962". Um manancial vertiginoso. Agee acompanha a chegada de Jango ao Uruguai, "o escritório central já está produzindo matéria de propaganda, de alcance em todo o hemisfério, em apoio ao novo governo do Brasil e para desmoralizar João Goulart"; indica que a grande expectativa é a captura de Brizola, "foragido" no Rio Grande do Sul; saúda a transferência do arquirreacionário Manoel Pio Correia do México – "a base no Rio decidiu enviar mais dois dos seus elementos para a embaixada do Brasil aqui – além do adido militar coronel Câmara Sena. Um deles é o funcionário de carreira de alto nível do Ministério do Exterior do Brasil, Manuel Pio Correia, que virá como embaixador; o outro é Lyle Fontoura, protegido de Pio Correia, que será o novo primeiro-secretário" –, Pio exercerá pressão contra os exilados até confinar Brizola a 300 quilômetros da fronteira gaúcha; Agee faz menção aos problemas cardíacos do presidente deposto. O espião diz literalmente ter mandado monitorar Jango – "instruí Otero para colocar seus homens nas residências de Goulart e de três dos quatro mais importantes exilados", sendo esse Otero, a serviço da CIA, outro homem, nada a ver com o amigo de Jango –, faz anotações sobre conspirações pró-Jango abortadas em Porto Alegre ou alhures, comenta sobre a possibilidade de o Brasil invadir o Uruguai para sufocar as agitações de exilados, está a par de tudo. No seu livro, faz exposições minuciosas sobre instalação e uso de microfones para captação de conversas a distância, assim como sobre métodos de violação de correspondência. Um mestre! Ao final, vê-se às voltas com seu livro, sem encontrar editor, temendo a perseguição da CIA, deixando cópias aqui ou ali, perdendo-as, sofrendo, dando, desde 1974, maus exemplos a homens com tempo e imaginação. Neira leu Edmar Morel e sabe que o golpe começou em Washington. Ele decide ser o americano que saiu do frio, o Philip Agee uruguaio, criado em Pocitos, neto, segundo ele gosta de contar, dos donos da livraria, gráfica e editora Barreiro & Ramos, o sul-americano que não aceitará 50 mil dólares da CIA para ficar de boca fechada e esquecer tudo o que sabe.

Tudo ali.

O procurador encarregado do caso suspeitou de que Neira tivesse tido tempo de se documentar. Ele o fez. Não se preocupou, porém, em esconder as provas do seu "crime".

Os quatro volumes e 19 anexos, com milhares de páginas e documentos, da investigação conduzida pela Procuradoria Regional dos Direitos do Cidadão do Ministério Público Federal do Rio Grande do Sul são um vasto manancial para conhecer esse período de Jango, apropriado por Neira, com informações, algumas carimbadas como sigilosas, que vão do controle de cada passo de Jango pelo SNI à atuação do espião Frederick Latrash e do seu colega Michael Townley como operadores de assassinatos de líderes latino-americanos – Townley confessou nos Estados Unidos ter matado o chileno Letelier; sua mulher, Mariana Callejas, acionou a bomba que explodiu Prats –, introdutores do gás sarin na eliminação de inimigos políticos das ditaduras do Cone Sul. O procurador encarregado coletou documentos no Uruguai, na Argentina, nos Estados Unidos, nos arquivos do Rio Grande do Sul, no Arquivo Nacional, em fontes muito diversas e ricas, líquidas e até mesmo incertas.

Em 2010, um novo procurador encarregado do caso sugeriu que a família Goulart tomasse por conta própria as medidas judiciais que considerasse cabíveis e afirmou considerar "nítida a intenção dos representantes (familiares e Instituto João Goulart) de conduzir a apuração como entendem melhor" por "interesses políticos e econômicos (de natureza indenizatória) na questão". Mostrou não entender o motivo da recusa dos parentes em permitir a exumação do cadáver. Se crime houve, caducou. O inquérito civil chegou a ser arquivado. Reaberto, o mistério arrasta-se. Talvez a solução esteja prescrita.

Sempre visceral, em entrevista à revista *Carta Capital*, o veterano historiador Moniz Bandeira detonaria: "Não chamo de charlatanice a tese de que João Goulart foi assassinado. Chamo de charlatanice apresentar como verdadeira a versão de que houve uma Operação Escorpião para assassiná-lo. Não há prova documental ou outros depoimentos que a comprovem. Chamo de charlatanice atribuir a Vargas uma carta que ele nunca escreveu a Goulart, com uma frase inventada: 'Jango, agora me pegaram. O próximo será você'. Solicitei ao professor Oswaldo Munteal, que anunciou um livro sobre o tema e citou a frase 'Jango, agora me pegaram. O próximo era você', que apresentasse documento ou depoimentos a confirmar a Operação Escorpião, bem como a suposta carta de Vargas a Goulart. Ele não o fez". Na sequência, disparou contra a família Goulart: "Após mais de três décadas, João Vicente, corajosamente, anunciou: 'Nós vamos provar que houve intervenção'. Que grande novidade! João Vicente descobriu o que já estava descoberto, pretende provar o que está provado, e daí por que decidiu entrar com uma ação contra o governo dos Estados Unidos, cobrando a indenização de 3,496 bilhões de reais (3 bilhões de reais por danos morais e 496 milhões de reais por danos materiais), e empenhou-se em difundir a tese do assassinato. Ele porém ignora que os Estados Unidos, ao longo de 110 anos, durante os quais depuseram abertamente 14 governos, nunca pagaram qualquer indenização a ninguém. De qualquer forma, a esperança é sempre a última que morre". Bem que João Vicente poderia ganhar essa causa! Não seria inadequado os Estados Unidos pagarem. Afinal, as operações Brother Sam e Condor, durante muito tempo tidas por fantasiosas, existiram mesmo.

A intervenção americana fez o Brasil atravessar um longo túnel escuro e desestruturou a família Goulart. Jango passou a vida correndo em busca do seu passado, oprimido pelo sentimento de culpa, oscilando entre o medo de ter feito algo errado, ou não ter feito o que poderia, e a convicção de que agira com grandeza na estreita margem de manobra que lhe sobrara. Maria Thereza, mulher moderna, adaptou-se a Montevidéu como pôde, montou uma loja com amigas, viveu o que lhe coube, espalhando sua luz própria, à sombra, porém, desse marido poderoso, rico, às vezes tão silencioso, cercado de homens obscuros, de amigos, de aproveitadores, marcados, ela e ele, por esses exílios sem fim. Denize demorou a tornar-se uma "uruguaia". A partida abrupta fora uma ruptura pela qual seu pequeno passado de criança ficara para trás sob a forma de bonecas e outros brinquedos esquecidos. João Vicente cresceu, nesse tempo paradoxalmente de rebeldia, à luz desse pai tão presente e tão ausente, desterrado, bilíngue, fora de casa, com tantas casas. Todos eles assinalados com ferro em brasa: exilados.

Os Estados Unidos sempre serão deles devedores.

Deles e do Brasil.

41

Quem é mesmo Neira Barreiro? Melhor, quem foi? O que fazia no Uruguai depois de ter sido solto em Bagé? O Supremo Tribunal Federal, antes de concluir pela extradição dele e do seu parceiro Mendieta, pede informações à justiça uruguaia, que envia um dossiê detalhado sobre os crimes praticados pelos dois. Tudo começa pelas 16 horas de 12 de junho de 1998. Comandados por Alejandro González, Neira, Mendieta e mais dois atacam à mão armada a OCA Plata Card, em Montevidéu. Fazem os clientes deitarem-se no chão, saltam sobre os balcões, apossam-se do dinheiro, tentam danificar as câmeras de segurança e fogem. Em 31 de julho do mesmo ano, eles voltam ao trabalho. Atacam o setor de pagamento do hospital Casa de Galícia. Apossam-se do dinheiro e de armas dos seguranças: uma S&W 3.57 Magnum AVF6132 e uma S&W AHS2454 calibre 38. São perseguidos por um policial com o qual trocam tiros. No apartamento de Neira, rua Calaguala, 880/203, a polícia encontra o revólver S&W AHS2454 calibre 38 do segurança do hospital. Encontra também equipamentos de rádio aptos a interferir nas linhas 1 e 2 da chefatura de polícia do Uruguai e das viaturas policiais. Por fim, encontra uma carteira de identidade em nome de Antônio Meireles Lopes. González é preso, em 5 de agosto de 1998, no Chuy, no momento em que retira uma encomenda na rodoviária. Reconhece-se num vídeo que será mostrado mais tarde e incrimina Neira e Mendieta como seus cúmplices no primeiro roubo. Nega sua participação no segundo golpe, mas admite ter sido convidado por Neira para participar e ter recebido uma soma para entregar a outra pessoa. Os seus amigos, os ágeis Neira e Mendieta, têm melhor sorte. Por pouco tempo. Detidos em Rocha, com produtos roubados, fogem e entram no Brasil. Em breve, estarão em Charqueadas – talvez, antes, com uma passagem turbulenta pelo aeroporto da pacata cidade de Rivera, em 16 de agosto, para sentir o frio da fronteira –, organizando as suas memórias. Teriam feito parte de um operativo grupo criminoso chamado Polibanda, com atuação no Mercosul. Terão também no currículo um ataque ao Zoológico de Montevidéu, ações contra os provocativos blindados da Proforte S/A Transportes de Valores, em Canoas e Sapucaia do Sul e mais uma infinidade de pequenas ações. Neira nega tudo. Não vê qualquer vantagem em assumir penas tão pesadas.

O relato do jornalista Fernando Martinez, de Rivera, tem sabor local: "Em 16 de agosto de 1998, não se sabe se 4, 5 ou 6 pessoas realizaram um assalto ao aeroporto internacional de Rivera. O plano era simples: em um período de 15 a 30 minutos, dois aviões chegariam com remessas de dois bancos com filial em Rivera. Os ladrões queriam dominar o aeroporto, que, apesar de ser controlado pela Força Aérea, não tinha mais do que poucos soldados e um oficial de alfândega quando um voo internacional chegava. Um voo diário chegava todos os dias com uma remessa de um banco brasileiro e, como Santana do Livramento não tem aeroporto, usava-se o de Rivera. Se o assalto tivesse sucesso, os ladrões levariam pelo menos US$ 200.000. Como fica longe da cidade, não há muito movimento, e só há uma estrada para chegar e sair. Os dispositivos de comunicação da torre não dispunham de tecnologia recente, sendo fáceis de neutralizar. Depois do assalto, a torre do aeroporto conseguiu avisar a polícia, que acorreu em massa ao local". Os bandidos, na fuga, tiveram o carro avariado. Mesmo assim, escaparam na direção do motel Pykaros, no caminho do aeroporto. Tentaram escapar para o lado brasileiro. Confrontados, subiram a pé o morro na linha divisória entre as duas cidades: "Houve tiroteio pesado entre AK-47 e os revólveres da polícia". Os criminosos retomaram o caminho do aeroporto depois de se apossar de uma camioneta da polícia. No caminho, tirotearam com outro carro da polícia e atolaram-se na areia. Em dado momento, enquanto dois deles fugiam a pé, o líder virou-se, acertou seu companheiro com dois tiros no peito e fugiu para o Brasil: "Enquanto tudo isso estava acontecendo, um avião, com outro lote de dinheiro, foi alertado e guiou a polícia, que conseguiu prender o último delinquente".

Quando morre Mendieta, o jornalista Freddy Fernandez, também de Rivera, escreve um texto carregado de interrogações: "A Polícia e a Justiça brasileira investigam a misteriosa morte do uruguaio Ricardo Anacleto Ruiz Mendieta (44), considerado um peso-pesado do crime na região e procurado por assalto à mão armada no Uruguai. No Brasil, era procurado desde março passado, quando ele e seu parceiro escaparam da prisão agrícola de Charqueadas (...) Parada cardíaca ou a ingestão de um veneno poderoso pode ser a causa da morte que pôs fim a uma vida marcada pelo crime. Para o policial que está no comando da investigação, a hipótese de insuficiência cardíaca parece improvável, já que o agressor era 'muito jovem', e também por causa de seu passado violento. Queima de arquivo", afirma o jornalista, parece a "hipótese mais razoável". Apesar de a polícia gaúcha estabelecer um vínculo do falecido com o "espetacular assalto ao aeroporto do Cerro do Chapéu, os dados coletados em Rivera indicam que tais infratores nada tinham a ver com o cinematográfico assalto praticado pela 'polibanda', que entrou em declínio a partir do fracassado ataque ao aeroporto". Uma nota curiosa dá tempero ácido à narrativa: "Por estranha ironia, ontem à tarde Porto Alegre foi abalada por um assalto violento a um carro-forte, uma das especialidades do falecido".

Nada se confirma. Tudo se compreende ou deduz.

Quem era Neira antes de 1996? Um personagem nebuloso que diz ter sido proprietário de uma loja de produtos eletrônicos, telefonia celular e radiocomunicações. No seu perfil no Facebook consta sobriamente: Formou-se em Engenharia de Comunicações em 1988, concluiu o ensino médio no Liceu Bauzá, em 1974, nasceu em 9 de agosto, trabalhou na empresa de comunicação Cosmotrônica SRL, fala inglês, português e espanhol, um casal de filhos independentes, separado, católico, nacionalista, leitor dos poetas Ruben Dario e Jean Arthur Rimbaud, de Descartes, Cervantes e de outros grandes, amante de rock.

Para trás, tudo é névoa.

Entre Foch e Neira há rupturas e continuidades. Neira parte confessadamente do livro de Foch. Abandona totalmente a ideia de assassinato por razões econômicas e concentra-se no último capítulo de *O crime perfeito*, aquele sobre a Operação Condor, gancho tardio no qual seu predecessor tenta pendurar a sua história. Guarda o essencial: a troca de medicamentos. O seu plano é aperfeiçoar o crime. Tornar perfeito o crime idealizado por Foch. Pensa, primeiramente, no uso de um veneno. Evolui para algo mais complexo, capaz de não deixar rastros mesmo em caso de uma exumação tardia. Lembra-se do legista Carlos Milles, que conhecera quando trabalhava na polícia de Montevidéu. Sabe como o médico morreu. Apropria-se da sua vida. Os mortos são bons personagens.

As cópias do que teria sido o primeiro livro de Foch sobre Jango desaparecem da Biblioteca Nacional de Montevidéu. Todos os originais dos livros anteriores de Neira desaparecem misteriosamente. As fitas gravadas por Foch são supostamente vendidas por Marta Viale. As fitas de Neira são roubadas com cofre e tudo. Foch deixa uma lista de pessoas próximas de Jango que morreram do coração. Uma delas, o piloto Rivero, quando se dirigia a Maldonado para depor sobre o caso Jango. Todos os amigos de Neira que tiveram contato com seus livros são mortos. Pouco importa para ele se pela polícia ou por rivais em função de crimes comuns. Foch é um aventureiro em liberdade que planeja um best-seller que lhe salve da bancarrota financeira. Neira é um aventureiro preso que tenta ganhar fama, dinheiro e liberdade com um livro.

Tantas coincidências, tantos desejos, sonhos...

Como disse o argentino Borges, "a la realidade le gustan las simetrias e los leves anacronismos".

42

Talvez só um retorno às origens, essa infância que não sai de certos adultos, ajude a entender o misterioso Mario Ronald Neira Barreiro, que se apresenta como filho de uma professora de taquigrafia, neto, por parte de pai, de um escritor espanhol, Manuel Neira Blanco, e de uma escritora mexicana, Otília Garcia de Neira Blanco; por parte de mãe, neto do "destacado pioneiro da indústria gráfica" dom Guillermo Ramón Barreiro. A literatura está na sua história, no seu sangue, no seu destino. Certamente daí vem a explicação para os tantos cadernos com anotações, índices e orientações para os diagramadores. O escritor tem seu próprio método, um método de inversão radical, algo como a inversão da dialética feita por Marx em relação a Hegel, uma brutal e, mesmo não totalmente inédita, engenhosa mudança de ponto de vista: o romance policial histórico escrito e protagonizado pelo criminoso arrependido. Assim como seu personagem principal, Jango, é marcado por uma inversão que o leva à queda sem volta: o fazendeiro que resolve fazer a reforma agrária. A lista das obras de Neira, interrompida, talvez, pelo desencanto ou pelas mudanças de residência, prometia um romance policial de ficção pura, em parceria com Volnei Correia: "Brilhante".

A sensibilidade literária pulsa dentro dele. No seu olhar, na sua fala, em todo o seu jeito se revela essa fantasia de criança e de adolescente, essa relação com o passado, esse desejo sincero de ser escritor. Ele queria ser autor. Virou personagem. Queria inventar histórias de aventuras. Acabou por vivê-las. A sua memória colossal e a sua grande inteligência trabalham como uma fábrica permanente de ideias, de enredos e de inversões. A ironia e os jogos de palavra exercem sobre ele enorme fascínio.

– Essa base secreta de nome Arenal onde você estava de serviço, no dia 6 de dezembro de 1976, ficava perto de alguma praia ou existia areia nas proximidades? – pergunta, em termos totalmente objetivos, Volnei.

– Não tinha nem praia nem areia por perto. A base estava instalada onde antes funcionava um depósito de lã. Arenal é a antífrase de lanera: é uma palavra que resulta da leitura inversa de outra palavra. A palavra lanera em espanhol denomina um local onde se processam lãs. Um exemplo de antífrase ocorre quando lemos Zeus de trás para frente e nos dá a palavra Suez – responde Mario esbanjando seus conhecimentos de linguística.

Arenales, 1844, em Buenos Aires, é o endereço de Cláudio Braga declarado no processo de Curuzú Cuatiá.

O escritor gosta de espelhos, reflexos, pistas.

Durante muitos anos, sonhou em escrever um livro. Tentou algumas vezes sem sucesso. Talvez desejasse um livro redentor, capaz de reinseri-lo na sociedade. Ignorava que o destino dos malditos é a maldição. A oportunidade de escrever realmente surge em 2002, em Charqueadas, quando precisa ocupar o tempo, salvar-se da extradição que o atormenta e dar vazão aos conhecimentos velozmente acumulados sobre João Goulart ao sabor das CPIs misturados a algumas das suas lembranças loucas da juventude como radiotécnico da polícia em Montevidéu.

Mario Luís Pelz, diretor da prisão, propõe aos detentos a organização de uma oficina literária. Neira entusiasma-se, contagia Volnei, tem um tema: a morte de Jango. Os dias ficam pequenos. A imaginação liberta-se.

Nunca uma oficina literária afetou tanto um homem. Nem mobilizou tantos leitores mesmo sem que o livro tenha sido publicado. Costuma-se dizer que escritor é quem cria personagens capazes de ganhar vida própria. Neira seguiu a linha de Truman Capote. Não inventou personagens. Deu-lhes uma nova vida dentro de velhas e sinuosas tramas. Ele reconheceu para os deputados gaúchos a importância de Pelz na sua vida: "Ele dava cem folhas todos os meses, me dava uma caneta, uma borracha, um lápis. Ele me ajudou, me deu uma sala, me permitiu o uso de computador". Depois, porém, teria pedido para ler o material e aí teriam começado os problemas, tudo sendo retirado, computador, documentos, papel. Sempre na ativa, Pelz lembra-se bem de Neira e também de ter dado uma lida nos textos sem ter atravessado o labirinto nem bloqueado a criação. Convidado para falar dessa oficina literária na televisão, em 2008, Pelz recebeu, na última hora, uma ordem superior para não comparecer ao programa.

43

Cláudio Braga envia carta, em 2008, ao Ministério Público Federal, para tentar esclarecer a sua participação na "triste noite" de 6 de dezembro de 1976.

> Iniciei minha vida pública como presidente do Sindicato dos Ferroviários do Nordeste, ascendendo a diretor da Federação Nacional dos Ferroviários e membro da Confederação Nacional dos Transportes Terrestres, em todas estas etapas, sempre intensamente relacionado com o então vice-presidente João Goulart (...) No ano de 1962, fui eleito deputado estadual em Pernambuco, com a mais alta votação do estado. Em 1964, após o golpe militar, foi cassado meu mandato e tive a prisão preventiva decretada pelo Conselho de "Justiça" da 7ª Região Militar (...) Nesta época asilei-me no México, onde, após contato com o ex-presidente João Goulart, resolvi atender ao seu convite para asilar-me no Uruguai, onde lhe seria útil (...) Em 1974, fui convidado pelo ex-presidente para permanecer com ele na Argentina, para onde havia transferido sua residência. Assumi a Superintendência da empresa Cibrascex, à qual o ex-presidente estava ligado (...) Durante o ano 1976, o clima político, ou melhor dito, ditatorial, era irrespirável na região. O Dr. Jango resolveu enviar seus filhos para Inglaterra, para onde viajava regularmente, previa passagem pela França (Lyon), onde fazia o controle da sua enfermidade coronariana (...) Ainda no transcurso do mês de novembro, chamou-me a Montevidéu, onde se encontrava naquele momento, para uma conversa política. Depois de longa conversa e várias ponderações pediu-me que regressasse a Buenos Aires e conversasse com o ex-ministro do Trabalho do seu governo, Dr. Almino Alfonso, a fim de ouvir sua opinião sobre a ideia do seu regresso para o Brasil. (Essa conversa está relatada no discurso que Almino fez no Senado, por ocasião das homenagens prestadas ao ex-presidente no 30º aniversário do seu falecimento). Pediu-me, também, que depois deste encontro, viajasse a Paso de los Libres e dali a Uruguaiana, a fim de resolver alguns assuntos do seu interesse, bem como para convidar alguns fazendeiros amigos para participarem de um leilão de gado que se realizaria no fatídico dia 6 de dezembro de 1976. Assim fiz e, no dia 5 de dezembro de 1976,

fui para Uruguaiana, pernoitando na casa do Sr. Carlos Piegas, que no dia seguinte viajaria com seu pai Enrique Piegas e comigo para o referido leilão. Fui despertado às 4h da manhã do dia 6 pelo Sr. Piegas, que angustiado repetia "o Dr. morreu". Depois de tentar tranquilizar-me, telefonei para Almino Alfonso e parti, em companhia do Sr. Carlos Piegas e esposa, que se dignaram a levar-me de carro a Mercedes (Corrientes, Argentina), distante aproximadamente 150km de Uruguaiana. Cheguei na fazenda "La Villa", mais ou menos às 5h30. Jazia no quarto matrimonial o corpo do Dr. João Goulart e sentada ao seu lado se encontrava, desolada, a Sra. Maria Thereza Goulart. Após superado o doloroso impacto, perguntei o que havia ocorrido e fui informado que o inesquecível amigo tinha se deitado e algum tempo depois havia "roncado em forma aguda e profunda" e que Dona Maria Thereza ao tentar despertá-lo, pensando tratar-se de um pesadelo, notou que algo grave havia ocorrido e, desesperada e aos gritos, chamou o capataz, Sr. Julio Vieira, que vivia numa casa contígua. Também fui informado que um jovem apelidado de Peruano, amigo da família, com a ajuda do Sr. Abel Semhan, tinha ido buscar um médico, que veio até a estância, nada podendo fazer além de certificar o óbito. Foi-me relatado que os senhores Peruano e Semhan já haviam contratado os serviços de uma casa funerária da pequena cidade. A funerária encarregou-se dos precários procedimentos ali existentes para a preservação do corpo até a hora do funeral, que aconteceria na cidade de São Borja, por decisão da sua esposa, Maria Thereza Goulart. Solicitei, então, à prefeitura a devida autorização para o traslado do corpo. Creio que mais ou menos às 13h30 do mesmo dia partiu o cortejo constituído pelo carro funerário e mais dois carros onde viajávamos os Piegas, Dona Maria Thereza e eu. Em Paso de los Libres tentaram impedir a passagem do cortejo, pretendendo que o mesmo fizesse mais 300km, dentro da República Argentina, para entrar em São Borja pela cidade de Sto. Tomé, evitando assim que o funeral cruzasse cidades brasileiras, onde certamente haveria, como houve, aplausos e manifestações de pesar do povo. Depois de longas discussões e protestos, em especial de Almino Alfonso, que já tinha chegado a Paso de los Libres, foi autorizada a partida do cortejo, com escolta de um carro da Brigada Militar para evitar qualquer parada no percurso até São Borja. O corpo do ex-presidente foi levado à igreja, ficando exposto à visitação pública através de um visor existente na urna funerária, enquanto aguardava a chegada dos seus filhos Denize e João Vicente, que se encontravam na Inglaterra, o que só aconteceu no dia seguinte, mais ou menos às 14 ou 15h. Estas foram as circunstâncias, do meu conhecimento, que rodearam a morte do ex-presidente João Goulart. Finalmente, senhor procurador, exercendo a plenitude dos direitos do cidadão brasileiro, venho com o mais alto respeito, em defesa da honra e integridade moral do falecido ex-presidente João Goulart, da sua viúva, Maria Thereza Goulart, e do signatário, registrar meu total desacordo com as alusões feitas aos acima citados por algumas pessoas, em especial o Sr. Foch Díaz (em seu livro), que refere-se ao ex-presidente como se fora um irresponsável que vivia contrabandeando moeda em maletas de um país a outro, sem nenhum respeito aos controles e legislação existente, bem como cita a Sra. Maria Thereza Goulart em forma vulgar e sem qualquer respeito. Com referência ao signatário, as calúnias do Sr. Foch Díaz (que foi por mim denunciado por calúnia, difamação e simulação de delito, sendo condenado a 7 meses de prisão, sentença confirmada pelo Tribunal de Apelações) foram recolhidas pela Comissão Externa da Câmara dos Deputados que visava apurar as circunstâncias da morte do ex-presidente, comissão esta que, mesmo vindo ao Uruguai ouvir Ivo Magalhães, por estranhos motivos não quis ouvir meu depoimento, apesar dos insistentes requerimentos da minha parte. Vários depoentes nessa comissão tinham ressentimentos com as providências por mim tomadas em defesa do patrimônio da família, o que certamente motivou a cachoeira de mentirosas elucubrações, entre as quais, é de destacar, a referência que muitos fazem ao Sr. Alfredinho, que também é referido no livro do Sr. Foch como Pérez Pérez, ou seja, Alfredo Pérez Pérez. Este senhor compareceu ao Juizado de Maldonado e, ante a juíza Fanny Canesa, afirmou que jamais havia declarado nada contra mim e que "firmou" um documento apresentado pelo Sr. Foch Díaz não sabendo do que se tratava, pois não sabia ler.

Cláudio Braga quer fechar o ciclo. Não consegue.

Jango foi assassinado? Para muitos, a dúvida permanece como uma espiral que se alimenta das próprias negativas. Foram realizadas diligências para apurar o estado de saúde de Jango pouco antes da sua morte. Informações foram pedidas pelo MPF à França. O capitão Jean-Luc Deschanel, da Brigada Criminal, ocupou-se do assunto e foi atrás dos rastros do Dr. Roger Froment, chefe do serviço de cardiologia, em 1976, do hospital Louis Pradel, de Lyon. O expedito capitão informou oficialmente ao Brasil o que apurou: o

Dr. Froment aposentou-se em 1977 e morreu em 1984. Nenhum prontuário em nome de João Belchior Marques Goulart foi localizado. Conforme a lei francesa, os arquivos foram destruídos em 1997, passados 20 anos das consultas e exames. Não foi possível localizar o nome dos assistentes do médico.

Muitos dos amigos, empregados ou próximos de Jango na época também já morreram. Foram-se Ivo Magalhães, José Gomes Talarico, Leonel Brizola, Bijuja, Maneco Leães, Jorge Otero, o cozinheiro Tito, Percy Penalvo... O ciclo do escorpião fecha-se, aos poucos, naturalmente, enterrando lembranças, acendendo para sempre algumas dúvidas, fechando as portas do passado aos olhares ávidos do presente e aos interesses do futuro. Ou ainda não?

O jornalista Roger Rodrigues publicou uma lista inquietante, reproduzida em português pelo site "Vermelho", montada e descrita pelo detetive Foch Diaz.

1) Cayetano Fior Del Mondo Goulart, "Tito", brasileiro, cozinheiro durante dez anos da família do presidente. Morador de Artigas, Uruguai, morre de um ataque de coração, (...) integrava o grupo que prestou declarações gravadas sobre os fatos que rondaram a morte de seu patrão e amigo;

2) João Alonso Minteguy, brasileiro, ex-diplomata no Uruguai, morador de Montevidéu. Atuava como mediador com o governo militar do Brasil a fim de concretizar um eventual regresso de Jango ao seu país (...) Negou-se a gravar entrevista, sem dar explicações, e (...) ao fechar a porta, disse textualmente: "O Doutor foi morto". Morre pouco depois de um ataque do coração;

3) A esposa de Minteguy, brasileira, presente à entrevista, morre também do coração sem que eu pudesse precisar se foi antes ou depois de seu marido;

4) Jack Bloch, Jakito, brasileiro, proprietário da revista Manchete. Comprou (...) os direitos do livro *João Goulart, morte duvidosa* e as fitas contendo as gravações das entrevistas. O livro nunca foi publicado. Bloch morreu do coração;

5) Luis Viale, uruguaio, jornalista. Foi autor, com sua irmã Marta, e assinou o livro. É de se fazer notar que três cópias desse livro foram depositadas na Biblioteca Nacional uruguaia. Essas três cópias desapareceram. (...) Viale morreu do coração.

Os pilotos de Jango

6) Marcelino Garcia Castro, Loyo, primeiro piloto uruguaio empregado de Goulart. Estando detido por integrar as fileiras tupamaras no cárcere de Liberdade, morre do coração.

7) Hugo Wilkie, terceiro piloto uruguaio empregado por Goulart. Contava com boas referências por parte da Força Aérea. Tem importante informação gravada nos cassetes sobre o entorno de Goulart, em especial de seu secretário Ivo Magalhães e Cláudio Braga. Morreu do coração;

8) Francisco Perossio, Pinocho, quarto e último piloto empregado por Goulart. Testemunha dos últimos momentos de Jango. Portador do aviso do coronel Davalos, chefe da polícia militar brasileira em Porto Alegre sobre o perigo de vida que corria o Doutor tanto no Uruguai como na Argentina, sugerindo que devia regressar ao Brasil ou viajar à Europa. (...) Ao receber este aviso, Goulart mandou que seus filhos viajassem à Europa. (...) Perossio participava ativamente das gravações das fitas dando testemunho e apoio econômico. Também morreu do coração;

9) Ruben Rivero, segundo piloto uruguaio empregado por Goulart. (...) Pouco antes do golpe de Estado, Rivero foi detido pela SIFA (Serviço de Inteligência da Força Aérea) e processado por sua vinculação ao Movimento Tupamaro (...). Quando saiu em liberdade, retomamos os contatos em Punta del Este onde eu me encontrava à espera de realizar um negócio. (...) Foi o primeiro que me falou de sua certeza de que o Doutor fora assassinado e da passividade de seus parentes diante do flagrante delito de roubo e apropriações por gente próxima a Goulart. A partir desse momento realizou uma séria investigação a respeito, contatando com todas as pessoas do círculo de amizade e colaboradores de Goulart. No ano de 2000, iniciou ações legais no tribunal de Maldonado. Por estas ações, Ruben Rivero devia comparecer na qualidade de testemunha. Tinha que trasladar-se desde a cidade de Buenos Aires, lugar de sua residência. Na viagem, a apenas seis horas de seu comparecimento no tribunal, a bordo de um aerobarco, morreu de ataque do coração. A documentação referente ao caso, que ele portava durante a viagem frustrada, desapareceu;

10) Maneco Soares Leães, brasileiro, piloto em Porto Alegre, empregado de Goulart desde sua presidência (...) fazia as entregas de dinheiro que os diferentes negócios rurais geravam (...). Na oportunidade de um encontro casual na confeitaria La Fragata, de Punta del Este, contou-me que também sabia que o Doutor havia sido assassinado. Morreu do coração.

Próximos a Goulart

11) Carlos de León, uruguaio, administrador da estância "El Milagro". (...) Poucos dias antes de sua morte, ocorrida em 30 de abril de 2000, me procurou com a notícia de que estava em formação uma comissão investigadora na Câmara dos Deputados brasileira sobre os fatos a respeito da morte do Doutor Goulart. (...) Morreu de um ataque fulminante de coração;

12) Percy Penalvo, brasileiro. Fiel administrador da Estância Rincón de Tacuarembó. É a primeira pessoa que comenta junto com Rivero as ameaças de morte que Goulart recebeu. Essas ameaças chegaram transmitidas por Cláudio Braga, ex-deputado em Pernambuco, asilado político no Uruguai, que dependia da ajuda econômica do Doutor e trabalhava como seu secretário. (...) Morreu do coração;

13) Richard Rafael Ferrari, argentino, médico pediatra residente em Mercedes, província de Corrientes. Procurado em sua casa na madrugada do dia 6 de dezembro de 1976, atende ao Doutor Goulart e certifica sua morte. Vai até a delegacia de Mercedes, onde denuncia o fato, pede a realização da autópsia e que seja registrada a sua solicitação. Na oportunidade da visita que lhe realizamos com Marta Viale e Juca Shepard, gravamos suas declarações. A comissão investigadora brasileira o visitou em Mercedes. Não morreu do coração, sua morte ocorre em um estranho acidente automobilístico, de que solicitei investigação;

14) General Antônio Cirilo, uruguaio, presidente de UTE e da represa de Palmar. Na oportunidade da visita que lhe realizei (...) em seu domicílio, comentei como seria possível que o engenheiro Ivo Magalhães, refugiado político, secretário de Goulart, estivesse à frente da construção da represa de Palmar, empreendimento mais importante do governo uruguaio, realizado com

crédito do Banco do Brasil. Cirilo me contestou: "Foi-me enviado pelo general Aguerrondo". (...) O general Antônio Cirilo morreu do coração algum tempo depois;

15) Leonel Brizola, ex-governador do Rio Grande do Sul primeiro e, logo depois, do Rio de Janeiro, cunhado de Goulart. Foi alertado em 1977 pelo general (Abdond) Raimundez, presidente do Brou (Banco da República Oriental do Uruguai), de que sua vida corria perigo e se asilou na Europa. Foi o principal impulsor das investigações brasileiras sobre a morte de Goulart, propiciando a criação da comissão parlamentar de inquérito em 2000. Morre no elevador saindo do consultório médico em que acabara de ser atendido.

Georges Simenon não ousaria tanto.

Foch morre em 2007. Do coração.

A vida e a morte de Jango no exílio fascinam a mídia. Em 2009, a revista *Carta Capital* publica três edições rumorosas sobre o assunto: "A obscura morte de Jango – documentos inéditos de órgãos da repressão reforçam a tese de assassinato do presidente deposto pelo golpe de 1964". A reportagem deriva do acesso a 7 mil documentos entregues pela ministra da Casa Civil, Dilma Rousseff, à família Goulart, entre os quais relatórios do "agente B" feitos para o SNI, tudo organizado pelo historiador Osvaldo Munteal. Depois vem "A ditadura insegura – os militares temiam a volta de Jango por causa dos seus contatos no exílio". Aparece a célebre ordem do general Frota para prender imediatamente Jango se ele entrasse no Brasil. Por fim, uma edição tonitruante com esta chamada na capa: "A viúva, Jango e a súbita morte – Maria Thereza Goulart fala dos últimos dias do ex-presidente e cobra investigações sobre o suposto assassinato do marido". A dúvida ganha novos contornos.

As levas de novos documentos, a insistência de Neira em manter seu relato e a opinião do filho e do neto, desejosos de esclarecimento, calam fundo no coração de Maria Thereza. Ela admite sempre ter desconfiado de alguns empregados das fazendas de Jango no exílio, comenta que Margarita Soares, cujo nome aparece como informante num dos relatórios, foi sua melhor cozinheira, confessa que suspeitava do capataz de "El Milagro": "O apelido dele era Corvo. Apareceu lá de repente e ficou uns dez anos. Ele fazia de tudo um pouco: era motorista. Estava sempre no meio de tudo, recebendo as pessoas, dando recado para o Doutor isso, Doutor aquilo". Conta que desconfiava também de outro capataz, Ricardo. Indica detalhadamente quem lhe parece ter sido o "agente b":

– Não posso dizer o nome. Acho que é uma pessoa que está viva. Era meio sócio de Jango, meio gerente de tudo. Fez isso durante todo o tempo que estivemos lá. Sempre que falam disso, eu caio em cima dele. Era brasileiro. Acho que ele era deputado, alguma coisa assim. Parece que, na época, foi candidato na terra dele, no Recife, mas não se elegeu. Trabalhava em alguma coisa com o Jango, que eu não me lembro agora. Mas não falo o nome, não.

– Esse perfil não se parece com o do ex-deputado pernambucano cassado Cláudio Braga, do PSB, que foi secretário particular de Jango em quase todo o tempo de exílio? Coincidentemente, ele acabou de dizer numa entrevista à revista *Brasileiros* que acredita que Jango morreu de infarto – questiona o bem informado e seguro repórter Gilberto Nascimento.

– Não é dele que estou falando. Não posso acusar pessoas sem uma certeza. Tenho medo de cometer um erro.

– Não são muitas as coincidências?

– Eu já ouvi relatos de várias pessoas que colocam um ponto de interrogação sobre o que ele realmente fazia, se teria alguma ligação. Realmente, várias pessoas falavam que ele era suspeito. Falavam também de vários outros nomes. Então, até faz sentido que ele vá na contramão.

– As pessoas suspeitas estavam na última festa de aniversário de Jango, cujos detalhes foram documentados?

– Estavam todas.

– Por que a senhora desconfia desse político pernambucano? – insiste Gilberto Nascimento.

– Na noite em que Jango faleceu, ele ia se encontrar com essa pessoa. Ela estava em Paso de los Libres. Tinha ido se encontrar com o Jango porque estava fechando um negócio com gado. O Jango disse: "Eu vou esperar o fulano que vem aqui amanhã de manhã". Mas ele não veio na fazenda. Só depois que o Jango faleceu. O Jango falou: "Ah, estranho esse fulano não ter vindo. Eu estava esperando por ele".

– O Cláudio Braga também conta que estava em Uruguaiana (na divisa com Paso de los Libres) e iria se encontrar com o Jango para participarem de uma venda de gado...

– Também ia... Eu achei estranho, porque ele não apareceu. E aí achei muito estranho, porque ele só apareceu depois que o Jango faleceu. E não foi a primeira pessoa que chegou. Chegou muito tempo depois.

– Existem outros indícios?

– Acho ele uma pessoa muito estranha, em termos de negócios. Muito comedido para falar, cheio de mistérios. Frequentava bastante a minha casa, saía com o Jango. Mantinha contato com ele. Assuntos de um banco, assunto disso, assunto daquilo... – lembra Maria Thereza.

Vem a pergunta fatal, aquela que não pode calar:

– A senhora acha que Jango foi assassinado?

– Você sofre uma influência muito grande depois de todos esses acontecimentos. Com todo esse panorama que agora vem na minha frente, tenho as minhas dúvidas se o Jango morreu do coração ou não. Ele estava muito bem, tinha emagrecido, estava fazendo regime, tratamento e tudo. Nesse dia, viajamos juntos. Tudo indica que sim. Mas era uma pessoa que já tinha problemas cardíacos. Agora os fatos estão aí. Aparece o Neira Barreiro contando tudo isso. Ele não deve estar mentindo. Precisaria ser muito criativo para inventar tudo. Fiquei estarrecida com o que ele falou. Parece realmente que ele viveu esse momento. Como ele saberia o nome de todas as pessoas que trabalhavam em nossa casa? Ele sabia o telefone da fazenda, os passos de Jango, quando ele ia viajar ou não, quem frequentava a casa...

– Como foi a morte de Jango?

– Nós saímos de Tacuarembó, no Uruguai, para ir a Mercedes, pois ele tinha negócios com essas pessoas. Pegamos um carro e o avião dele e descemos em Paso de los Libres. Paramos um pouquinho no hotel e viemos para a fazenda de Mercedes, que era longe. No caminho, notei que ele estava um pouco cansado. Eu tenho mania de olhar nos olhos das pessoas. Olhei e disse: "Jango, você está com o olhar tão triste, está com umas olheiras, cansado. Quer que eu dirija um pouco?". E ele disse: "Não, não, estou bem, não se preocupe". Aí, chegamos na fazenda. Ele tomou um banho, estava bem. Disse que ia ler um pouquinho e dormir para acordar cedo, porque estava esperando o pessoal para fechar o negócio. A casa era muito grande, meio estranha, eu tinha medo. Começaram a bater umas janelas e eu não conseguia dormir. Apaguei a luz, depois de ler, e senti que ele estava respirando diferente. Era uma coisa meio estranha. Acendi a luz de novo e aí ele teve um negócio, como se a pessoa estivesse sem respirar. Eu corri para o lado dele, que estava virado, e comecei a gritar: "Jango, Jango, Jango...". E ele faleceu. Aí, senti que ele tinha morrido. Saí gritando e veio o caseiro, com uma arma na mão. Chamaram o médico. Ele estava com 58 anos – resume Maria Thereza 33 anos depois dos fatos.

Ela diz não ter visto se Jango havia tomado seus remédios naquela noite, afirma que o médico não lhe perguntou se queria que fosse feita uma autópsia, conta ter telefonado para Leonel Brizola, sem sucesso, tendo guardado, por causa disso, uma mágoa, que ficou sozinha, sem orientação, lembra que Jango sabia que era vigiado, tendo ido para a Inglaterra por dois meses depois das mortes de Ruiz e Michelini: "Ficou arrasadíssimo com a morte deles. Eles se encontravam sempre no Hotel Liberty. Interessante que nessa época a namorada do Cláudio Braga, que acabou casando com ele, era telefonista do hotel. Desconfiaram dela também porque trabalhava lá. Ele teve problemas com isso". Conta de quando foi presa no Uruguai: "Um empregado da fazenda colocou uma porção de carne no meu carro, fui parada e presa (...) O João Vicente foi preso com a turma dele toda do colégio. Era perseguição". Afirma que o contato de Jango para negociar a sua volta ao Brasil era Toninho Ávila, o qual, em depoimento ao Ministério Público, em 2008, diz que um médico, cujo nome esquecera, fora ameaçado de prisão ao propor, em São Borja, a autópsia de Jango. A viúva garante não ter se separado no exílio, recorda-se de ter sido presa, em 1967 ou 1968, ao entrar no Brasil para o casamento do irmão, tendo ficado três dias incomunicável em Rio Grande. Eis uma mulher fascinante se entregando.

Ao Ministério Público Federal, em 3 de julho de 2008, em Porto Alegre, ela depusera com firmeza, dando uma versão levemente diferente de um ou outro detalhe. Por exemplo: Cláudio

Braga não a deixa telefonar para Brizola. Quando Jango tem o ataque e ela grita, "acudiu-lhe o capataz, que entrou com ela no quarto, assim como Cláudio Braga – amigo com quem fechava um negócio". Certamente um mal-entendido na transcrição? Outro aspecto chama a atenção. Segundo o depoimento, ela carregava os remédios de Jango numa bolsa preta: "O que a Sra. Goulart considera mais estranho é o sumiço do conteúdo da bolsa de forma que nenhum remédio sobrou; que dentro da bolsa havia um relógio (o de ouro sumira já, estava sobre a mesa) quando lhe entregaram a bolsa, já não havia quase nada de valor lá dentro; entraram no quarto do falecimento, antes de lhe devolverem a bolsa, o capataz Julio, um empregado que este chamou, o amigo Cláudio, o motorista – mais pessoas do que se recorda".

A espiral não tem fim. Parece renascer sempre que sopra um vento andino ou que um condor abre as suas asas na imensidão do azul-celeste. Em 2012, o procurador Ivan Marx entrou com uma representação em Paso de los Libres pedindo que seja investigada a morte de João Goulart.

O inquérito está em curso.

44

A terceira pessoa sai de cena. O historiador e o romancista recolhem-se. Entra em campo o jornalista. Vou à Penitenciária Modulada de Charqueadas conhecer Volnei Correia. Durante algum tempo, cheguei a pensar que ele fosse um personagem criado por Neira para fazer o papel de seu entrevistador. O dia está cinza. Fico impressionado com os muros da prisão. Somos conduzidos para o fundo de um pátio central. Presto atenção nos fiapos de conversa que me chegam enquanto esperamos.

– Já deslocou?

– Está deslocando.

Surge, a uns 50 metros, um homem jovem, cabelo preto muito curto, baixo, magro, de bermuda pelo joelho e camiseta, calçando tênis sem meias. Vem algemado.

– Bom dia! – ele nos saúda alegremente.

É Volnei. Somos conduzidos para uma sala onde costumam acontecer encontros de presos com advogados. Estou diante de um rapaz simpático, inteligente e sereno. Depois de algum tempo, o diretor tira-lhe as algemas. Faço perguntas sobre seu passado e sobre o livro com Neira. Ele responde sorrindo, sempre com frases curtas.

– Onde vocês começaram a escrever o livro?

– Na PASC.

– Não foi em Bagé?

– Talvez a gente tenha feito alguma coisa em Bagé.

– Ouviste as fitas do Neira?

– Bom, na verdade, não dava para ouvir grande coisa. Era só um chiado – responde e, mais uma vez, sorri.

– Leste os demais livros dele? Nas perguntas, em *Entrevista com um réu confesso*, indicas que sim.

– Devo ter lido. Eram folhas de papel soltas. Não eram livros impressos, com capa e tudo. Talvez eu tenha alguma sobra disso por aí, em casa, quem sabe? Vou ver.

– Não tem ficção nisso tudo?

– Um escritor precisa saber manejar ficção e verdade. Não é assim? Imagino que saiba muito bem disso, não é mesmo? Acho que todo livro tem um pouco de ficção e um pouco de verdade. Se for bem-feito, não tem como separar – sorri.

– Por que estás aqui? – pergunto bruscamente.

Ele muda o tom de voz. Há alguma emoção nos seus olhos. Conta que foi bancário. Calcula que poderia ter ganhado mais dinheiro numa carreira honesta. Fala da família. Conta os dias para sair. Não se esconde. Sorri.

– Meu ramo é o tráfico – explica sem meias palavras.

– Sente-se frustrado por o livro não ter sido publicado?

– Na verdade, isso já passou. Era mais uma coisa do Mario. Já me desliguei completamente dessa parada.

Mostra-se um leitor atento e um crítico ferino:

– Cony e Anna Lee fizeram um livro ruim. *O beijo da morte* não conclui nada, não resolve o problema, ficou meio reportagem meio romance por falta de respostas. É um livro fraco, cheio de insultos e incapaz de apresentar as respostas para as questões fixadas. O leitor fica frustrado. Muita conversa para pouco esclarecimento.

– Jango foi assassinado?

– Quem sabe?

Vou à Penitenciária Estadual de Charqueadas encontrar Mario Neira Barreiro. A Modulada parece um hotel cinco estrelas perto da PEC, onde mais de 700 presos ocupam um espaço previsto para menos de 300. Dali se enxerga, ao longe, a Penitenciária Estadual do Jacuí. Desta vez, o presidiário fica atrás de uma grade, num parlatório. Ali está o enigmático Neira, com sua barba grisalha, seu sotaque inconfundível, sua memória prodigiosa, sua perseverança e, bem entendido, as fitas:

– Estão comigo em lugar seguro. Consegui recuperar algumas delas – diz assim que toco no velho assunto.

Nossa conversa é tensa. Ele assegura ter as fitas, mas garante que elas não são o mais importante. Digo que talvez sejam a única maneira de dar alguma credibilidade ao seu relato. Ele se irrita e diz algo inesquecível:

– Eu sei que estou falando a verdade. Eu sei. E basta.

Pergunto por que nunca mostra as tais fitas e o que quer por elas. Dinheiro? Ele se mostra um tanto ofendido.

– Quero uma única coisa: a sua amizade. Só isso conta para mim, a sua confiança. Você seria capaz de ser meu amigo, amigo de um homem como eu, com a minha história?

Fico confuso. Tento mostrar que li seus alfarrábios. Pela primeira vez, ele sorri, como que lisonjeado. Pergunto pela sua família, se sua mãe está viva, se mora em Montevidéu, se ainda fala com ela. Neira confirma.

– Afinal, vai fazer um livro sobre Jango ou sobre mim?

– Sobre vocês dois – respondo sem pensar muito.

– Não tenho do que me orgulhar – ele me surpreende.

Sigo as minhas entrevistas. Ligo para a professora Esperança Vasconcelos Ferreira, em Bagé, que aparece nos créditos de *Entrevista com um réu confesso*. Ela não quer falar, fica muito desconfiada, avisa que vai desligar, nunca ouviu falar em Neira. No dia seguinte, depois de saber que sua filha fora minha aluna, manda-me um e-mail. Ligo novamente. Ela me conta ter temido que fosse um desses golpes aplicados por bandidos de dentro de cadeias. Dou-lhe todos os nomes de Neira. Ela o conhecera, quando fazia um trabalho voluntário no Presídio Regional de Bagé, com o Meireles. Lembra-se menos nitidamente de Volnei. Resume as suas lembranças assim:

– O Meireles passou a cuidar da biblioteca do presídio. Era falante, gentil e muito interessado por livros. Mas não o vi escrevendo um livro. Para mim, não mostrou.

Telefono para a Editora Lenz, que deveria ter publicado o primeiro livro de Neira. O proprietário morreu. A filha nada sabe de algum original sobre a morte de Jango de autoria de um presidiário uruguaio. Entro em contato com a escritora Zênia de Léon, em Pelotas, que também aparece nos créditos do livro de Neira e Volnei pela revisão ortográfica. Ela garante que não fez esse trabalho, mas se lembra vagamente de ter recebido um original de uma prisão de Charqueadas. Não sabe onde o colocou. Talvez tenha emprestado a alguém. Vai procurar.

Ligo para a advogada Maria Helena Viegas. É uma mulher alegre, agradável, simpática, cheia de boa vontade. Lembra-se de todas as operações de Neira com seu livro. Recorda-se dos episódios com Carlos Heitor Cony. Detalha a sua colaboração transparente para a obra.

– Eu levava recortes de jornal e revistas para o Neira. Ele me pedia, eu procurava e entregava para ele na prisão. Teve muita coisa que ele me pediu na época de uma CPI sobre a morte de Jango. Depois, eu já sabia o que ele queria e ia recolhendo e levando. Até na internet eu busquei muita coisa para ele – conta generosamente.

Procuro a advogada Fernanda Fernandes, ex-assistente de Maria Helena Viegas. Ela mora em Santa Cruz. Largou a área criminal. Custa a lembrar de Neira, mas se recorda imediatamente de Meireles e do famoso episódio das fitas com Cony. Tem no computador algum procedimento jurídico que fez em nome de Mendieta. Pergunto-lhe se lembra de um poema de amor, transcrito no livro de Neira, *Entrevista com um réu confesso*, poema escrito para Maria Helena e depois repassado a ela, gerando, segundo o autor, uma gafe – Fernanda era muito jovem – e uma recepção fria. Se Fernanda viu o poema, já o esqueceu. Ela também buscou na internet recortes de jornal para o escritor presidiário.

Busco a maioria dos nomes que aparecem nos créditos de *Entrevista com um réu confesso.* Todos existem ou existiram. Um bom número já morreu ou foi morto. Lembro a cada dia a advertência do advogado e escritor de São Borja, exímio conhecedor da vida de Jango, Iberê Teixeira: "Nunca pense que Jango foi assassinado".

Fiquei amigo de Christopher Goulart e nunca mais deixei de incomodá-lo com as minhas dúvidas. Encontrei Maria Thereza algumas vezes e fiquei cheio de admiração pela sua fibra, fineza, dignidade e elegância, uma mulher que amou e foi amada, lutou e sofreu, viveu uma parte importante da vida no exílio, viu o marido morrer repentinamente ao seu lado, teve certezas e agora tem dúvidas. Uma mulher que merece saber a verdade. Tomei café da manhã, em Porto Alegre, com o jornalista uruguaio Roger Rodrigues. Estive com Christopher, Roger e o procurador Ivan Marx em Paso de los Libres quando eles foram até lá no âmbito da nova investigação argentina sobre a morte do ex-presidente brasileiro. Muitas vezes, aproveitei qualquer ocasião para fazer perguntas a

Jair Krischke, um poço sem fundo de conhecimento sobre as ditaduras mais recentes do Cone Sul. O deputado Adroaldo Loureiro ouviu pacientemente minhas dúvidas e hipóteses. Antônio Ávila, amigo de boemia de Jango, contou-me que, na reunião derradeira, em 2 de abril de 1964, em Porto Alegre, Jango calou Brizola com um "quem responde diante da história sou eu". Liguei para Beneva, filho de Alberto Benevenuto. Ele me disse que, na época da morte do pai, todo mundo em São Borja tinha certeza de que ele havia sido assassinado. Conversei com mais de uma centena de pessoas. Tive uma longa conversa, em minha casa, com o carismático Maneco Bigode, que foi um faz-tudo de Jango no exílio. Entre belas histórias, lembrou-se de quando ia buscar a cantora Maysa Matarazzo, que aparecia em Punta del Este atrás do mulherengo ex-presidente. Laquito, filho do piloto Maneco Leães, não esquece o que Jango lhe disse sobre a espantosa visita de Carlos Lacerda:

– Precisamos ser amigos dos nossos inimigos.

Menos de um mês antes da morte de Jango, um agente do SNI teria visitado Maneco Leães para tratar do retorno do ex-presidente ao Brasil. Laquito tem certeza de que houve um assassinato por interesse político. E lembra:

– O agente do SNI disse que Jango podia voltar se fosse dia 25 de dezembro, à meia-noite, descendo em Brasília. Meu pai falou disso ao Jango, que lhe disse para ir ao Rio de Janeiro averiguar. Se fosse certo, ele deveria comprar um jatinho e ir buscá-lo em Montevidéu.

Jango não acreditava mais em Papai Noel. A ministra Maria do Rosário e o deputado federal Henrique Fontana colaboraram comigo no acesso a documentos. O secretário de Segurança do Rio Grande do Sul, Airton Michels, facilitou-me o acesso a Volnei e Neira. Meu colega de faculdade, Marco Vieira, assessor de imprensa da Superintendência dos Serviços Penitenciários, acompanhou-me a Charqueadas. Li freneticamente. Revi documentários até estragar os suportes. Por fim, inchado de informações e pontos de vista, comecei a escrever para me aliviar da carga. Jango agora vive nos meus dias, noites e sonhos.

Estive em Mercedes. Sorvi o ar da fazenda onde morreu. Visitamos a casa ampliada e o quarto onde ele se apagou. Senti a beleza do lugar, a placidez da campanha argentina, a solidão deliciosa, mesmo habitada, da antiga "La Villa", a atmosfera da história, o ambiente impregnado do que carregávamos em nossos corações e mentes. A estância tem novos donos, um casal elegante, uma proprietária tão bonita quanto Maria Thereza. Fiquei vendo fotos de "La Villa" na época da morte de Jango. Tudo era mais simples, mais rústico, menos cuidado e sem telefone, sem televisão, tudo mais melancólico, no entanto, com a mesma beleza, uma moldura natural esplendorosa, essa lhanura suave como o olhar de um cavalo que parecia nos contemplar na chegada. Senti que ali Jango encontrava paz e serenidade. Um bom lugar para morrer, mas não tão cedo, não tão moço. Em Uruguaiana, conheci Suzana, filha de Piegas, frequentadora de "El Milagro", parceira de Maria Thereza, visita no exílio, e o seu marido César Tarter, amigo do "Doutor". Colhi lembranças, impressões, comentários.

Em Porto Alegre, Almino Afonso, último sobrevivente do ministério de Jango, no qual comandou a pasta do Trabalho e da Previdência Social, pouco tempo depois de ter colocado o ponto final em seu livro *1964: uma revisão da história* e sob o impacto do filme de Camilo Tavares, *O dia que durou 21 anos*, disse-me com bonomia:

– Admito, pelas circunstâncias da época, a hipótese do assassinato de Jango, mas não há qualquer prova. O golpe foi uma peça da Guerra Fria marcada pela interferência dos Estados Unidos. Tudo está relacionado com esse fato.

Waldir Pires, que foi consultor-geral da República no governo de João Goulart, mostrou a mesma serenidade:

– Não descarto a possibilidade do assassinato, pois Jango era muito acessível, mas não tenho convicção sobre isso. É algo que hoje está muito na cabeça da família.

No apartamento de Christopher, em Porto Alegre, tive uma conversa muito informal com João Vicente, sua mulher Verônica e Denize. Senti o carinho dos dois por esse pai que não lhes sai da lembrança. Em linguagem coloquial, os dois insistiram num aspecto muito particular.

– Brizola atrapalhou meu pai de todas as maneiras e com seu radicalismo ajudou a provocar o golpe – diz João.

– A verdade é que o Brizola nunca parou de encher o saco do pai – afirma Denize, saindo um pouco do seu tom doce.

Traduzo com minhas palavras um sentimento: Brizola estragou tudo! João Vicente e Denize querem a verdade sobre a morte do pai e culpam as autoridades brasileiras, inclusive o Ministério Público Federal, pela falta de empenho nas investigações. João Vicente é uma máquina de argumentos. Em documento para uma audiência pública da Comissão da Verdade, realizada em Porto Alegre, dispara:

> As notícias das viagens de Sérgio Paranhos Fleury ao Uruguai começaram a ser divulgadas na imprensa depois da primeira entrevista do uruguaio. A ligação entre o delegado e a cúpula da ditadura militar também foi confirmada depois pelo teor de um telegrama do embaixador norte-americano Hugh Crimns desclassificado pelo Departamento de Estado dos EUA (...) Há lacunas no depoimento do uruguaio que a informação contida no telegrama preenche, demonstrando que o "Geisel" que teria dado a ordem para resolver "o problema", porque não queria mais ouvir falar do ex-presidente Jango, provavelmente era o ministro do Exército Orlando Geisel (...) O levantamento da existência de um serviço de inteligência chamado SIGMA, que reuniu agentes de todas as agências de informações, militares e civis, o DOPS e a polícia federal, fato revelado pelo agente uruguaio e que encontra apoio na entrevista recente do ex-ministro Jarbas Passarinho, concedida em abril do ano de 2010 (...) Na lista dos venenos produzidos com a tecnologia exportada pela CIA, consta, além do coquetel de bactérias usado na morte do ex-presidente Eduardo Frei, o cianeto de potássio, cujas características tóxicas se aproximam dos efeitos descritos pelo uruguaio Mário Neira.

Depois de ouvir Denize e João Vicente, sem uma entrevista formal, já em casa, penso mais uma vez: Mario Neira Barreiro, que pode ter passado parte da adolescência ouvindo falar, em Maldonado, das histórias da família Goulart, conseguiu o mais difícil para um escritor: a sua história pode ser ou não ser verdadeira, mas, apesar de parecer absurda, consegue ter alguma verossimilhança. Ele mesmo escreveu, na sua espiral de legitimação, que toda informação deve ser "precisa, veraz e oportuna". Já alcançou quase um terço de êxito. Entrevistei-o, junto com Taline Oppitz, em nosso programa, *Esfera Pública,* na Rádio Guaíba de Porto Alegre. Ele repetiu boa parte da sua história e, na saída, mostrou-nos, no celular, a foto de um aparelho bizarro: o velho gravador, à espera de conserto, capaz de rodar as últimas fitas, "gravadas em reverso, o que faz com que tudo pareça em russo", insistiu, recuperadas depois de tantas peripécias. Prometeu mostrá-las um dia.

– É só o tempo de eu arrumar o gravador – disse.

45

Jango está morto.

Aquilo que ele tanto esperava, fitando um ponto invisível no horizonte que lhe parecia o Brasil, nunca chegou: a autorização para regressar vivo à sua casa. Mesmo morto, tem de forçar a porta. O ciclo encerrou-se.

É um herói. Não derramou sangue inocente.

O Opel azul (ou seria um Ford?) flutua.

O que Jango diria, com sua bonomia e sua vontade de sempre evitar o pior, se tivesse lido, na melancolia de uma das suas fazendas, este documento rasteiro sobre um plano, tantas vezes negado, batizado em homenagem a uma ave andina, liberado, enfim, pelos Estados Unidos, que seus familiares podem examinar a cada manhã? "Foi estabelecida a Operação Condor para achar e matar os terroristas da Coordenação do Comitê Revolucionário nos seus próprios países e na Europa. O Brasil está cooperando estreitamente com as operações de assassinatos." Quem pode ter alguma certeza definitiva?

Os Estados Unidos não queriam, em 1964, apoiar abertamente regimes ditatoriais e decidiram não ajudar com investimentos quem não se adaptasse a essa louvável política quase republicana. Exigiam uma aparência de democracia. O Brasil inventou o rodízio de ditadores.

João Goulart caiu por ter ousado, fazendeiro que era, cometer o sacrilégio de bancar uma reforma agrária. Tudo mais tem algum grau de verdade, inclusive a histeria anticomunista fomentada pela CIA, mas somente o pecado mortal da reforma agrária é uma verdade por inteiro. Morreu tentando voltar para o Brasil. Raul Ryff consultou o alto poder em Brasília. Ouviu de Humberto Barreto, assessor de imprensa da Presidência da República, que não haveria impedimento formal, mas só depois das eleições municipais. Notas saíram na imprensa auscultando a possibilidade de retorno. O jornalista Murilo Melo Filho propôs uma entrevista com Jango para pavimentar o retorno. A revista

Manchete consultou a ditadura. A resposta foi um dobrar de sinos: não era conveniente.

Um dia, contou Maria Thereza, numa das suas melhores entrevistas, Jango, o homem que ela amava e achava lindo, o pai amoroso e ciumento que nem queria conhecer os namorados da filha, profetizara melancolicamente: "Às vezes, acho que só vais voltar ao Brasil viúva e avó". Monitorado no Uruguai e na Argentina, como provam documentos por muito tempo secretos, entre os quais uma carta do ministro do Interior argentino, Albano Harguindeguy, de 13 de novembro de 1976, dirigida ao embaixador do Brasil em Buenos Aires, na qual fica evidente o controle dos passos do ex-presidente. Vida vigiada até quando vai ao médico na França. Controle que aparece neste telegrama: "Vossa Excelência deverá impedir por todos os meios que Jango se instale no Paraguai (...) Jango é capaz de reunir em torno de si todas as forças subversivas do Cone Sul". O homem cordial metia medo.

Nos fichários do SNI entregues ao Arquivo Nacional pode-se ler a correspondência de Jango surrupiada e catalogada pelos arapongas, um pouco de tudo sobre a vida de uma família: o arrazoado do habeas corpus que Jango precisou impetrar na justiça de Maldonado para libertar João Vicente, preso, embora menor de idade, sob acusação de porte de drogas: "A imputação que pesa sobre meu filho menor detido, e outras pessoas, é manifestamente civil (indagatória sobre entorpecentes), alheia à jurisdição militar, sem que isso implique, de modo algum, admitir culpabilidade"; o longo texto apresentado pelo advogado Manoel Cardoso de los Santos em defesa de Maria Thereza, junto à polícia de Canelones, quando ela foi detida por transporte ilegal de carne: "A pequena quantidade que levava a Sra. Goulart de Maldonado para Montevidéu está de acordo com a finalidade de consumo doméstico"; cartas políticas, de negócios, de amigos e também os relatórios e pareceres de autoridades brasileiras em torno de questões envolvendo Jango, entre os quais o processo, de 21 de agosto de 1975, sobre a concessão para ele de um novo passaporte, que teve o aval de um consultor jurídico do Ministério da Justiça, Ronaldo Poletti, depois que o ministro das Relações Exteriores, Azeredo da Silveira, tirou o corpo fora por se tratar de "pessoa que foi punida com a perda dos seus direitos políticos", com base na ideia que o passaporte é direito de nacionalidade, e não de cidadania, embora houvesse posicionamentos contrários assentados no argumento de que Jango aproveitava as viagens à Europa para manter contatos políticos, o que havia feito com Miguel Arraes, Almino Afonso e até com Juan Domingos Perón; um relatório curioso, de 5 de dezembro de 1975, trata de uma possível vinda de Jango ao Brasil para depor na justiça num processo em que era acusado de peculato. O SNI considera a vinda inconveniente e desnecessária ou até mesmo uma armação de seus amigos – de quem vem "procurando promover personagens da década 54-64 (Juscelino, Lott, Machado Lopes etc.) responsáveis por todos os descalabros que assolaram o país nos últimos anos" – para dar-lhe guarida jurídica numa entrada no país. Sugere-se que ele seja ouvido por carta rogatória para não prejudicar os "esforços governamentais pela normalidade democrática".

Os rastros do monitoramento de Jango estão por toda parte nos arquivos do SNI. Certos informes secretos ou sigilosos apresentam a precisão de guardas de trânsito de olho nas ruas:

> O ex-presidente JOÃO GOULART está hospedado no Hotel Liberty, Av. Corrientes quase Florida, provavelmente desde 23 Jun 74. Vai matricular seu filho João Vicente num curso preparatório para a Universidade de Buenos Aires. Disse que sua fixação na Argentina é temporária porque pretende regressar ao Brasil, embora não esteja interessado em política. Em 24 Jun 74, às dezoito horas, estava estacionado à frente do hotel um carro verde, Opala, chapa SÃO BORJA/RS, zero quatro nove dois, tendo no para-brisa uma espécie de autorização com dados do carro em nome de João Goulart". Outro informe detalha a possível venda de terras de Jango no Uruguai. Outro ainda, com números, esmiúça a compra de suas fazendas argentinas: "O nominado adquiriu de Martin Hid Semhan duas propriedades rurais denominadas "La Villa" e "La Susy", a primeira localizada junto à ruta Nacional nº 14, em Mercedes, com uma área total de 1.840 hectares, e a segunda, frente à Ruta Nacional nº 1, com uma área de 1.320 hectares. João Goulart esteve em Mercedes/RA, onde foi visto em companhia de ABEL RID SENHAN, filho de Martin Hid Senhan, em data de 20 Set 75, para o qual pagou a

importância de 1.500.000,00 de pesos argentinos pela aquisição dos dois estabelecimentos, excluído o gado existente.

De dar inveja a muito cartório relapso.

Os negócios de Jango são observados atentamente pelos espiões do SNI em missão no estrangeiro. Registra-se a compra de um apartamento na Avenida Florida, em Buenos Aires. O informe 195, de 10 de junho de 1975, proveniente do Centro de Informações do Exército, afirma com fartura de projeções:

> A maioria dos elementos cassados pela Revolução de 1964 neste momento domina o poder econômico e financeiro do Brasil apoiados nos grupos internacionais, principalmente judaicos. JANGO, JUSCELINO e LACERDA dominam diferentes setores ligados ao campo internacional. JANGO é um dos grandes fornecedores de carne para Israel e tem o apoio do mundo judaico. Ele está montando um esquema para retornar ao Brasil com poder de liderança, alimentando a esperança de voltar a ter vida política no Brasil. Dentro deste esquema está adquirindo o poder acionário da revista *O Cruzeiro* depois conseguir de outros jornais. O seu testa de ferro para organizar os meios de divulgação é Clodomir Leite que se diz homem ligado ao Gen. Golbery. Clodomir Leite foi para *O Cruzeiro* a convite de David Nasser para reorganizar a revista. De pronto ele convidou para o corpo redatorial da revista o jornalista Haroldo Bruno de Oliveira Firmo, esquerdista radical, sendo um dos signatários do Manifesto dos Escritores de apoio a Jango e Brizola na política de esquerda sindicalista do governo de 1964. Neste momento ele está escrevendo no *O Globo* com apoio do Grupo Sionista. Ele também tem um programa na Rádio MEC tendo sido contratado pelo acadêmico José Cândido de Carvalho, que também é janguista.

Tudo aí.

Ninguém ligado a Jango escapou de um rigoroso controle do SNI e dos seus delatores, o que se vê com algum espanto no "PEDIDO DE BUSCA Nº 003/l5/AC/75" sobre Hariberto de Miranda Jordão. O pedido informa que o "epigrafado foi e continua sendo secretário de João Goulart e mantém ainda ligações com todos os exilados que estão no Uruguai". Diz também que "a eleição do MDB no Rio Grande do Sul, que foi orientada por elementos ligados a João Goulart e Brizolla (sic), teve o epigrafado como homem de ligação e dirigente intelectual dos contatos realizados". O memorando 2644, de 31 de dezembro de 1974, oriundo do gabinete do SNI, anexa um informe sem data:

> Entendemos ser um dever nosso alertar as autoridades brasileiras pelo perigo que constitui o governo deixar livre e sem vigilância um homem perigoso e que vem agindo contra a Revolução. Trata-se de Hariberto de Miranda Jordão (...) Foi e continua sendo advogado de João Goulart e mantém relação com todos os que estão no Uruguai. Agora na eleição de 15 de novembro de 1974 Hariberto de Miranda Jordão serviu de intermediário e agente entre João Goulart e Brizola para a ajuda e direção de comunistas, janguistas, brizolistas e ex-petebistas. Hariberto de Miranda Jordão e seu filho estão em perfeita vigilância mantendo correspondência com os elementos subversivos do ex-presidente João Goulart e foram diversas vezes com elementos camuflados ao Uruguai (...) A campanha do MDB que no Rio Grande do Sul e São Paulo lutaram com os comunistas para a derrubada do governo da Revolução foi custeada por João Goulart, Brizola e outros com dinheiro que Hariberto de Miranda Jordão distribuiu.

A delação foi um alto valor cívico.

As conversas de Jango foram ouvidas? Nenhum sussurro escapou em alguns momentos como prova o informe 1905 sobre o encontro com o almirante Ângelo Nolasco, ex-ministro da Marinha, acontecido, em Buenos Aires, na manhã de 6 de outubro de 1975. Jango recebeu a visita no seu escritório, Corrientes, 317, quinto andar, na presença do filho João Vicente. O araponga é refinado. Assegura que a conversa "situou-se num nível elevado, em tratamento respeitoso mútuo", mas Jango "procurou, entretanto, colher impressões sobre a situação brasileira". Nolasco fez tese: a crise econômica, a aversão dos militares por política e o crescimento do MDB teriam "provocado reações nos círculos militares, daí as medidas de endurecimento e, em consequência, os atos de repressão e a não permissão para a abertura política". O almirante comparou Médici a Getúlio. O pior ditador brasileiro teria, segundo ele, se transformado num "governante cercado das simpatias do povo". Já Geisel seria um "introvertido, austero e avesso à popularização". Em resposta a Jango, estimou difícil prever o desfecho da situação: "1978, mais dois ou quatro anos, enfim, impossível de se dizer". A escuta é tão boa que nada escapa. O agente finaliza: "Conversaram, em seguida, sobre a situação na Argentina e no Uruguai".

Só um potente microfone seria capaz de ouvir tudo.

Tão pouco tempo faltava. Jango não pôde esperar.

A sua correspondência, como se viu, foi constantemente saqueada, assim como a de pessoas envolvidas com ele ou tratando do seu nome. Em 22 de novembro de 1973, Miguel Arraes "escreveu uma carta a um elemento brasileiro relatando alguns aspectos do encontro mantido com Goulart". Os códigos do ex-governador de Pernambuco foram facilmente decifrados: "Nessa carta, a inicial N indica o nome de Neiva Moreira, que residia no Uruguai e que pretende se radicar na Argentina em face das condições atuais no Uruguai. As referências ao "cunhado do amigo de N" significam João Goulart (cunhado) e Leonel Brizola (amigo de N)". A cópia da carta interceptada revela o entusiasmo de Arraes com o sucesso de Jango, que se mostrou capaz de unir todos em torno dele. O pernambucano explica que mostrou ao gaúcho a "inconveniência" do retorno ao Brasil naquele momento. A abertura viria, pelas informações de Arraes, estimulada por Henry Kissinger, "homem de Rockefeller", desconfiando da instabilidade ideológica dos militares, "através da direita civil" para entregar o país a jovens empresários. Magalhães Pinto, de "volta às suas posições democráticas", seria o homem dos novos ares. Miguel Arraes só pode zombar: "Tanto os golpes como as aberturas são orquestrados pelo mesmo maestro". O importante, pondera, seria que "pudéssemos dizer agora para que queremos liberdade". Mais importante ainda é que "neste ponto, o amigo do cunhado de N está de acordo". Miguel Arraes termina pedindo notícias dos que estavam no Chile, "inclusive de A. Voltou para lá?". O agente do SNI termina com uma anotação manuscrita: "Seria Apolônio?".

Depois de tanta transparência, só o último passo, o derradeiro suspiro, de Jango seria envolto em mistério.

O melancólico 6 de dezembro de 1976 está cada vez mais escuro. O Internacional de Porto Alegre, clube em cujas categorias de base Jango jogou, foi proibido de fazer um minuto de silêncio em homenagem ao grande colorado morto.

O exílio, dizia Jango, é uma invenção do Diabo. Ao também exilado Décio Freitas, no seu apartamento na Leyenda Patria, em Montevidéu, ele teria desabafado:

– Eu vivia tão ocupado em me defender da esquerda, que não tive tempo de me proteger da direita.

Em seguida, ele se queixou dos que, mesmo entre os exilados no Uruguai, viam-no como um traidor e um fraco, explicando as razões de não ter tentado resistir:

– Admita-se que teríamos inferioridade de forças e a luta seria seguramente prolongada, mergulhando-nos na guerra civil. Nossas forças seriam contidas no Paraná e eu teria de governar o país a partir de Porto Alegre. O desfecho seria imprevisível. Confesso que a perspectiva da guerra civil me horrorizou. Certamente se internacionalizaria e teríamos uma guerra civil à espanhola. Como disse alguém em Porto Alegre, seria uma jogada de pôquer. Mas nunca fui bom jogador de pôquer. Nem eu jogaria com a possibilidade de sacrificar milhares de vida.

Jango teve a serenidade e a grandeza de espírito que os militares, fortemente ideologizados pelos Estados Unidos, como mostram as memórias do general Justino Alves Bastos, depois de terminada a influência alemã e francesa nas Forças Armadas brasileiras, não tiveram. Para sufocar uma suspeita, a do perigo comunista, e matar uma realidade, as reformas de base, em especial a reforma agrária, os militares impuseram uma ditadura em nome da democracia, uma democracia sem eleições diretas para presidente da República, sem liberdade partidária, com cassações arbitrárias de mandatos, tortura, prisões, mortes, fechamento do Congresso Nacional e censura. Um mal absolutamente desnecessário, de longa duração e apoiado pela grande imprensa. O professor Álvaro Nunes Larangeira exumou uma página da *Folha de S.Paulo* de 31 de março de 1965. O jornal paulista comemorava o primeiro aniversário da ditadura com um título constrangedoramente chapa branca: “Um ano: saldo favorável”. Eis tudo.

Durante algum tempo o ideal do general Justino, experimentado em Recife depois do golpe e da asfixia dos resistentes, vingaria: "Em vez das gritarias absurdas e ameaçadoras que a soberba avenida dos Guararapes e a chamada Pracinha tinham-se acostumado a ouvir, daquela vez era o Hino Nacional, os corais religiosos e a oratória das mulheres que se erguiam aos céus da querida cidade". Depois, a "gritaria" recomeçaria. Até vencer.

Guru do general Justino Alves Bastos, da UDN, de Magalhães Pinto e de praticamente toda a direita brasileira da época, Odylio Denys, o golpista fracassado de 1961, conta, em *Ciclo revolucionário brasileiro*, que "vinha desde 1960 encarando a possibilidade de executar um movimento militar revolucionário, algum dia, conforme se manifestasse a ameaça do perigo comunista". Não perdeu um único dia, pois "tinha de agir preventivamente, observando e articulando os elementos que, na hora, pudessem atuar realmente". Denys apresenta-se como o mentor do golpe, que, para se justificar, terá de se legitimar como contragolpe, transformando o estancieiro João Goulart num marxista tupiniquim, o Lenin de São Borja. Denys vangloria-se: "Com elementos de confiança comecei uma articulação militar, que aos poucos foi se desenvolvendo, para ser desencadeado o movimento, na hora aprazada". O álibi perfeito teria surgido com uma visita à sua casa, "antes de março de 1964, do governador de São Paulo, Adhemar de Barros, com uma denúncia: Jango preparava um golpe. Em 19 de abril de 1964, data do aniversário de Getúlio, haveria um comício em Belo Horizonte. Seria feito "barulho" para justificar uma intervenção em Minas Gerais. Em 1º de maio, seria outorgada uma Constituição e implantado um regime sindicalista". Provas? Nenhuma. Apenas uma isca lançada a quem apresentava o anzol e já preparava a pescaria. Depois, o governador de Minas Gerais, Magalhães Pinto, caiu na rede (ele confessaria publicamente que começara a conspirar em torno de um ano e meio antes do golpe). Denys, por seu turno, enfim, poderia vingar-se da derrota sofrida em 1961 e enterrar João Goulart e Leonel Brizola. De tanto ver o espectro do comunismo em todos os cantos, especialmente quando a reforma agrária deixou de ser apenas um fantasma, os militares acabaram por ver assombrações até onde só havia sombras. De tanto temer o mal e o perigo vermelho, transformaram-se eles no mal que assolou a nação sob a forma do perigo verde-oliva. Como não há mal que dure para sempre, a ditadura findou-se depois de longa agonia. O mal do exílio só não terminou para Jango. O fazendeiro reformista voltaria sem sapatos.

O resto é um nevoeiro tingido de preto.

Neira Barreiro ainda não foi extraditado. Em 2013, saiu da prisão. As suas penas brasileiras ainda não terminaram. Está em liberdade condicional. O seu relato, *Entrevista com um réu confesso*, escrito em parceria com o colega Volnei Correia, tem todos os ingredientes de uma boa ficção policial, ainda que nem sempre pareça verossímil. Os elementos disponíveis permitem dizer: não há qualquer prova robusta ou material de que Jango tenha sido assassinado. Em compensação, muitos indícios são inquietantes. A dúvida persiste e é alimentada. Como diz um cético janguista que prefere o conforto do anonimato:

– Não há também provas conhecidas, até agora, ao menos, de que ele não tenha sido, de fato, assassinado.

O tempo de tentar investigações definitivas chegou quando a Comissão da Verdade, também determinada a esclarecer a morte de JK, pediu a exumação do restos de Jango. A família autorizou. Fim do mistério. Ou não?

O imaginário do golpe de 1964 e as narrativas sobre o assassinato de João Goulart chegam a um epílogo caso se acredite que o presente pode mesmo decifrar os enigmas de épocas que se foram sem se apagar. Nas ruínas espiraladas do passado, onde cada pesquisador anda perdido como um leitor cego de Borges, tudo é hipótese. Em cada fato, documento ou história ressoa a pergunta de Agripa, o cético: o que prova que uma prova é uma boa prova?

Jango pode, enfim, ser visto como herói.

Um herói que morreu na tristeza do exílio.

*

Agradecimentos

Este livro não existiria sem a colaboração de muitas pessoas. Quero agradecer, em especial, a Christopher Goulart, neto de Jango, aquele que mais me ajudou a ter acesso à imensa documentação necessária, incansável batalhador pela recuperação da memória e da imagem do avô, ardente lutador pelo esclarecimento das condições em que morreu o presidente brasileiro deposto pelo golpe de 1964. Quero deixar também minha homenagem a João Vicente, Denize e Maria Thereza Goulart, protagonistas desta história ao mesmo tempo triste e fabulosa. Meus agradecimentos também ao escritor e advogado Iberê Teixeira, pela primeira leitura do meu original, e ao meu amigo Álvaro Larangeira, leitor sempre atento e preciso. Todos os autores lidos e citados aparecem suficientemente referenciados ao longo da narrativa, o que me permite a pequena transgressão de não colocar uma bibliografia ao final deste volume. Um agradecimento caloroso ao colega Marco Vieira, da assessoria de imprensa da Susepe, que me acompanhou às prisões de Charqueadas, e ao secretário de Segurança do Rio Grande do Sul, Airton Michel, pelo acesso a essas penitenciárias de alta segurança. Agradeço a todos os que conversaram comigo sobre o assunto ou me forneceram documentos e esclarecimentos, entre os quais o jornalista uruguaio Roger Rodrigues, o procurador do Ministério Público Federal Ivan Marx e o incontornável advogado Jair Krischke, nossa figura maior da luta pelos Direitos Humanos. Agradeço a Volnei Correia pela entrevista e a Mario Neira Barreiro pela autorização para citar fragmentos do seu polêmico livro ainda inédito. Por fim, um agradecimento carinhoso ao meu amigo de mais de 30 anos, parceiro de tantas aventuras, David Coimbra, cuja leitura do original deste livro foi de grande valia.

Todas as conclusões do meu livro, obviamente, são de minha exclusiva responsabilidade. Imagino que alguns dos meus colaboradores possam ficar desapontados. Tive uma única preocupação: buscar a verdade possível. Pesquisei e escrevi baseado em minha crença: cobre-se para descobrir.

IMPRESSÃO:

GRÁFICA EDITORA Pallotti IMAGEM DE QUALIDADE

Santa Maria - RS - Fone/Fax: (55) 3220.4500
www.pallotti.com.br